Christoph W. Rosenthal

Die kopernikanische Wende unseres Weltgeschichts-Bildes

Zum Autor:

Christoph W. Rosenthal (Jg. 1957) lebt seit 1981 als freier Kulturschaffender mit Jobs, Kulturarbeit, Kunst und Forschungen. Nach langjährigen Forschungsarbeiten begann er 2018 mit etlichen Veröffentlichungen zu Humanevolution, Geschichte und Sprache.

www.christoph-w-rosenthal.de

Christoph W. Rosenthal

Die kopernikanische Wende unseres Weltgeschichts-Bildes

Bibliografische Information der Deutschen Nationalbibliothek:

Die Deutsche Nationalbibliothek verzeichnet diese Publikation in der Deutschen Nationalbibliografie; detaillierte bibliografische Daten sind im Internet über http://dnb.ddb.de abrufbar.

Alle Zeichnungen und Cover-Foto vom Autor

Cover: Neolithisches Langhaus der Rössener Kultur, im Archäologischen Museum Oerlinghausen

ISBN 978-3-96103-454-3

Version 1.1.1 Januar 2023

www.rediroma-verlag.de
16,95 Euro (D)

Inhaltsverzeichnis

Vormerkungen 17

1 Zu den evolutionären und praktischen Gegebenheiten des Menschen vor der historischen Entwicklung 27

1.1 Zur Evolution der Primaten und des Gehirns 28

1.2 Die tatsächliche evolutionäre Problemstellung der Humanevolution 37

1.3 Zur Evolution von Sprache und Kultur 45

2 Der Beginn der historischen Entwicklung 61

2.1 Zu dem Sachverhalt der >Entwicklungen< 63

2.2 Das Theorem der >Mesolithische Revolution< 72

2.2.1 Zu dem Begriff >Mesolithikum< 76

2.2.2 Begriffs-Modelle 78

2.3 Zum >Ende der Eiszeit< 80

2.4 Zu dem Begriff >Epipaläolithikum< 97

2.4.1 Die Expliziteren Sammler und Jäger 99

2.4.1.1 Die >Höheren Jäger< 105

3 Das Mesolithikum 111

3.1 Das Frühe Mesolithikum 114

3.2 Das Mittlere Mesolithikum 119

3.2.1 Der Völker-Rechts-Bund der Ngarinyin-Aborigines 122

3.3 Anhalte für das mittelmesolithische Völker-Rechts-Bund-Netzwerk 131

3.3.1 Die Stämme- und die Megalith-Symbolik 133

3.3.2 Die *El*-Berge = *Al-Tai, Al-Ba (Alpen)* usw. 146

3.3.3 *Tor-Ku* – das >Netzwerk< 150

3.3.4 Der Anhalt **TaNa* (*Yuca-tan, Bri-tan* usw) 154

3.3.5 *Bund – Ubuntu* (Afrika) 159

3.3.6 Der Anhalt der männlichen Beschneidung 160

3.3.7 Der Anhalt der >Sprachfamilien< 164

3.3.7.1 Das >Indogermanische< und das >Semitische< 171

4 Zur >Mesolithischen Revolution< 181
4.1 Die Neuanlage von Sprache 189
4.1.1 Die neue Form der Mythologie 191
4.1.2 Der Anhalt bei den Ngarinyin-Aborigines 194
4.1.3 Zur modernen Form der Sprach-Anlage 201

4.2 Die frühmesolithische Konzeption >Stamm< 206
4.2.1 Der Aspekt der sozialen Größe 209
4.2.2 Zur Entstehung der Konzeption des >Stamms< 214
4.2.3 Die mesolithische Neufassung der Symbolik des >Stamms< 216

4.3 Die Entstehung der Rollen-Kultur und des Rollen-Verhaltens 220
4.3.1 Die Erfindung der >Geschlechts-Rollen< 227
4.3.1.1 Zur Bevölkerungs-Explosion (I) 235

4.4 Zur Entstehung des Militarismus-Problems 239

5 Das Späte Mesolithikum 249
5.1 Die Sesshaftigkeit 251
5.2 Zum Begriff des Späten Mesolithikums 256
5.3 Die Ahnen-Kult-Kultur 260
5.3.1 Die Ahnen-Kult-Sprache 263
5.3.2 Die Gründe der Entstehung des Ahnen-Kults 265
5.3.3 Die Bevölkerungs-Explosion (II) 273
5.4 Göbekli Tepe 277

5.5 Die mesolithische Krise 281
5.5.1 Das endmesolithische Disflikt-Szenario 293
5.5.2 Das Kriegs-Patt 300
5.5.2.1 Der sprachliche Hinweis 300
5.5.2.2 Die Leoparden-Krieger 302

6 Die Neolithische Revolution 309
6.1 Der Aufbruch zum Paradies 312
6.2 Çatal Höyük 313
6.3 Die Entstehung des Fortschritts-Denkens 317

6.4 Das magizistische Denken 326
6.4.1 Zur Entstehung des magizistischen Denkens 326
6.4.2 Die Entstehung der Götter-Kulte 328
6.4.3 *Ma Ga* >Mutter Erde< 333
6.4.4 Die *pan-thera*-Symbolik 343

7 Die weltgeschichtliche Neuzeit 355
7.1 Die Entstehung der Hochkultur 355
7.2 Zur weiteren Geschichte 357
7.2.1 Zu Lewis Mumford, Mythos der Maschine 358
7.3 Die heutige 5. Transformation 361

Literatur 367

Das >Stonehenge< von **Göbekli Tepe** ca. 9.500 – 8.000 v. Chr.

Ein zentrales Pfeiler-Paar (Höhe ca. 3,60 m) einer von „wenigstens 20 Anlagen“ [1] mit insgesamt auf gut 200 geschätzten Stein-Pfeiler; s. eine solche Anlage → S. 13, zu Göbekli Tepe → 5.3

Die Pfeiler sind hier aufgeklappt dargestellt, sie stehen tatsächlich parallel zueinander (rechts Nachzeichnung, links nur gespiegelt)

Originale Fotos u.a. in: Klaus Schmidt: Sie bauten die ersten Tempel, S. 135

---

[1] Klaus Schmidt, in: Badisches Landesmuseum Karlsruhe: Vor 12.000 Jahren in Anatolien: Die ältesten Monumente der Menschheit, S. 84

Aufriss

Die kopernikanische Wende unseres Welt-Geschichts-Bildes: dies soll besagen, dass die inzwischen entstandenen wissenschaftlichen Einsichten in ihrer Konsequenz für das Verständnis von Geschichte und Humanevolution ein solcher Umbruch sind wie damals die Einsicht, dass sich die Sonne nicht um die Erde dreht. Oder dass die Erde keine Scheibe und die Karibik noch längst nicht Indien ist.

Von den verschiedenen einzelnen Faktenbereichen ist schon seit den 1970ern mehr und mehr deutlich geworden, dass das bislang noch immer gängige alte Geschichts-Modell nicht stimmen kann. S. etwa dazu bzgl. eines effektiv zentralen Punktes:

> „Lange wollte uns die Wissenschaft den Übergang zur Landwirtschaft als großen Sprung für die Menschheit verkaufen [...]. Irgendwann seien sie dann so intelligent gewesen, dass sie die Geheimnisse der Natur entschlüsseln konnten und lernten, Schafe zu halten und Weizen anzubauen. Danach gaben sie begeistert das entbehrungsreiche und gefährliche Leben der Jäger und Sammler auf und ließen sich nieder, um als Bauern ein angenehmes Dasein im Wohlstand zu genießen. Das ist jedoch ein Ammenmärchen.“

So der israelische Geschichts-Professor Yuval Harari in seinem internationalen Bestseller >Eine kurze Geschichte der Menschheit< S. 104. Wir werden auf diese Sachverhalte noch näher zu sprechen kommen.

Doch obwohl viele Kritiken an dem gängigen Geschichts-Modell schon lange bekannt sind und schon eine Reihe an alternativen Entwürfen vorgestellt wurden, führte bislang kein Entwurf zu einer Ersetzung des bisherigen Modells. Dazu blieben die bisher vorgetragenen Argumente und Aspekte, soweit ich sehe, zu begrenzt.

Tatsächlich ist die Forschung hier überaus umfassend, und vieles ist hier noch, gerade in Bezug auf die höheren Zeiten, im Fluss. Auch der hier vorliegende Beitrag kann nicht alles schon in wünschenswerter Form klären.

Doch ist diese Veröffentlichung von der Überzeugung getragen, dass bei diesem Neuentwurf der Welt-Geschichts-Karte die **zentralen** humanwissenschaftlichen und historischen Sachverhalte verarbeitet sind.

Im Grundlegenden spielen zwei große Fakten-Komplexe eine Rolle, die an sich schon lange bekannt sind, aber – wohl aufgrund der zu hohen Spezialisierung – in der Geschichtswissenschaft allgemeiner noch nicht hinreichend angekommen sind:

- **Humanevolution**: sie reichte nicht (wie bis in die 1960er angenommen) noch bis vor wenige Tausend Jahre. Sie lag, auch schon mit entscheidenden kulturellen Entwicklungen, in gänzlich anderen Zeiten. Der Prozess der Entwicklung von Kultur ist der Sachverhalt der Humanevolution und kann nicht mehr erst auf das >Ende der Eiszeit< angesetzt werden.

- **Geologie**: der Umbruch vom Pleistozän auf das Holozän bedeutete nach geologischen Einsichten mit seinen Umweltveränderungen für Tier und Mensch eine gänzlich andere Dimension an Anforderungen – gerade auch im Nahen Osten -, als dies bislang in den bisherigen Geschichts-Modellen erfasst worden ist.

In diesem Buch werden die zentralen Argumente des bisherigen Weltgeschichts-Bildes verfolgt und mit den neuen Einsichten in neue Bezüge gestellt. Gleichzeitig werden neu ersichtlich werdende Spuren in der frühgeschichtlichen Entwicklung verfolgt.

Alles in allem: das gesamte bisherige Geschichts-Modell ist **grundlegend** von den inzwischen entstandenen Forschungs-Einsichten betroffen.

Die Lösung liegt nicht darin, die >neolithische Revolution< und einige Prozesse auf eine etwas höhere Zeit zu datieren. Es geht nicht darum, dass sich die >Erdscheibe< mit der Entdeckung der Karibik als etwas größer erwiese. Vielmehr zeigen sich die alten Prämissen als unbegründet und falsch: sie entstammen schließlich auch aus der Mythologie.

Die Entwicklung von Kultur beginnt nicht erst am Ende der Eiszeit. Diese ist vielmehr der Inhalt der Humanevolution im Vorfeld vor unserer Art Homo sapiens. Wir könnten nicht genetisch das kulturale Wesen sein, wäre dem nicht so. Ganz entsprechend ist die eiszeitliche Kultur des Homo sapiens alles andere als primitiv – unmöglich, denn unsere biologische Anlage ist alles andere als primitiv. Ohne eine zureichende Lern-Entwicklung an Kommunikation, Sprache und Kultur kommt es von daher unweigerlich zu sozialen und etwa auch ökologischen Problemen.

Die neuartigen Entwicklungen, die am Ende der Eiszeit vor rund 13.000 Jahren zuerst im Nahen Osten aufkommen, haben vielmehr in den gigantischen Naturkatastrophen und –Umbrüchen dieser Zeit ihre Ursache. Anders als vielen höheren Tier-Arten gelang es dem Menschen wohl zu überleben, doch verbreitet auch nicht viel mehr. Auf der technischen Ebene, wie etwa in Hinsicht auf die Nahrungsversorgung, fand man bald Lösungen, und so entstand in der Tat auch eine Entwicklung an Fortschritt, die auch als höchst bedeutsam einzuschätzen ist.

Doch ist mit dem technischen Fortschritt noch nicht der am Ende der Eiszeit entstandene Verlust an Kultur behoben. Die Entstehung autoritärer und faschistoider Systeme bis hin zu den nahöstlichen Despotien mit Sklaverei, sozialen Problemen und Kriegen haben darin ihre Ursache. Sie sind kein Relikt der Evolution, wie man früher meinte, sondern das unweigerliche Produkt der substanziell unzureichenden Entwicklung an Kultur seit dem Ende der Eiszeit. Damit verknüpfen sich einige Fakten, von denen man bis vor kurzem noch keine zureichenden Vorstellungen hatte.

So ist dieser >kopernikanische Umbruch< bzgl. der Weltgeschichts-Karte nicht >ganz ohne<. Doch wenn auch die sich inzwischen darstellenden historischen Tatsachen nicht dem narzisstischen Bedürfnis zuspielen, wie es das alte Weltgeschichts-Bild mit seiner eindimensionalen Fortschritts-Vorstellung vermochte, so haben doch die neuen Erkenntnisse den Vorteil, dass sich mit ihnen tatsächliche Lösungen erreichen lassen.

Wenn nun die neue Geschichts-Karte zeigt, dass wir in der >Karibik< noch gar nicht >Indien< sind, so bedeutet sie nicht, dass >Indien< nicht zu erreichen ist. Sie bedeutet sogar die Entdeckung einer >Neuen Welt<. Die Entwicklung von Kultur ist eine echte menschliche Möglichkeit, tatsächlich auch die Entwicklung von Hochkultur. Man muss nur endlich davon wegkommen, die entstandenen Probleme am falschen Ende anzupacken.

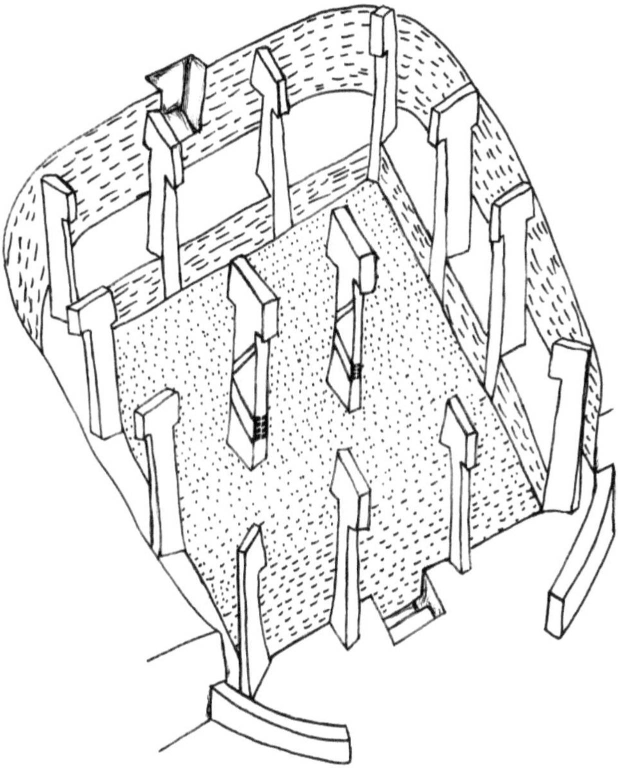

Dieses Gebäude von *Nevalı Çori* aus der Zeit und Gegend von Göbekli Tepe bietet eine Idee in Bezug auf die ähnlichen Kult-Bauten auf dem Göbekli Tepe. Die Pfeiler auf Seite 8 gehören zu einem solchen zentralen Pfeiler-Paar.
Nachzeichnung nach: Klaus Schmidt: Sie bauten die ersten Tempel, S. 75

„Man kann daher die Psychogenese des Erwachsenenhabitus in der zivilisierten Gesellschaft nicht verstehen, wenn man sie unabhängig von der Soziogenese unserer >Zivilisation< betrachtet. Nach einer Art von >soziogenetischem Grundgesetz< durchläuft das Individuum während seiner kleinen Geschichte noch einmal etwas von den Prozessen, die seine Gesellschaft während ihrer großen Geschichte durchlaufen hat. […]
Die soziogenetische und psychogenetische Untersuchung geht darauf aus, die Ordnung der geschichtlichen Veränderungen, ihre Mechanik und ihre konkreten Mechanismen aufzudecken […].“

Norbert **Elias**: Über den Prozess der Zivilisation,
S. LXXIV f.; LXXVII

„Die vergleichende Perspektive [*der* ***Kulturanthropologie***] bringt auch eine Berücksichtigung der zeitlichen Dimension mit sich. Das heißt, sie besteht darauf, dass wir, um die industrialisierten, staatlich organisierten Gesellschaften der Gegenwart zu verstehen, mit dem vertraut sein müssen, was ihnen vorhergegangen ist; wir müssen also die staatenlosen, nichtindustriellen Gesellschaften kennen, aus denen sich die modernen Gesellschaften entwickelt haben.

Uns steht eine einigermaßen vollständige Dokumentation der Gattung Mensch zur Verfügung, die zeitlich fast fünf Millionen Jahre zurückreicht. Die ersten Bodenbau treibenden Gesellschaften traten erst vor ungefähr 10.000 Jahren [*eher vor 11.500 Jahren*] auf, die ersten staatlich organisierten Gesellschaften erschienen erst vor etwa 6000 Jahren; und die Industriegesellschaft hat erst vor 200 Jahren begonnen, sich im großen Maßstab durchzusetzen. Sicherlich können wir nicht hoffen, uns selbst zu verstehen, wenn wir

die Berichte über die früheren Lebensformen ignorieren. [...] Man kann z.B. die Ausübung von Herrschaft in modernen politischen Institutionen nicht völlig verstehen ohne einige Vertrautheit mit Gesellschaften, in denen es keine politische Herrschaft gibt und formale Institutionen der Rechtspflege fehlen.
[…]
Zweitens ist die Anthropologie holistisch in dem Sinn, dass sie den Versuch macht, die Menschen nicht nur als kulturelle Wesen, sondern auch als *biologische Wesen* [2] zu verstehen. Sie befasst sich mit den physischen oder biologischen Charakteristika der Gattung ebenso gut wie mit den sozialen und kulturellen. Die physische Evolution der Gattung *Homo* und die kulturelle Evolution der Menschheit werden nicht als zusammenhangslos nebeneinander laufend betrachtet. Beide sind nötig für ein richtiges Verständnis davon, was für eine Art von Geschöpfe wir sind."

Frank Robert **Vivelo**: Handbuch der Kulturanthropologie, S. 39, 41

„Ich glaube, dass der Einzelne so lange nicht mit seiner Menschheit in sich in engen Kontakt kommen kann, solange er sich nicht anschickt, seine Gesellschaft zu transzendieren und zu erkennen, in welcher Weise diese die Entwicklung seiner menschlichen Potentiale fördert oder hemmt. Kommen ihm die Tabus, Restriktionen, entstellten Wörter ganz >natürlich< vor, dann ist dies ein deutlicher Hinweis darauf, dass er keine wirkliche Kenntnis der menschlichen Natur hat."

Erich Fromm: Humanismus als reale Utopie, S. 5

[2] Das Kursive ist hier meine Übersetzung anstatt >Tiere<. Das wohl im englischen Original gebrauchte *animal* bedeutet ursprünglich >Lebewesen<, vgl. lat. *anima*.

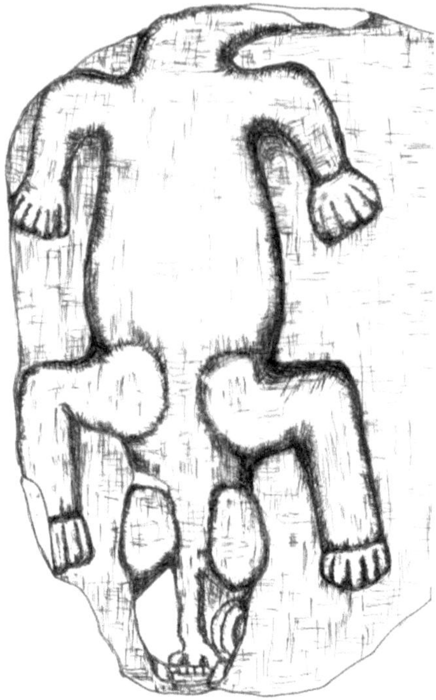

Länge des Tieres 47 cm, von Bauern mit der Fundortangabe >Göbekli Tepe< im Museum Urfa abgegeben:

„Bei diesem Hochrelief wirkt das Tier nun eindeutig reptilien-, fast drachenartig. Das aufgerissene Maul und die gefletschten Zähne bedrohen den Betrachter regelrecht [*von oben schlecht zu sehen*]. Versucht man eine Deutung der dargestellten Tierart, so denkt man unwillkürlich an ein Krokodil. Nach Auskunft der Archäozoologie gab es jedoch an Euphrat und Tigris zu keiner Zeit derartige Tiere, weder Drachen noch Krokodile."

Text und Nachzeichnung nach: Klaus Schmidt: Sie bauten die ersten Tempel, S. 95 ff.

Vorbemerkungen

Es mag einige Irritation hervorrufen, hier mit der Behauptung konfrontiert zu werden, dass die Bemühungen um eine wissenschaftliche Weltgeschichts-Karte bislang noch gar nicht in der Art unserer geologischen Weltkarte ihr eigentliches Ziel gefunden hätten, ja hier jetzt eine regelrechte >kopernikanische Wende< bestünde.

Irgendwie besteht hier immer die Vorstellung, man hätte schon quasi die ultimativen Ergebnisse erreicht, auch wenn so vieles schon am nächsten Tag als >Schnee von gestern< erscheint.

Doch in der Tat: wenn man bestimmte Ergebnisse mit Auffassungen von vor nicht all zu langer Zeit vergleicht, dann ist es überaus bemerkenswert, welche Fortschritte in so kurzer Zeit entstanden sind.

Noch das 19. Jahrhundert war von der aus der Mythologie stammenden Vorstellung bestimmt, die Menschheit sei gerade mal an die 6.000 Jahre alt und die griechische Antike – vor also nicht einmal 2.500 Jahren – sei der erstmalige Ausdruck von „Kultur" gewesen. Auch die sozialistische Theoriebildung (etwa im >Anti-Dühring< von Friedrich Engels) war von dieser damaligen Vorstellung geprägt, was natürlich nicht mehr überzeugen kann und aufgrund einiger damals üblichen Fehleinschätzungen auch einige Bedenken begründet.

Nun vollziehen sich jedoch die Forschungs-Entwicklungen in höchst spezialisierten Bereichen. Angesichts des damit verbundenen Umbruchs hat dieser Komplex inzwischen solche Dimensionen angenommen, dass er bzgl. der Neueinsichten derzeit nicht zu überschauen ist, nicht einmal im Bereich Archäologie/Frühgeschichte für sich selbst. So entsteht das Problem, dass neue Einsichten und Entdeckungen häufig in einen Gesamtrahmen völlig überalterter Vorstellungen gestellt werden, wie das m.E. etwa für den Kontext von Göbekli Tepe (→ 5.4 f.) zu sagen ist.

Für mich war es jedoch so, dass eine Spezialisierung auf einen einzelnen Punkt hin nicht mein biographischer Weg werden konnte. 1985 wurde mir konkret das Thema Menschheitsgeschichte zum Schicksal, als ich am Ende des Studiums in den damals bedeutenden Kontroversen bzgl. unserer *heutigen* menschheitsgeschichtlichen Situation sehen musste, dass diese persönlichen und sozialen Einschätzungen und die damit verbundenen biographischen Orientierungen von völlig unterschiedlichen Geschichts-Bildern (oder auch einer geschichtslosen Auffassung) bestimmt waren. Die nähere Prüfung verwies mich angesichts dieser Kontroversen recht schnell darauf, dass das gängige Geschichts-Bild in dieser Form nicht stimmen konnte - und dies mit höchst bedeutsamen Konsequenzen.

Denn die Weltkriegs- und Faschismus-Problematik ließ sich in der Tat, wie früher gedacht, mit dem gängigen eindimensionalen Fortschritts-Modell nur erklären, wenn die Gewalt- und Kriegsprobleme in zeitlicher Nähe von der evolutionären Tierstufe des Menschen her zu verstehen waren. Dies aber kommt schon rein zeitlich nicht mehr in Betracht, doch erst recht nicht, wenn man die tatsächlichen Inhalte der humanevolutionären Entwicklung erfasst (und wesentliche Einsichten der Humanwissenschaften im Blick hat).

So wurde deutlich, dass das immer noch gängige alte Geschichts-Modell im 19. Jahrhundert unter gänzlich anderen Prämissen in der Faktenbasis wie in den kulturellen Auffassungen entwickelt worden war (wo man Kolonialismus usw. noch für völlig natürlich hielt). Doch von den neueren Einsichten bot dieses Geschichts-Modell gerade in den entscheidenden Problem-Stellungen, nämlich bzgl. der Entstehung und Entwicklung von Militarismus und Faschismus keine zureichende Erklärung mehr, und es war mir nicht möglich, dies für ein vernachlässigbares Detail zu halten. Um es hier vorwegzunehmen, wurde vor allem hieran ersichtlich, dass sich das alte Geschichts-Modell aus heutiger Sicht als Kulturmythologie erwies.

Erste überzeugende Anhalte für die Beschreibung der historischen Entwicklung fand ich im Sommer 1986 im Bereich Militärgeschichte. Hier wurde ersichtlich, dass die Kriege nicht einfach >so< vom Himmel gefallen waren, sondern sehr bestimmte Gründe hatten und auch mit sehr bestimmten historischen Entwicklungen in Verbindung standen. Von dort her begann ich zunächst mit Studien in dem gängigen Rahmen von Geschichte. Doch im Rahmen solch umfassender Werke wie Fischer Weltgeschichte usw. kamen mir hierbei auch Vor- und Frühgeschichte immer mehr und näher in den Blick.

Hierbei wurde ich um 1990 auf das damalige Theorem der >neolithischen Revolution< als Umschlag von der humanevolutionären Kultur zur historischen Entwicklung aufmerksam. Von Bedeutung waren für mich die diesbezüglichen Hinweise aus den *verschiedensten* Fachbereichen. Dies galt im Besonderen für das einstmals wichtige Buch >Wie der Mensch zum Menschen wurde< von Leakey & Lewin aus dem Blickwinkel der Humanevolution. In ethnologischer Hinsicht bot mir das >Handbuch für Kulturanthropologie< von Frank R. Vivelo eine bedeutsame Verknüpfung zwischen Anthropologie, Ethnologie und Geschichte.

Im Spätsommer 1992 ergab sich mir der Eindruck, hinreichend Klärungen und Material für ein neues Geschichts-Bild vorliegen zu haben. So begann ich jenen September in mehrmonatiger Marathon-Form ein Skript abzufassen, sah ich mich damit konfrontiert, mir diese Studien nicht länger erlauben zu können. Ich hoffte, mit diesem Werk mir einige dringend erscheinende soziale Neuansätze inhaltlich und praktisch begründen zu können. Doch stieß dieses Skript auf keinerlei relevantes Interesse, und ich selbst kam zu dem Eindruck, damit überhaupt erst eine Basis erreicht zu haben, auf der die eigentliche Forschung und Auseinandersetzung *beginnen* konnte.

In das hier gebrauchte *Bild* übersetzt, kam ich damals zu dem Ergebnis, dass nicht nur die Erde keine Scheibe sein konnte, sondern dass auch die Karibik noch nicht Indien war und wir es hier vielmehr mit einem bislang unbekannten Kontinent zu tun hatten. Das hatte sehr wohl einige sehr praktische Folgerungen. Doch genau diese mir selbst bedeutsam erscheinenden Einsichten stellten sich damals *sozial* als absolut irrelevant dar.

Nach einer Pause von rund vier Jahren, in der ich mich neu organisieren musste, kam ich wieder dahin, diese Forschungen aufzunehmen und 1999 zu einer neuen Abfassung. Doch ich empfand das Ergebnis als >nichts Halbes und nichts Ganzes<. Es wurde mir deutlich, dass es bei einem so umfassend ausgerichteten Werk nicht möglich war, die Forschungen der verschiedenen Fachdiskurse näher aufzunehmen, da sie ohne entsprechende Grundkenntnisse nicht verständlich sind. Wenn ich damals daraus die Konsequenz zog, den sich für mich darstellenden Gesamtsachverhalt auf verschiedene Studien und Skripte aufzuteilen, stellte ich bald fest, damit auch nur auf ein neues Niveau in dieser *Problematik* gekommen zu sein.

Was die Details in einem *etablierten* Kontext angeht, so ist es mitunter ungeheuer imposant, zu welcher Akribie die heutige Forschung in der Lage ist. Doch jenseits der etablierten Kontexte zeigen sich selbst in den Wissenschaften oft genug noch immer die abenteuerlichsten Vorstellungen, gerade auch in den Grundlagen-Bereichen, sogar in Bezug auf Humanevolution, Kultur, Geschichte und Sprache (als dem Rahmen der Humanwissenschaften). Bei dem Vergleich zwischen den verschiedenen Fachbereichen wurde mir dieses Ausmaß an Diskrepanzen ihrer Wahrnehmungen und Einsichten deutlich, aber auch mit der Konsequenz, dass ich mich nicht einer Richtung anschließen konnte, sondern einen eigenen Weg in der Klärung der Widersprüche und substanziellen Grenzen suchen musste.

Dieses Problem der überholten Grundlagen geht bis dahin, dass frühere *Vorstellungen* längst zu Fachbegriffen geronnen sind. Der Begriff >Steinzeit< stammt von 1836 und ist in Wirklichkeit auch genau so „aktuell“. Selbst die Aufteilung in Altsteinzeit = *Paläolithikum* und *Neusteinzeit* = *Neolithikum* wurde bereits 1865 eingeführt. Sicher kann man die falsch bezeichneten >Inder< nun >Rote Inder< (*Red Indians* > Indianer) nennen – wenn man klären kann, worum es geht. Doch davon kann bei den Begriffen >Steinzeit<, >Neolithikum< usw. längst keine Rede mehr sein. Hier zeigt sich, dass wir in Hinsicht auf eine tatsächliche Weltgeschichts-Karte noch nicht zu weit sind.

Ich bin nach einigen Entwürfen zu dem Ergebnis gekommen, dass es fürs Erste das Beste und Notwendige ist, einen relativ einfachen Überblick über die sich abzeichnenden Ergebnisse in der Forschung zu skizzieren. Denn solange man hier von völlig anderen Prämissen ausgeht, machen zu ausführliche Erläuterungen von komplizierten Einzelheiten keinen Sinn.

Doch natürlich besteht ein Verhältnis zwischen den Einzelheiten und dem Gesamt-Modell. Dies ist im Moment in Bezug auf Vor-, Früh- und Gesamtgeschichte mit einigen Schwierigkeiten verbunden.

Aus diesem Grund möchte ich ausdrücklich betonen, dass meine hier andersartige Einschätzung der historischen Kontexte von etwa Göbekli Tepe (→ 5.4) **nicht** von tragender Relevanz in Bezug auf das sich andeutende neue Geschichts-Bild ist.

Wohl wäre es zumindest in meiner bisherigen Einsicht in den frühgeschichtlichen Prozess von Vorteil, wenn sich meine recht andersartige Einschätzung von Göbekli Tepe als einigermaßen treffend herausstellen sollte, da damit einige wichtige Punkte der weißen Flecken auf der Weltgeschichts-Karte fassbar wären. Wenn sich diese Deutung als unzureichend begründet oder gar als falsch darstellen sollte, würde dies jedoch an dem Gesamtbestand der sich abzeichnenden neuen Geschichts-Karte nichts ändern. Es gäbe nur mehr bedeutsames Unbekanntes.

Wichtig ist zunächst erstmal, von einem unhaltbar gewordenen Geschichts-Modell wegzukommen und die neuen Daten zu

Neuentwürfen zu verarbeiten, so vorläufig sie bei dem gegeben Stand auch sein müssen.

Wenn ich mich wohl in den Einzelheiten auf einige Literatur stützen kann, so ist mir bislang für mein Empfinden doch kein Werk bekannt, das meinem Modell stärker entsprechen würde.

Wohl brachte Wolf Schneider einiges sehr pointiert unter dem bezeichnenden Titel >Wir Neandertaler< auf den Punkt. Es ist jedoch eine journalistische Kulturkritik und keine wirkliche historische Analyse. Stärker ausgearbeitet, aber doch ähnlich ausgerichtet dürfte das mir freilich nicht näher bekannte Werk >The Human Reality< von Peter Prew (GB 2008) sein.

Wer deutlich mehr über Vor- und Frühgeschichte als hier vorgestellt wissen möchte, dem würde ich bei aller Kritik doch am ehesten zu >Die Kinder des Prometheus< von Hermann **Parzinger** raten. Wenngleich Parzinger, wie schon der Titel deutlich zum Ausdruck bringt, eine veralterte Grundauffassung vertritt, so ist sein Werk doch ein guter Überblick über den allgemein *gängigen* archäologischen Stand, dessen Erarbeitung angesichts der zersplitterten Forschungslage durchaus Respekt verdient.

Für Nicht-Fachleute ist auch der schön bebilderte Überblick mit kurzen Artikeln von Fachleuten mit dem Titel >Illustrierte Geschichte der Menschheit< von Göran Burenhult zu empfehlen. Es erschien zuerst in einer 5bändigen Ausgabe (Hamburg; Augsburg 2000) und später (wie ich in Erinnerung habe) einbändig in verkleinerter Form.

Ansonsten ist es im Besonderen zu empfehlen, in *Ergänzung* auf die für die meisten leicht per Internet zu erreichenden Artikel von Wikipedia zurückzugreifen, die auch oft gegenüber den Buch-Veröffentlichungen neuere Daten einhalten. Wenn auch nicht alle Artikel qualifiziert sind, so erhält man doch insgesamt auch Bildmaterial, Graphiken und viele weitere Verweise, nach denen sich ganz nach Bedarf stöbern lässt. Aus diesem

Grund werde ich auch auf manche Wikipedia-Artikel verweisen.

Insgesamt vertrete ich die Auffassung, dass wir es in Bezug auf unser Weltgeschichts-Bild mit einem Umbruch in der Art einer >kopernikanischen Wende< zu tun haben. Dass das alte Weltgeschichts-Bild wissenschaftlich nicht mehr zu halten ist, war wie gesagt bereits der Ausgang meiner Forschungen 1985. In dem Skript von 1993 stellte ich einen ersten Neuentwurf vor. Dass ich jetzt 25 Jahre später den Schritt zu einer Veröffentlichung getan habe, zeigt zum einen, dass ich nun endlich glaube, eine taugliche *Grobskizze* bzgl. der neuen Weltgeschichte-Karte vorlegen zu können.

Es verweist zum anderen aber auch darauf, mit wie viel Forschung dieser Bereich immer noch verbunden ist. Der Komplex **Sprache** in Evolution und Vor- + Frühgeschichte wurde hierbei zu einem speziellen Forschungsgebiet von mir. Doch gerade hier ergab sich eine uferlose Arbeit. Tatsächlich werden einige Bände wohl jetzt erst im Februar und März 2021 herauskommen (s. Internet unter meinem Namen – das W. ist hierbei wichtig, um tatsächlich meine Person zu finden).

Im Laufe der Jahre habe ich auch etliche weitere Bereiche in diesem Zusammenhang erforscht und weitere Skripte verfasst. Einiges davon ist hier in kurzen Abschnitten aufgenommen, Ein eigenes Werk über die >Mesolithische Revolution<, die auch hier schon dargestellt wird, konnte ich jetzt herausbringen. Weiteres soll auf einem neuen Stand veröffentlicht werden.

In manchem wird die neue Weltgeschichts-Karte enttäuschen, nämlich dass das erhoffte historische Ziel nicht so nahe liegt und dass sich die historischen Lösungen nicht als so simpel darstellen, wie sie – mit oft *fatalen* Konsequenzen – in dem alten Geschichts-Modell und entsprechend in so vielen heutigen gesellschaftlichen Debatten vorgestellt sind. Die alte Geschichts-Karte stellt zwar eine schöne Fata Morgana in den Raum, deswegen aber in der Realität keine bessere Perspektive.

Diese Problematik wird mit der neuen Weltgeschichts-Karte inzwischen verständlich.

Die Karibik war noch nicht Indien. Das aber widerlegte nicht, dass die Erde eine Kugel ist und dass Indien nicht auch westwärts zu erreichen war.

Auch wenn manche Einsichten enttäuschend sind, so ist in Wirklichkeit auch heute eine >Neue Welt< zu entdecken und auch zu erreichen. Viele Einsichten dafür existieren bereits. Sie müssten nur allgemeiner in den Blick kommen und tiefer in ihrer Bedeutung für die weitere historische Entwicklung begriffen werden. So eröffnen sich mit der neuen Weltgeschichte-Karte durchaus auch neue positive Perspektiven.

Christoph W. Rosenthal

September 2018
Januar 2021 & Januar 2023

Die **Version 1.1** vom **Januar 2021** enthält einige Korrekturen und Aktualisierungen im Rahmen der vorliegenden Konzeption, die **Version 1.1.1 vom Januar 2023** einige weitere Korrekturen. Es soll noch ein Werk >Von Göbekli Tepe zu Stonehenge und den Pyramiden< erscheinen, das die frühgeschichtlichen Entwicklungen weiter erhellt. Vielleicht ergibt sich dann der Bedarf nach einer grundlegenden Überarbeitung der vorliegenden Ausgabe.

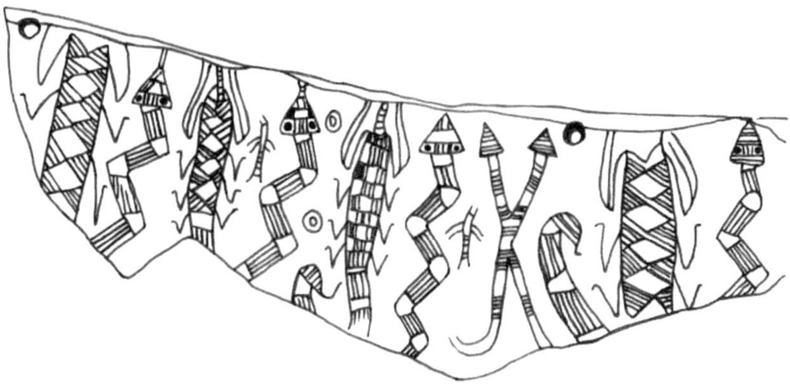

9500 – 8500 v. Chr.

„Vom Körtik Tepe stammen zahlreiche ritzverzierte Steingefäße. Ein Bruchstück [s.o.] zeigt Schlangen und Skorpione.“ Zitat und Nachzeichnung nach: Klaus Schmidt: Sie bauten die ersten Tempel, S. 188

Fotos und Zeit-Angabe in: Badisches Landesmuseum Karlsruhe: Vor 12.000 Jahren in Anatolien, S. 102, 303

Hinweise

- Im Unterschied zu den **runden Klammerzeichen** (...) sind die **eckigen** Klammerzeichen [...] *in Zitaten* Ausdruck meiner Bearbeitung [= CR]. Dies schließt auch mitunter eine Bemerkung [*kursiv abgesetzt*] ein. Dies wird an den Stellen nicht jeweils vermerkt.

- Die Verweise auf die **Wikipedia**-Artikel wurden im Januar 2021 überprüft. Wo der genaue Abruf nicht an der Stelle vermerkt ist, ist er im Literatur-Verzeichnis (S. 367) vermerkt.

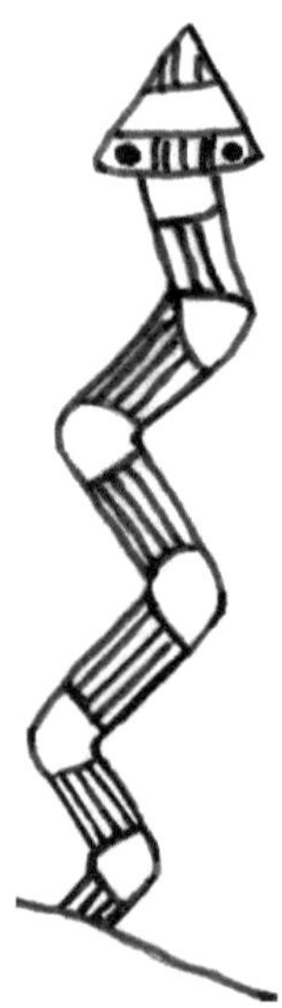

Detail der Scherbe von der Seite zuvor

1 Zu den evolutionären und praktischen Gegebenheiten des Menschen vor der historischen Entwicklung

Die Ausprägung der in den 1860ern aufgekommenen Evolutions-Theorie baute in Hinsicht auf den Menschen auf der damaligen Geschichts-Vorstellung auf, die aus heutiger Sicht >abenteuerlich< war. Angesichts der Annahme, die Menschheit seit erst wenige Tausend Jahre alt und das antike Griechentum sei der erste nennenswerte Ausdruck der Entstehung von Kultur, musste das Verständnis von Kultur und die Zuordnung von Macht, Gewalt und Barbareien in fast jeder Hinsicht zu Fehlschlüssen führen.

Noch heute sind viele Vorstellungen in Humanevolution und Geschichte von diesem Modell bestimmt, das in seinen Grundlagen bis in die 1970er hinein gültig war. Wenn man auch in den einzelnen Fachbereichen längst zu anderen Ergebnissen gekommen ist, so wirken die alten Vorstellungen gerade wegen der Spezialisierungen in vielen Grundauffassungen weiter.

Um die tatsächlichen Voraussetzungen des >Menschen< und der >historischen Entwicklung< abzuklären, soll zunächst ein kurzer Blick in den humanevolutionären Prozess und dessen Ergebnis geworfen werden.

Denn eine humanevolutionär begründete Anthropologie ist die unabdingbare Grundlage für ein wissenschaftliches Geschichts-Verständnis.

1.1 Zur Evolution der Primaten und des Gehirns

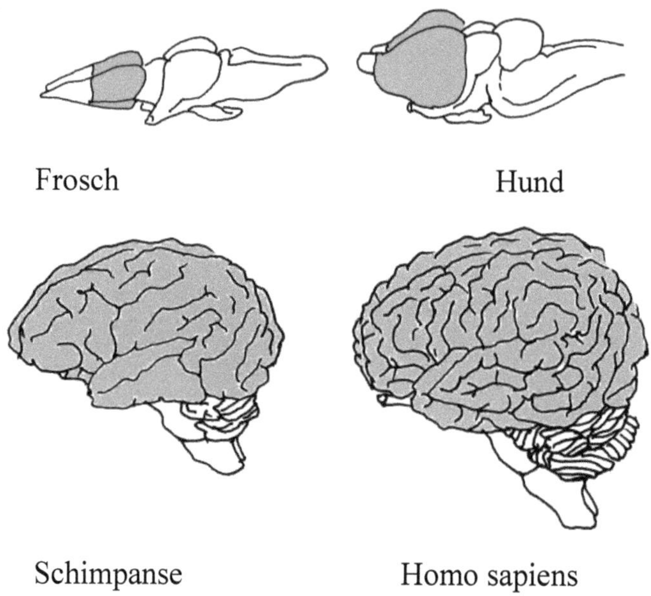

Nachzeichnung nach: Hoimar v. Ditfurth: *Der Geist fiel nicht vom Himmel, 7. Farbblatt nach S. 224*

„Oben auf dem Hirnstamm begann ein kleines Gebilde hervor zu sprießen, das bei den Fischen noch fast ausschließlich dem Geruchssinn diente. Während seiner weiteren Entwicklung wuchs es dann aber zu unerwarteter Größe heran. Erstmals bei den Halbaffen war es so groß geworden, dass es als >Großhirn< alle übrigen Teile des Organs einhüllte, deren Funktionen es gleichzeitig mehr und mehr übergeordnet wurde.“ [3]

[3] Hoimar v. Ditfurth: Im Anfang war der Wasserstoff, S. 323

Die humanevolutionäre und auch die historische Entwicklung erklären sich im Besonderen von dem menschlichen Gehirn her. Es ist die Evolution des menschlichen Gehirns in seiner Verbindung mit Sprache, die unsere Art Homo sapiens *kategorial* von der neurologischen Anlage der Tiere abhebt und die die Entwicklung von Fortschritten an Lebens-Qualität ermöglichte.

Doch ist dies in Bezug auf Humanevolution und Geschichte bis in die Wissenschaft hinein noch immer von vorwissenschaftlichen Mythologien geprägt. Mitnichten trifft etwa die Annahme zu, dass die Größe des Gehirns die der Intelligenz repräsentiere. Auch ist die Funktionsweise von Sprache häufig beträchtlichen Fehleinschätzungen unterworfen, die in Hinsicht auf das Verständnis der Humanevolution und von Geschichte von Relevanz sind.

Es ist nun für eine Klärung der evolutionären Prämissen des Menschen und von Geschichte von großem Vorteil, dass inzwischen ersichtlich wird, dass ihre Problemstellungen und Lösungsstrategien mit dem in Verbindung stehen, was sich in Bezug auf die Primaten als einem Strang der Säugetiere schon von Anfang an darstellt und sich auch auf den weiteren evolutionären Stufen bis zur Humanevolution immer wieder wiederholt.

Dieser Sachverhalt ist von Bedeutung. Denn damit können wir diesen Entwicklungsprozess in seinen Problemstellungen und Lösungsstrategien über eine Länge von insgesamt weit über 100 Mio. Jahren und im Vergleich zu den anderen evolutionären Verwandtschaftslinien studieren. Damit lassen sich die Fragestellungen bzgl. der Ernährungsbesorgung, mit Aggression, den evolutionären Anforderungen und der evolutionären Fitness einer biologischen Art heute ganz anders einordnen und abklären, als dies in den älteren Forschungen möglich war.

Dies soll im Weiteren in einem kurzen Rückgriff in die Tiefe der Evolution für Klärungen genutzt werden.

Hier soll mit dem Verweis begonnen werden, dass die evolutionäre Linie der **Primaten**, der der >Mensch< *entstammt,* etwa gegenüber den nächsten evolutionären Verwandten wie den Mäuseartigen on einer *besonderen* ***Groß*****hirn**-Entwicklung geprägt ist.

Offenbar entwickelte sich die evolutionäre Linie der Primaten unter besonders komplizierten Naturverhältnissen, wo Intelligenz zu dem entscheidenden Sachverhalt der *Überlebens-Fitness* wurde.

Der Vergleich mit den evolutionär eng verwandten **Mäusen** macht entscheidende Unterschiede deutlich:

> „Viele Arten [der Nagetiere], etwa die Mäuseverwandten, sind durch eine ausgesprochen hohe Fertilität gekennzeichnet (r-Strategie). Das Weibchen kann mehrmals im Jahr Nachwuchs zur Welt bringen, die Trächtigkeitsdauer ist kurz und die Wurfgröße hoch. Die Neugeborenen sind Nesthocker, oft unbehaart und hilflos, wachsen aber sehr schnell und erreichen binnen Wochen oder Monaten die Geschlechtsreife. So haben manche Hamsterarten mit nur 16 Tagen die kürzeste Tragzeit aller Plazentatiere und sind bereits mit sieben bis acht Wochen geschlechtsreif. Vielzitzenmäuse haben bis zu 24 Zitzen und Nacktmulle können bis zu 27 Neugeborene pro Wurf austragen." (Wikipedia: *Nagetiere*: Fortpflanzung)

Die >Hausmaus< „[…] wirft bis zu acht Mal jährlich mit durchschnittlich 3 – 8 Jungen." „Die Tragzeit beträgt etwa drei Wochen." Etwa ebenso lange werden die Jungen gesäugt. Sie „sind mit sechs Wochen geschlechtsreif. Als zuchtreif gelten sind sie ab der achten Woche." (Wikipedia: *Hausmaus*: Fortpflanzung und Jungtiere)

Viele Verluste durch Fressfeinde, Lebenserwartung durchschnittlich 2 – 3 Jahre

Demgegenüber geht die Entwicklung bei den Primaten schon auf einer frühen Stufe dahin, mit einer langen Schwangerschaft jährlich jeweils nur noch ein Junges zu gebären, das aber entsprechend lange gesäugt und betreut wird. Allgemein ist in Bezug auf die Primaten festzustellen:

> „Generell zeichnen sich Primaten durch eine lange Trächtigkeitsdauer, eine lange Entwicklungszeit der Jungen und eine eher hohe Lebenserwartung aus. […] Die Strategie dieser Tiere liegt darin, viel Zeit in die Aufzucht der Jungtiere zu investieren, dafür ist die Fortpflanzungsrate gering.“ (Wikipedia: *Primaten*: Fortpflanzung)

> „Die Gehirne sind verhältnismäßig größer als bei anderen Säugetieren und weisen einige einzigartige anatomische Merkmale auf.“ (ebd.: *Merkmale*)

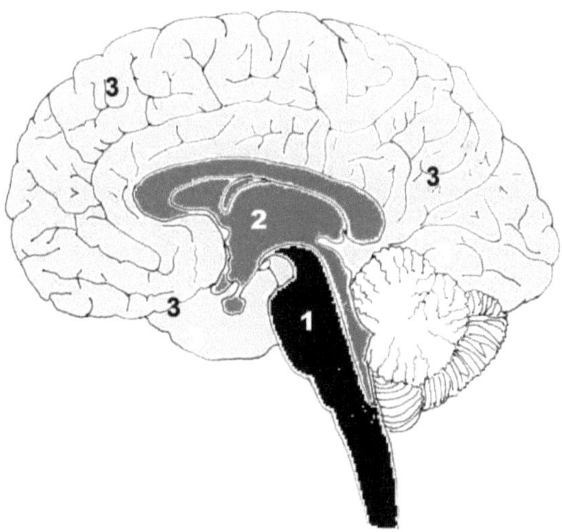

Menschliches Gehirn mit den drei grundlegenden evolutionären Stufen: **1** >unterer Hirnstamm< (schwarz), **2** >Zwischenhirn< (dunkel) *und* **3** >Großhirn< (hellgrau) [4]

---

[4] Nachzeichnung nach: Hoimar v. Ditfurth: Der Geist, S. 18 f., 84 f. , 226 f.

Es ist hier nun von Bedeutung, die unterschiedlichen Strukturen der Gehirn-Anlage zu verstehen. Der Bereich der angeborenen Intelligenz verknüpft sich nämlich mit dem **Zwischenhirn** und **nicht** eigentlich mit dem **Großhirn**-Sektor.

Der Großhirn-Bereich bedeutet lediglich, dass Gehirn-**Potential** für die kindliche Lern- und Sozialisations-Entwicklung zur Verfügung gestellt ist. Insofern ist die Evolution von Großhirn auch in sich mit einer Verlängerung der Kindheiten = Verzögerung der Geschlechtsreife verbunden. Wohl *ermöglicht* das Ausmaß an Großhirn eine gesteigerte Intelligenz-Entwicklung. Doch hängt die Intelligenz-Entwicklung an der Qualität der Lern- und der Sozialisations-Entwicklung (etwa auch an einer Sprache). Genau hier zeigt sich im Historischen, doch bereits schon seit der evolutionären Stufe der >Anthropoiden< (= >[einfache] Affen<) eine höchst schillernde bis ambivalente Konsequenz.

Es ist entsprechend von größter Bedeutung zu sehen, dass das Wachstum des Gehirns *als Sachverhalt des Wachstums des Großhirn-Bereich* keineswegs *an sich* als Ausdruck von Intelligenz-Entwicklung interpretiert werden kann. Entsprechende Annahmen bzgl. der „Humanevolution“ usw. sind effektiv gegenstandslos und sachlich falsch. Auch verknüpft sich die tatsächliche Humanevolution nicht eigentlich mit einem weiteren Gehirnwachstum. Dieses liegt vielmehr auf der vorausgehenden Stufe der Hominiden (s.u.).

Die Großhirn-Evolution ist evolutionär vielmehr von vorne herein Ausdruck evolutionärer Krisen-Probleme und gesteigerter Anforderungen in der Überlebens-Bewältigung. In dieser Hinsicht hat die Rede vom >Mängel-Wesen< seine volle Berechtigung. Nur trifft dies gar nicht die humanevolutionäre Entwicklung, sondern die der Humanevolution vorausgehenden evolutionären Entwicklungen. Die eigentliche Humanevolution verknüpft sich vielmehr mit der Entwicklung der *kulturellen* Intelligenz, in der man das Großhirn-Potential zu qualitativen Lern-Prozessen und fähiger Sozialverhältnisse nutzen lernte.

Die Evolution des Großhirn-Bereichs ist an sich zunächst ein Ausdruck besonderen evolutionären Problemstellungen und Überlebens-Anforderungen, wo die *angeborene* Intelligenz im Zwischenhirn nicht zureichte.

Es ist vielmehr der Zwischenhirn-Bereich, in der sich evolutionär die Entwicklung von Intelligenz und Verhaltensrepertoire ganz entsprechend der sonstigen körperlichen Anlage neurologisch niedergeschlagen hat.

> „Der Vorteil dieser Situation besteht darin, dass allen Anforderungen und Aufgaben mit Verhaltensrezepten begegnet werden kann, die nicht bloß von einem einzelnen, sondern von den unzähligen Mitgliedern Hunderter und Tausender von Generationen der eigenen Art auf ihre Brauchbarkeit durchprobiert worden sind.“ (Ditfurth: Der Geist, S. 191)

Aufgrund ihrer Zwischenhirn-Anlage >weiß< sich die frisch aus dem Ei geschlüpfte Schildkröte sowohl auf Anhieb zu bewegen als auch den Weg zum Meer zu laufen, um dann dort zu schwimmen und zu tauchen und ihre Versorgung aufzunehmen usw.

Entsprechend erwies sich diese Form der angeborenen Intelligenz-Entwicklung evolutionär zunächst als weit erfolgreicher als die Großhirn-Anlage. Die erheblich aufwendigere und auch anfälligere Großhirn-Anlage konnte lediglich in kleinen Lebensformen in der Größe von Mäusen und Hörnchen kleine Rand- und Restbestände in der Natur aufnehmen, für die die Zwischenhirn-Intelligenz nicht komplex genug war.

Doch hatte der Erfolg der Zwischenhirn-Intelligenz ziemlich gleichbleibende Verhältnisse und nur langsame Veränderungen in der Natur zur Voraussetzung, wie es aber evolutionär wesentlich der Fall war. Eine Veränderung in den Verhaltensformen war wie im Körperlichen lediglich über Vererbung möglich, in der sich die erfolgreichsten Anpassungen fortpflanzten. In den großen Epochen der Evolution funktionierte dies gut. Das große systematische Problem der Zwischenhirn-Anlage verknüpfte sich nur mit den geologischen Umbrüchen und besonderen Naturkatastrophen.

So war es erst die Super-Katastrophe vor ca. 66 Mio. Jahren, die fast alle größeren Tiere (etwa über 25 kg) auf dieser Welt ausrotte, insbesondere die Dinosaurier. Es scheint inzwischen wahrscheinlich, dass diese Super-Katastrophe ihre eigentliche Ursache in einem großen Asteoriden- oder Meteoriten-Einschlag hatte, zu dem noch besondere Vulkan-Aktivitäten hinzukamen. [5]

> „Die kleinen Säugetiere, die [*in der Art von Mäusen und Hörnchen*] fast hundert Millionen Jahre lang ängstlich und furchtsam über den Waldboden schnüffelten und Samen und Insekten suchten, ständig von gefräßigen Reptilien bedroht, hatten nun eine evolutionäre Chance.“ [6]

Der Untergang der Dinosaurier war die Voraussetzung. Gleichermaßen bedeutete das entstandene Chaos in der Natur den entscheidenden Start-Vorteil der Großhirn-Anlage. So kam es zum „Zeitalter der Säugetiere“ (ebd.).

Es zeigt sich auch im Weiteren, dass die eigentlichen >Stufen< in der weiteren Großhirn-Evolution, die insbesondere bei den Primaten ausgeprägt sind, mit scharfen geologischen Umbrüchen in Verbindung stehen. Obwohl diese geologischen Umbrüche an sich evolutionäre Krisen schaffen, die auch zum Aussterben führen konnten, so erweist sich gerade hier die Großhirn-Anlage als der große evolutionäre Vorteil. Je größer das Großhirn, desto mehr Fähigkeiten bestehen, die *Veränderungen* in der Umwelt zu verarbeiten. So kommt es bemerkenswerterweise gerade in den geologischen Umbrüchen mit den von ihnen ausgelösten evolutionären Krisen zu den ent-

---

[5] s. dazu (auch Weiteres): Wikipedia: *Kreide-Paläogen-Grenze*

[6] Richard E. Leakey & Roger Lewin: Wie der Mensch zum Menschen wurde, S. 40

scheidenden Weiterentwicklungen. Dies gilt für die Entwicklung der Hominoiden (= Menschenaffen; Oligozän auf Miozän), für die Entwicklung der Hominiden mit der Evolution von Technologie und Sprache (Pliozän auf Pleistozän) und auch für die neue kulturgeschichtliche Entwicklung am >Ende der Eiszeit< als dem geologischen Umbruch vom Pleistozän auf das Holozän.

Doch bleibt zu sehen, dass im Gegensatz zu der Zwischenhirn-Intelligenz die Großhirn-Anlage gerade nicht bedeutet, mit mehr Intelligenz ***geboren*** zu werden. Die Großhirn-Anlage stellt mit ihrem Ausmaß nur ein neurologisches **Potential** bereit, in dessen Ausmaß sich Intelligenz erwerben lässt. Doch muss sie sozial etabliert und individuell *erworben* werden. Der Vorteil dieser Anlage besteht darin, dass damit eine Erfahrungs-Entwicklung in Bezug auf die konkreten Verhältnisse in die Verhaltens-Anlage einfließt.

Die Evolution des Großhirn-Bereichs, die in einem besonderen Ausmaß in dem Strang der Primaten stattfand, verknüpft sich mit einem neurologisch-hormonellen Aufschub der Geschlechtsreife, da die Lern-Entwicklung mit dem Spieltrieb der >Kindheit< verbunden ist. Dieser >Spieltrieb<, der zunächst seine Energien durch das Säugen erhält und deswegen insbesondere bei den Säugetieren aufkam, ist das neurologische Muster bei der Besetzung der Großhirn-Strukturen (>Prägung<). Durch diese Verlängerung der Kindheit wird also die Ausreifung des Gehirns *verzögert*. Hierdurch erhalten die neurologischen Muster weit länger die Gelegenheit, von den Erfahrungen mit der gegebenen >Realität< seiner Umgebungs-Natur, im Sozialen wie mit den eigenen Möglichkeiten in der Gehirn-Anlage geprägt zu werden.

Dies bedeutet zweierlei. Zum einen richtet sich diese Großhirn-Anlage je größer, je mehr auf das Spezifische seiner jeweiligen Situation auf Kosten der allgemeinen Art-Erfahrung aus. Dies ist keineswegs immer nur ein Vorteil und offenbar bei dem höheren Ausmaß an Großhirn ein wichtiger Grund für das Aussterben gerade der Entwicklungen im Vorfeld vor *Homo sapiens.*

Zum anderen bedeuten die evolutionären Schübe der Verlängerung der Kindheiten, die mit der Großhirn-Evolution einhergehen, auch eine entscheidend höhere Anforderung an die Erwachsenen, und zwar nicht allein in Bezug auf die Versorgung, sondern vor allem in der Gestellung produktiver Lern-Verhältnisse in der Kindheit. Denn der Erwerb der individuellen Intelligenz ist hochgradig von der Intelligenz der Sozialisations-Verhältnisse abhängig. Auf dieser Ebene kommt es jedoch evolutionär zu einem Problem.

„Das erste Lebewesen, dessen Großhirn alle [evolutionär] *älteren Hirnteile in der Entwicklung überflügelt hat, ist der Affe."* [7]

Eine gut lesbare ausführliche Abhandlung über „Die Evolution unseres Bewusstseins" bietet das Buch „Der Geist fiel nicht vom Himmel" von z.B. Hoimar v. Ditfurth, wenn es auch nicht mehr in allem aktuell ist.

[7] Hoimar v. Ditfurth: Im Anfang war der Wasserstoff, S. 270, vgl. S. 269 und S. 323

1.2 Die tatsächliche evolutionäre Problemstellung in der Humanevolution

Man übersieht das entscheidende evolutionäre Problem in der Primaten-Linie leicht, weil man hier zu sehr vom Menschen ausgeht, wo es tatsächlich im Ergebnis der humanevolutionären Entwicklung zu der entscheidenden Lösung kam.

Die alte Vorstellung, dass das entscheidende evolutionäre Problem der höheren Primaten und der Humanevolution noch auf der Ebene der Fressfeinde und der Nahrungsversorgung läge, hat sich hierbei als gegenstandslos erwiesen. In dieser Hinsicht kann zunächst einmal festgestellt werden:

> „Das Leben der vorausgegangenen Jäger und Sammler, wie auch das der höheren nicht-humanen Primaten, war ein leichtes.“ [8]

> „Die verbreitete Vorstellung, dass Wildbeuter [= *Jäger und Sammler-Kulturen*] stets am Rande des Existenzminimums darben und die Übernahme der Landwirtschaft für sie ein Gewinn wäre, ist falsch. Im Gegenteil - in völkerkundlichen Studien aus den 70er Jahren werden Wildbeutergruppen als >Überflussgesellschaften< charakterisiert: Sie haben in der Regel alles, was sie brauchen, und benötigen für ihre Existenzsicherung nur einen Bruchteil der Zeit, die Bauern dafür aufwenden.“ [9]

In Bezug auf die >Buschleute< in Afrika:

> „Drittens müssen die Jäger und Sammler für das Überleben nicht hart arbeiten -, und darin liegt offenbar wenigstens teil-

[8] Doris F. Jonas, in: Richard Fester u.a.: Weib und Macht, S. 190

[9] Brigitte Röder, in: Bärbel Auffermann & Gerd-Christian Weniger: Frauen - Zeiten - Spuren, S. 242

weise der Grund, warum sie dieses Leben führen. Schätzungsweise arbeitet ein Erwachsener im Durchschnitt 15 Stunden pro Woche […]. Diesem einfachen, aber sicheren [!] und relativ mühelosen Leben dürfte ihr Selbstbewusstsein, ihre Neigung zu Verschwendung und ihre scheinbare Sorglosigkeit zuzusprechen sein – Eigenschaften, die bei den weniger sicher [!] lebenden, sesshaften Bauern und Stadtbewohnern der Mittelklasse für Neid und Verärgerung sorgen.“ [10]

Selbst über die nicht einfachen eiszeitlichen Verhältnisse in Europa heißt es:

> „Berechnungen über die durchschnittliche Zahl an täglichen Arbeitsstunden zur Sicherung der Ernährung incl. Hausbau, Herstellung von Kleidung, Vorratswirtschaft usw. ergaben ein erstaunliches Resultat: Lediglich vier bis fünf Stunden pro Tag musste ein Cromagnon im Jahresdurchschnitt für diese Tätigkeiten aufbringen [...].“ [11]

> „Labortests zeigten deutlich, dass niedere Affen und Menschaffen außergewöhnlich intelligent sind. Feldstudien ergaben allerdings, dass zumindest beim Gewinnen des täglichen Lebensunterhaltes diese Intelligenz kaum beansprucht wird. […] Mit anderen Worten, für einen nichtmenschlichen Primaten in freier Wildbahn ist der Lernprozess über das Vorkommen und vielleicht auch die Reifezeit von Nahrungsressourcen ein intellektuelles Kinderspiel verglichen mit der Vorhersage - und Beeinflussung - von Verhaltensweisen anderer Individuen der Gruppe.“ [12]

Es ergibt sich in dem Gesamtbefund, dass spätestens nach der Stufe der einfachen Affen (**Anthropoiden**) die eigentliche Anforderung von der Umweltbeherrschung (Nahrungsbesorgung,

---

[10] Wilhem Östberg, in: Göran Burenhult: Illustrierte Geschichte der Menschheit V, S. 142

[11] H. Braem: Die magische Welt der Schamanen und Höhlenmaler, S. 72

[12] Roger Lewin: Spuren der Menschwerdung, S. 145 f.

Sicherung vor Raubtieren usw.) u.a. aufgrund der langen Kindheiten hinter das Soziale zurücktritt. Bereits das Entstehen der evolutionären Stufe der **Hominoiden** (= >Menschenaffen< wie z.B. die Schimpansen) in dem besonders grundlegenden geologischen Umbruch vor ca. 23 Mio. Jahren hat in der enormen Länge der Kindheiten die **Voraussetzung**, dass die Anforderungen an den Erwerb der >Umweltbeherrschung< nachrangig geworden sind.

> „Der Schlüssel zum Verständnis der Intelligenz von Menschenaffen wie von Menschen liegt in dem Verhältnis zwischen der langen Lernzeit und dem Leben in einer **stabilen sozialen Gruppe**. Das Lernen an sich bedarf keines großen Intellekts, sondern der Fähigkeit, mit den vielfältigen sozialen Interaktionen umgehen zu können.“ [13] [Hervorhebung CR]

Damit kann festgestellt werden, dass sich mit jedem Schub an Großhirn-Evolution in der Verlängerung und Potenzierung des Faktors der Lernentwicklung die evolutionäre Anforderung mehr und mehr von dem Umwelt-Verhältnis auf die Qualifizierung seiner Sozial-Verhältnisse verlagert. Es ist dieser soziale Bereich, wo spätestens nach der Stufe der einfachen Affen (Anthropoiden) die eigentlichen evolutionären Probleme bis hin zum effektiven Aussterben entstehen.

Diese Problematik erklärt sich aus der evolutionären Herkunft dieser Entwicklung. Denn anders, als man aufgrund der späteren Sachverhalte anzunehmen gewohnt ist, entspringt die Evolution der Primaten gerade nicht aus dem Sozialen. Die Primaten-Evolution ging durch Verhältnisse, wo tendenziell nur ein Einzeltier zu überleben vermochte und wo Intelligenz zu dem entscheidenden Faktor wird. Entsprechend entsteht die Tendenz, dass die Weibchen in einer verlängerten Schwangerschaft jeweils nur noch eine Einzelgeburt erbringen, die dann lange betreut wird. Bei einigen frühen Primaten wie bei den Mausmakis ist die Situation so extrem, dass „die Weibchen nur für

[13] Richard E. Leakey & Roger Lewin: Wie der Mensch zum Menschen wurde, S. 184

wenige Stunden innerhalb eines Jahres empfängnisbereit sind." (Wikipedia, *Lemuren*: Fortpflanzung)

Von daher erwächst das Sozialleben bei den Primaten im Weiteren in den Bindungen und den Anforderungen langer Kindheiten aus dem Mutter-Kind-Verhältnis. Besonders typisch erscheint insofern die Situation bei den Meerkatzenverwandten:

> „Da die Weibchen in der Regel im Gegensatz zu den Männchen ihre Geburtsgruppe nicht verlassen, sondern zeitlebens dort bleiben, bildet meist ein Kreis nahe verwandter Weibchen den Kern einer Gruppe. Innerhalb der Weibchen etabliert sich eine Rangordnung, die unter anderem auf Abstammung fußt." (Wikipedia: *Meerkatzenverwandte*: Sozialverhalten)

Das Weitere ist hier zumindest evolutionär aus der falschen Perspektive formuliert:

> „Es gibt zwei Gruppenformen: zum einen die Einmännchen- oder Haremsgruppe, bei der ein einzelnes Männchen mehrere Weibchen um sich schart und keine Nebenbuhler duldet; zum anderen die Männchengruppen, bei denen mehrere Männchen mit vielen Weibchen zusammenleben, wobei die Weibchen aber meist deutlich in der Überzahl sind." (ebd. Sozialverhalten)

Wie auch die anderen Sozialformen in anderen Arten andeuten, ergibt sich, dass in dieser Entwicklungs-Linie die Männchen als Versorger und/oder zum Schutz in das Sozialleben eintreten. In der allgemeinen Tendenz zeigt sich von daher eine ausgesprochene männliche Konkurrenz um die Weibchen. Diese Entwicklung führt evolutionär schon mit der Stufe der Affen dazu, dass die männlichen Kindheiten deutlich länger werden als die weiblichen – und zu einem entsprechend deutlichen Geschlechtsdimorphismus:

> „Bei den meisten Arten [*der Meerkatzenverwandten wie den Pavianen, Makaken usw.*] gibt es einen deutlichen Geschlechtsdimorphismus beim Gewicht – die Männchen

werden manchmal doppelt so schwer wie die Weibchen.“ (ebd.: Allgemeiner Körperbau und Fell)

Von diesem evolutionären Gang her entsteht ein Problem. Das Sozialleben dieser Linie erwuchs aus den Anforderungen der Länge der Kindheiten, doch jenseits davon bleibt es auf der Erwachsenen-Ebene nur sehr begrenzt sozial intelligent. Genau daran kann angesichts der genetischen Verhaltensanlage auch die ganze weitere Großhirn-Intelligenz-Entwicklung nichts ändern. So führt die weitere Großhirn-Intelligenz-Entwicklung durchaus auch dazu, die soziale Konkurrenz um Ränge und Geschlechtspartner zu verschärfen. Diese Problematik zeigt sich bereits auf der Stufe der >einfachen Affen< (Anthropoiden) in dem Sachverhalt der längeren männlichen Kindheiten und der Vergrößerung der Männchen, nämlich als Ausdruck der Konkurrenz-Kämpfe letztlich um die Weibchen („Harems-Gruppen“) wie im Falle der gemischten Gruppen zu den hierdurch bedingten Kämpfen um Ränge.

Ebenso wie bei der Großhirn-Anlage die Gleichsetzung von Gehirngröße und Intelligenz unzutreffend ist, ist es auch die Annahme >Je mehr Gehirn, desto evolutionär erfolgreicher<. In gewisser Weise trifft insgesamt eher das Gegenteil zu. Schon die Stufe der Hominoiden (Menschenaffen) war (auch ohne jedes menschliche Dazutun) evolutionär eher ein Fehlschlag:

> „Heute übertreffen die niederen Affen die Menschenaffen um das Zehnfache an Arten. Als besonders auffälliges Merkmal lässt sich bei diesem Evolutionsverlauf erkennen, dass vor 20 Mio. Jahren genau umgekehrte Verhältnisse vorlagen.“ [14]

So erklären sich die Weiterentwicklungen auch nicht an sich aus der bestehenden Großhirn-Intelligenz heraus. Es ist das Bemerkenswerte, dass sie ausgerechnet in höchst substanziel-

[14] Roger Lewin: Spuren der Menschwerdung, S. 47

len evolutionären Krisen im Kontext geologischer Umbrüche erfolgen. Dies bedeutet, dass im Grunde schon auf der Stufe der >einfachen Affen< (Anthropoiden) genug Intelligenz vorhanden war, die jedoch aufgrund der gängigen Verhaltensformen einfach nicht stärker zum Zuge kommen konnte. Dazu brauchte es erst der Notstandsprobleme. So kommt es nun ausgerechnet inmitten evolutionärer Krisen zu einer verbesserten Betreuung der Säuglinge, wo man noch unreifere Geburten denn je durchzubringen versteht – exakt damit verknüpft sich die evolutionäre Veränderung. Ausgerechnet in den evolutionären Krisen wird man fähig, noch hilfloseren Nachwuchs denn je sowie eine bedeutsame Verlängerung der Kindheit zu verarbeiten.

Denn damit verknüpft sich die weitere Potenzierung der Großhirn-Intelligenz. Doch diese bedeutet bis zu der humanevolutionären Entwicklung nicht den Durchbruch aus den genetischen Verhaltensformen. Das Einzige, was diese volle Potenzierung der Großhirn-Intelligenz in dem Schritt von den >einfachen Affen< zu den Hominoiden (Menschenaffen) erreicht, ist die Bewältigung der evolutionären Krise und ein Überleben unter noch schwierigeren Verhältnissen als zuvor – doch tatsächlich *allein nur da*. Es ist höchst bemerkenswert, dass die erheblich intelligenteren Menschenaffen gerade nicht unterschiedlichere Lebensräume besetzen als die einfachen Affen. Sie halten sich allein in Lebensräumen, für die es entsprechend höherer Intelligenz bedarf. In allen anderen – nämlich einfacheren - Lebensräumen verfallen sie dem Aussterben.

Diese Problematik erklärt sich daraus, dass die weitere Entwicklung der Großhirn-Intelligenz eine Reaktion auf evolutionäre Krisen unter geologischen Umbrüchen darstellte. In dieser Hinsicht war die weitere Potenzierung der Großhirn-Intelligenz höchst leistungsfähig. Doch ohne diese besonders hohen Ansprüche in der Überlebens-Sicherung geriet diese Entwicklung in eine evolutionäre Sackgasse. Unter der Voraussetzung der genetischen Verhaltensanlage erreicht die Großhirn-Intelligenz lediglich in Hinsicht auf äußere Problemstellungen einen Effekt. Doch in Hinsicht auf das Sozialleben schlägt diese neurologische Anlage, wo sie nicht hinreichend von äußeren Problemstellungen in Anspruch genommen wird, negativ zurück.

Wir kennen dieses Problem einer mangelnden neurologischen Beanspruchung bei den Kindern, wenn sie sich zu >langweilen< beginnen. Eine solche Problematik findet sich auch schon bei den Menschenaffen: „Doch bei jungen Menschenaffen können solche Spiele leicht in Kämpfe übergehen ." [15]

- „Ein 16jähriger Mörder erklärte jüngst: >Ich tötete, weil ich mich langweilte.<" [16]
- „**Mordversuch: >Wir wollten Spaß haben<:** Vier junge Frauen haben zugegeben, aus Langeweile Einkaufswagen und Feuerlöscher aus einem Hochhaus geworfen zu haben." [17]

. „**Opfer aus Langeweile zu Tode geprügelt**: Vier Jugendliche sollen den Obdachlosen in Kamp-Lintfort terrorisiert haben" [18]

„[…] wenn Jugendliche scheinbar motivlos Menschen anpöbeln, Streitereien beginnen oder Zerstörungen anrichten, dürfte der Abenteuereffekt eine wesentliche Rolle spielen." [19]

S. zu *„Destruktivität (als Ausdruck von Langeweile)"* mehr z.B. bei *Erich Fromm: Leben zwischen Haben und Sein*, S. 92 ff.

Dieses Problem lässt sich historisch auch sehr gut bei dem „Sonnenkönig" Ludwig XIV. studieren. Der Krieg wurde hier zum >Abenteuer<, als der zunächst bestehende Reiz von Versailles mit Luxus, Partys und *Amour* einigermaßen ausgereizt war.

---

[15] Frans de Waal: Wilde Diplomaten, S. 230

[16] Raoul Vaneigem: Handbuch der Lebenskunst, S. 36

[17] Westdeutsche Zeitung WZ Wuppertal 6.5.2009, S. 3

[18] Westdeutsche Zeitung WZ Wuppertal 29.5.2010, S. 3

[19] Hans-Peter Nolting: Lernschritte zur Gewaltlosigkeit, S. 60

Diese Problemstellung ist unter der Voraussetzung der genetischen Verhaltenssteuerung dadurch besonders gesteigert, dass mit der zunehmenden Großhirn-Intelligenz auch die innersozialen Kämpfe um Ränge, Macht und Geschlechtspartner entsprechend intelligenter - und also immer *fataler* werden.

> „Mit anderen Worten, für einen nichtmenschlichen Primaten in freier Wildbahn ist der Lernprozess über das Vorkommen und vielleicht auch die Reifezeit von Nahrungsressourcen ein intellektuelles Kinderspiel verglichen mit der Vorhersage - und Beeinflussung - von Verhaltensweisen anderer Individuen der Gruppe. [...] Beobachtet man Konflikte zwischen zwei Einzeltieren irgendeiner Säugetierart, so kann man gewöhnlich leicht vorhersagen, wer gewinnt: das größere Tier oder jenes mit größeren Hauern, dem größeren Geweih oder der wie auch immer gearteten Waffe. Nicht so bei den niederen Affen und Menschenaffen.“ [20]

So gilt schon für die Schimpansen:

> „Normalerweise setzt sich das Alphamännchen nicht deshalb an die Spitze des Rudels, weil es das Stärkere ist, sondern weil es sich ein großes und stabiles Unterstützernetzwerk aufgebaut hat.“ [21]

Gerade also da, wo auf der Basis der genetischen Verhaltens-Steuerung mit der hohen Großhirn-Intelligenz aufgrund günstigerer Verhältnisse eine hohe Umwelt-Souveränität erreicht wurde, entstand die evolutionäre Tragik, dass das Ausmaß an freier Energie in die innersoziale Konkurrenz bis zum gegenseitigen Selbstruin ging. Diese Problematik spitzt sich auf der Stufe nach >den Schimpansen< endgültig zu. Die Humanevolution entstand im Angesicht des evolutionären Aus und entging ihr nur äußerst knapp. Erst die Evolution von Kultur als der Befähigung zu einem guten Sozial- und Beziehungs-Leben erreichte die Lösung.

---

[20] Roger Lewin: Spuren der Menschwerdung, S. 145 f.

[21] Yuval Noah Harari: Eine kurze Geschichte der Menschheit, S. 39

1.3 Zur Evolution von Sprache und Kultur

Aufgrund des geologischen Umbruchs vom Pliozän auf das Pleistozän, der die Lebensform der Hominoiden in weiten Gebieten existenzial betraf, kommt es ab vor ca. 2,5 Mio. Jahren zu einer neuen evolutionären Entwicklung. Zu dieser Zeit erfolgte der volle Durchschlag der >Eiszeit<, mit der (infolge der Bindung von Luftfeuchtigkeit in der Vereisung des Nordpols) ein deutlicher Rückgang der tropischen Regenwälder verbunden war.

Die hiervon Betroffenen mussten einen grundlegenden Wechsel von einem Leben im Wald zu einem Leben in der Savanne vollziehen. Damit verknüpfte sich die Entwicklung der Zweibeinigkeit und infolge der neuen *Hitze* (im Verlust des Schattens in den Wäldern) der Umbildung vom Fell zur Haut (mit Schweiß-Drüsen zur Kühlung). Mit der Savanne musste man auch völlig neue Ernährungsformen entwickeln (hier beginnt die Bedeutung der Jagd), wie man auch ganz anders der Gefahr durch Raubtiere ausgesetzt war. Der Gebrauch von Stöcken könnte vor dem *Speer* zwecks Jagd zuerst zur Verteidigung vor Raubtieren aufgekommen sein.

Es ist hier also wieder einmal eine besonders scharfe evolutionäre Krise, in der sich das evolutionäre Muster einer weiteren Potenzierung des Großhirn-Wachstums wiederholt. Schon auf der ersten Stufe wie etwa mit „Homo habilis“ und/oder „Homo Rudolfensis“ kommt es zu einer Verdopplung der Gehirn-Größe.

↓ Durchschnittliche Hirngröße

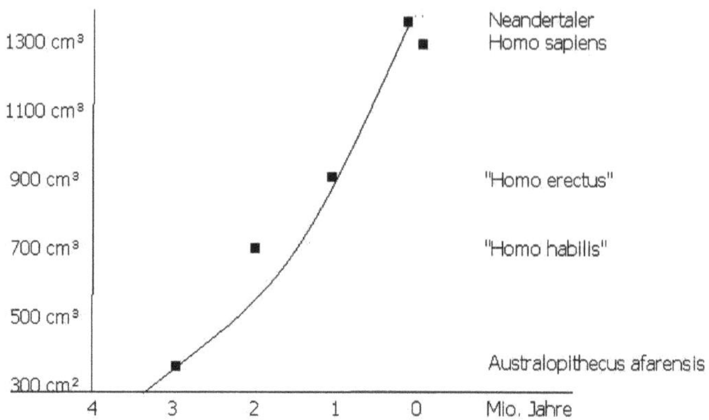

Vereinfachte Nachzeichnung nach einer offenbar einstmals verbreiteteren Graphik [22]

Dieser neuere evolutionäre Schub an Großhirn-Intelligenz korrespondiert mit der Entstehung von technologischer Intelligenz und dem Gebrauch von Werkzeug-Technik. Die damit verbundenen neurologischen Zusammenhänge sprechen dafür, hier auch die Entstehung der Evolution von Sprache anzusetzen.

Denn Sprache ist in gewisser Weise die neurologische Voraussetzung für diese neue Stufe an technologischer Intelligenz und auch für die neue Entwicklung an Handfertigkeit. Wir kennen diese Sachverhalte insbesondere bei dem Erlernen eines Musikinstruments oder des Tippens. Für das Erreichen einer solchen Präzision an Bewegung ist das sprachliche Denken als Kontrolle unabdingbar, und es braucht ein langes kontrolliertes

[22] sie findet sich z.B. in Roger Lewin: Spuren der Menschwerdung, S. 143, und GEO Wissen „Die Evolution des Menschen", S. 80

Üben, bis diese Bewegungen in „Fleisch und Blut übergehen“, d.h. in einer neurologischen Schicht verwurzeln, die unterhalb des sprachlich kontrollierten Bereichs liegen.

Mit der enormen Steigerung der Gehirn-Größe und der Entwicklung technischer Fähigkeiten ist man nicht bloß befähigt, diese evolutionäre Krise zu meistern, sondern man kommt mit diesen Fähigkeiten gar dahin, sich über den angestammten Kontinenten Afrika hinaus über die Welt zu verbreiten und auch gänzlich andere Lebensräume aufzunehmen.

Doch anders herum: das ist auch alles, wozu diese evolutionäre Entwicklung in der Lage war. Gerade aufgrund der noch ganz anderen Intelligenz und technischen Fähigkeiten gerät diese Entwicklung überaus schnell in das Problem, sein Potential auslasten zu können. Im höheren Norden hat man das Glück, hinreichend widrige Verhältnisse für diese Auslastung zu finden, und so kann sich dort diese Entwicklung am längsten halten, bis auch diese – als >Neandertaler< mit seinem durchschnittlich größeren Gehirn als unsereins - dem Aussterben verfällt.

Es stellt die tatsächlichen Gegebenheiten völlig auf den Kopf, in der Evolution von weiterem Großhirn, von Sprache, technologischer Intelligenz und Technologie den entscheidenden evolutionären Fortschritt *des Menschen* zu sehen. In Wirklichkeit entstand in der evolutionären Krise vor ca. 2,5 Mio. Jahren in dem neuen Lebensraum der Savanne das fälschlicherweise dem >Menschen< zugeschriebene Problem des >Mängelwesens<. Die weitere Intelligenz mit ihrer Ausprägung von Sprache und Technologie wurde hier notwendig, um sein Überleben retten zu können. Dies gelang soweit auch, doch nur unter zureichenden *Problemen.* Die den Hominoiden (Menschenaffen) technisch weit überlegene Intelligenz der Hominiden erreichte mit Sprache und aller Technologie nicht einmal ein Zehntel deren evolutionären Bestehens und starb im Gegensatz zu den Schimpansen längst aus.

Dieser Sachverhalt erklärt sich gerade nicht daraus, dass mit >Homo sapiens< eine technisch verbesserte Fassung von „Homo erectus“ auf den Markt kam. Es handelt sich bei >Homo sapiens< nicht um eine graduelle Weiterentwicklung von >Homo erectus<. Diese Auffassung ist ein völlig falsches Modell von Humanevolution aus dem Vorwissenschaftlichen, das die entscheidenden neurologischen Sachverhalte nicht erfasst.

In Wirklichkeit gibt es nicht den geringsten Grund, den eigentlichen Schritt vom >Tier zum Menschen< schon auf die Ära vor ca. 2,5 Mio. oder auch 2 Mio. Jahren anzusetzen. Weder die Gehirngröße noch Technik noch ein Bestand an Sprache als solcher machen diesen Unterschied. „Homo erectus“ ist noch kein >Homo<. Vielmehr handelt es sich hier um eine eigene evolutionäre Stufe zwischen >Schimpanse< (den Homin***o***iden) und der Humanevolution: die Stufe der Hominiden. Folglich wäre also von *Hominidus erectus* usw. zu sprechen.

Der entscheidende Unterschied zwischen >Tier< und >Mensch< verknüpft sich effektiv und allein mit der Aneignung der genetischen Verhaltenssteuerung. Der Bestand von Sprache war dafür die evolutionäre Voraussetzung. Ohne den Bestand von Sprache wäre der humanevolutionäre Prozess in der Aneignung der genetischen Verhaltenssteuerung gar keine Möglichkeit geworden. Doch dass Sprache nicht bloß auf der Großhirn-Ebene wirksam war, sondern auch zu einem hinreichenden Mittel der Steuerung der auf der Zwischenhirn-Ebene liegenden Verhaltensprogramme werden konnte, hatte noch eine ganze Reihe an Voraussetzungen sowohl an Veränderungen im Gehirn als auch in Hinsicht auf die Anlage der Sprache.

Für diese Entwicklungen war ein ganzer eigener Prozess in mehreren evolutionären Schritten nötig – eben der humanevolutionäre Prozess. Er ist erst nach *Hominidus erectus* anzusetzen und mit dem in Verbindung zu bringen, was bislang gemeinhin als >archaischer Homo sapiens< bezeichnet wird, und in seinem *Beginn* nicht schon auf die Zeit vor ca. 2.5 Mio. Jahren, sondern erst ab vor etwa 0,5 Mio. Jahren.

Auslöser dieses neuen evolutionären Prozesses sind diesmal keine Naturumbrüche. Es ist das Problem der entstandenen evolutionären Anlage selbst, das bei aller technischen Intelligenz sozial zu unfähig blieb und deswegen ins Aussterben geriet. Dieser Sachverhalt ist bei der weiten Verbreitung von Hominidus erectus und seinen regionalen Modifikationen in Afrika, Europa und Asien effektiv bemerkenswert.

Dass dieses Aussterbens in einer mangelnden Nahrungsversorgung gelegen hätte, stellt das Problem auf den Kopf. Zutreffender könnte es sein, es – wie manche vermuten - in der Aggressionsproblematik dieser Anlage zu suchen: dass man sich mangels Auslastung in der Nahrungsbesorgung oder anderer Realitäts-Anforderungen in Kämpfen um Ränge und Geschlechtspartner gegenseitig ruiniert hätte.

Auf jeden Fall ist hier das evolutionäre Problem mit einem zu unfähigen Sozialleben in Verbindung zu bringen. Genau hier liegt auch die humanevolutionäre Lösung: nämlich mit der Entwicklung von *Kultur.*

Die Evolution von Kultur ist die auch äußere Entsprechung der humanevolutionären Aneignung der genetischen Verhaltenssteuerung zur Befähigung zur Selbststeuerung. Erst in dieser Überwindung der Verhaltensformen der Tierstufe wurde die evolutionäre Problematik der höheren Großhirn-Stufe eines zu unfähigen Soziallebens gelöst. Es ist neurologisch absolut eindeutig, dass die Evolution der bloß technischen Intelligenz diese genetischen Probleme nicht zu lösen vermochte – und es insofern nicht den geringsten Grund gibt, diese evolutionäre Stufe seit vor ca. 2,5 Mio. Jahren schon als Humanevolution zu verstehen. Wohl war diese Evolution von Technik höchst leistungsfähig, große Naturprobleme zu meistern. Insofern bedeutete sie die Lösung der evolutionären Krise eines Strangs der Hominoiden (konkret wohl der Australopithecinen) und befähigte dann auch zudem noch, den angestammten Kontinenten Afrika zu verlassen und die unterschiedlichsten Naturverhältnisse aufzunehmen. Doch jenseits hoher Anforderungen hatte die Evolution von Technologie und (dieser Art von) Sprache offenbar in sozialer Hinsicht negative Rückwirkungen. Sie erhöhte die sozialen Anforderungen und band das Bewusstsein (in Gehirn-Entwicklung *und* Sprache) an Sachverhalte, die jenseits von Notstand und evolutionär ungewohnter Lebensverhältnisse nicht das Entscheidende waren.

Es ist das Bemerkenswerte, dass die Stufe der Hominiden bei ihrer so weiten Verbreitung über Afrika, Europa und Asien aus im Einzelnen unterschiedlichen Gründen zu unterschiedlichen Zeiten vollständig dem Aussterben verfällt. Die humanevolutionäre Entwicklung schaffte gerade noch rechtzeitig kurz vor unserer Art Homo sapiens die Lösung und entging diesem Aussterben nur überaus knapp. Es wird aufgrund der „unerwartet geringen genetischen Vielfalt" beim Menschen angenommen, dass lediglich in Afrika eine Größenordnung im nur 4stelligen Bereich diesem Aussterben entgangen ist. [23]

Die Lösung verknüpfte sich mit der Entwicklung der Aneignung der zuvor genetischen Verhaltenssteuerung, und zwar zum Zweck fähiger Sozialverhältnisse als der einzigen Chance, dem gesellschaftlichen oder gar evolutionären Scheitern durch ein unfähiges Sozialleben oder gar einem gegenseitigen Selbstruin zu entgehen.

Zentrales Mittel dieser Lösung war die humanevolutionäre Weiterentwicklung von Sprache, die anders als die vorausgehende Sprache der Hominiden dahin kam, auch zur Steuerung der bislang genetischen Verhaltensanlage befähigt zu sein. Die vorausgehende Sprache der Hominiden war dazu noch nicht qualifiziert. Wir werden auf dieses Thema noch mal bzgl. der historischen Entwicklung der Sprache zurückkommen (→ 4.1 ff.).

In Verbindung mit dem Erwerb der Fähigkeit der Verhaltenssteuerung konnte nun eine entsprechend dazu angelegte Spra-

---

[23] Wikipedia: *Genetischer Flaschenhals: beim Menschen.* Doch siehe dazu auch meine weiteren Ausführungen unter dem Punkt 3.3.1 meines Buchs >Die Humanevolution war ganz anders.

che zu dem Mittel werden, seine Sozialverhältnisse auf der Basis von Reflexion und gemeinschaftlicher Kommunikation zu steuern. Diese Entwicklung des Erwerbs der Fähigkeit zur Verhaltenssteuerung, zu Reflexion und Kommunikation zwecks fähiger Teilnahme an dem Sozialprozess ist der Inhalt der humanevolutionären Entwicklung. Diese Befähigung zu einem fähigen Soziallebens ist der neuartige evolutionäre Sachverhalt namens >Kultur<. Darum geht es bei dem Sachverhalt Kultur, und darin lag – zumindest erstmal soweit - die Lösung des evolutionären Problems.

Dieses Ergebnis wurde im Vorfeld vor unserer Art Homo sapiens von dem *archaischen Homo sapiens* erreicht. Unsere Art Homo sapiens ist bereits das evolutionäre Produkt dieser Entwicklung. Denn allein von dorther erklärt sich, dass die kulturale Anlage zu unserer genetischen Ausstattung wurde. Ohne das vollgültige Erreichen von Kultur als praktischer Realität unter dem archaischen Homo sapiens wäre diese Art von kulturaler Anlage so keine Möglichkeit geworden. Diese Entwicklung vollzog sich auch nicht von heute auf morgen, sondern in dem langen Entwicklungsprozess der Humanevolution in dem Wechselverhältnis von Biologie und praktischer Kultur. Kurz vor dem Aussterben erreichte sie die entscheidende evolutionäre Lösung – und dann: mit was für einem Erfolg!

Es ist von daher **völlig abstrus**, die humanevolutionär entwickelte Kultur des Homo sapiens der Eiszeit in irgendeiner Form für primitiv zu halten. Bloß mit >Wildbeuterum< ist das Eigentliche der humanevolutionären Entwicklung noch überhaupt nicht in den Blick geraten. >Wildbeuter< waren auch schon die Affen und nicht erst die.

Die Anlage des Homo sapiens ist höchst anspruchsvoll – wir könnten sagen: **leider**. Denn sie ist im Wesentlichen mit *sozialem* Lernen und Verhaltens-*Training* verbunden, wie man sie als >Jugend-Initiation< entwickelte. Dabei ging es ursprünglich um den Erwerb der erst eigentlichen Sprach-Beherrschung, das vollgültige kulturelle Know How und die Entwicklung von Identität, Kommunikations- und Konflikt-Fähigkeit, insbesondere im Geschlechter-Verhältnis. Erst auf dieser Grundlage wird eine Steuerung seiner Sozialverhältnisse per Reflexion und gemeinschaftlicher Kommunikation erreicht – und damit die evolutionäre Anforderung bzgl. der Konsequenzen der Großhirn-Anlage.

Bloß mit Nahrungserwerb, Hüttenbau und kulturellem Zeitvertreib – wie es in den gängigen Abhandlungen dargestellt wird - wird von dieser Entwicklung noch gar nichts wahrgenommen und wäre auch noch gar nichts von den Anforderungen des höheren Großhirn-Bestandes eingelöst. In diesem Fall sind soziale Probleme *unabdingbare* Folge. Die humanevolutionäre Entwicklung verknüpfte sich in ihrem Eigentlichen nicht mit der Entwicklung von Technologie und materieller Kultur – das war vielmehr das Moment der vorausgehenden evolutionären Stufe der Hominiden (wie „Homo" erectus) -, sondern mit der Entwicklung von Kultur zwecks einem fähigen gemeinschaftlichen Sozialleben: zuerst zwecks Vermeidung eines gegenseitigen sozialen Selbstruins und dann zum Erschließen von Lebens-Qualität.

Der evolutionäre Pass wurde hierbei an dem Punkt überschritten, als der Einsatz für das Kulturelle im Sozialleben den für Reproduktion (Nahrungsbesorgung, Kleidung, Kinder usw.) überstieg. Exakt dies ist bei den ursprünglichen und Alten Kulturen der Fall, s. z.B.:

> „Überhaupt ist es typisch für Sammlerinnen- und Jägergesellschaften, die unter Bedingungen wie die der afrikanischen leben, dass sie ein ausgesprochen unbekümmertes, heiteres Naturel besitzen, sich gerne amüsieren und viel lachen.
> Die Voraussetzungen dazu sind ihnen auch wahrlich gegeben. Man hat errechnet, dass Buschmänner oder Hadza zum Beispiel einen Arbeitsaufwand von weniger als zwei Stunden pro Tag aufbringen müssen, um ihren Lebensunterhalt sicherzustellen. Es bleibt ihnen also reichlich Muße, die ihre Phantasie beflügelt und die sie denn auch mit viel Spiel, Tanz, Gesang, Unterhaltung und Geschichtenerzählen aus-

füllen. Man darf annehmen, dass dies früher […] nicht viel anders war.“ [24]

Wir werden noch sehen, dass evolutionär damit dennoch noch nicht alles erreicht war. Die historische Entwicklung hat hier ihre Ursache und auch ihre Logik.

Doch entstanden die neuartigen Anforderungen erst am >Ende der Eiszeit<. Auch wenn auch im Paläolithikum nicht jedes Sozialwesen des Homo sapiens die evolutionären Anforderungen in der Entwicklung von Kultur und Persönlichkeit für ein fähiges Sozialleben erreicht haben wird und entsprechend im Selbstruin endete, so haben wir nicht den geringsten Anhalt, das für gängiger zu halten. Weder wäre so die humanevolutionäre Entwicklung überhaupt möglich geworden noch hätten die Sozialwesen des Homo sapiens eine Dauer über zigtausend Jahre erreicht.

In Wirklichkeit deuten die tatsächlichen Befunde wie im Besonderen in den eiszeitlichen Höhlen auf ein reiches Maß an kultureller Betätigung und auch ein höchst abenteuerlustiges Leben. Nicht nur erreichten die „Steinzeitmenschen“ mit Australien und mit Südsee-Inseln schon vor zigtausenden Jahren ein beachtliches nautisches Niveau, sondern sie durchstreiften auch eiszeitliche Höhlen in einem Ausmaß, wie man es erst in jüngster Zeit mit moderner speläologischer Ausrüstung geschafft hat. Wo keine Not bestand, waren die Sozialwesen materiell durchaus bewusst recht einfach gehalten, um Zeit für das Eigentliche zu haben: für Beziehungen, Soziales und Kultur als den von innen her empfundenen Impulsen von >Leben<.

> „Die Ethnologie kennt eine Art Regel, der zufolge ein dürftiger materieller Güterbesitz einer umso reicheren Vorstellungswelt entspricht.“ [25]

---

[24] H. Christoph, K. E. Müller & Ute Ritz-Müller: Soul of Africa, S. 91

[25] H. Christoph, K. E. Müller & Ute Ritz-Müller: Soul of Africa, S. 88

Folgende Zitate können vielleicht einen kleinen Eindruck von Momenten der paläolithischen Kultur des Homo sapiens bieten:

> „Die Höhle Pergouset (Lot) ist ein verborgenes Universum. Nachdem man sich durch endlos scheinende schmale Zugänge gewunden hat, die die Vorstellung von einer Art rituellem Durchgang auslösen, gelangt man in sehr kleine Säle oder Kammern, in denen man sich gerade noch hinsetzen kann oder auf den Rücken legen muss. Dies zwingt den Körper zur Unbeweglichkeit und den Geist zur Sammlung. In der völligen Isolierung, in der undurchdringlichen Stille, in der nicht einmal das Tropfen von Wasser zu hören ist, hat man das Gefühl, in einer anderen Welt wiedergeboren worden zu sein. Die empfindlichen, mit Lehm bedeckten Wände, die den Prähistoriker umgeben, sind mit feinen und verschlungenen Gravierungen bedeckt. [...] Diese vor Leben sprühenden Reliefs kann man nicht während eines einzigen Besuchs oder bei einem schnellen Durchschreiten der Höhle wahrnehmen; man muss in diesem ganz besonderen Universum >wohnen<, die Atmosphäre auf sich wirken lassen.“ [26]

> „Beim Betreten einer Höhle, deren Wände mit Jahrtausende alten Malereien bedeckt sind, gewinnt man den Eindruck, in eine großartige imaginäre Welt einzutreten. […] Noch heute vermittelt uns die Bilderwelt der prähistorischen Felskunst eine unbeschreiblich sakrale Bedeutung, und für die Mentalität der westlichen Welt sind die Orte der Höhlenmalerei am ehesten den Kathedralen vergleichbar, die in den letzten tausend Jahren auf den Plätzen großer Städte errichtet wurden. Diese Bilderhöhlen sind früheste Orte geistiger Sammlung, an denen Erinnerung und Identität zelebriert wurde. Es sind >Kathedralen der Wüste<. Auf dem Planeten Erde gibt es viele solcher unbekannter Kathedralen.“ [27]

---

[26] Michel Lorblanchet: Höhlenmalerei - Ein Handbuch, S. 138 ff.

[27] Emmanuel Anati: Höhlenmalerei, S. 9

„Einer der seltsamsten Kultplätze unter den tief liegenden Heiligtümern ist wahrscheinlich Etcheberriko-Karbia, das verloren in den Gebirgen des Baskenlandes liegt. Der Eingang ist sehr groß, und man könnte meinen, dass er sich für die Ausführung einer Felsbildkomposition angeboten hätte. Der Kultplatz liegt jedoch so weit im Innern, dass man ihn nur mit einer guten speläologischen Ausrüstung erreichen kann. Über eine Stunde muss man kleine Seen überqueren, Felssimse entlang klettern, glatte, meterhohe Stalagmitenhänge erklimmen, um schließlich durch ein schmales Loch in einen schmalen Gang zu gelangen, der abrupt endet und 2 m senkrecht abfällt. Dort beginnt die Kultstätte.
Nun wird es jedoch keineswegs einfacher, denn nach der ersten Bildkomposition muss man an einem Stalagmiten 5 m hinab gleiten, einen Abgrund umgehen und durch einen engen Spalt 8 m hochklettern, um Fortsetzung und Abschluss der Malerei im Spaltende zu finden. Das letzte Pferd ist so nah am Rande des Abgrunds angebracht, dass man sich den Künstler nur vorstellen kann, wie er von einem Begleiter am Pelzkleid festgehalten wurde.“ [28]

„Eines der typischsten Merkmale dieser [eiszeitlichen Höhlen-] Bilder ist ihre beinahe unzugängliche Lage. Wenn überhaupt, erscheinen die Bilder nur selten an den Eingängen der Höhlen [...]. Stattdessen muss man auf Knien und Ellenbögen gehen und kriechen, ja manchmal sogar reißende unterirdische Flüsse und Seen durchschwimmen, um - manchmal unter Lebensgefahr - die innersten Bereiche jener Zufluchtsstätten zu erreichen. Man stelle sich nur den Gedanken vor, dass man den Weg nicht wieder zurückfindet oder in einem der nahezu unpassierbaren Gänge stecken bleibt. Nicht selten stößt ein Forscher, der nach Höhlenbildern sucht, auf eine Sackgasse, die zu eng ist, als dass er sich umdrehen könnte. Dann bleibt ihm nichts anderes übrig, als über Hunderte von Metern rückwärts zu kriechen. Die Gefahr und die Erregung müssen ein wesentlicher Teil des paläolithischen Rituals gewesen sein. Die Lampen jener Zeit, die mit Tierfett gespeist

[28] Mario Ruspoli: Die Höhlenmalerei von Lascaux, S. 82

und mit Dochten aus trockenen Fasern versehen waren, brannten vielleicht fünf oder sechs Stunden lang. In zahlreichen Höhlen wurden Steinlampen gefunden. Einige davon waren elegant geformt, während andere lediglich aus einfachen Kalksteinplatten bestanden, in die Löcher für den Brennstoff gebohrt waren. Niemals jedoch wurde das Skelett eines Menschen gefunden, der es nicht mehr geschafft hatte, die Höhle lebend zu verlassen.

Tief im Inneren der am wenigsten zugänglichen Höhlen schufen diese paläolithischen Künstler ihre Kunstwerke. Aber selbst hier mieden sie die leicht einsehbaren Oberflächen. Stattdessen wählten sie häufig eine abgelegene Stelle in einem engen Gang, die von den günstigsten Positionen aus nicht sofort zu sehen waren.

Ganz eindeutig suchten diese Künstler mit ihren flackernden Lampen nach einem besonderen Blickwinkel für die Höhlenwände. Er sollte dem Bild aus der realen Welt, das sie vor ihrem geistigen Auge hatten, Leben einhauchen - etwa einem rennenden Pferd oder einem angreifenden Wisent. Aus den Unregelmäßigkeiten der Felsoberfläche suchten sie jene natürlichen Bildungen heraus, die sie in ihre Darstellungen integrieren konnten. Dies ist ein Erkennungsmerkmal vieler Höhlenbilder, einschließlich der großartigen Mammute von Rouffignac und der lebensecht wirkenden Löwin von Les Combarelles, deren Augen aus natürlichen Feuersteinkernen bestehen, die im Kalkstein eingebettet sind.

Es ist häufig schwierig, den Winkel zu bestimmen, den der Künstler für den Anblick eines bestimmten Bildes vorgesehen hatte, geschweige den Winkel, von dem aus er selber das Bild gesehen hatte. Häufig entsteht der Eindruck, dass der Künstler für den Betrachter ein Überraschungsmoment eingebaut hat, der sich erst nieder ducken muss, ehe das Bild für ihn zum Leben kommt. Wir können uns kaum vorstellen, wie diese Künstler es schafften, lebensgroße Bilder mit korrekten Proportionen dazustellen, ohne dass sie imstande waren, zurückzutreten und das Werk als Ganzes zu betrachten. [...].“ [29]

---

[29] Göran Burenholt: Illustrierte Geschichte der Menschheit I, S. 106

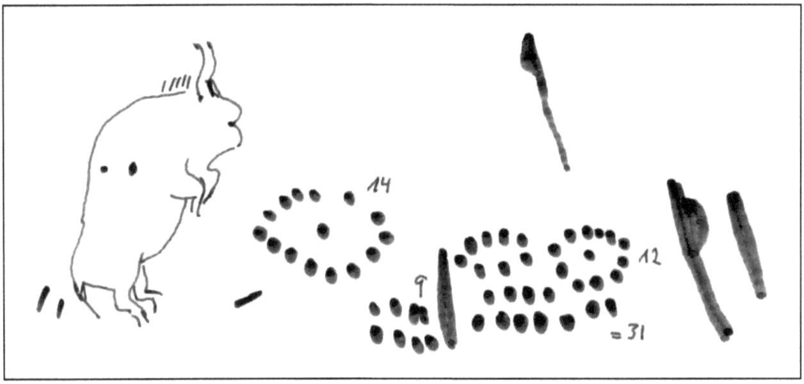

Beispiel der paläolithischen Kultur- und Sprach-Code-Symbolik aus der Höhle von Niaux (F). Nachzeichnung aus: Emmanuel Anati: Höhlenmalerei, S. 400. Der Zusatz der Zahlen stammt von mir (CR)

Alles in allem ist zu sagen:

> „Was hat den Menschen, und zwar auf dem gesamten Globus, zu einer künstlerischen Aktivität solchen Ausmaßes veranlasst? Der ungeheuere Umfang der bereits existierenden Dokumentationen zeigt die Höhlenmalerei und Felskunst als ein weltweit verbreitetes Phänomen […].“ [30]

> „Vom Norden Sibiriens bis zum Atlantik und Pazifik hat die Menschheit ihre Felsbilder und Gravierungen in Tausenden von Höhlen, als Felsüberhängen und freien Felswänden, entlang der Flusstäler, in Gebirgen, in häufig unzugänglich erscheinenden Gebieten hinterlassen. Man fragt sich, was Menschen dazu veranlasst hat, überall die Zeichen ihrer visuellen Kreativität aufzudrücken. Es scheint, als handle es sich hier um eine Art vierter Dimension des Entdeckergeistes, der

[30] Emmanuel Anati: Höhlenmalerei, S. 25 f.

nicht nur die ihn umgebende Welt entdecken will, sondern auch die existentielle Beziehung des Menschen zur Natur und zur Welt begreifen will.
Angesichts kilometerlanger Galerien mit Felsgravierungen und mit Tausenden von Bildern, wie sie in verschiedenen Gebieten der sibirischen Tundra zu finden sind, stellt sich über dies die Frage nach den Künstlern, die diese Werke geschaffen haben. Wahrscheinlich waren es kleine Gruppen, die über Generationen hinweg immer wieder an dieselben Orte zurückkehrten, um hier die gleichen Handlungen zu vollziehen.
Außer ihrer Kunst haben sie kaum etwas zurückgelassen, allenfalls ein paar Hüttenböden, Reste von Feuerstellen, einige rudimentäre Werkzeuge. Diese spärlichen Überreste jener Tätigkeiten, die zum wirtschaftlichen und physischen Überleben notwendig waren, stehen im Gegensatz zu ihrer immensen künstlerischen Aktivität. Könnte dies Ausdruck eines generellen Wesenszuges des Menschen sein?“ [31]

„Die Jenissejer lieferten, als Vertreter der sibirischen Völkerschaften, dem Forscher das entschiedene >Beispiel für ein sinnhaftes Dasein, das aus einer uralten, seelisch bis an den Rand mit Erleben angefüllten Inspirationskultur gespeist wird.< […]
Dass diese Nordvölker aber trotz so zahlreicher, ihr Dasein aufs ernsteste bedrohender Naturgegebenheiten ein fast unvorstellbar reichhaltiges Geistesleben geschaffen haben [...], zwingt uns nicht nur zur Anerkennung, sondern geradezu zu Hochachtung und Bewunderung einem Menschentum gegenüber, das sein Heil nicht in Technik, sondern in der Vielfalt von naturphilosophischen Mythen, Riten, Dichtungen und Gesängen gefunden hat. […] Nordasien bietet dagegen ein Bild des genauen Gegensatzes zu unseren Zuständen: eine Technik, die auf denkbar einfachster Stufe stehen geblieben ist, wogegen die Künste absolut Wert bestimmend sind [...].“ [32]

---

[31] Emmanuel Anati: Höhlenmalerei, S. 38

[32] Hans Findeisen & Heino Gehrts: Die Schamanen, S. 12, 25, 150

> „In der Tat berichten Wissenschaftler, die Gelegenheit hatten, einige der letzten primitiven Völker auf dieser Erde kennen zu lernen, wie zufrieden diese Menschen mit ihrer Lebensweise waren.“ [33]

Wir werden im Verhältnis zu den Prozessen am >Ende der Eiszeit< noch sehen, dass diese humanevolutionär entwickelten Formen von Kultur nichts mit Unkenntnissen, Primitivität oder gar einer *biologischen* Tierstufe des Menschen zu tun hat (die es ebenso unmöglich gibt wie ein schwarzes Schimmelpferd).

Sie war vielmehr die Lebensform, die sich evolutionär aus der Anlage des Menschen heraus ergeben hatte und die die Menschen ohne Notstandsprobleme als ihre und die menschliche Art zu leben erkannt hatten, wie es die Alten Kulturen auch in Kenntnis der zivilisatorischen Kultur immer noch vertreten.

Im Weiteren werden wir näher sehen, dass das alte Weltgeschichts-Bild die tatsächlichen Sachverhalte auf den Kopf stellt. Die menschheitsgeschichtlich wirksamen Notstandsprobleme bestanden nicht in der >Eiszeit<, sondern kamen am >Ende der Eiszeit< - aufgrund gigantischer Naturkatastrophen - auf. Die Entwicklungen im Nahen Osten erklären sich nicht aus einem „fruchtbaren Halbmond“ heraus, sondern aus dem Aufkommen dramatischer Versorgungs-Probleme wie sonst nirgends auf der Welt…

---

[33] John McCrone: Als der Affe sprechen lernte, S. 214

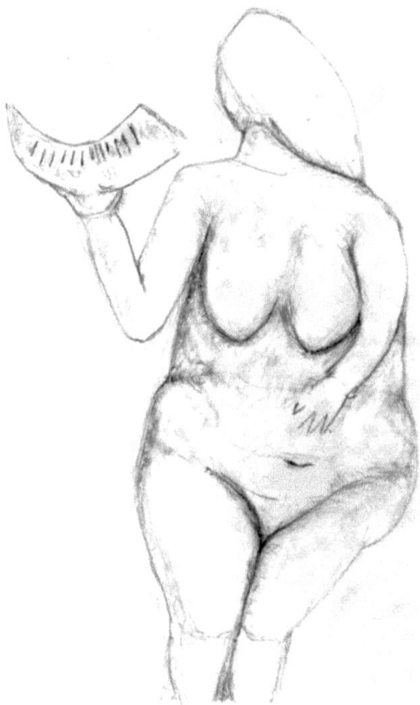

„Venus“ von Laussel (F), Gravur
Alter ca. 25.000 Jahre

S. dazu mehr in: Wikipedia: *Venus von Laussel*

2 Der Beginn der historischen Entwicklung

Nach den hier vorliegenden Einsichten ist der Beginn der >historischen Entwicklung< in etwa auf die Zeit am >Ende der Eiszeit< vor rund 13.000 Jahren anzusetzen.

Dies entspricht soweit *de facto* durchaus auch dem gegenwärtigen Stand der gängigen Geschichts-Auffassung. Doch stellt sich hierbei ein völlig anderer Gesamtsachverhalt dar.

Dieser Beginn der >historischen Entwicklung< ist als etwas noch entscheidend anderes als der Beginn der Kulturentwicklung zu sehen. Der Beginn der Kulturentwicklung kann nicht erst auf diese Ära, sondern muss von den anthropologischen Einsichten her auf die humanevolutionäre Entwicklung und das Ergebnis einer biologisch vollgültigen Kultur im Vorfeld unserer Art Homo sapiens angesetzt werden. Homo sapiens ist als >kulturales Wesen< schon das Produkt der Entwicklung von Kultur. Anders lässt sich die kulturale Anlage nicht erklären. Die alte Vorstellung, diese Entwicklungen am >Ende der Eiszeit< als >Umschlag von der biologischen Evolution in die kulturelle Evolution< zu sehen, scheidet damit in dieser Form aus.

Umgekehrt ist eine jüngere Tendenz abzulehnen, deswegen nun die Entwicklungen ab dem >Ende der Eiszeit< einfach als eine graduelle Weiterentwicklung der mit Homo sapiens begründeten Kulturentwicklung aufzufassen. Es ist sehr wohl richtig, dass die Anfänge der >historischen Entwicklung< ältere Vorläufer und Übergänge aufweisen, die *als solche soweit* natürlich graduell sind. Doch erfasst eine solche Sicht die entscheidenden Sachverhalte des Neuen nicht.

Es bleibt in der Tat der Sachverhalt, dass am >Ende der Eiszeit< eine substanziell völlig neuartige Entwicklung gegenüber der Humanevolution aufkommen, und damit entstehen in der Tat vollkommen neuartige Fortschritte – aber eben auch neuartige eskalative Probleme, die sich keineswegs wie früher gedacht aus der vorausgehenden Evolution erklären.

Will man eine Lösung der in der historischen Linie seit damals mittransportierten Problemstellungen und überhaupt zu einer wissenschaftlich begründeten Human- und Geschichtswissenschaft vordringen, gilt es, die tatsächlichen Hintergründe des damaligen Beginns der >historischen Entwicklung< zu erfassen.

Ich möchte zu diesem Zweck den Begriff der >Mesolithischen Revolution< einführen. Dieser Begriff soll das überalterte Konzept der >Neolithischen Revolution< von 1936 *in dem Aspekt der Begründung der historischen Entwicklung* ersetzen. Es ist längst deutlich geworden, dass es sich hierbei um zwei verschiedene Prozesse handelt. Beide Prozesse erklären sich anders als in dem bislang gängigen Modell und liegen zeitlich deutlich auseinander, letztlich immerhin um über 3.000 Jahre.

Die >Mesolithische Revolution< hat gänzlich andere Ursachen und verknüpft sich in seinem Eigentlichen weder mit Sesshaftwerdung noch mit Nahrungsproduktion. Diese sind lediglich unter gewissen Verhältnissen wie im Besonderen zunächst im Nahen Osten eine Folge der >Mesolithischen Revolution<, und es ist erst noch mal eine deutlich spätere Zeit, dass Sesshaftigkeit und Nahrungsproduktion zu wirklichen historischen Faktoren werden. Dies begründet sich auch nicht *direkt* aus der >Mesolithischen Revolution<, sondern erst aus den weiteren Entwicklungen als Folgen der sozialen und weltanschaulichen Umbrüche der >Mesolithischen Revolution<. Gerade an dieser Stelle ergibt sich inzwischen eine ganze Palette an differenzierteren Einsichten in die damaligen Prozesse, die oft gerade für das Verständnis der weiteren historischen Entwicklung von fundamentaler Bedeutung sind.

2.1 Zu dem Sachverhalt der >Entwicklungen<

Schon mit dem Beginn der >Steinzeit< vor ca. 2, 5 Mio. Jahren sind >Entwicklungen< verschiedenster Art aufgekommen. Von dort her sah sich etwa Herrmann Parzinger veranlasst, in einem phänomenologisch ausgerichteten Verstehen ein Modell aus graduellen Entwicklungen zu entwerfen, das mit der >Steinzeit< vor ca. 2,5 Mio. Jahren beginnt. Diese Auffassung kommt in dem Buchtitel >Die Kinder des Prometheus< sehr deutlich zum Ausdruck. Von bestimmten Sachverhalten wie bei Hüttenbau und verschiedenen Technologien her ist diese Beschreibung durchaus zutreffend. Doch ist diese Betrachtungsweise nicht geeignet, die Sachverhalte >Humanevolution< und >Geschichte< zu erschließen. Der Sachverhalt der materiell-technologischen Entwicklungen ist ein substanziell anderer als der der Evolution wie von Kultur und Geschichte, und es ist von entscheidender Bedeutung, diese Unterschiede zu erfassen.

Grundlegend ist zu sagen, dass der Komplex der materiell-technologischen Entwicklungen biologisch mit der >Steinzeit< in der evolutionären Entwicklung der Hominiden angelegt wurde. Vor ca. 2,5 Mio. Jahren kam es in der evolutionären Krise in dem geologischen Umbruch vom Pliozän auf das Pleistozän zu einem evolutionären Schub in der Gehirngröße, der von der Sache her mit der Entwicklung von technologischer Intelligenz, einer neuartigen Handfertigkeit und der Evolution von Sprache (als deren Voraussetzung) verbunden war.

> „Die Mehrzahl der Fachleute bringt trotz dieser Unsicherheiten das enorme Wachstum insbesondere des Großhirns im Verlauf unserer Entwicklungsgeschichte mit einem wahrscheinlich schon frühen Auftreten des Evolutionsfaktors

Sprache in Zusammenhang. >Wenn die Hominiden nicht die Sprache nutzten und verfeinerten, würde ich gerne wissen, was sie mit ihren selbst beschleunigt wachsenden Gehirnen taten<, bemerkte etwa die amerikanische Anthropologin Dean Falk 1989 in einem Diskussionsbeitrag ironisch, und auch ihr Kollege Terrence Deacon vermutete: >Die Sprache war die Hauptursache, nicht eine Folge des menschlichen Gehirnwachstums.<“ [34]

„Dies ist umso wahrscheinlicher, als Werkzeugproduktion und Sprache nach Meinung vieler Fachleute auf miteinander korrespondierenden geistigen Fähigkeiten beruhen und ihre neurologischen Grundlagen sich daher im Verlauf unserer Evolutionsgeschichte Hand in Hand entwickelt haben dürften. >Die Handlungsabläufe bei der Geräteherstellung haben strukturelle Ähnlichkeit mit denen bei der Konstruktion eines Satzes<, urteilt etwa der bereits zitierte Prähistoriker Gowlett, und die Neurologin Kathleen R. Gibson schrieb 1988: >Gerätegebrauch und Sprache teilen eine gemeinsame neurologische Basis und dürften sich deshalb zusammen herausgebildet haben.“ [35]

Es gibt überhaupt keinen Grund, an den technologischen Fähigkeiten von Hominidus erectus zu zweifeln, wie sich schon andeutet, dass bereits die einfachen Affen (Anthropoiden) von einem hohen Maß an Großhirn-Intelligenz geprägt sind. Das einzige Problem dieser Entwicklung verknüpft sich mit der genetischen Verhaltenssteuerung und also der damit gegebenen Grenzen im Sozialleben, die gemeinhin das Ausschöpfen der möglichen Großhirn-Intelligenz verhindert. Im Falle produktiver Sozialverhältnisse waren schon weit früher ganz andere Entwicklungen möglich, wie es sich anhand der evolutionären Weiterentwicklungen belegt. Wären die Fähigkeiten dazu nicht vorhanden gewesen, wäre es etwa ab der Stufe der einfachen Affen (Anthropoiden) oder ab der Stufe der Menschenaffen (Hominoide wie etwa die Schimpansen) nicht zu evolutionären

[34] Martin Kuckenburg: Wer sprach das erste Wort? S. 58

[35] Martin Kuckenburg: Wer sprach das erste Wort? S. 77 f.

Weiterentwicklungen gekommen. Die evolutionären Grenzen bestanden jedoch nicht eigentlich in technologischer Hinsicht, sondern aufgrund der genetischen Verhaltensanlage im Sozialen. Dieser Sachverhalt gilt erst recht seit dem Beginn der >Steinzeit< und der Stufe der Hominiden.

So ist auch der Bau von Hütten keine nahöstliche Neuentwicklung am >Ende der Eiszeit<, wie es in diesem Zusammenhängen immer wieder in den Raum gestellt wird. Auch fanden sich bereits in dem nahöstlichen Gebiet des angeblichen „Beginns der Sesshaftwerdung“ im Natufien „an der ostjordanischen Fundstelle *Kharaneh* IV 20.000 Jahre alte Siedlungsreste, die denen des Natufiens kaum nachstehen. Es handelte sich um dauerhaft genutzte Lager mit festen Hütten.“ (Wikipedia: *Kebarien,* s. dort mehr).

Tatsächlich geht der Bau von Hütten in einer gewissen Dorf-Anlage schon der eigentlichen Humanevolution voraus:

> „Dem Stadium des entwickelten Oldowan aus der Zeit vor 2 bis 1,5 Millionen Jahren lassen sich auch die ältesten Siedlungsspuren zuweisen. An verschiedenen Orten in Ostafrika entdeckte man Lagerplätze des Frühmenschen, vorzugsweise an Flüssen oder Seen. In Olduvai selbst, aber auch an anderen ostafrikanischen Fundplätzen, stieß man dabei auf Steinkreise, die offenbar die Basis einfacher Rundhütten bildeten.“ [36]

Dies gilt auch für Homo sapiens. Im eiszeitlichen Magdalénien gab es „aufwendig gebaute Hütten“ (Parzinger: 226), und man kennt schon aus der Zeit vor 25.000 Jahren Großbauten, etwa in der Ukraine bis zu „12 Meter lange Langhäuser“ [37] und insgesamt sogar „fünf bis sechs Meter breite und bis zu 30 Meter lange Häuser.“ [38] „Man kann bei einem Teil dieser

---

[36] Hermann Parzinger: Die Kinder des Prometheus, S. 28

[37] Ronnie Lilijegren, in: G. Burenholt: Illustrierte Geschichte I, S. 88 f.

[38] G. Bosinski, in: Die ZEIT Welt- und Kulturgeschichte, Band 1, S 103

Behausungen nicht von Hütten sprechen, sondern muss sie schon als Hausbauten bezeichnen.“ [39] Im heute tschechischen Bereich grub man noch ältere Siedlungen (ca. 27.000 Jahre) in der Größe von „mindestens 100 bis 125“ einstigen Einwohnern aus, [40] bei denen es übrigens auch schon Brennöfen für Ton gab. [41]

Auch das Mahlen hat schon eine lange Tradition, längst vor dem Mahlen von Getreide (was im Übrigen nahe liegt, wenn schon Schimpansen z.B. zum Nüsse Knacken Steine gebrauchen). Man kennt bis zu 50.000 Jahre alte Mahlsteine, [42] und um 2011 wurde eine „100.000 Jahre alte Malwerkstatt“ in einer südafrikanischen Höhle entdeckt. [43]

Das Nutzen von Wildgetreidesamen war nichts Neues. Schon früher belegt sich für den Nahen Osten, dass wilde Gerste gesammelt wurde, sogar auch „gemahlen und gebacken, vielleicht auch wilder Weizen“ (Wikipedia, *Kebarien*), und dort fanden sich auch bereits Sicheln zum Schneiden (ebd.). Entsprechendes belegt sich auch an einer 23.000 Jahre alten Fundstelle in diesem Gebiet:

> „Brot ergänzte den Speiseplan von Menschen offenbar schon lange vor dem systematischen Anbau von Getreide [...]. Zur entscheidenden Entdeckung hatte im Jahre 1989 eine Dürreperiode im Jordantal beigetragen, die den Wasserspiegel des Sees Genezareth in Galiläa dramatisch sinken ließ. Der Archäologe Dani Nadel von der Universität Haifa entdeckte im schlammigen Bo-

---

[39] Alfred Rust, in: Propyläen Weltgeschichte, Band 1, S. 200

[40] Ronnie Lilijegren, in: G. Burenholt: Illustrierte Geschichte I, S. 88 f.

[41] Die bekannte „Venus“ von **Dolni Vestonice** (Tschechien) ist aus Ton gebrannt. Dazu gibt es auch weitere Menschen- und Tierfiguren aus Ton. Zwei Brennöfen lagen etwa 80 m außerhalb von dem Ort. Offenbar wurden dort vor allem pyrotechnische Experimente oder Rituale durchgeführt.
S. dazu: Richard Rudgley: Abenteuer Steinzeit, S. 246 f.

[42] Göran Burenhult, Illustrierte Geschichte der Menschheit I, S. 156

[43] WZ Wuppertal vom 14.10.2011, S. 5

den die Reste eines Lagers von Sammlern und Fischern. Dieser >Ohalo II< genannte Lagerplatz hat sich in den 1990er Jahren als eine reichhaltige Fundgrube der jüngeren Altsteinzeit erwiesen. Die Wissenschaftler legten Reste von sechs ovalen Laubhütten, mehrere Feuerstellen und ein Grab frei.

Da das Lager, kurz nachdem es von seinem Bewohnern aufgegeben war, vom See überschwemmt und dadurch vor bakterieller Zersetzung geschützt wurde, ist sogar organisches Material erhalten geblieben. So fanden die Forscher neben Knochen von Gazellen, Vögeln, Fischen und Schalentieren auch Reste von 30 verschiedenen Pflanzenarten, darunter Früchte und Gräser wie Wildgerste und Emmerweizen.

Die Botanikerin Dolores Piperno vom Smithsonian Tropical Research Institute in Panama nahm 150 der Stärkekörner unter die Lupe. Sie stammten aus Oberflächenritzen eines flachen Steins mit Bearbeitungsspuren – ein Artefakt, das offenbar als Getreidemühle benutzt wurde. Wenige Meter entfernt fanden sich an einer der Feuerstellen auch Hinweise auf die Urform des Backofens: rundliche pflasterartige Steinansammlungen mit Resten von Asche und verkohlten Getreidekörnern. In vielen nomadischen Kulturen ist das Backen von Mehlfladen auf zuvor erhitzten Steinen noch heute üblich. Radiokarbon-Datierungen von verkohlten Pflanzenresten ergaben ein Alter des Lagerplatzes von etwa 23.000 Jahren.“ [44]

Die Vorstellung, die neolithische Entwicklung erkläre sich daraus, dass man damals erst den Sachverhalt der >Fruchtbarkeit< entdeckt hätte, erweist sich gar in doppelter Hinsicht falsch. Die neolithische Entwicklung hat ganz andere Ursachen. Hingegen dürfte das Wissen um die menschliche Fruchtbarkeit sogar älter sein als unsere Art Homo sapiens. Der Komplex der Jugend-Initiation dürfte aus dem Grund entwickelt worden sein, weil man um die Folgen des Geschlechtsverkehrs wusste, die entsprechend zu bedenken und dem Nachwuchs zu vermitteln waren. Die Mond- und Geschlechts-Symbolik und die Zahlzeichen >neun< (*nona,* aus **NaNa* = *MaMa,* nämlich für >schwanger<) in den eiszeitlichen Höhlen (auch die Höhlen-

[44] Geo 03/2005: *Antike Krumen*, S. 169 f.

Symbolik selbst) dürften mit Sicherheit von hierher zu verstehen sein, und dieses Wissen bezog sich nicht bloß auf den Menschen.

> „Die Wildbeuter kannten die Geheimnisse der Natur schon lange vor der landwirtschaftlichen Revolution, denn ihr Überleben hing davon ab, dass sie die Tiere und Pflanzen, von denen sie sich ernährten, genauestens kannten.“ (Harari: 104)

Es ist dagegen Widerspruch einzulegen, jedes Anzeichen einer Tierhaltung, eines Verpflanzens (etwa von Wurzelknollen oder Kartoffeln) oder einer Verbreitung von Samen unter das Vorzeichen des >Neolithikums< zu stellen, mit dem sich in Wirklichkeit eine sehr bestimmte *weltanschaulich*-kulturelle Konzeption verknüpft. Es gibt keinen wissenschaftlichen Grund, dieses >neolithisch< in frühere Zeiten zurückzuprojizieren, nicht einmal in die Anfänge der Nahrungsproduktion im Nahen Osten, die nach Anhalten noch von einer gänzlich anderen Haltung und Weltanschauung getragen waren als das Neolithische (→ Kapitel 5 + 6).

Schon Vögel verbreiten Samen, etwa Eichelhäher Eicheln, und wenn dies auch der Vorratshaltung dient, so wachsen daraus auch Eichen. Analog genauso lag es auch mit den Anfängen der Nahrungsproduktion. Bis daraus eine wirkliche und systematisch angewandte Konzeption wurde und daraus dann das Neolithikum erwuchs: das sind ganz eigene Sachverhalte in deutlich anderen Zeiten.

Anders als hier gemeinhin diskutiert liegen die entscheidenden Unterschiede nach den kulturanthropologischen Einsichten (etwa nach dem Modell von *Frank Robert Vivelo*) nicht etwa zwischen >dem Wildbeutertum< und >der Nahrungsproduktion< und auch nicht zwischen >Hortikultur< (dem >Niederen Bodenbau<) und >Agrikultur< (dem >Höheren Bodenbau<).

Die *kulturell* entscheidenden Unterschiede kommen vielmehr *innerhalb* des *Ausmaßes* an Niederem Bodenbaus auf. [45]

Die Hinweise auf deutlich ältere Domestikationen von (zu) Hunden sind ein Beleg dafür, dass man sich auch schon im Paläolithikum seine Natur-Kenntnisse zunutze machte – *soweit* sie für sich eben von Nutzen waren. Das war jedoch unter den ursprünglichen Sozialverhältnissen allenfalls sehr geringfügig und nur je nach Situation der Fall. So einfach waren hier gar keine Vorteile zu erreichen, und genau dies belegt sich auch in den Anfängen der effektiven Nahrungsproduktion (s.u.).

Bis zum >Ende der Eiszeit< stehen alle diese Entwicklungen bei Homo sapiens unter dem Vorzeichen der jeweiligen Gegebenheiten an Naturverhältnissen. Die Großbauten kamen in der Eiszeit dort auf, wo die Mobilität *eingeschränkt* war. In der baumlosen Tundra wurden die Häuserhütten aus Fellen und Knochen von Mammuts gebaut, und die Knochen waren zu schwer für eine freie Mobilität, dass man Hütten-Lager auf dauerhaftere Aufenthalte einrichtete.

Analoges gilt für den Nahrungserwerb. Gewisse Kenntnisse waren längst vorhanden, doch wo genug Nahrung vorhanden war, mühte man sich nicht mit Nahrungsproduktion ab. Es ist auch bei den Alten Kulturen (z.B. Aborigines, Indianer) oft zu sehen, dass man bestimmte Eingriffe in die Natur als Widerspruch zu seiner kulturellen und ethischen Auffassung empfand.

Doch ist von den Fakten her noch entscheidender – worauf wir noch zu sprechen kommen -, dass auch in Wirklichkeit aus Sesshaftigkeit und Nahrungsproduktion so einfach gar keine Vorteile zu erzielen waren, und sie entstanden in dem gemeinhin vorgestellten Sinn auch erst erheblich später, gemeinhin dauerhafter sogar erst nach dem Neolithikum, und sie entstehen auch nicht aus Sesshaftigkeit und Nahrungsproduktion an sich

[45] S. dazu die >Stadien des niederen Bodenbaus< in: Frank Robert Vivelo: Handbuch der Kulturanthropologie, S. 92 ff.

(s. etwa Papua-Neuguinea), sondern ausschließlich im Falle bestimmter sozialer und kultureller Entwicklungen wie Bildung, kulturellem Austausch, Organisation/Handel, Urbanität usw.

Auch erklären sich die historisch bedeutend werdenden Entwicklungen von Sesshaftwerdung und Nahrungsproduktion am >Ende der Eiszeit< nicht aus dem Motiv, Fortschritt entwickeln zu wollen. Die damalige Entwicklung der Ahnen-Kult-Kultur ist ausdrücklich mit dem Motiv verbunden, die Weiterentwicklungen zu *verhindern* und einen definitiven Status Quo erreichen zu wollen (→ 5.3). Sie erklären sich also, ganz im Gegenteil, aus dem Aufkommen von Notstands-Problemen. Nirgends kommt es am >Ende der Eiszeit< zu größeren Ernährungs-Problemen als im Nahen Osten (s.u.).

Doch was die Forschung soweit richtig sah, ist, dass sich diese besonderen Ernährungs-Probleme im Nahen Osten auch nicht einfach und auch nicht direkt aus einer besonderen Unfruchtbarkeit der dortigen Verhältnisse erklären, meint man bislang gemeinhin, dort besondere günstige Ernährungsverhältnisse feststellen zu können.

Diese Widersprüchlichkeiten erklären sich aus zahlreichen falschen Prämissen in der Tradierung vorwissenschaftlicher Geschichts- und Kultur-Vorstellungen. Fast sämtliche Sachverhalte liegen weitgehend anders, als es in dem gängigen Geschichts-Modell gesehen wird. Es hat sich längst gezeigt, dass die gängigen Erklärungs-Modelle nicht funktionieren, wie im Weiteren noch im Einzelnen aufgezeigt wird.

Sogar falls es zutreffen sollte, dass einzelne nahöstliche Orte im 12. Jahrtausend v. Chr. aufgrund besonders günstiger Lebensbedingungen zu Sesshaftigkeit und zu Nahrungsproduktion als Weiterentwicklung seiner Kultur gekommen sein sollten – was nicht völlig auszuschließen ist -, so lag darin – zumindest nicht *direkt* in sich – nicht der geringste eigentliche Grund für die historische Entwicklung im Nahen Osten. Einzelne Orte mit 200 Einwohnern waren in dem nahöstlichen Gesamtszenario einfach keine wirkmächtige Größe, wie im Alten Orient viel größere Städte und Reiche im Nichts untergehen konnten.

Dass Sesshaftigkeit und Nahrungsproduktion in der Zeit ab dem 10. Jahrtausend v. Chr. zu einem tatsächlich historischen Faktor wurden, ist ein bereits gänzlich anderer Sachverhalt, der in dieser Zeit längst gänzlich andere Voraussetzungen hat: einer inzwischen schon ganzen Phase einer historisch neuartigen Sprach- und einer historisch neuartigen Sozialentwicklung mit einer neuen Kulturauffassung und Weltanschauung.

Alle die sich hier tatsächlich darstellenden Prozesse machen deutlich, dass es – auch schon *grundsätzlich* – nicht hinkommt, die Entwicklungen des >Menschen< von technisch-materiellen Prozessen an sich her verstehen zu wollen. Es erfasst das kulturelle und soziale Primat unserer Art Homo sapiens nicht. Erst von diesem Primat her lassen sich die technisch-materiellen Prozesse als kulturelle und soziale Prozesse unserer Art Homo sapiens entschlüsseln und wissenschaftlich erfassen – und in ihrer tatsächlichen Realität begreifen. Welche enormen Unterschiede an Geschichts-Karte daraus resultieren, dürfte im Weiteren ersichtlich werden.

2.2 Das Theorem der >Mesolithischen Revolution<

Es gibt keine Möglichkeit, die völlig andere Dimension der >historischen Entwicklung< unmittelbar aus den Entwicklungen der humanevolutionär entstandenen Kultur abzuleiten.

Angesichts der völlig neuartigen Entwicklungen, die am >Ende der Eiszeit< einsetzen, war es bei dem früheren Stand der Forschung keineswegs abwegig, in ihnen den Umschlag von der biologischen Evolution in die kulturelle Evolution zu sehen. In der Tat hat die >historische Entwicklung< in der menschlichen Biologie (u.a. neurologisch) durchaus vergleichbare Grundlagen und Konsequenzen wie die Evolution von Kultur in dem Vorfeld vor unserer Art Homo sapiens. [46] Doch gibt es auch höchst bedeutsame Unterschiede zwischen der Evolution von Kultur als dem Sachverhalt der humanevolutionären Entwicklung und der >historischen Entwicklung<. Diese andersartigen Dimensionen der historischen Entwicklung in ihren Leistungen und Problemstellungen zu verstehen und zu erforschen, ist die spezifische Aufgabe der **Historiologie**.

Auch von ihren Prozessen her möchte ich die Begründung dieses Prozesses der >historischen Entwicklung< am >Ende der Eiszeit< als >Mesolithische Revolution< bezeichnen. Dieser Begriff soll den bislang oder früher als >Neolithische Revolution< bezeichneten Prozess substanziell differenzieren, da damals zwei sehr verschiedene Etappen in eins gesetzt wurden. Der Begriff der >Mesolithischen Revolution< nimmt in neuer, aktualisierter Form das auf, was 1936 unter dem damaligen Stand der Forschung den Begriff der >Neolithischen Revolution< begründete, aber dort mit Ackerbau und Viehzucht und einer späteren Zeit in Verbindung gebracht wurde.

---

[46] S. z.B.: „Die Parallelen zwischen biologischer und kultureller Evolution gehen aber noch viel weiter […].“ S. weiter Irenäus Eibl-Eibesfeld: Krieg und Frieden aus der Sicht der Verhaltensforschung, S. 37

Es ist längst deutlich geworden, dass die Entwicklung von Ackerbau und Viehzucht ein deutlich längerer Prozess gewesen ist, als er 1936 in dem Begriff der >Neolithischen Revolution< vorgestellt war. Im Grunde hat die neuere Forschung eigentlich diesen Begriff aufgegeben und führt ihn eher nur noch als historische Reminiszenz mit sich, da er in der Forschungsentwicklung eine ganze Ära von grundlegender Bedeutung war und entsprechend eingeführt und bekannt ist.

Doch ist das Aufgeben des Begriffs der >Neolithischen Revolution< ein Schritt in die verkehrte Richtung. Denn offenbar war der Prozess der >Neolithischen Revolution< sehr wohl wie ursprünglich gedacht ein recht plötzlicher >revolutionärer< Entwicklungssprung mit einer recht plötzlichen rasanten Ausbreitung. Nur verknüpft sich dies mit einer **historisch völlig neuartigen Weltanschauung und *Kultur*-Auffassung** und ***nicht* mit den *Mitteln* Ackerbau und Viehzucht**. Dass diese Kultur-Auffassungen und die Mittel (Techniken) Anbau + Viehzucht zwei entscheidend unterschiedliche Sachverhalte sind, die längst auch zeitlich nicht mehr gleichgesetzt werden können, scheint einer gewissen Forschungs-Entwicklung aus dem Blick geraten zu sein. Dass diese auf Anbau und Viehzucht *aufbauende* neuartige neolithische *Kultur*-Auffassung nicht schon am Anfang von Anbau und Viehzucht stehen konnte, sondern erst auf der Basis einer schon größeren Erfahrung mit Anbau und Viehzucht und nicht zuletzt mit einer deutlich größeren Sozialanlage möglich wurde, versteht sich eigentlich von selbst.

Angesichts dessen, dass sich die Faktenlage heute deutlich anders darstellt als 1936, ist dieser Sachverhalt in dem Begriffs-Gebrauch und –Definitionen zu bedenken. Wenn man den Begriff (*neolithisch* im Sinne von) >Neolithischer Revolution< in dem ursprünglich und auch immer noch gemeinhin und fachübergreifend inhaltlich gebrauchten Sinn nimmt, dann ist es nicht begründet und auch sachlich verkehrt, ihn für frühere Zeiten zu gebrauchen, wie es in der Archäologie aufgekommen ist. Es ist sehr wohl richtig, dass die *Ansätze* von Sesshaftwerdung und Nahrungsproduktion deutlich früher liegen, doch steht dies unter gänzlich anderen historisch-kulturellen Prämissen, als es gemeinhin mit >neolithisch< assoziiert wird. Die Lösung der veränderten Faktenlage kann nicht in einem ins Diffuse überdehnten Begriffsgebrauch bestehen, sondern allein in der Entwicklung eines neuen Modells, das der neuen Faktenlage näherkommt. Erst dann lassen sich die Begriffe neu klären und ggf. auch neu setzen.

Mir stellen sich die historischen Sachverhalte in anderer Form dar als in dem derzeit gängigen Modell - und hierbei ein höchst fundamentaler *weltanschaulicher* und *kultureller* Unterschied zwischen >mesolithisch< und >neolithisch<. Vielleicht ist es besser oder auch notwendig, gänzlich neue Begriffe einzuführen. Doch bei den derzeitigen Gegebenheiten erscheint es mir das Beste, in Bezug auf >neolithisch (neolithische Revolution)< in präzisierterer Form wieder zu dem ursprünglichen und fachübergreifend gemeinhin benutzten Begriff zurückzukehren und für die früheren Sachverhalte den nicht ohne Grund geschaffenen Begriff Mesolithikum (für die Phase zwischen Paläolithikum und Neolithikum) zu gebrauchen.

Daraus ergibt sich bzgl. des Aspektes des menschheitsgeschichtlichen Umbruchs, der ursprünglich mit dem Begriff der >Neolithischen Revolution< verbunden war, nun der Begriff der >Mesolithischen Revolution<. Es ist der Sachverhalt der >Mesolithischen Revolution<, der den gegenüber der humanevolutionär entwickelten Kultur substanziell neuartigen Prozess der >historischen Entwicklung< auslöste, und es ist hier entsprechend die These, dass der neuartige Prozess der >historischen Entwicklung< in seinem **Abgang** von der humanevolutionär entwickelten Kultur auf diese >Mesolithische Revolution< zurückgeht.

Das Eigentliche dieses hier nun als >Mesolithische Revolution< Bezeichneten besteht weder in Sesshaftwerdung noch in Nahrungsproduktion (wie anhand des Beispiels Australien *sicher* fassbar wird → 3.2.1). Sesshaftwerdung und Nahrungsproduktion sind – unter bestimmten Verhältnissen wie insbesondere im Nahen Osten – im Eigentlichen erst die

Folgen der >Mesolithischen Revolution<, und sie begründen erst deutlich – über 3000 Jahre – später die >Neolithische Revolution<.

Dieses Eigentliche der >Mesolithischen Revolution< verknüpft sich vielmehr mit einer wechselseitigen Entwicklung zwischen einer neuartigen Sprach-, Bewusstseins- und einer neuartigen Sozialanlage. Hier liegen die Grundlagen der neuen historischen Sprachen in ihrem Abgang von der humanevolutionär entwickelten Sprachform (→ 4.1), was den neuartigen Prozess überhaupt erst möglich machte.

Die damit verbundene Kultur- und Bewusstseins-Entwicklung ist *substanziell* so neuartig und mit seiner Begründung einer bis heute andauernden Prozesslogik so **folgenreich**, dass hier ganz in diesem Sinne von >Revolution< ganz im Sinne von >Neolithischer Revolution< im Sinne von >Industrieller Revolution< gesprochen werden soll.

In dieser >Mesolithischen Revolution< liegen die Ursachen und auch die Grundlagen für die bis heute andauernden Prozesse der >historischen Entwicklung<, auch in ihren Mechanismen mit ihren positiven, aber auch mit ihren negativen Momenten. Sie ist anthropologisch und historiologisch erheblich fundamentaler als die >Neolithische Revolution< als die >Industrielle Revolution<, die in dieser Entwicklung „nur" neue potenzierte Etappen beschreiben, auch wenn diese jeweils keineswegs absolut selbstverständlich aus dem Vorausgehenden folgten und aufgrund neuer Faktoren durchaus eine jeweils neue >Dimension< begründeten.

Die >Mesolithische Revolution< ist nach den hier vorliegenden Einsichten das bislang zentrale Datum der menschheitsgeschichtlichen Entwicklung, das in seinen Vorteilen wie in seinen Problemstellungen entsprechend in den Mittelpunkt der kulturgeschichtlichen Auseinandersetzung zu rücken ist.

2.2.1 Zu dem Begriff >Mesolithikum<

Der Begriff **Mesolithikum** (*Mittelsteinzeit*) wurde bereits 1874 als weitere notwendig erscheinende Differenzierung zu der schon 1865 vorgenommenen Untergliederung der >Steinzeit< in **Altsteinzeit = Paläolithikum** und **Neusteinzeit = Neolithikum** eingeführt, weil sich eine eigene Phase nach der Altsteinzeit darstellte, die aber noch nicht neolithischer Art war.

Nun ist dieses **1836** aufgestellte Geschichts- und Begriffs-Modell mit der „Steinzeit" im Grunde **völlig** überholt. Doch sofern es begrifflich noch in Gebrauch ist, ist der nicht ohne Grund eingeführte Begriff *Mesolithikum* auch in das **allgemeine Geschichtsmodell** aufzunehmen. Denn dies ist bislang keineswegs der Fall. Er blieb wesentlich auf Europa bezogen, wo die Kluft zwischen Paläolithikum und Neolithikum entscheidend deutlicher wurde. Demgegenüber kam man in Bezug auf den Nahen Osten mit dem 1936 aufgestellten Theorem der >Neolithischen Revolution< dahin, einen direkten Umschlag von der evolutionären paläolithischen Kultur der >Jäger und Sammler< in die >neolithische Kultur< mit Nahrungsproduktion und Sesshaftigkeit als der Basis der zivilisatorischen Entwicklung zu sehen.

Es wurde jedoch inzwischen deutlich, dass dieser Prozess auch im Nahen Osten keineswegs so schnell und eindimensional erfolgte. Doch anders als in der älteren Forschungs-Entwicklung in Bezug auf Europa entstand hier in der Archäologie die Logik, den Begriff >neolithisch< wieder einmal umzudeuten. Angesichts der immer weiteren zeitlichen Ausdehnung, die auch inhaltlich Konsequenzen zeitigt, muss dieser Ansatz inzwischen als untauglich bezeichnet werden. Um von der entstandenen Konfusion um den Inhalt des Begriffs >Neolithikum< wegzukommen, greife ich auf den vorhandenen Begriff >Mesolithikum< in seiner Allgemein-Bedeutung als >Epoche zwischen Paläolithikum und Neolithikum< zurück.

Dafür kann jedoch - genau wie bei >Neolithikum< - nicht mehr die ursprüngliche Definition aus dem 19. Jh. herangezogen werden. In dem hier vorgestellten Begriffs-Modell ist >Mesolithikum< nicht über einen Bestand von Mikrolithen bzw. von Pfeil und Bogen definiert, was nach heutigen Einsichten ohnehin eine Erfindung des *Paläolithikums* darstellt, weit früher als am >Ende der Eiszeit< (hier deswegen den Begriff *Mesolithikum* in *paläolithische* Kontexte zu stellen, schafft jedoch auch nur weitere Konfusion).

Der Begriff Mesolithikum wird hier ebenso wie Neolithikum zu einem kultur- und epochengeschichtlichen Grundbegriff der Menschheitsgeschichte und ist somit ebenso wenig wie Neolithikum über Technik, sondern (entsprechend dem Primat der kulturalen Anlage des Menschen) *kulturell* zu definieren. Er beschreibt die kulturgeschichtliche Phase zwischen dem Paläolithikum und dem mit der >Neolithischen Revolution< begründeten tatsächlichen Neolithikum, wie noch näher erläutert wird.

Zeitlich kann das Mesolithikum ganz entsprechend der gängigen Auffassung mit der >Endphase der Eiszeit< in Verbindung gebracht werden. Damit stellt sich eine gewisse Entsprechung zu dem *Würm*- bzw. **Weichsel-Spätglazial** = der Endphase der letzten Eiszeit-Kaltphase dar, und dieser Zusammenhang erscheint nicht als Zufall, wie noch gezeigt wird.

Die inhaltliche Bestimmung des Begriffs Mesolithikum steht auch in der weiteren Untergliederung mit jeweiligen *kulturgeschichtlichen* Entwicklungen in Verbindung. Daraus ergibt sich eine Unterteilung in ein Frühes, Mittleres und Spätes Mesolithikum, wie im Folgenden entwickelt werden soll.

2.2.2 Begriffs-Modelle

Wir haben bei dem gegebenen Forschungsstand bislang das Problem, dass die hier so bedeutsam werdenden neuen Entwicklungen nicht von vorneherein, sondern erst mit der Zeit in dem konkreten Befund fassbar werden. In Bezug auf die Anfänge des >Mesolithikums< ist die Entwicklungslinie weder zeitlich noch geographisch sicher auszumachen. Wohl mag man bestimmte Befunde dieser Entwicklung zuordnen. Ich selbst lehne es aber ab, bei dem gegebenen Stand der Forschung diese Entwicklungen zu sehr an einzelnen frühen Befunden festmachen bzw. auf diese fixieren zu wollen. Denn bei den bald heraustretenden Phänomenen wie etwas die Entwicklung von >Stämmen< handelt es sich um völlig andere Größenordnungen.

Daraus entsteht eine Unsicherheit in Bezug auf das Begriffs-Modell, da hier bislang auch unterschiedliche Konzeptionen bestehen. Habe ich bis Januar 2018 mit Modell II (s.u.) mit dem Begriff der >**mittel**mesolithischen Revolution< gearbeitet, habe ich mich dann entschieden, mit dem nun verwendeten **Modell I** den Begriff der >Mesolithischen Revolution< aufzustellen. Auch wenn die >(mittel)mesolithische Revolution< eine Vorgeschichte hat, die sich bereits von der paläolithischen Kultur abhebt, lässt sich für diese Vorgeschichte und diesen Übergang sehr gut der bestehende Begriff >Epipaläolithikum< gebrauchen, der für den nahöstlichen Bereich eingeführt ist. Allerdings ist auch der Begriff >Epipaläolithikum< von dem neuen Modell berührt – er würde hier nur für die frühere Phase (im Nahen Osten) verwendet.

Von der Sache selbst besteht zwischen diesen beiden Modellen kein Unterschied. Es ist jedoch von Bedeutung, von der entstandenen Begriffskonfusion wegzukommen und die *Begriffe* in dem Geschichts-Modell möglichst deutlich zu definieren und stringent zu gebrauchen.

		Modell I	Modell II	Definition
Weichsel-Eiszeit		*Paläo-lithikum*	*Paläolithikum*	*humanevolutionäre Kultur des Homo sapiens*
Weichsel Spät-glazial	*~ 13.000 v. Chr.*	*Epipaläo-lithikum*	*Frühes Meso-lithikum*	*„Höhere Jäger“, „Höhere Sammler“ usw.*
Jüngere Dryaszeit	*~ 10.700 v. Chr.*	*Frühes Meso-lithikum (kurze Phase)* ***Meso-lithische Revolution***	*Mittleres Mesolithikum I* *>mittelmeso-lithische Revolution<*	*Stämme-Bildungen*
		Mittleres Meso-lithikum	*Mittleres Meso-lithikum II*	*Völker-Rechts-Bund-Netzwerk*

2.3 >Ende der Eiszeit<

Karte der Eiszeit vor ca. 20.000 Jahren: *gepunktet Eis-Vergletscherung; dunkel: Land, das mit dem Anstieg des Meeresspiegels am >Ende der Eiszeit< unterging. Das Kaspische und das Schwarze Meer (ganz dunkel) bildeten einen Süßwasser-See. Grobskizze nach verschiedenen Angaben*

„Die letzten 5.000 Jahre der Eiszeit waren eine Periode von Klimaveränderungen geradezu apokalyptischen Ausmaßes, die alles übertrafen, was uns heute bekannt ist.“ [47]

„Dieser grundlegende Klimawechsel, der für viele Pflanzenfresser das Aussterben bedeutete, betraf auch den Menschen.“ [48]

---

[47] Brian Fagan: Die Eiszeit – Leben und Überleben im letzten großen Klimawandel, S. 131

[48] W. von Koenigswald & J. Hahn: Jagdtiere und Jäger der Eiszeit, S. 92 f.

Es ist erstaunlich, dass die von der Geologie her längst bekannten Sachverhalte der grundlegenden Naturveränderungen mitsamt einiger riesiger Naturkatastrophen am >Ende der Eiszeit< in ihrem eigentlichen Ausmaß an Auswirkungen auf die menschlichen Gegebenheiten allgemeiner in der archäologischen und historischen Forschung noch nicht wirklich angekommen sind. Zwar wird schon lange gesehen, dass das >Ende der Eiszeit< nicht einmal in Europa, wo die alte Vorstellung vom „Ende der Winterverhältnisse“ einigermaßen zutrifft, eine Optimierung, sondern für die damaligen Kulturen Verschärfungen bedeutete (s.u.). Doch liegen die Einsichten bislang zu zersplittert, dass die tatsächlichen Gesamtzusammenhänge noch nicht wirklich in den Blick kamen. So blieb das alte Gesamtmodell samt der Vorstellung vom „Fruchtbaren Halbmond“ gänzlich davon unberührt, dass ihm jegliche Begründung abhandengekommen ist.

So sehr die Sachverhalte der >Eiszeit< und des >Endes der Eiszeit< an sich wohl allgemein bekannt sind, so verknüpft sich damit doch gemeinhin bis in die archäologische und historische Wissenschaft hinein eine völlig überalterte Vorstellung.

Nach den heutigen Einsichten und Definitionen entstand die >Eiszeit< (so man sie nicht schon von der viel älteren Vereisung der *Antarktis* her versteht) mit der Vereisung der Arktis. Diese Vereisung wird als Folge des Zusammendriftens der beiden amerikanischen Kontinente vor ca. 5 Mio. Jahren gesehen. Der Golfstrom konnte nicht mehr zwischen den beiden Kontinenten hindurchfließen und wurde nun nach Norden umgeleitet, wo dessen Luftfeuchte im höheren Norden zu Schnee und Eis kondensierte.

Ganz in diesem Sinne besteht im eigentlichen Sinn die >Eiszeit< immer noch und ist die Rede vom „Ende der Eiszeit“ geologisch nicht wirklich zutreffend (deswegen hier in Anführungszeichen gebraucht). Tatsächlich ist jedoch das geologische Zeitalter (>Serie<) **Pleistozän** nicht nur von einem niedrigen Temperatur-Niveau geprägt, sondern auch von stärkeren Temperatur-Schwankungen. Bei diesen Temperatur-Schwankungen gibt es neben kürzeren Warmphasen auch längere Kaltphasen, und selbst diese >Phasen< sind im Näheren auch noch von Schwankungen betroffen, die immer noch erheblich gravierender sind, als wir es aus der jüngeren Zeit kennen (worauf unsere Kulturanlage noch überhaupt nicht eingestellt ist).

Zur klimatischen Entwicklung auf der Erde

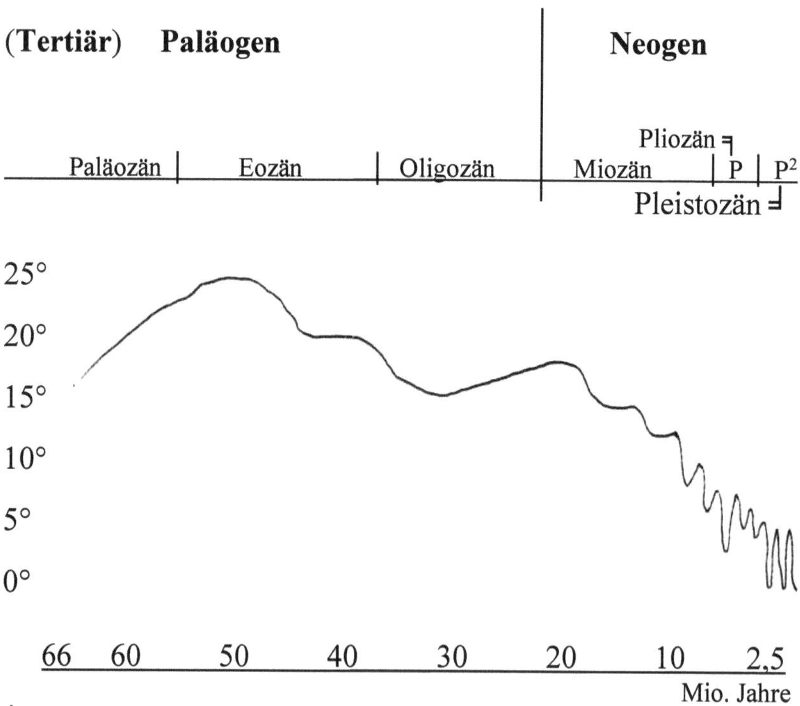

⊾ Durchschnittstemperatur Grad Celsius in mittleren Breiten

Nach: Roger Lewin: Spuren der Menschwerdung, S. 34

Was also in Wirklichkeit mit dem >Ende der Eiszeit< zu Ende ging, war eine pleistozäne *Kaltphase*. Im Grunde kann bei diesem „Ende der Eiszeit“ bei dem Wechsel vom *Pleistozän* auf das *Holozän* nicht einmal von einem wirklichen >geologischen Umbruch< gesprochen werden (die Bezeichnung >Holozän< geht entsprechend auf eine frühere geologische Konzeption zurück. Man hat sie jedoch von ihren Konsequenzen für den Menschen vorläufig beibehalten). Mit wirklichen >geologischen Umbrüchen< verknüpfen sich an sich noch ganz andere Dimensionen an Umbrüchen.

Wenn in gewisser Weise die Rede von einem >geologischen Umbruch< bei dem Wechsel vom *Pleistozän* auf das jetzige *Holozän* auch eine gewisse Übertreibung darstellt, so tritt er doch in seinen ersichtlichen Konsequenzen über die anderen pleistozänen Wechsel zwischen Warm- und Kaltphasen heraus.

Es spricht einiges dafür, dass das besonders ausgeprägte Aussterben vor allem von Großtieren bei diesem Wechsel in manchem in Verbindung mit dem Menschen steht. Freilich ist dies gemeinhin nicht so zu denken, dass der Mensch als eine Art Killer-Jäger (wie mitunter in der neueren Zeit) die direkte und einzige Ursache hierbei gewesen wäre. Diese Naturumbrüche vom Pleistozän auf das Holozän bedeuteten schon an sich für die großen Lebewesen verbreitet Krisen, *auch* für den Menschen. Was hier jedoch noch als – vielleicht entscheidendes – Problem hinzugekommen sein dürfte, war, dass hier in Teilen die menschlichen Verbände in dieser Krise *untereinander* in Konkurrenz-Verhältnisse gerieten. Selbst wenn hier manche Verbände Herden und Arten schonten, weil sie bemerkten, dass ein weiteres Bejagen die Bestände vernichten würde, konnten sie bei Disflikten nicht verhindern, dass ein anderer Verband dies für sich ausnutzte. Das mit dem mittelmesolithischen Völker-Rechts-Bund-Netzwerk (→ 3.2 ff.) verbundene ökologische Motiv deutet darauf, dass es nicht nur darum ging, die zu kriegerischen Disflikten ausgewachsene Konkurrenz um Ressourcen zwischen den Verbänden zu lösen, sondern dass man in einigen Gebieten auch sehen musste, nicht seine Ressourcen-Basis zu ruinieren, wo man selbst im Falle des Siegs verloren hätte. Dass es damals bei manchen Tier-Arten zu einem

Aussterben gekommen ist, ist zumindest unter bestimmten Verhältnissen nicht bloß als Sachverhalt der Ökologie zu bedenken, sondern auch in Hinsicht auf die menschlichen Gegebenheiten, und dies nicht nur in Hinsicht auf Ernährungs-Probleme, sondern auch auf damit potentiell verbundene Disflikt-Verhältnisse, die gemeinhin schon vor den effektiv akuten Ernährungsproblemen ansetzen (→ 4.4).

Nun bedeuteten die Naturveränderungen tatsächlich nicht bloß Verschlechterungen und Naturkatastrophen, sondern durchaus auch Optimierungen, und im Norden entstanden mit dem Abzug der Gletscher auch weite neue Lebensräume. Im Einzelnen liegen diese Veränderungen recht komplex, und dies – das wird hier noch näher gerade auch für den Nahen Osten in den Blick zu fassen sein – auch über *mehrere* Jahr*tausende* in *ständiger* Verschiebung.

Doch ist an dieser Stelle schon grundlegend festzustellen, dass die Optimierungen mitnichten den früher vorgestellten historischen Effekt bedeuteten. Wo sich unter normalen Ausgangsbedingungen Verbesserungen in den Naturverhältnissen ergaben, da blieb es bei der alten humanevolutionär entwickelten Kultur. Genau dort kam es gerade nicht zu den neuen Entwicklungen am >Ende der Eiszeit<. Es erweist sich im Weiteren, dass es beste Gründe gab, an der in einem langen humanevolutionären Prozess eingespielten *Kultur* nichts zu ändern. So führte das Abtauen der Gletscher in unserem Raum lediglich dazu, dass die Alten Kulturen ihrer Hauptbeute, dem Ren, in den hohen Norden folgten.

Dies deutet schon auch so weit darauf, dass sich mit den Naturumbrüchen für die damaligen Kulturen *insgesamt* kein wirklicher Vorteil verband. Denn in Wirklichkeit musste man hier, um seine sichere und gute Ernährungsbasis, nämlich das Ren, nicht zu verlieren, seinen über Jahrtausende bekannten Lebensraum verlassen und in gänzlich unbekannte Gefilde ziehen. Die Alternative bestand bis in den Süden Frankreichs darin, sich von Eiszeit-Verhältnissen auf Sommerhitze mit insgesamt gänzlich anderen Tieren und Pflanzen umzustellen.

Ganz im Gegensatz zu den früheren Vorstellungen ist in der Forschung deutlich geworden, dass hier die vorausgehenden Eiszeit-Verhältnisse keineswegs per se die schlechteren und schwierigeren waren:

> „Nach 12.000 v. Chr. veränderten sich Klima- und Umweltbedingungen grundlegend. […] Die Menschen der Hamburger Kultur passten sich diesen Veränderungen ihrer natürlichen Umwelt an: Hatten sie in der Kaltzeit vor allem Rentiere und Pferde gejagt, spezialisierten sie sich nun auf die Elche- und Rothirschjagd. Der Wandel von Klima, Naturraum und damit auch der Tierwelt hatte also erhebliche Konsequenzen für den Menschen. Die schon seit dem Paläolithikum üblichen Gruppen- und Treibjagden, die auf einen Schlag sehr reiche Beute gebracht hatten, waren kaum mehr möglich, da Herdentiere wie Ren und Wildpferd nun nicht mehr in ausreichender Zahl [*in unserem Gebiet*] vorkamen. […] Da Einzelwild wie Hirsch und Elch jedoch erheblich schwieriger zu erlegen war, brauchte man neue Jagdwaffen, um erfolgreich zu sein. Als Folge setzten sich Pfeil und Bogen als Jagdwaffen nun in fast allen Teilen Mitteleuropas durch und lösten die Speerschleuder des Jungpaläolithikums endgültig ab." (Parzinger: 225 f.)

Die Abwanderungen in den hohen Norden sind ein – hier auch sicherer – Anhalt für die ggf. *weiträumigen* Migrationsbewegungen dieser Zeit, die zu lokale archäologische Betrachtungen von vorne herein als Fehlgriff erweisen. Die damit einhergehende Entwicklung in Europa, die man 1874 unter den Begriff >Mesolithikum< fasste, wurde gemeinhin als kulturell niedrigeres Niveau eingeschätzt. Auf jeden Fall gibt es in der Tat Hinweise für verbreitetere Notprobleme, wie sich auch die Tradition der großartigen eiszeitlichen Höhlenmalerei in Europa verliert.

Mögen uns die hier entstandenen Klima-Verhältnisse gegenüber der Eiszeit auch als Vorteil erscheinen, so setzt dies in Wirklichkeit die erst ab dem Neolithikum entwickelten Technologien voraus. Zunächst bedeutete es hier vielmehr ein Entstehen von Sümpfen und dann auch von Urwäldern, die für die damaligen Kulturen nur schwer zu nutzen waren.

Was jedoch die besonderen Probleme in dem Umbruch von der letzten Eiszeit-Kaltphase auf die holozäne Warmphase geschaffen hat, war, dass er sich nicht einfach in der Art schöner März-Tage vollzog, sondern genau wie in dem Wechsel vom Winter auf den Sommer in durchaus **starken Kapriolen**, nur hier noch in ganz anderen Dimensionen. S. hierzu die Aufstellung:

Weichsel- bzw. (als alpine Vergletscherung) **Würm**-Kaltzeit

Die ***unsere** Region* betreffende **Weichsel-Kaltzeit** begann um 115.000, und ihr **Hochglazial** endete mit der so genannten Mecklenburg-Phase um 13.000 v. Chr. Den Abschluss bilden:

(*Interstadiale* bedeuten hier ***Warm***phasen)

Weichsel-Spätglazial

Meiendorf-Interstadial	12.500 – 11.850	v. Chr.
Älteste Dryaszeit	11.850 – 11.720	
Bölling-Interstadial	11.720 – 11.590	
Ältere Dryaszeit	11.590 – 11.400	
Alleröd-Interstadial	11.400 – 10.730	
Jüngere Dryaszeit	10.730 – 9.700	± 99

Holozän 1. Phase: Präborial 9.610 – 8.690

nach: Wikipedia: *Weichsel-Kaltzeit; Jüngere Dryaszeit*

Dieser insgesamt weltweite Umbruch wirkt sich jedoch in den verschiedenen Weltgegenden und je nach den Naturverhältnissen auch mit zeitlichen Konsequenzen unterschiedlich aus. Insofern muss im *Konkreten* jede *Region* für sich betrachtet werden. Dies gilt gerade auch für die Verhältnisse im Nahen Osten, die hier **besonders komplex** liegen.

„Vor etwa 15.000 Jahren begannen die Temperaturen auf der ganzen Erde zu steigen. Durch das schmelzende Eis dehnten sich die Ozeane aus und überfluteten ehemalige Landbrücken. In den einstigen Tundren wuchsen nun Wälder – in Nordamerika übrigens früher als in Europa – und in den hochproduktiven Grasebenen und halboffenen Waldgebieten, die sich bald entwickelten, lebte eine Fülle von Tieren. In den niedrigen Breiten, etwa in Nordafrika, wurde das Klima feuchter. [...]
Vor ungefähr 11.000 [*ca. 13.000*] Jahren erreichte die Sonneneinstrahlung in den Gebirgen der gemäßigten Breiten einen Höhepunkt, und eine neue Zwischeneiszeit bahnte sich an. Allerdings wurden Europa und Teile Nordamerikas plötzlich von einem eiszeitlichen Klima ergriffen. Während der etwa 500 Jahre dieses Vorganges wanderte die nordatlantische Polarfront von Island zur Bucht von Biskaya. Die Sommertemperaturen fielen um fünf bis zehn Grad Celsius, und die Eismassen, die gerade begonnen hatten zu schmelzen, nahmen wieder zu. Die Tundra und der Permafrostboden dehnten sich noch einmal aus, und zahlreiche Tiere und Pflanzen mussten nach Süden ausweichen.
Dieser ziemlich rätselhafte Zeitabschnitt endete vor 10.000 Jahren [*um 9.600 v. Chr.*] beinahe ebenso plötzlich wie er begonnen hatte. Sein Ende markiert die Grenze zwischen dem Pleistozän und dem Holozän.“ [49]

Im Klammern die heutige Datierung

Vor allem der letzte Kälte-Rückfall dürfte in seiner Plötzlichkeit, Schärfe und Dauer besondere Schwierigkeiten aufgeworfen haben:

„Die Jüngere Dryaszeit begann mit einer raschen Abkühlung **innerhalb eines Jahrzehnts**, die in den höheren Breiten der nördlichen Erdhalbkugel zu neuerlichen Vergletscherungen führten, ähnlich denen der Älteren Dryaszeit ca. 1.000 Jahre früher.“ (Wikipedia: *Jüngere Dryaszeit*; Hervorhebung CR)

---

[49] nach: Göran Burenhult: Illustrierte Geschichte der Menschheit I, S. 83

„Als Ursache der raschen Abkühlung während der Jüngeren Dryaszeit wird eine Störung oder Unterbrechung des thermohalinen Kreislaufs im Nordatlantik (die Verlängerung des Golfstroms in Richtung Grönland und Irland) durch rasch abschmelzende Gletscher in der vorangegangenen Wärmeperiode angenommen. Möglicherweise war das Hudson Bay- Ereignis der auslösende Faktor: Hinter dem Eisriegel im Bereich der Hudson Bay hatte sich im Agassizsee sehr viel Schmelzwasser angesammelt. Nach Süden hin konnte es nicht abfließen, da hier das Land ansteigt. Als die Eisbarriere brach, ergossen sich auf einen Schlag ungeheuere Süßwassermengen in den Nordatlantik und stoppten den thermohalinen Zyklus. Der den antarktischen Kälterückfall auslösende Schmelzwasserpuls 1A könnte somit auch Auslöser für die Jüngere Dryaszeit gewesen sein." (ebd.)

S. in diesem Artikel auch die **Vegetations-Karte**, die auch Nord-Afrika und den Westen des Nahen Ostens umfasst. Der >grüne< Bereich ist insgesamt recht schmal und liegt durchweg an Küsten

Ein Komplex an Naturkatastrophen verknüpft sich auf jeden Fall mit dem mit dem Abtauen der bis zu 3 km dicken Gletschermassen verbundenen Anstieg des Meeresspiegels um *insgesamt* rund 120 m.

Nun können wohl die Sintflut-Mythologien nicht per se als authentische Überlieferungen gelten, auf jeden Fall die nicht, die diese als ein Strafgericht von Göttern ausgeben. Diese Umdeutungen, die traumatische Erinnerungen nutzten, waren vermutlich ein wichtiges Mittel der Durchsetzung der *neolithischen* Priesterherrschaft (→ 6.4.2/4).

Während manche Sintflut-Mythologien von späteren mythologischen Weiterbildungen überlagert sind, dass ihre Authentizität oder selbst ihre Herkunft fraglich bleibt, kann jedoch im Fall der Aborigines aus gleich mehreren Gründen bei größter Wahrscheinlichkeit eine authentische Überlieferung von der >großen Flut< angenommen werden. Denn sie ist damit verbunden, dass diese geologisch nachvollziehbaren bedeutsamen

Land- und Ressourcen-Verluste am >Ende der Eiszeit< zu der *neuartigen* Kulturform der Aborigines mit z.B. ihrer neuartigen Felsmalerei führten, die sich *seitdem* in ihren Grundzügen bis in die jüngste Zeit fortsetzte. Von daher bildet diese Kulturform einen außergewöhnlichen Schlüssel für das Verständnis der Entwicklungen der Epoche des Mittleren Mesolithikums, die auch sehr besondere Parallelen zu anderswo zeigt (Beschneidung; in den Felsmalereien, **Megalith**-Symbolik usw.). Aufgrund dieses besonderen Schlüssels werde ich darauf noch in eigenen Punkten näher darauf eingehen (→ 3.2.1 + 4.1.2).

In Bezug auf Australien und schlimmer noch für Neuguinea (das zuvor Teil von Australien war) lässt sich die beachtliche Größe des Landverlustes nachvollziehen (s.u.). Auch für Westeuropa lässt sich feststellen:

> „Etwa um 10.000 vor Christus begann der Meeresspiegel in dramatischer Weise anzusteigen, so dass schließlich die Hälfte Westeuropas überflutet war.“ [50] (= im Besonderen das Gebiet zwischen Irland, England und Frankreich sowie der Nordsee-Raum zwischen England und Dänemark)

Auch der Nahe Osten war vor allen in den geographischen Konsequenzen von diesem Anstieg des Meeresspiegels betroffen, wohl nicht bloß mit der Entstehung des Persischen Golfs mit der Größe fast von Deutschland (er ist heute wieder kleiner aufgrund der Anschwemmungen von Euphrat und Tigris. *Dazu gibt es jedoch im Genaueren in den Quellen unklare und überaus widersprüchliche Informationen*).

Flächenmäßig waren übrigens Ost- und Süd-Ost-Asien insgesamt von diesem Anstieg des Meeresspiegels weltweit am stärksten betroffen (was möglicherweise insbesondere den Hintergrund der >zweiten Besiedelungswelle< nach Amerika, der >Na Dene< [→ 3.3.4], bildete).

---

[50] David Hurst Thomas, in: Göran Burenhult: Illustrierte Geschichte der Menschheit II, S. 11

Anfang der Stammeschronik (>Walam Olam<) der Delawaren

1. Amangamek — makdopannek
Die großen Fische — die zahlreichen

alendyuwek — metsipannek
einige — fraßen sie

2. Manitodasin — mokol
Die Mondfrau — mit dem Boot

witcemap >palpal!<
sie half >komm!<

payat — *payat* — wemitcemap
sie kam — sie kam — half allen.

3. Nanabuc — nanabuc
Nanabusch — Nanabusch

wemimokom — wimimokom
ist der Großvater aller — der Großvater der Wesen

linnimokom — tulamokom
der Großvater der Menschen — der Großvater des Schildkrötenstamms.

„Interpretation: (Als die große Flut hereingebrochen war,) fraßen große Fische (die Menschen) auf. Aber die Mondfrau rettete die Menschen und nahm sie in ihr Boot. Nanabuc (>das große Kaninchen<) ist der Ahnherr und Kulturbringer (*culture hero)* der Algonkin-Indianer."

Nachzeichnung und Text nach: Harald Haarmann: Universalgeschichte der Schrift, S. 42

*Die Sintflut-Mythologie bei den Algonkin. Man beachte, dass mit dem Untergang von >**Beringia**< riesige Landverluste zwischen Sibirien und Alaska eines vormals recht günstigen Lebensraumes verbunden waren*

Besondere Überschwemmungs-Katastrophen entstanden auch dadurch, dass am Rande der abtauenden Gletscher riesige Seen entstanden, deren Dämme selbst aus Eis bestanden, die an einem Punkt beim Schmelzen brachen (s. dazu mehr: Wikipedia, *Letzte Kaltzeit*: Überschwemmungen).

Wenn auch der Anstieg des Meeresspiegels um ca. 120 m nicht auf einen Schlag erfolgte, so verlief er doch in gehöriger Geschwindigkeit, so insbesondere am Anfang des >Endes der Eiszeit< in dem so genannten >Schmelzwasserpuls 1A< (s. dazu z.B. Wikipedia, *Schmelzwasserpuls 1A,* dort auch eine Graphik zu dem Verlauf des Meeresspiegels in den letzten 20.000 Jahren).

Je nach Naturgegebenheiten, wo nämlich gewisse Höhenzüge Dämme bildeten, konnte dies durchaus mit Naturkatastrophen verbunden sein. Ob sich das Überlaufen des Mittelmeeres am Bosporus zum heutigen Schwarzen Meer als eine „Sintflut" über schon stark neolithisch besiedeltes Land mit einer Größenordnung von *200 Niagarafällen* vollzog, [51] ist von dem noch nicht abschließend geklärten Zeitpunkt abhängig (dies gälte nur für den späten Zeitpunkt um 5.500 v. Chr. und wäre bei den neueren Einschätzungen auf 7.500 v. Chr. deutlich gemächlicher gewesen). Doch bedeutete dies auf jeden Fall ein Umkippen des früheren Süßwasser-(Gletscher-) Sees zum salzigen Schwarzen Meer mit all seinen Folgen für die Wasser-Tiere und die Wasser-Versorgung. Das Ufergebiet soll auch zu der früheren Zeit bereits „dicht besiedelt" gewesen und „sehr schnell" verlassen worden sein (s. dazu *Wikipedia* in dem Artikel >Schwarzes Meer<: Geologische Schwankungen).

In Bezug auf Skandinavien ist bekannt, dass der Verlust des gewaltigen Gewichts der Gletschermassen zu Landhebungen führte. Insgesamt wäre es durchaus plausibel, dass die gravierende Veränderung des Drucks auf den Erdboden durch einerseits den Anstieg des Meeresspiegels und andererseits das Ab-

[51] s. z.B. Spiegel 50/2000, „Strafgericht am Bosporus", S. 269

tauen der Gletscher mit einer stärkeren Aktivität an Erdbeben und Vulkanismus verbunden gewesen wäre.

Auch kommt eventuell eine Meteoriten-Explosion in Nordamerika (vermutlich Quebec) als Auslöser der Jüngeren Dryas in Betracht.

> „Im Mai 2007 wurde auf einer Tagung der *American Geophysical Union* von einer Forschergruppe um Richard Firestone vom Lawrence Berkeley National Laboratory zahlreiche Indizien für die Explosion eines Meteoriten geringer Dichte über Kanada als Ursache für den plötzlichen Wechsel vorgelegt. Das Ereignis fand gegen 10.950 v. Chr. kurz vor Beginn der Jüngeren Dryas statt. Der Himmelskörper dürfte beim Eintritt in die Atmosphäre in einzelne Stücke gebrochen sein und verursachte neben weitläufigen Waldbränden auch ein Artensterben und eine Destabilisierung des Eisschildes. Dafür sprechen in kohlenstoffreichen Sedimenten gefundene, ungewöhnlich zahlreiche Ablagerungen von außerirdischem Gestein, kleine Kohlenstoffkügelchen, die durch schnelle Abkühlung in der Luft entstehen, sowie das auf der Erde äußerst selten vorkommende Helium-3-Isotop. Auch optisch sehr auffällige Sedimentschichten mit diesen geochemischen Anomalien konnten in mittlerweile zwei Dutzend Kernbohrungen im gesamten Bereich Nordamerikas gefunden werden. Sie ähneln dabei entfernt der KT-Grenzschicht, sowohl in Bezug auf Dicke, Aussehen und Farbe. Die offenbar kontinentweite Existenz dieser Erdschicht ist ein deutliches Indiz für eine so genannte Auswurfdecke eines größeren Meteoriten- oder Airburst-Ereignisses in dieser Region.“ [52]

> Diese These fand eine Zeit lang eher Ablehnung. Eine neue Stuide erbrachte jedoch neue Indizien für diesen Sachverhalt (ebd.)

Ein weiterer bedeutsamer Einschlag mit einer Sprengkraft von 350.000.000 Tonnen TNT scheint sich für Argentinien - jedoch erst vor „weniger als 10.000 Jahren“ - zu belegen. [53]

---

[52] Wikipedia: *Jüngere Dryaszeit,* dort >Einschlaghypothese< (28.0.818)
[53] GEO 8/92, S. 178 f.

Entsprechende Hinweise auf Vulkanismus und/oder solche Einschläge finden sich in Mythologien. Da sie an sich in Betracht kommen, möchte ich hier angesichts fragwürdiger Quellen-Lagen nur Hinweise bieten:

> „Vulkanismus und Erdbeben werden [*in den Mythologien*] gleichfalls sehr oft im Zusammenhang mit der Flut erwähnt, vor allem in den beiden Teilen Amerikas. Die Araukanier in Chile [...] stellen recht explizit fest: >Die Flut war die Folge von Vulkanausbrüchen in Begleitung heftiger Erdbeben.< Die Mam-Maya in Santiago Chimaltenango im westlichen Hochland von Guatemala halten Erinnerungen an >eine Flut aus brennendem Pech< wach, die eines der Mittel der Zerstörung der Welt war. Und im Gran Chaco in Argentinien erzählen die Mataco-Indianer von >einer schwarzen Wolke, die von Süden zur Zeit der Flut kam und den ganzen Himmel bedeckte. Blitzeinschlag und Donner waren zu hören. Doch die Tropfen, die fielen, waren nicht wie Regen. Sie waren wie Feuer...<.“ [54]

> „**Monan** ist der Schöpfergott des [*südamerikanischen*] Tupinambá-Stammes, der an der Mündung des Tocantin-Flusses lebt, südöstlich vom Amazonasdelta. Er schuf den Himmel, die Erde, die Tiere und dann die Menschen. Doch diese benahmen sich so schlecht, dass Monan sie mit einer gewaltigen Feuersbrunst zerstörte. Nur ein Mann namens Irin-Maje war noch am Leben, als Monan die Wasser der Meere sandte, um die Flammen zu löschen.“ [55]

Es ist auch nicht unwahrscheinlich, dass die >Neolithische Revolution< ein Nachhall-Effekt eines Vulkan-Ausbruchs – des *Hasan Dağı* in der Nähe von Çatal Höyük (Anatolien) um 7.550 v. Chr. (Wikipedia, *Hasan Dağı* [*Dag*] – aktuelle Angabe jedoch 6960 ± 690 v. Chr.) – gewesen ist, findet sich einige Vulkan-Gott-Mythologie, die sich von den Namen und

---

[54] Graham Hancock: Die Spur der Götter, S. 229

[55] D. M. Jones & B. L. Molyneaux: Die Mythologie der Neuen Welt, S. 207

Wort-Bezügen im Besonderen mit Anatolien in Verbindung bringen lassen (→ 6.2). So könnte dieser Vulkan-Ausbruch als göttliche Vernichtungs-Drohung im Falle des weiteren dortigen Kriegs-Chaos aufgenommen worden sein und damit auch die Basis der späteren Sintflut-Strafgerichts-Interpretation gestellt haben.

Doch hat es am >Ende der Eiszeit< auch mindestens zwei bedeutsame Vulkan-Ausbrüche gegeben, die auch als Faktoren des Entstehens der Jüngeren Dryaszeit mit in Betracht gezogen werden:

- Ausbruch Maria Laach-Vulkan (Eifel) um 10.930 v. Chr. mit Stärke VEI 6 (Wikipedia: 11. Jt.; Laacher See)

- Katla auf Island 10171 ± 114 v. Chr.: „Ein bedeutender Vulkanausbruch auf Island hinterließ im nordeuropäischen Raum (Schweden, Schottland) die Vedde-Asche – ein sehr wichtiger stratigraphischer Leithorizont in der jüngeren Dryas […]"
Wikipedia: *Jüngere Dryaszeit.*
Wikipedia: *Katla*: Ausbruch um 10.600 v. Chr.

Weitere Infos sind derzeit schwierig, da im Jahr durchschnittlich etwa 70 Vulkane eruptieren sollen (Wikipedia: *Vulkanausbruch*). Das Ausmaß dieser Eruptionen liegt jedoch höchst unterschiedlich, und entsprechend werden kleinere Eruptionen, die regional durchaus von Konsequenz gewesen sein könnten – ab dem Neolithikum durchaus auch als Vulkan- (Gott-) **Kult** -, für die höheren Zeiten wenig greifbar.

Weiterhin ist bei diesem Gesamtkapitel der damaligen Naturumbrüche auch (gerade in Bezug auf den Nahen Osten) noch in den Blick zu fassen, dass nicht lange vor der Erwärmung erst der **Kälte-Tiefpunkt** der damaligen Kaltzeit gelegen hatten: nämlich um 24.500 – 18.000 v. Chr. „mit einem Maximum bei 19.000“ v. Chr. Nach: Wikipedia, >Letztes glaziales Maximum< = >Letzteiszeitliches Maximum<, s. dort mehr.

Auch hierbei stellen sich Zusammenhänge zu Vulkan-Eruptionen dar, so insbesondere „die Supereruption des Oruanui in der Taupo Volcanic Zone Neuseelands, damit mit 24.000 bzw. 20.600 Jahren v. Chr.“ sowie „die Förderung des Eltviller Tuffs in der Vulkaneifel, der von Zöller u.a. (1987) auf 20.000 bis 19.000 Jahre datiert wird.“ (Ebd.)

Ich habe diese Überlegung bislang nicht gelesen, doch möglicherweise hat auch dieser Kälte-Tiefpunkt in einem Einschlag seine erste Ursache. In Betracht käme hierbei der *Tenoumer* in Mauretanien: „Er hat einen Durchmesser von 1,9 Kilometer und bildet einen Kraterrand von ca. 100 m Höhe. […] Der Impakt ereignete sich […] vor ca. 21.400 ± 9.700 Jahren.“

(Wikipedia: *Tenoumer*. Ist die hohe ± Angabe ein Tippfehler?)
Im Internet finden sich hierzu interessante Fotos

Ganz entsprechend manchen Naturverhältnissen kann nicht ausgeschlossen werden, dass nicht erst die Umbrüche am >Ende der Eiszeit< Probleme aufwarfen, sondern hier und dort schon seit diesem Kälte-Optimum her Notstandsprobleme bestanden. So wären in diesen Kontexten der Beginn des >Epipaläolithikums< schon weit früher als vor dem Spätglazial anzusetzen.

Dies ist gerade auch für den Nahen Osten zu bedenken. So gilt für den hinteren Nahen Osten:

> „Je weiter man sich in die Landmasse [*des Nahen Ostens*] hineinbewegt, umso extremer wird das Klima. So ist heute bekannt, dass es während des letzten Eiszeitmaximums in den Hochtälern des Zagrosgebirges entlang der iranisch-irakischen Grenze Gletscher gab. Wo also die Auswirkungen der Eiszeit am schwerwiegendsten waren, begann auch der Er-

holungsprozess später und schritt langsamer fort. Erst mehrere tausend Jahre nach Beginn des Holozäns [!] herrschten in den Tälern des Zagros wieder optimale Wachstumsbedingungen." [56]

Dieser Sachverhalt ist für die Thematik der Sesshaftwerdung von Bedeutung. Hier findet sich im Raum Jericho eine Traditionslinie von der Zeit des Kälteoptimumms her (**Kebarium**) über das **Natufien** bis zum Neolithikum. Wenn die Lager selbst natürlich in den damals günstigsten Bereichen liegen, so ist dieser Raum doch ein überaus schmaler Streifen zwischen Meer und Wüste (teilweise auch noch mit Bergzügen). In der Breite umfasst dieser Raum eine Entfernung, die bis zur Nahrungsproduktion gemeinhin von einem *einzigen Verband beansprucht* wurde, dass hier sehr früh ein starkes Arrangement zwischen den Verbänden anzunehmen ist. Dies deutet darauf, dass man in Absprache die günstigen Gebiete für die saisonal langen Lager-Plätze genutzt hat und die übrigen Ressourcen-Bereiche aufgeteilt hat (wie es sich in Systematik bei den Aborigines findet). Auf diese Weise ließ sich eine höhere Besiedelung als sonst ermöglichen.

Dass sich der tatsächliche spätere „Beginn der Sesshaftwerdung" nicht eigentlich aus der günstigen Ressourcen-Lage erklärt – selbst wenn man natürlich an den besten Stellen siedelte -, sondern aus den dort engen Grenzen zwischen Meer und Wüste, wird an den dortigen Versorgungs- und Disflikt-Problemen ab dem >Ende der Eiszeit< ersichtlich, die auch erst die historische Bedeutung der Entwicklungen dieser Gegend ergeben. Spezifisch fassbar werden sie in ihrer Begründung der Ahnen-Kult-Kultur (→ 5.3), die sich nicht nur über Afrika verbreitete.

---

[56] Trevor Watkins, in: Badisches Landmuseum Karlsruhe: Vor 12.000 Jahren in Anatolen, S. 40

2.4 Zu dem Begriff >Epipaläolithikum<

Mit der Endphase der Eiszeit ab vor 13.000 v. Chr. (= dem Weichsel-Spätglazial) finden sich verbreitet neue kulturelle Entwicklungen, die aufgrund der unterschiedlichen Forschungs-Entwicklungen in den unterschiedlichen Gebieten der Erde hier als >Mesolithikum< und dort als >Epipaläolithikum< bezeichnet werden.

Tatsächlich gibt es jedoch schon früher im Paläolithikum außergewöhnliche Entwicklungen: schon größere Hausbauten als die mit der Sesshaftwerdung in Verbindung gebrachten Hütten im Nahen Osten, Keramik, Brennöfen für Ton, Tierhaltung (auf jeden Fall die Domestizierung des Hundes) usw. Die Evolution von Kultur als dem Sachverhalt der humanevolutionären Entwicklung hin zu Homo sapiens besteht ja nicht in >Wildbeutertum<, sondern in der Gestaltung seiner Möglichkeiten. Dennoch ist die paläolithische Kultur von einer entscheidend anderen Prämisse als die historische Entwicklung bestimmt, vor allem in sozialer Hinsicht, in der Weltanschauung und in der Sprache (→ 4.1 ff.). Es ist die **kulturelle Prämisse**, die den historisch wirksamen Unterschied zwischen dem >Paläolithikum< und dem Nachfolgenden ergibt. Es ist historiologisch entsprechend von zentraler Bedeutung, diese Prämisse verstehen und im Einzelnen genau bestimmen zu lernen.

Der Begriff >Epipaläolithikum< ermöglicht es, die damaligen Entwicklungen ohne *vorgefasste* Sicht *vorläufig* historisch einzuordnen. Er hebt diese Phase entsprechend manchen Fakten aus dem gängigen Paläolithikum des Homo sapiens heraus, ohne sie deswegen schon der von der Mesolithischen Revolution ausgelösten neuartigen historischen Entwicklung zuzuordnen. Wohl hat die Mesolithische Revolution ihre Ursachen im Epipaläolithikum. Doch ist das Epipaläolithikum nicht per se als Vorfeld der Mesolithischen Revolution zu sehen. Wie diese Zusammenhänge – gerade auch im Nahen Osten – liegen, kann *und muss* noch offenbleiben.

Es ist wahrscheinlich, dass diese Prozesse im Einzelnen sehr schillernd sind – wie es den damaligen Naturveränderungen entspricht. Notstandsprobleme können neue Erfindungen anregen und folglich Fortschritt erbringen, wie vorübergehend höchst günstig werdende Situationen in den Naturumbrüchen plötzlich zu besonderen Fallen werden konnten. Manche Weiterentwicklungen zeigen sogar in sich selbst gleichzeitig Vorteile in den einen wie Verschlechterungen in anderen Aspekten (Techniken, Soziales, Ernährung usw.).

Insgesamt deutet sich jedoch **auf jeden Fall** an, dass die veränderten Kulturformen mit Veränderungen in der Natur einhergehen. Dieser Sachverhalt ist komplex, auch in zeitlicher Hinsicht. Denn in Teilen geht das >Epipaläolithikum< mit dem Beginn des >Endes der Eiszeit< einher. Doch in manchen Gegenden, so auch im Nahen Osten, dürfte es bereits mit dem Aufkommen des **Kälte-Höhepunktes** der letzten Kaltphase vor über 20.000 Jahren zu verbinden sein. So deutet sich im Raum Jericho eine Linie von diesem Kälte-Höhepunkt - der im Nahen Osten eine Ausdehnung der Wüstenverhältnisse bedeutete -, in den Kulturformen *Kebarium – Natufien* bis zum Neolithikum an.

Doch ist die Frage nach dem >Anfang< hier **nicht** die entscheidende. Nach den hier vorliegenden Einsichten verknüpft sich der **historisch** entscheidende Sachverhalt mit dem geologischen Umbruch am >Ende der Eiszeit<, und zwar in Form der >Mesolithischen Revolution<. Dieser Sachverhalt, der im Nahen Osten in Bezug auf das *Natufien* von Relevanz ist, muss **als erstes** geklärt werden, bevor die Entwicklungen der vorausgehenden Zeit *in dieser Hinsicht* (*epipaläolithisch* oder *mesolithisch*) handfest bestimmt werden können.

Insgesamt werden hier bestimmte Entwicklung viel zu voreilig in das Licht des >Fortschrittsmodells< gestellt – das *in diesen Formen* nach den hier vorliegenden Einsichten gar keine Basis hat. Man muss gar nicht bestreiten, dass es, schon vor Homo sapiens, immer wieder zu neuen Erfindungen usw. kam. Doch erklären sie **die historische Entwicklung nicht**. Was sich insgesamt andeutet, ist vielmehr, dass im Nahen Osten Krisenprobleme aus der Zeit des globalen Kälte-Maximums direkt in die Krisenprobleme am >Ende der Eiszeit< übergingen.

S. zu Weiterem Wikipedia: *Epipaläolithkum.* Allerdings führt dieser recht kurze Artikel bzgl. des Eigentlichen nicht weiter.

2.4.1 Die Expliziteren Sammler und Jäger

Im >Epipaläolithikum< und am >Ende der Eiszeit< kommt es zu besonderen Spezialisierungen, sei es auf die Jagd oder auf das Sammeln. Der bekannte Felskunst-Forscher Emmanuel Anati spricht hierbei selbst von den >Höheren Jägern< und von den >Primitiven Sammlern<, doch begründet sich dies in der früheren Auffassung, die ursprüngliche Lebensform des Menschen sei das Jägertum gewesen. Ich ersetze dies durch >expliziter<.

Die Kulturform der >Expliziteren Sammler< war möglicherweise historisch höchst bedeutsam. Die Schwierigkeit ist hier aber, dass diese Kulturform bislang nur von ihren Felsmalereien her zu fassen und also „nur sehr schwer zu datieren“ ist [57] und dass ich mich hier nur auf die Ausführungen von Emmanuel Anati stützen kann, die nicht gerade aktuellen Datums sind. Von den Anhaltspunkten her meint Anati, dass sie „wahrscheinlich in die Zeit des Übergangs zwischen Pleistozän und Holozän und ins frühe Holozän fiel, in eine Zeitspanne von mindestens 2.000 und höchstens 5.000 oder 6.000 Jahren.“ (ebd.)

---

[57] Emmanuel Anati: Höhlenmalerei, S. 196

Zu den Befunden der >Expliziteren Sammler<:

„Angesichts dieser Bilder hat man den Eindruck, dass die Menschen hier in einem idyllischen Zeitalter lebten, in einer Art irdischen Paradieses. Sich Nahrungsmittel zu verschaffen scheint für sie viel weniger wichtig gewesen zu sein, als sich mit ihren Riten oder ihrem Sozialleben zu beschäftigen: Jagdszenen sind kaum vorhanden, und die verschwenderische Fülle der Früchte und Pflanzen lässt annehmen, dass die Natur die wichtigsten Nahrungsmittel lieferte. [...] In der Geschichte der Menschheit kommen auch solche Episoden vor: >Epochen der Träume<, in denen die Menschen offensichtlich nicht von wirtschaftlichen Problemen geplagt waren."
(Anati: 196)

„Beim Betrachten ihrer phantastischen Bilder gewinnt man fast den Eindruck, dass Kunst zu den wichtigsten Beschäftigungen ihres alltäglichen Lebens gehörte. Aus den Bildern können wir indirekt schließen, dass ihre künstlerische Aktivität sich auch auf andere Aspekte wie Musik und Tanz erstreckte und ebenso auf ihre komplexen Riten und Zeremonien. Wir erfahren aus ihren Bildern auch, dass das Kunstschaffen Themen mit einschloss, von denen es bislang keine direkten Zeugnisse gibt: die Herstellung und den Gebrauch von Masken und Tätowierungen, von Hals- und Körperschmuck und vielleicht von Mimik und >Theater< [...]."
(Anati: 180)

„Eine der aufschlussreichsten Überraschungen bei der Felskunst in Zentraltansania war die Entdeckung eines Stilbereichs von >Primitiven Sammlern<. Deren Künstler zeigen eine große Originalität des Stils und der Ausdrucksmittel. Eindrucksvoll sind die Szenen mit maskierten menschlichen Wesen, die tanzend an feierlichen Darstellungen, Riten oder mythischen Ereignissen teilnehmen. Ebenso finden sich mythologische Szenen, die zu den kuriosesten Schöpfungen der ganzen Serie gehören. Viele der auf diesen Felsen beschriebenen Aktionen zeigen große und wohl organisierte Gruppen von Menschen [...].

Anthropomorphe Wesen, übernatürliche oder imaginäre Geschöpfe dominieren bei diesen Tafeln voller Bewegung, die von einer großen Vielfalt der Symbole begleitet sind. Als einmaliges Phänomen sind bei derart sorgfältigen Darstellungen konsequent die Einzelheiten des Gesichts ausgespart, so als ob eine Art von Tabu die Darstellung verbieten würde. Eine weitere Besonderheit dieses Stils ist die Fülle von Pflanzendarstellungen: Früchte, Blätter und Zweige erscheinen geradezu als Zeugen eines üppigen Waldes, während den Tieren, verglichen mit früheren oder späteren Perioden, keine große Bedeutung zukommt. Fast alle bekannten Pflanzendarstellungen in der Felskunst Tansanias sind diesem Stil zuzuordnen. [...]
Jagdszenen sind kaum vorhanden, und die verschwenderische Fülle der Früchte und Pflanzen lässt annehmen, dass die Natur die wichtigsten Nahrungsmittel lieferte. Die anthropomorphen und zoomorphen Gestalten, die monströs oder phantastisch sind, Wesen, die frei in der Luft schweben, und manche surreale Szenen könnten in einem Trancezustand geschaffen worden sein und darauf schließen lassen, dass diese Völker [*Kulturen*] häufigen Gebrauch von Drogen machten."

(Anati: 195 f.)

„Während das ikonographische Interesse der Primitiven Jäger vor allem Tierdarstellungen galt, stellten die Sammler oder >Rundköpfe< [*in der Sahara*] vorwiegend Menschen dar. Etwa drei Viertel ihrer Darstellungen sind anthropomorph, jedoch nicht notwendigerweise Menschendarstellungen. Sie zeigen Phantasiewesen, Gottheiten, Geister oder Ungeheuer einer Welt, die uns phantastisch erscheint oder uns an die Masken eines grandiosen Puppentheaters erinnert. Häufig finden sich Ideogramme, die aber von der wissenschaftlichen Literatur meistens ignoriert wurden. Daneben gibt es Tierdarstellungen, die manchmal ebenso phantastisch sind wie die der Menschen. Die Charakteristika vieler Bilder, die frei im Raum schweben oder Strahlen aussenden, wurden von Psychiatern als Folge halluzinatorischer Zustände gedeutet.
Während die Primitiven Jäger noch keine Szenen, sondern lediglich Kompositionen oder ikonographische Assoziationen von Graphemen kannten, stellen die Sammler bereits be-

stimmte Szenen dar, die weder beschreibend noch naturalistisch sind, sondern in einer Art >Performance< übernatürliche Wesen und Ereignisse mythologischen Charakters beschwören.
Das Epos der Sammler, wie es auf wunderbare Weise von ihren häufig surrealistischen Bildern erzählt wird, ist voller Halluzination, hermetischer Botschaften und einem Sinn für Harmonie, der beim Betrachter Betroffenheit auslöst. Noch immer strahlen sie eine geheimnisvolle Kraft aus. Nicht zufällig erlebten Dutzende von Forschern diesen Zauber und versuchten, ihn in Theorien zu erfassen, deren wissenschaftlicher Hartnäckigkeit er sich jedoch verschließt. Man hat den Eindruck, dass diese nach ihrem ersten Erforscher Henri Lhote >Têtes rondes< [*Rundköpfe*] genannten Menschen in einer Art irdischen Paradieses lebten und häufigen Gebrauch von Drogen, den >Früchten vom Baum der Erkenntnis<, machten. Vergleichbare Epochen und Situationen sind auch aus anderen Erdteilen bekannt. Felskunstkomplexe von Sammlervölkern, die großzügig Halluzinogene einnahmen, gab es auch auf dem amerikanischen Kontinent, in Texas, Kalifornien und Mexiko. Eine stilistische Schicht des gleichen Typs, die einige Gemeinsamkeiten mit dieser Gruppe in der Sahara zeigt, kennen wir aus Tansania, im Südosten des Kontinents.“ (Anati: 180 – 182)

Doch da im Allgemeinen eine Ernährungsproblematik gar nicht bestand, stellt sich die Frage, ob diese Interpretation den tatsächlichen Sachverhalt wirklich erfasst. Zumindest im Ergebnis stellt sich dar:

„Überall scheint sich in diesem Stil nach einer Periode großer Kreativität schließlich ein gewisser Sättigungsgrad eingestellt zu haben, der die Lebensweisen und kulturellen Epochen dann zu Ende führte. Man könnte sogar annehmen, dass diese Ereignisse, die ihre Spuren im kollektiven Gedächtnis zurückließen, ein Echo in der Mythologie gefunden haben: in der Geschichte von Adam und Eva, die aus dem Paradies vertreiben und von da an gezwungen wurden, für ihren Lebensunterhalt zu sorgen. Das Ende dieser Episode der

> >Sammler<, die zur >Erkenntnis< gelangten, indem sie verbotene Früchte zu sich nahmen, fällt mit dem Beginn der Ära der Nahrungsmittelproduktion zusammen.“ (Anati: 182)

Die Weite dieser Verbreitung ist möglicherweise kein Zufall. Es ergeben sich auch nicht bloß von diesen Felsmalereien her interessante Zusammenhänge mit den damaligen Entwicklungen in Australien, auf die ich noch zu sprechen komme. Dabei stellt sich auch eine Verbindung zum Nahen Osten dar, die bei der Sahara und Afrika auch nicht so erstaunlich ist. Leider sind hier bislang die zeitlichen Zusammenhänge nicht genau genug fassbar. Es ist denkbar, dass diese Entwicklungen in Afrika ein Niederschlag des nahöstlichen Mittleren Mesolithikums sind, aber auch umgekehrt, dass ein wichtiger Teil der nahöstlichen Entwicklungen ursprünglich von (Nord-) Afrika her kam (s. Abb. nächste Seite).

Die Kulturform der >Höheren Sammler< findet sich nicht nur in Afrika in Tansania und in der Sahara:

> „Überraschend sind die stilistischen und thematischen Ähnlichkeiten [*der Felskunst der Sammler in Tansania*] mit vergleichbaren Gruppen der >Sammler< in der Sahara, auch in Texas und Mexiko.“ [58]

Ich sehe weiterhin stilistische Entsprechungen hin nach Australien (s. folgende Seite), wobei dies bei den Aborigines mit der Sozialorganisation des mittelmesolithischen Völker-Rechts-Bundes in Verbindung steht (→ 3.2.1). In diesem Zusammenhang sollen unten noch weitere Hinweise geboten werden. Ansonsten soll dieser Komplex aufgrund seiner großen potentiellen Bedeutung hier nur erwähnt, aber nicht vertieft werden, da die Forschung dazu bislang zu kompliziert und ungeklärt liegt.

---

[58] Emmanuel Anati: Höhlenmalerei, S. 196

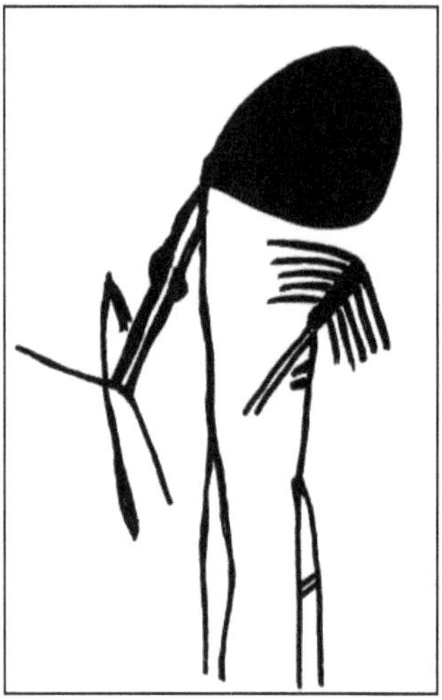 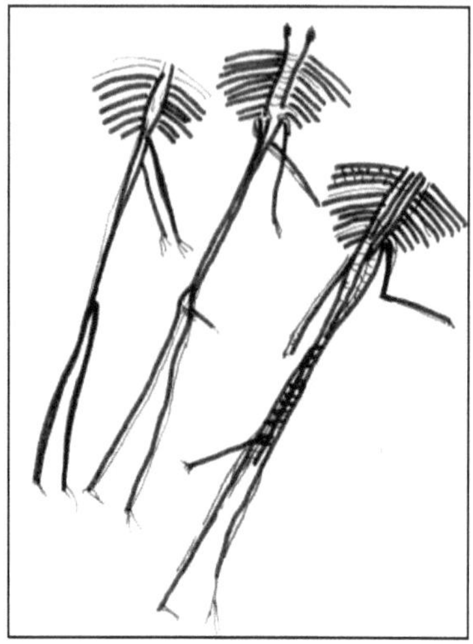

Nachzeichnungen: *links Australien: ein Mimi-Geister-Paar, die rechte Figur ist weiblich (Anati S. 373). Vgl. dazu rechts die Felszeichnung in Tansania (Anati S. 193).*

Auch die „Rundköpfe“ (linke Figur linkes Bild) finden sich in der Sahara in der dortigen Kulturform der „Höheren Sammler“. Diese Darstellungen und Stilformen können durchaus als sehr spezifisch gesehen werden. Sie sind weder in Stil noch in den Inhalten paläolithischer Art. [59] *Die zudem betonten Kopf-Darstellungen dürften durchaus konzeptionell motiviert sein, dass ihre Entsprechungen nicht per se als Zufall abgetan werden sollten. Sie könnten Formen von Status zum Ausdruck bringen. Auch ließe sich an maskenartige Vermummungen (etwa aus Stroh- und Strauchbüscheln) denken – diese* Techniken *dienen genau wie die mesolithisch neuartige* >Geister<-*Mythologie und* >*Felskunst*< *der sozialen* >*Steuerung*< *(s. dazu weiter* → 3.2.1).

[59] In Australien kommt ab 10.000 der neue „Sydney-Stil“ auf, so: Emmanuel Anati: Höhlenmalerei, S. 396

2.4.1.1 Die „Höheren Jäger“

Beispiel der Darstellungen der „Höheren Jäger“, die durchaus Ästhetik haben. Spanische Levante (Nachzeichnung nach Anati: S. 295)

Die Kulturform, die Anati als „Höhere Jäger“ bezeichnet, entsteht nach seiner möglicherweise nicht mehr aktuellen Einschätzung „vor 13.000 bis 14.000 Jahren“ (Anati: 188). Anati stellt diese Entwicklung als Fortschritt dar. Dies ergibt sich u.a. aus seiner Benennung >Höhere Jäger< und des erstmaligen Befunds von Darstellungen „deskriptiver Szenen“ (Anati: 28). Er verknüpft diese Entwicklung mit der Erfindung von Pfeil und Bogen (Anati: 26), die auch der charakteristische Ausdruck der Darstellungen der >*Expliziteren* Jäger< ist.

Tatsächlich dürfte es jedoch nicht zutreffen, dass Pfeil und Bogen erst zu dieser Zeit erfunden wurden. Richtig ist jedoch, dass in dieser Zeit Pfeil und Bogen von großer Bedeutung wurden und sich entsprechend verbreiteten, s. z.B.:

„Da Einzelwild wie Hirsch und Elche jedoch erheblich schwieriger [*als die Herdentiere wie Ren und Pferd*] zu erlegen war, brauchte man neue Jagdwaffen, um erfolgreich zu sein. Als Folge setzten sich Pfeil und Bogen als Jagdwaffen nun in fast allen Teilen Mitteleuropas durch und lösten die Speerschleuder des Jungpaläolithikums endgültig ab."
(Parzinger S. 226)

Auch im Nahen Osten kommen in dieser Zeit Pfeil und Bogen auf:

„Steinerne Pfeilspitzen belegen, dass die Jäger des Natufien bereits über Pfeil und Bogen verfügten; nur so waren sie auch in der Lage, diese extrem schnellen Beutetiere [*Gazellen*] zu erlegen." (Parzinger S. 115)

Anatis Ausführungen gehen in verschiedener Form von falschen Prämissen aus. Eine davon ist die inzwischen überholte Annahme, dass sich die paläolithischen Tier-Darstellungen als „Jagd-Magie" erklärten. [60] Doch weiß Anati selbst, dass der archäologisch anzunehmende Bestand des Gebrauchs von Pfeil und Bogen nicht mit entsprechenden Darstellungen gleichgesetzt werden kann. Diese Abbildungen finden sich vor allem in Spanien (mit Bezügen zu Nordafrika).

„Dieser Horizont [*der „Höheren Jäger"*] war in Westeuropa vor 8000 bis 12.000 Jahren vorhanden, ähnliche Gruppen finden sich ebenfalls im Mittelmeerraum, in Marokko, Algerien, Israel und der Türkei, jedoch auch in anderen Gebieten.

[60] „Wir werden im Laufe der Ausführungen sehen, dass nicht alle Tiere, die gejagt und verzehrt wurden, in die künstlerischen Darstellungen auf Felswänden und Gebrauchs- oder Kunstobjekte aufgenommen wurden. Dagegen erscheinen andere, die sehr wahrscheinlich nie oder nur ausnahmsweise auch verzehrt wurden. So unentbehrliche Tiere wie etwa das Ren sind in der Zeit vor den letzten Jahrtausenden der Würm-Eiszeit nur selten abgebildet, obwohl sie doch lange Zeit hindurch die hauptsächliche Nahrungsgrundlage [in Europa] für den Menschen darstellen." Mario Ruspoli: Die Höhlenmalerei von Lascaux, S. 32. Vgl. auch Michel Lorblanchet: Höhlenmalerei, S. 86

[...] Aufgrund geometrischen Mikrolithen und Kieselsteinspitzen in der Materialienkultur nimmt man an, dass diese Völker bereits Pfeil und Bogen kannten, obwohl ihre Ikonographie nicht wirklich typisch für die Höheren Jägerkulturen ist." (Anati S. 254 f.)

Doch dass die Darstellungen der *Expliziteren* Jäger nicht einfach auf Fortschritt deuten, ist *eigentlich* auch Anatis Einsicht:

„Die Kunst der Primitiven Jäger verfügt über Merkmale, denen wir durchaus weltweite Geltung zusprechen können. Dagegen weist die Kunst der Höheren Jäger bereits weitaus mehr lokale Kennzeichen auf, auch wenn sie zahlreiche globale Paradigmen *beibehält*. Der Turm zu Babel entstand erst, als das Zeitalter der Jagd und des Sammelns beendet war. Die Kunst, wie vielleicht auch andere Aspekte des Menschen, wird dann immer provinzieller und immer mehr von Nebensächlichkeiten bestimmt." (Anati S. 31) [Hervorhebung CR]

Tatsächlich dürfte die von den „Höheren Jägern" besonders betonte Darstellung von >Pfeil und Bogen< in erster Linie eine Spiegelung der schwierig gewordenen Jagd und Ernährungs-Bedingungen darstellen, die hier nun keine Selbstverständlichkeit mehr darstellten. Das ist ein weiteres Beispiel dafür, dass der technische Fortschritt keineswegs einfach ein Erreichen von *Fortschritt* repräsentieren muss, sondern durchaus Ausdruck von entstandener *Not* sein *kann*, wie sich dies schon in der Evolution der Hominiden vor 2,5 Mio. Jahren mit effektiven Folgeproblemen darstellte.

Doch dass der technische Fortschritt nicht nur ein Aufkommen von Not indizieren *kann*, sondern auch menschlich-kulturelle *Degression*, wird hier ebenfalls ersichtlich. Das eigentliche Motiv der „Höheren Jäger" scheint nämlich in dem Aufkommen einer **Männlichkeits-Ideologie** zu liegen, was sich auch insgesamt für das Mittlere Mesolithikum zeigt (→ 3.3.6, 4.3.1) wie danach auch in Göbekli Tepe (→ 5.4 f.).

Spanische Levante (Nachzeichnung nach Anati: S. 292)

Wenn auch die Entwicklung von Pfeil und Bogen nicht ursprünglich vom Kriegerischen her zu verstehen ist, sondern von der neuen Anforderung in der Jagd, so kann es doch nicht wundern, wenn diese neue Entwicklung in Technik und Mentalität in der weiteren Eskalation zu einem eigenen Faktor wird und ab dem Späten Mesolithikums als kriegerische Entwicklung in Erscheinung tritt (s. Abb. unten). Es sind weniger die Speere als vielmehr die Geschoss-Technik Pfeil und Bogen, die über Armbrust zu den Gewehren und weiter vergrößert zu Kanonen und Raketen führt.

Nachzeichnungen: *Spanische Levante nach Anati S. 256,*
unten nach Paul Frischauer, Kleine Kulturgeschichte S. 466, Felszeichnung am Wadi Berdschug (Nordafrika)

Die Aggressionsproblematik
tritt im Nahen Osten in
Göbekli Tepe ab 9.500 v. Chr.
manifest in Erscheinung → 5.4

Ausschnitt von dem Pfeiler
in Göbekli Tepe → S. 278

3 Das Mesolithikum

Im Extrem findet man Darstellungen, die den Beginn der >Neolithikums< (als „PPN A“) schon auf etwa 10.500 v. Chr. ansetzen, [61] auch wenn in dem gleichen Buch ein anderer Autor meint, dass erst „zwischen 8500 und 8000 v. Chr. die ersten wirklich neolithischen Gemeinschaften entstehen.“ [62] Diese Diskrepanz von mindestens 2000 Jahren – die tatsächlich noch höher anzusetzen ist - ist in Bezug auf das Verständnis der damaligen Prozesse erheblich zu gravierend, vor allem, wenn man sich die Argumente vergegenwärtigt, auf die sich die (Begriffs-) Modelle stützen.

Ich werde in Kapitel 5 noch näher darauf eingehen, weshalb ich selbst den durchschnittlichen Ansatz des >Neolithikums< (PPN A) auf etwa 9.500 v. Chr. immer noch für eine Fehldeutung der damaligen Prozesse halte. Wohl trifft es zu, dass sich schon vor 12.500 Jahren einzelne erste Anzeichen von Anbau finden. Doch hat dieser Sachverhalt selbst noch zwei Jahrtausende später andere *kulturelle* Kontexte als das, was man gemeinhin mit >Neolithikum< assoziiert.

Noch befinden wir uns in einer gänzlich anderen Ära mit gänzlichen Kultur-Auffassungen, die gegenüber dem Neolithikum als Mesolithikum abgehoben werden sollen.

Mit dem Frühen Mesolithikum kommt es zu Sozialentwicklungen in neuartigen Größenordnungen, in der in Verbindung mit einer neuen sprachlichen Entwicklung eine völlig neuartige Kultur-Auffassung entstand, die die historische Entwicklung begründete.

[61] Badisches Landesmuseum: Vor 12.000 Jahren in Anatolien, S. 30
[62] Olivier Aurenche, ebd. S. 64

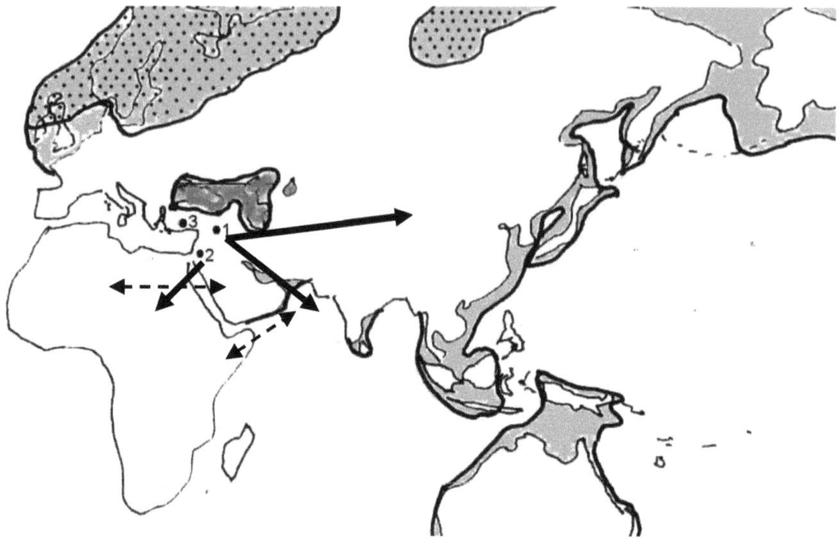

Die **zentrale Lage** des Nahen Ostens zwischen Afrika, Asien und Europa (gestrichelt *potentielle* frühe Bezüge → 2.5.1)

1) Göbekli Tepe (Türkei – Grenze Syrien) → 5.4 f.
2) Jericho (Israel – Palästina) → 5.3
3) Çatal Höyük (Anatolien, Türkei) → 6.2

Gegenüberliegende Seite:
Die äußerst **schwierige Lage** des Nahen Ostens zwischen **Meeren**, dem großen **Wüstengürtel** von der Sahara bis zur Wüste Gobi und den Hochgebirgen weit größer und höher als die Alpen, die sich östlich mit dem Hindukusch, Himalaja, Altai usw. verlängern. Diese Gebirgsfaltung entstand durch das Driften der afrikanischen Platte (östlich auch von >Indien<) nach Norden auf Eurasien, weswegen der Nahen Osten auch stärker von Vulkanismus und Erdbeben betroffen ist.

Am >Ende der Eiszeit< entstand der Persische Golf (vorher Küste bei Oman, >Zacke<), zeitweilig 200 km größer als heute

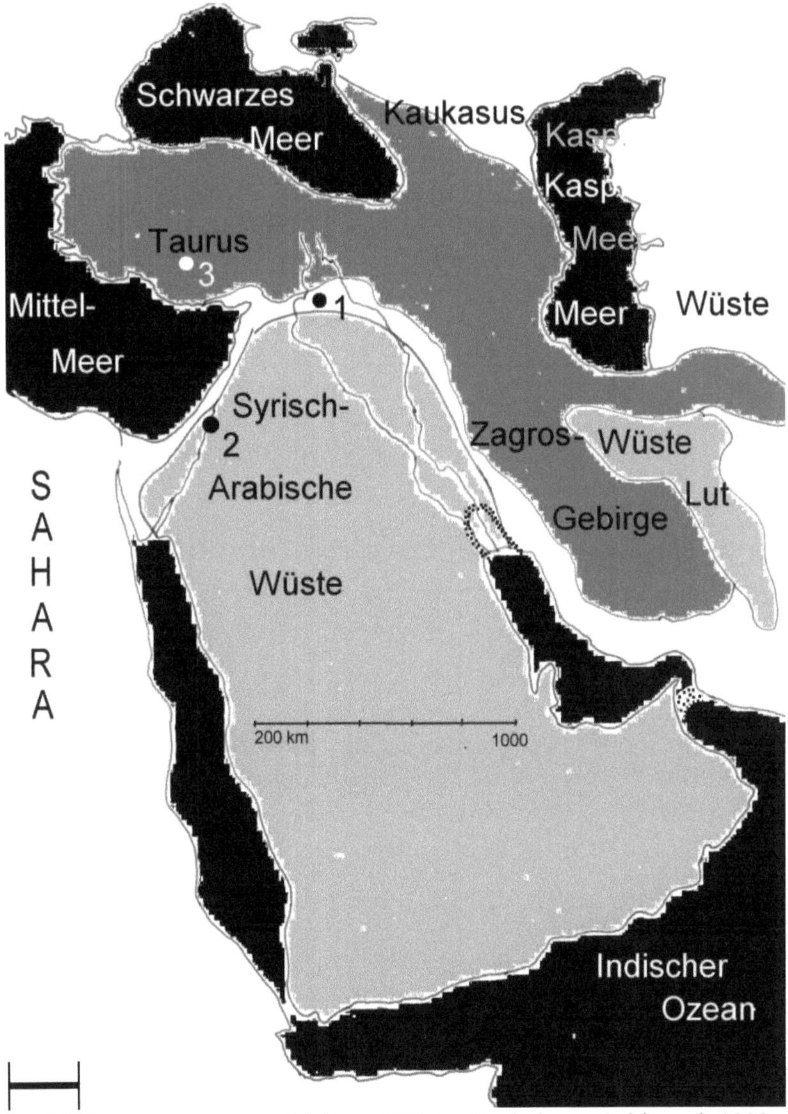

ca. 200 km Hellgrau Wüste; Dunkelgrau Gebirge ab 1000 m

Der „F**ruchtbare Halbmond**" ist eher ein recht **schmaler** Übergang zwischen Wüste und Gebirge oder Meer.

3.1 Das Frühe Mesolithikum

Die neuartige soziale Größenordnung, die mit dem Mesolithikum aufkommt, ist insgesamt zunächst vor allem in der Form der >Stämme< fassbar. Doch so deutlich dieser Schritt auch in seiner Verbreitung und von seinen weiteren historischen Konsequenzen her ist, so wenig lassen sich bislang die ersten Anfänge greifen. Dies begründet sich in ihrer geringen Größe am Anfang dieser Entwicklung.

Dass es hier zu dieser neuartigen Organisations-Anlage gekommen ist, wird erst in den größeren Entwicklungen in der späteren Zeit fassbar. Die Anfänge dieser Entwicklung treten noch nicht wirklich aus dem paläolithischen Rahmen heraus. Auch wenn eine Dorfgröße mit 200 Einwohnern im Verhältnis zu den ursprünglichen Sozialverhältnissen eine auffällige Größe ist, so wollte ich diese als solche nicht schon als sicheren Beleg für den Beginn der neuen historischen Entwicklung nehmen. Solange solche Sozialgebilde einzelne Erscheinungen sind, können sie besonderen Gegebenheiten geschuldet sein. Als einzelne Gebilde sind Orte mit 200 Einwohnern noch keine Größenordnung, die historische >Fakten< hätte schaffen können.

Auch würde eine solche Annahme die sich hier andeutenden Kausalzusammenhänge auf den Kopf stellen. Nicht die einzelnen Gebilde schufen auf dieser Stufe die historische Entwicklung. Vielmehr schlug sich umgekehrt die historische Entwicklung, die zum einen in den überdimensionalen Größenordnungen der Naturumbrüche begründet und zum anderen mit bedeutsamen Sachverhalten wie u.a. einer neuen Sprach-Entwicklung verbunden waren, zumindest mit der Zeit und in zunehmender Systematik in solchen Sozialgebilden nieder. Die ersten Dörfer im Nahen Osten können hierbei eine Pionier-Rolle gehabt haben, doch ist dieser Sachverhalt keineswegs zwingend und sicher. Erst das *spätmesolithische* Göbekli Tepe

(→ 5.4 f.) ist ein sicherer *archäologischer* Befund der neuartigen historischen organisatorischen Entwicklung, die aber schon einige Weiterentwicklungen voraussetzt.

Zunächst sind es nicht einzelne Dörfer, die das Eigentliche der neuen Sozialentwicklung stellen, sondern die Bildungen von >Stämmen<. Vielleicht sind diese Dörfer entsprechend der späteren Hauptstädte (*Polis*) der besondere Sitz eines Stammes. Doch können die ersten Bündnisse hier jenseits dieser Dörfer und auch als Gegengewicht gegen diese Dörfer von herumziehenden Verbänden geschlossen worden sein. Umgekehrt können auch die Dörfer als Bündnis gegen die herumstreifenden Verbände in einer höheren Größe angelegt worden sein, dass sich in dieser Entwicklung schon der spätere Disflikt zwischen Nomaden und Ackerbauern spiegelte. Es könnte in dieser Konkurrenz um Ressourcen schon recht früh eine Teufelskreis-Problematik in dieser Richtung entstanden sein.

Doch lässt sich dies in den frühen Formen – zumindest bislang – nicht klären. Dass die frühen nahöstlichen Dörfer als solche die Ursache und Begründung für die historische Fortschritts-Entwicklung gewesen wären, ist angesichts des heutigen Forschungsstandes nichts als eine Behauptung, die in dieser Form die eigentlichen Ursachen und Prozesse gar nicht in den Blick bekommt und also zumindest in dieser Form als Erklärung für die Weiterentwicklung ausscheidet.

Es ist wohl möglich, dass diese ersten Dörfer in Erinnerung blieben und eine ganze Ära später eine Anregung für die Entwicklung von Sesshaftigkeit boten – die historisch wirksamen Anfänge von Sesshaftigkeit und Nahrungsproduktion sind erst auf das *Späte* Mesolithikum anzusetzen. Vor dem Späten Mesolithikum sind diese Phänomene an sich nichts als vorübergehende Erscheinungen wie schon früher im Paläolithikum, und die älteren Orte erhielten auch erst durch die mesolithische Entwicklung ihre gewisse Dauer. Selbst dann, wenn sich mit ihnen schon eine Idee der Entwicklung von Fortschritt verbunden hätte, so lag doch ihre Größenordnung weit zu gering, um einen längeren Bestand entwickeln und von historischer Bedeutung werden zu können.

Die historische Entwicklung lässt sich von dem sich heute darstellenden Gesamtbestand an Daten nicht auf diese Weise erklären. Was sich vielmehr insgesamt als historisch wirkmächtig herausstellt, ist eine *regional weit übergreifende* Entwicklung einer neuen Sozialorganisation namens >Stamm< in Verbindung mit einer neuen Sprach-Entwicklung und Kultur-Auffassung. Für diese Zusammenhänge lassen sich eindeutige Anhalte ausmachen. Diese Zusammenhänge sollen in einem eigenen Kapitel (→ 4) näher ausgeführt und in ihrer historischen Größenordnung und Bedeutung aufgezeigt werden. Von dort her bieten sich deutliche Aufschlüsse über die tatsächlichen Hintergründe der hier entstehenden historischen Entwicklung. Nur ihre *Anfänge* bleiben angesichts ihrer geringen Größe nicht wirklich und sicher verortbar.

Von den zeitlichen Zusammenhängen kommt für die Begründung des Frühen Mesolithikums durch die Mesolithische Revolution im Besonderen die Jüngere Dryaszeit in Betracht, auch als Ursache. Damit ließe sich der Beginn des Frühen Mesolithikums irgendwo in dem Zeitraum zwischen 11.000 und 10.500 v. Chr. ansetzen.

Die Jüngere Dryaszeit bedeutete einen heftigen und recht plötzlichen Rückfall in die Verhältnisse der Kaltzeit-Phase. Wenn dies für den inneren Nahen Osten oder auch für den Raum der Sahara nicht mit Vereisungen verbunden war, so bedeute dies für diese Gebiete doch eine neue harte Trockenheit.

> „Die Wirkung dieser [*neuen*] Klimaveränderung auf die [*nahöstliche*] Bevölkerung des späten Natufien, die auf dem besten Wege war, zu bäuerlichem Leben zu finden, muss verheerend gewesen sein. Der Bestand an Wildgetreide und anderen essbaren Pflanzen, von denen die Zeitgenossen des Natufien immer stärker abhängig [!] geworden waren, ging in dieser deutlich kälteren und trockenen Zeit erheblich zurück.“
>
> (Parzinger: 117)

Bislang lässt sich die Linie der neuartigen Kultur- und Sozialentwicklung in ihren Anfängen geographisch und in ihrem zeitlichen Verlauf nicht genauer identifizieren. Immerhin kommen zwei höchst unterschiedliche Hintergründe in Betracht – doch auch beide gleichzeitig. Doch ist die genaue Klärung insofern nicht so entscheidend, weil die beiden unterschiedlichen Sachverhalte recht schnell auf der praktischen Ebene im Nahen Osten um rund 10.500 v. Chr. zusammenlaufen. Insofern ist auch vorstellbar, dass in manchen Regionen eher die eine Entwicklung und in anderen Regionen eher die andere aufkam oder auch, dass der historische Effekt erst dadurch entstand, dass sich mit der Zeit beide Ansätze kombinierten.

Beide Ansätze haben auf jeden Fall den gleichen Hintergrund, dass aufgrund von Ressourcen- und Gebietsverlusten oder ggf. auch aufgrund von klimatischen Problemen in dem Kontext der Naturveränderungen am >Ende der Eiszeit< eine *relative* Überbevölkerung entstand.

In dem einen Fall, der etwa als Hintergrund bei den >Expliziteren Sammlern< (→ 2.4.1) und eher im Süden des Nahen Osten in Betracht kommt (und möglicherweise schon eine alte Entwicklung des *Kebariums* in Steigerung fortsetzt), besteht das Szenario darin, dass – etwa aufgrund einer schnellen Zunahme von Trockenheit mit einer Ausdehnung der Wüste (was bei dem Prozess der Jüngeren Dryaszeit der Fall war) – ein übermäßiges Zusammendrängen von Verbänden aufkam. Das eigentliche Problem bestand hierbei jedoch nicht direkt in der Versorgung, sondern in der Sozialorganisation. Die einzelnen Verbände konnten sich hier nicht mehr wie bisher in interner Kommunikation selbst und frei bestimmen und aufkommende externe Konflikte nicht wie bisher durch Abwanderungen lösen. Hier wäre also die Möglichkeit zu hinreichender Distanz und Eigenständigkeit verloren gegangen. So entstanden in der Koordination zwischen den verschiedenen Verbänden völlig neue Anforderungen, die hier nicht mehr auf der Basis direkter Kommunikation lösbar waren. Aus diesem Grund entsteht ein neuartiger Komplex an Sozialtechnologie mit Anführern, Riten und einer völlig neuartigen Form an >Mythologie<, die zuerst einen Teil der früheren Kommunikation ersetzt und dann auch aktiv *ausschaltet*. Dieser Prozess schlägt sich historisch als Bildung von >Stämmen< nieder.

Diese Bildung von >Stämmen< ist auf jeden Fall der zentrale Sachverhalt der >Mesolithischen Revolution<, die mit ihren neuartigen Techniken der Sozialorganisation die neuartige historische Entwicklung auslöste. Erst diese menschlich übergeordneten neuen sozialen Größenordnungen boten die Basis für eine wirkliche Nahrungsproduktion und Sesshaftigkeit. Doch machten diese neuen Sozialgrößen diese Entwicklung mit der Zeit auch notwendig. Auf der bloßen Basis von Sammeln und Jagen war hier die mit der Zeit entstehende Sozialgröße nicht mehr zu versorgen.

Die andere Linie erklärte sich aus dem Aufkommen von Disflikten angesichts substanzieller Ressourcen-Verluste angesichts der Naturumbrüche. Dieses Szenario wäre für den Raum Göbekli Tepe vorstellbar (Türkei – Grenze Syrien → 5.4). Angesichts der in der Jüngeren Dryaszeit sich ausweitenden Wüste usw. wäre von Süden her ein Druck auf diesen Raum entstanden. Hier wären nun Bündnisse gebildet worden, um sich gegen die Zuwanderer oder/und zwecks Eroberung eines neuen Lebensraumes durchsetzen zu können. Da dies hier jedoch nicht bloß vorübergehender Art war, sondern mit der Zeit eher weiter zunahm und auch System entwickelte, wäre nun die Bündnis-Politik zu dem entscheidenden Sachverhalt geworden, sich seine Überlebens-Interessen sichern zu können.

Als Technik seiner Bündnis-Politik wurde hier das Heiraten und die >Ehe< erfunden. Die Gruppen verkuppelten gegenseitig ihren Nachwuchs, um mit diesen Ehen und einem gemeinsamen Nachwuchs ihre Bündnisse zu besiegeln (diese Entwicklung verstärkt sich mit dem Späten Mesolithikum zu den Clan-Bildungen).

Ob nun externe oder interne Disflikte oder beides gleichzeitig die Ursache waren -, so kam es infolge der neuen Heirats-Politik am Ende des Paläolithikums mit dem Frühen Mesolithikum zu der Konzeption des >Stamms<: nämlich in der neuartigen Mythologie einer gemeinsamen, aber hier *exklusiven* Abstammung von *spezifischen* >Stamm-Ahnen< etwa in der Art von >Adam und Eva<. Diese Konzeption war sozial intern wie extern von solch einer Konsequenz, dass sie die historische Entwicklung auslöste.

Wie der Verlauf dieser Bildung von >Stämmen< im Einzelnen auch gelegen hat, so kommt es entweder *als Anfang* des Frühen Mesolithikums oder aber recht bald im Frühen Mesolithikum zu dem Szenario, dass sich - wohl im Raum Göbekli Tepe vermutlich insbesondere *zwei* - große Stammes-Entwicklungen in einem anwachsenden Disflikt-Verhältnis gegeneinander aufbauen.

Es spricht einiges dafür, dass hier der erste Ursprung für die *spätere* Ausprägung zum >Indoeuropäischen< und zum >Semitisch/Afroasiatischen< liegt (→ 3.3.7.1). Noch heute bestünde fast die gleiche Grenze zwischen diesen Blöcken (die Türken sind hier erst im Mittelalter hinzugekommen).

3.2 Das Mittlere Mesolithikum

Ob das Aufkommen der Bildungen von >Stämmen< mit dem Frühen Mesolithikums selbst schon eine Weiterentwicklung von kriegerischen Bündnis-Bildungen war oder die kriegerischen Disflikte die Folgen größerer Zusammenschlüsse waren, so entstand auf jeden Fall mit den Stämme-Bildungen im Nahen Osten binnen Kürze ein ernstes Disflikt-Problem, das erst recht vor Ressourcen-Probleme stellte. Angesichts dessen kam offenbar recht schnell eine neue Konzeption und Kampagne auf, die Probleme dadurch zu lösen, dass man in dem Rückgriff auf die paläolithische Netzwerk-Organisation nunmehr in der

Art der Stämme-Bildung ein **allgemeines** Netzwerk für die Regelung der Ressourcen-Ansprüche einzurichten versuchte. Diese ethnisch überlieferte Konzeption möchte ich entsprechend ihrem Ansatz mit **Stämme**- oder **Völker-Rechts-Bund** übersetzen. Diese Konzeption ist der besondere Inhalt der Stufe des Mittleren Mesolithikums.

Ich sehe Gründe dafür, dass dieses mittelmesolithische Stämme- oder Völker-Rechts-Bund-Netzwerk aufgrund entsprechender Probleme seinen Ursprung im Nahen Osten hat, von wo aus sie sich mit einigem Erfolg über die Welt wie u.a. nach Australien verbreitet hätte. Wie ich im Folgenden zeigen möchte, bieten sich Anhalte dafür, dass die Entstehung von >Sprachfamilien< *ursprünglich* auf großregionale Organisationsstrukturen dieses mittelmesolithischen Völker-Rechts-Bund-Netzwerks zurückgehen dürften. Im Alten Israel scheint sich der mittelmesolithische Gesetz-Bund bis in die historische Zeit immerhin noch in regionaler Form als Zusammenschluss von zwölf Stämmen gehalten zu haben.

Doch bevor ich auf die schwierige Frage der Verbreitung der Stämme- und der Völker-Rechts-Bund-Konzeption näher zu sprechen komme, möchte ich zunächst einmal diese mittelmesolithische Völker-Rechts-Bund-Konzeption in Grundzügen und Techniken vorstellen, und zwar an dem ethnologisch konkret greifbar gewordenen Beispiel der Ngarinyin-Aborigines. Denn im Unterschied zum Rest der Welt erreichte die mittelmesolithische Gesetz-Bund-Kampagne in Australien unter überaus prekär gewordenen Bedingungen dauerhaft ihr Ziel, bis dort der Kolonialismus einbrach.

An Australien wird geologisch, archäologisch wie auch ethnologisch mit hoher Wahrscheinlichkeit greifbar, dass diese neuartige Kultur-Entwicklung mit den Naturveränderungen am Ende der Eiszeit in Verbindung steht und dass das Motiv dieser Zeit nicht etwa die Entwicklung von Fortschritt, sondern der Neubau stabiler Sozialverhältnisse war. Ihre **Megalith**-Symbolik ist dafür der beredte Ausdruck: man möchte angesichts des entstandenen Chaos >wieder< stabile Verhältnisse wie >Stein<. Über den >Stamm< hinaus ist insbesondere dieses erheblich weiter reichende mittelmesolithische Gesetz-Bund-System der historische Ursprung des >Staates<. Der Gleichklang der drei Wörter *Stein – Stamm – Staat* ist kein Zufall: sie haben etymologisch die gleiche Wurzel, nämlich aus der ursprünglichen Sprache des Homo sapiens mit etwa **ta* wie >stehen< (das *s-* ist wohl ursprünglich eine Vorsilbe wie auch in *STier* und *STern,* vgl. *aster-* wie in *Astronomie*).

Diese mittelmesolithische Anlage bietet eine Reihe von kulturgeschichtlichen Anhalten, so z.B. den Brauch der männlichen Beschneidung (→ 3.3.6). Hier wird ersichtlich, dass diese Entwicklung schon die Konzeption der Stämme kennt, aber noch nicht den (nämlich erst ***spät***mesolithischen) Ahnen-Kult und das Problem, mangels hinreichender Koordinations-Möglichkeit nennenswert auf Nahrungs-Produktion zurückgreifen zu müssen (s.u.).

Eine neuere Dokumentation namens >Gwion Gwion< über die Ngarinyin-Aborigines ermöglichte hier völlig neuartige Einsichten. Die Steuerung dieser Sozialanlage war bislang so perfekt getarnt, dass bis auf die wenigen Voll-Initiierten nicht einmal die Aborigines selbst wussten, dass überhaupt eine solche Steuerung bestand. Einige Voll-Initiierte sahen sich nun dazu veranlasst, einige streng gehütete Geheimnisse an die Öffentlichkeit zu bringen, weil ihnen dies nun als die einzige Form erschien, um ihre historische Landrecht-Organisation geltend machen zu können. [63] Dies war eine sehr heikle Mission, weil hierbei etwas von der innersozialen Manipulation zum Ausdruck kommt – so ist es auch den Angehörigen der eigenen Kultur verboten, diese Veröffentlichung zu lesen.

[63] Das Buch Gwion Gwion von Jeff Doring ist als eine Art Dokumentation Teil dieser Initiative. S. dazu dort S. 8 ff.

3.2.1 Der Völker-Recht-Bund der Ngarinyin-Aborigines

Australien + Neuguinea vor dem Ende der Eiszeit (grau)
Nachzeichnung, vgl. Wikipedia: *Sahul* (dort genauere Karte)

Vor allem der Norden Australiens und Neuguinea waren von großen Landverlusten geprägt. [64] Der große Landbereich zwischen Australien und Neuguinea ging im Meer unter. Für die auf diesem Landbereich zwischen Australien und Neuguinea

[64] wohl ca. 2,5 Mio. Quadratkilometer. S. zu dem vorausgehenden Klimawandel und Artensterben seit dem Betreten Australiens durch den Menschen etwa GEO 11/2014, S 87

lebenden Menschen bedeutete diese Entwicklung in der Tat einen tatsächlichen >Weltuntergang<.

Wenn die Angabe von ca. 2,5 Mio. km² Landverlust zutrifft, dann ergäbe dies ca. 30%. Besonders schlimm war es der Karte nach für Neuguinea. Von daher werden die später dort besonders heftigen Kriegsverhältnisse verständlich, die zu Kannibalismus führten, auch wenn die besondere Problematik erst durch das Neolithikum entstanden ist.

In Australien belegt sich, dass diese Völker-Bund-Konzeption und auch das Thema >Sintflut< in dem Zusammenhang der nacheiszeitlichen Naturveränderungen steht. Der damalige Anstieg des Meeresspiegels um insgesamt ca. 120 m bedeutete für Australien vor allem im Norden eine wahre „Sintflut“ (>große Flut<), und dieser Sachverhalt dieser „Sintflut“ ist aufgrund der bleibenden Notstands-Probleme in Erinnerung geblieben.

> „Einige Stämme der australischen Aborigines, vor allem jene, deren traditionelle Heimat sich an der tropischen Nordküste befindet, schrieben ihre Herkunft einer großen Flut zu, welche die frühere Landschaft und Gesellschaft hinwegspülte. Außerdem gilt in den Schöpfungsmythen mehrerer anderer Stämme die kosmische Schlange Yurlunggur (die mit dem Regenbogen assoziiert wird) als Verursacherin der Sintflut.“ [65]

So war auch in Australien, wie die Aborigines-Mythologien aufgrund der *damit verbundenen fundamentalen Konsequenzen* noch *wissen*, eine Situation entstanden, die „es notwendig machte, den Wettbewerb um die Nahrungsvorräte und die kriegerischen Auseinandersetzungen gesetzlich zu regeln.“ [66]

---

[65] Graham Hancock: Die Spur der Götter, S. 219

[66] Jeff Doring (Hg.), Gwion Gwion, S. 174

Es ist bemerkenswert, wie man in Australien trotz der entstandenen äußerst angespannten Situation in der Lage war, ein solch komplexes, weite Gebiete und viele >Stämme< umfassendes Regelungswerk zu verwirklichen. Den – völlig neuen - Stilformen der mit diesem Regelungswerk verbundenen Fels-Malereien zufolge breitete sich diese Konzeption charakteristischerweise von Norden her aus und erfasste einige Jahrtausende auch nur einen Teil des Kontinents. Die Verwirklichung dieser Konzeption hing nicht daran, dass sich sämtliche Verbände dem anschlossen, nur innerhalb einer jeweiligen Region, wo entsprechende Ressourcen-Probleme bestanden. Mit ihrer globalen Ausrichtung arbeitete diese Konzeption auf der Basis mehr oder weniger großer Regionen. Den Hintergrund für diese Konzeption bot in *jeder* Hinsicht die ursprüngliche = paläolithische *Netzwerk*-Organisation der freien ursprünglichen Verbände, etwa mit ihrer Tradition, sich zu Vollmond in einer Region an bestimmten Orten zwecks Feiern, Austausch und Absprachen zu treffen. Ohne diese Voraussetzungen an Selbstverständnis und Praxis wäre insbesondere die insgesamt anzunehmende Verbreitung dieser neuen Konzeption (vor allem in dieser Geschwindigkeit) kaum vorstellbar.

Allerdings bedeuteten diese neuen Regelungen aufgrund der vielfältigen Notstandsprobleme fundamentale Einschränkungen, und so verwundert es nicht, wenn diese Konzeption, wo keine Notstandsproblematik vorherrschte, nicht unbedingt Aufnahme, sondern durchaus auch Widerstand und Kampf fand. Dort aber, wo die Notstandsproblematik schon das Maß einer kriegerischen Disflikt-Problematik erreichte, bot dieses Regelungswerk die beste Lösung. Dieser von den Ngarinyin ***Wunan*** genannte Völker-Rechts-Bund bedeutete an sich nicht die geringste Willkür und Ausbeutung. Es war entsprechend seiner Grundlage der paläolithischen Kultur und Philosophie effektiv sozial *und* ökologisch verantwortlich gedacht und umgesetzt:

> „Alle teilen alles miteinander, Kinder ... Frauen ... Männer
> Keiner ist ausgeschlossen ... alle gehören dazu,
> Vögel ... alle Tiere ... Hunde
> niemand bleibt draußen,

alle gehören immer zum *Wunan* dazu
jeder ... auch die Tiere, die gehören alle zum *Wunan*
jedes lebendige Geschöpf gehört zum *Wunan* [...]
alle gehören zum *Wunan*, egal welche Sprache,
keiner bleibt draußen beim *Wunan*
es ist allen gemeinsam ... das ist das *Wunan*
Nach dem *Wunan* wird alles geteilt,
alles hat seine Ordnung ... keiner bleibt draußen
alle ... das *Wunan* ist eine einzige große Familie
Oh ja! Ein *Wunan* für alle" [67]

Zu diesem Ziel effektiver Verabredungen wurde - wohl ebenfalls entsprechend paläolithischer Tradition - eine Versammlung der Vertreter der Gruppen und Stämmen in der jeweiligen Region anberaumt, die mit einem feierlichen Mahl begangen wurde.

Überhaupt basieren die ganzen von dem Gesetz-Bund-System verwendeten Sozialtechniken soweit ersichtlich auf paläolithischer Kultur, doch werden sie mit einer entscheidend veränderten Logik zu einem regelrechten System entwickelt, um zu verhindern, dass irgendeine Einzelperson oder eine einzelne Gruppe durch Eigenmächtigkeiten Probleme schafft. Dazu wurde ein höchst raffiniertes System entwickelt. Es war so raffiniert, dass bis in die jüngste Zeit bis auf die wenigen Voll-Initiierten niemand wusste, dass dort überhaupt ein regulierendes System bestand. So entpuppt sich diese bislang so naturalistisch wahrgenommene Kultur der Aborigines als Repräsentanz der **historischen Grundform von Staat**.

Das materielle Herzstück dieses Gesetz-Bund-Systems bestand (regional) in einer kleinen *geheimen* **Megalith**-Anlage (Abbildung), welche die Versammlungsstätte repräsentieren soll, auf der das Gesetz-Bund-System verabschiedend worden sei:

---

[67] Nyawarra, in: Jeff Doring: Gwion Gwion, S. 182 f.

Der Ur-Typ einer Megalith-Anlage, Nachzeichnung [68]

Der (lediglich) Tisch große flache Stein (s. Abb.), der der Mythologie zufolge „zuerst aus Rinde“ war, repräsentiert den Tisch ***angga***,[*] an dem die Ratsversammlung der Stämme gesessen habe bzw. auch die große Schale des gemeinsamen Mahls dieser Ratsversammlung. Die um den Tisch aufgestellten (keinen Meter großen) Steine und die hier nicht zu sehenden weiteren Steinreihen am Ort repräsentieren die auf der „Ratsversammlung“ anwesenden Stämme-Vertreter.

> „Hier sind die *Kamali jallala* ... Steine der Gesetzesmacher:
> Hier hatten sie die große Versammlung
> man kann noch sehen, wie sie von überall her kamen,
> eine große Versammlung war das
> und sie haben über das *Wunan* geredet.“ [69]

---

[68] S. Fotos in: Jeff Doring: Gwion Gwion, S. 142

[*] s. Wortbildungen *Enga, Onge* in Parallele zu *Ndé*, **N-Ta,* → S. 159

[69] Nyawarra, in: Jeff Doring: Gwion Gwion, S. 145

„Aber die wichtigste Wurzel ist hier
das Abbild der ganzen Ordnung ist hier
an dieser Stelle hier da ist es aufgezeichnet [!]
wir zeigen dir was da geschrieben [!] steht
denn hier am Erdboden kann man es sehen
da geht es zum Sonnenaufgang hin ...
und da zum Sonnenuntergang
Wunan.gu ... sie rufen nach dem *Wunan*
Hier standen sie alle Schlange
hier an der gestrichelten Linie!" (ebd. S. 144)

Die Bedeutung des Steins liegt darin, das Ewige zu repräsentieren:

„Der Stein hat Macht ... *wungud* hat er in sich
wir sagen er ist wie das *Wunan* er wird nie vergehen."
(S. 143)

„Dieser Tisch *angga* der ist ewig, der hat schon immer da gestanden, und er wird immer da stehen. Er hat nämlich Wurzeln in der Erde, und der steht hier felsenfest.
Der bleibt wo er ist der hat Wurzeln tief ... der Stein hier der bleibt an seinem Platz, der bleibt in der Erde und das steht fest ... der Mann der muss ganz schön Kräfte haben der den hochstemmt.
Der Stein hat Macht ... *wungud* hat er in sich, wir sagen er ist wie das *Wunan* er wird nie vergehen.
wunbanburan heißt unveränderlich, er bleibt wie er ist für alle Zeit, er ist *wunbanburan, wunbanburan* das heißt so viel wie ... etwas bleibt immer am gleichen Ort
das heißt *wunbanburan,* der bleibt so den kriegt keiner hier weg, den kann keiner verändern, und das *Wunan* wird immer so bleiben." (ebd.)

„Wenn wir sterben, dann ist der *angga*
der ist dann immer noch da
das *Wunan* ist immer noch da
und das Land selbst das ist auch immer noch da
Das *Wunan,* das ist jetzt da

und dazu gehören die heiligen Orte,
um die müssen wir uns kümmern, jeder Mann jede Frau
wir haben eine große Verantwortung
Kamali jallala ... Steine der Gesetzesmacher
Deswegen stehen so viele *jallala* hier
hier haben sie ihre Versammlung gehalten
Vereinbarungen getroffen das Land aufgeteilt...
alles ... Landrechte und alles
In dem *Wunan* sind wir alle entstanden
Niemand ist vergessen ... niemand ausgeschlossen
... hier im Land
aber wir stehen nicht abseits... wir gehören dazu
und das Lied das bleibt uns für alle Zeiten." (S. 140, 142)

Diese hier keinen Meter großen *jallala*-Steine wirken nicht durch ihre Größe. Mit unserem an ganz andere „Macht"-Demonstrationen gewöhnten Blick würden wir diese Steine kaum beachten. Doch jedem in Naturbeobachtung geschulten Menschen, wie dies bis dahin der Fall war, würde auffallen, dass diese Steine so nicht von selbst stehen können, und so wurde die Aufstellung von Steinen (und wohl auch von Stöcken) wohl bereits im Paläolithikum als Hinweiszeichen gebraucht (etwa zur Warnung vor z.B. nicht einfach erkennbaren Gefahren). Diese Technik wird hier aufgenommen, um Tabu-Gebiete zu markieren. Die aufgestellten Steine warnen davor, ohne entsprechende Befugnis ein Gebiet der durch >Tabu< geschützten >Kultstätten< zu betreten. Er hätte es zu „bereuen":

„Wenn du den Stein da oben siehst, das ist eine Warnung!
jallala, so wie der da steht
... solche Steine nennen wir *jallala.*
Wenn jemand das Gesetz bricht und da reingeht
das wird er bereuen ... das ist *jallala.*" (S. 261)

Es deutet sich dabei an, dass man bei einem unbefugten Betreten der Tabu-Gebiete sein Leben riskieren würde.

> „So wurde dem Wunan durch die Einführung der Todesstrafe Macht verliehen [...].“ (S.167)

Doch nach der von diesem System verbreiteten „Mythologie“ geht diese Lebensgefahr nicht von seiner Sozialorganisation, sondern von den >Geistern< aus, die an diesen Orten hausten. Die Behauptung von >Geistern< gehört also – in dieser Form historisch neuartig! – zu der Technik dieses Regelungssystems. So schützen die >Geister< diese Tabu-Gebiete und die aufgestellten Steine, wie diese Steine und die Tabu-Gebiete die Existenz die Mythologie der >Geister< schützen.

An sich ist diese Megalith-Anlage hier *praktisch* nicht von solcher Bedeutung. Ihre Bedeutung erhält sie erst auf dem Weg der Initiationen. Erst in Verbindung mit dem Grad an >Einweihung< erhält die *Kenntnis* solcher Anlage*n* ihre Bedeutung. Von größerer allgemeiner Bedeutung sind die >Felsmalereien<. Sie dienen auf den unteren Stufen der >Einweihung< in die >Geheimnisse des Lebens<. Die hier geschaffenen Felsmalereien haben also in ihrem Eigentlichen nicht das Geringste mit >Kunst< zu tun. Sie sind ein wesentliches Element der geheimen Sozialorganisation.

> „Sie [die Felsmalereien] finden sich häufig an heiligen Orten und dienten im Rahmen von Initiationsriten als sichtbare Hilfsmittel, um den Initiierten die Traditionen des Stammes zu vermitteln. Viele Bilder durften Nicht-Initiierten gar nicht gezeigt werden; manche wurden zwar gezeigt, ihre Bedeutung durfte jedoch nicht erklärt werden. Viele Fundorte der Felskunst sind heute noch den Initiierten vorbehalten: kein anderer darf sie betreten.“ [70]

Mit dieser Art der Sozialorganisation verknüpft sich im Entscheidenden die Auswahl der fähigsten und verantwortlichsten Personen, die im Laufe ihres Lebens das entsprechende Engagement zeigen. In diesem mittelmesolithischen Gesetz-Bund-

---

[70] Emmanuel Anati: Höhlenmalerei, S. 395, s. d. auch Farb-Abb. 80, S. 232

System zieht man außer der Entwicklung seines geistigen Horizonts und seiner Persönlichkeit keinen Profit von dem Aufstieg in dem geheimen Initiationswesen. Im Gegenteil, jede Stufe ist mit Aufgaben und harten Prüfungen und Prozeduren verbunden. [71] Es geht hier in dem Erbe der ursprünglichen Kultur des Menschen *tatsächlich* um die Ausbildung zu sozialer und ökologischen Verantwortungsfähigkeit zum Wohle „der Welt und der Wesen" (d.h. auch der Tiere und der Natur). Weil dies hier nicht wie in den weiteren Entwicklungen eher Fantasie bzw. Ideologie war, dass man entsprechend mit Profit in der Motivation nachhelfen musste, vermochte dieses System im Gegensatz zu den „Weiterentwicklungen" auch eine *gute* Dauerhaftigkeit entwickeln. Es existierte den historischen Anhaltspunkten zufolge (die Art der Malereien unterscheidet sich deutlich von den paläolithischen Werken) an die 12.000 Jahre. Dies hätte auch weiteren Bestand gehabt, wäre der Kolonialismus nicht dort eingebrochen.

Dennoch muss diese Art der Sozialorganisation als Notstandssystem bezeichnet werden. Es war wohl dazu befähigt, unter so stark angespannten Naturverhältnissen eine erstaunliche Stabilität ohne größere kulturelle Verwahrlosungsprobleme wie Militarismus und „Macht" zu erreichen. Dennoch lag in diesem System evolutionär schon sein Ende beschlossen. Es hätte von sich aus wohl noch ein paar Jahrzehntausende weiter bestehen können, doch verfügte dieses System nicht mehr über das kreative Potential und das volle Maß an Kultur, das erst den evolutionären Erfolg des *Homo sapiens* macht/e. Zu einer wirklichen Weiterentwicklung war dieses System in dieser Form nicht mehr in der Lage.

---

[71] Man beachte den beachtlichen Narben-Komplex zur Kennzeichnung eines >munnumburra<, also eines Voll-Initiierten als eine der obersten Autoritätspersonen dieses System, in: Jeff Doring: Gwion Gwion, S. 229 mit Foto

3.3 Anhalte für das mittelmesolithische Völker-Rechts-Bund-Netzwerk

Wahrscheinlich verbreitete sich die Stämme-Konzeption weniger aus sich selbst heraus als vielmehr als organisatorischer Bestandteil der mittelmesolithischen Völker-Bund-Bewegung. Denn entweder war das Stämme-System aufgrund der entstandenen Sozial-Probleme genügend mit seinen eigenen Problemen beschäftigt, oder es verstrickte sich gegenüber Anderen sehr leicht in Disflikte. Die ursprünglichen Stämme-Bildungen blieben verhältnismäßig kleine Gebilde, die mit ihren Kämpfen selbst dafür sorgten, dass es zu keinen Weiterentwicklungen kam, wie es etwa für Neuguinea anzusetzen ist (obwohl dort das Neolithische zunächst noch Aufnahme fand, was zuerst Lösungen brachte, dann aber wie im Nahen Osten und anderswo eine *potenzierte* Problematik).

Wo in Regionen eine frühe Stämme-Struktur bestimmend wurde – sei es, dass man sich nicht dem Völker-Bund anschloss, oder sei es, dass hier die Völker-Bund-Organisation nicht lange funktionierte (wie wohl im Nahen Osten, s.u.) -, da entstand eine sehr zersplitterte Struktur mit Klein-Verbänden mit tendenziell völlig eigenen Sprachen. Große einheitliche Kulturtraditionen, wie sie z.B. in den Sprachfamilien zum Ausdruck kommen, lassen sich in diesen Formen kaum erklären (auch nicht als evolutionär ursprünglicher Sachverhalt → 4.1 ff.). Umgekehrt bieten sich positiv eine Reihe von Hinweisen, die auf Zusammenhänge mit dieser mittelmesolithischen Entwicklung deuten, wie z.B. die Megalith-Symbolik und die Sprachfamilien mit besonderen näheren Merkmalen und Wörtern.

Doch in archäologischer Hinsicht sind die Entwicklungen des Mittleren Mesolithikums mangels besonderer materieller Kulturausprägungen kaum direkt greifbar. Auch wurde diese Entwicklung bereits ab dem Späten Mesolithikum, doch endgültig mit dem Neolithikum effektiv überlagert, dass von dem Gesetz-Bund-System gemeinhin direkt wenig erhalten blieb. Umso bedeutender sind an dieser Stelle die ethnologischen und die sprachlichen Entwicklungen der Stämme- und Gesetz-Bund-Bildungen, die hier gewisse Anhaltspunkte bieten. Diese sollen hier zur Erschließung dieser wohl höchst bedeutsamen historischen Entwicklung genutzt werden.

Ich möchte jedoch betonen, dass ich die nachfolgenden Ausführungen unter diesem Punkt lediglich als >Überlegungen< einbringen möchte. Wohl bieten sich u.a. sprachgeschichtlich noch ***weit*** mehr Anhaltspunkte dafür. Doch ist zuerst eine eigene sprachgeschichtliche Auseinandersetzung (in einem Gesamtzusammenhang) notwendig, um die diesbezüglichen Argumente in historischer Hinsicht verwenden zu können, was hier zu weit führte.

Insgesamt deuten sich bereits vom Paläolithikum her bis über das Neolithikum hinaus weite und auch interkontinentale Verbindungen an. Sämtliche mit dem Mesolithikum aufkommenden Kulturentwicklungen (des Nahen Ostens) über den kupferzeitlichen Kult eines neuartigen *männlichen* Sonnen-Gottes (insbesondere namentlich **Ra* wie dt. in *Rad, rot* und ggf. *Ross*) bis hin zu dem bronzezeitlichen Aufkommen von Territorialstaaten zeigen weite und tendenziell auch *welt*weite Verbindungen. Bei all dem werden spezifische Merkmale greifbar: mit dem Stämme-System, mit dem spätmesolithischen Ahnen-Kult und seinem Schädel- (und Gebein-) Kult, mit der neolithischen Kultur und ihrem Göttertum (bis hin zu vergleichbaren Namen, s.u. z.B. auch >MaGa< → 6.4.3).

Dies gilt auch für die **Megalith**-Symbolik, deren Aufkommen mit dem Mittleren Mesolithikum zu verbinden ist, auch wenn sie in ihren materiell explizit verfassten Formen erst meist erheblich später in Erscheinung tritt, erstmalig im Kontext von Göbekli Tepe mit dem Späten Mesolithikum.

3.3.1 Die Stämme- und die Megalith-Symbolik

„Am Anfang war ein großer Felsen, der war schon immer da, denn er war die >Mutter der Welt<. Aus diesem heiligen Felsen wurden zuerst die verschiedenen Götter geboren."

Ozeanischer Mythos [72]

„Auf der Erde steht der große >Geisterfelsen<, der verbindet den Himmel mit der Erde. Er heißt auch die >Säule des Himmels<."

Tibet [73]

Die Stämme- und die Megalith-Symbolik ist nicht bloß tendenziell weltweit verbreitet. Es finden sich hierbei auch zahlreiche Anhalte, die näheren Aufschluss ermöglichen.

Dabei ist als erstes festzustellen, dass die Stämme- und die Megalith-Symbolik trotz ihrer Unterschiede den gleichen Ursprung haben. In der ursprünglichen (Kultur- = Sprach-) Symbolik ist nämlich die **Weltberg**- und die Stamm= **Weltenbaum**-Symbolik auf der unteren Ebene austauschbar. Dies belegt sich noch z.B. im japanischen Schintoismus unter *Yama* (wie z.B. in *Fudschijama*) als „heilige Berge (Yama), die den Himmelspfosten bzw. die Weltachse als >Mitte der Welt< und Zentrum der vier Himmelsrichtungen symbolisieren (*Izanagi und Izanami*)." [74]

[72] Helma Marx: Das Buch der Mythen, S. 546
[73] Helma Marx: Das Buch der Mythen, S. 409
[74] Harenberg Lexikon der Religionen: *Bergkulte,* S. 834

Wenngleich die Unterschiede der Symboliken – nämlich von ihrer unterschiedlichen historischen Entwicklung - sehr wohl im Blick behalten werden sollten, so dürfen sie bzgl. des Ursprungs nicht in Gegensatz gebracht werden. Eine *Yama* entsprechende Verknüpfung findet sich in der indianischen Kiowa-Bezeichnung >**Baumfels**< in Wyoming (USA). Es handelt sich dabei (mit weiterer Mythologie) um einen riesigen „Vulkanfelsen, dessen Lava in Längsfurchen abgekühlt ist, weshalb der Felsen aus massiven Säulen zu bestehen scheint. Er erhebt sich mehr als 366 m über dem Tal des Belle Fourche River im Nordosten Wyomings. Alle Stämme dieser Gegend verehren diesen außerordentlichen Felsen: die Kiowa, die Arapaho, die Schoschonen, die Crow, die Cheyenne und die Lakota Sioux.“ [75]

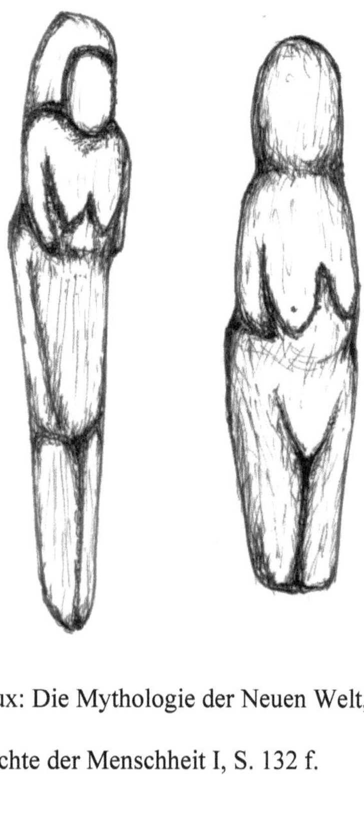

Paläolithische „Venus“-Figuren aus Sibirien:

links eine von über 30 Figuren aus einer Siedlung bei Mal’ta, aus Elfenbein geschnitzt; rechts Fund am Baikalsee [76] (Nachzeichnungen)

Diese kleinen Objekte deuten eine Vorlage für die späteren Pfahl-Plastiken an, vgl. auch unten die Flöten (-Symbolik).

[75] David M. Jones & Brian L. Molynaux: Die Mythologie der Neuen Welt, *Devil’s Tower,* S. 33

[76] Göran Burenhult: Illustrierte Geschichte der Menschheit I, S. 132 f.

In dem folgenden Modell können die verschiedensten Bezüge der humanevolutionären (Sprach-) Symbolik veranschaulicht werden:

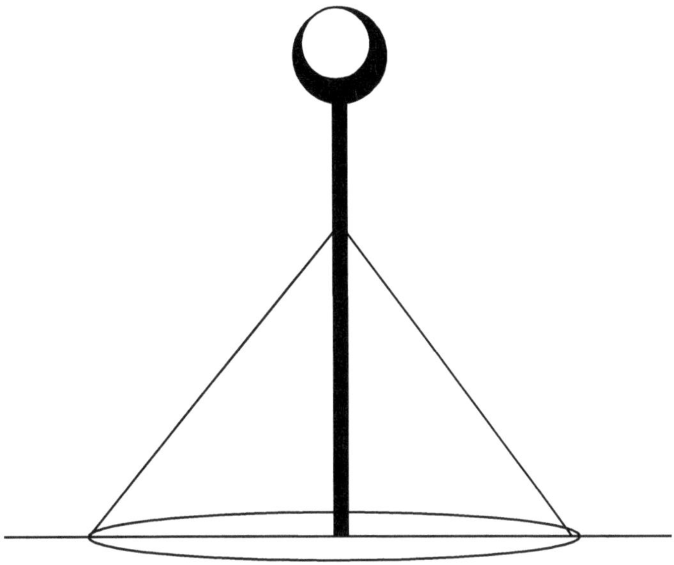

Dies soll u.a. zeigen:

- der >**Welt-Berg**< entspricht der >**Welt**< dem >**Leib**< dem **Zelt**/der **Hütte** (was später in den Pyramiden und Tempeltürmen usw. *von dieser Symbolik her* nachgebaut wird). Diese *kosmische* Körper-Symbolik kann je nach Bezug anthropomorph oder auch theriomorph formuliert werden. Insofern finden sich hier u.a. auch *Kuh* persisch >Berg< (*Gaia* = *gē* >Erde<, dt. *Gau*) und *STier* – *Taurus* – *terra* (**ta*) für den >Weltberg< für die/das >Welt/All^{es}<.

- die >**Wirbel**-Säule< ist der >**Welten-Baum**< als die >**Welt-Achse**<, um die sich die >Welt< dreht. Sie repräsentiert genauso den >Körper< (was im Mittleren Mesolithikum als

>Stamm-Baum<-Stämme-Symbolik entwickelt wird). Der Begriff >Wirbelsäule< dürfte aus dieser Symbolik stammen.

- das >**Haupt**< verknüpft sich ursprünglich mit dem >Mond-Gesicht< bzw. der >Mond<- (Sichel-) **Hörner**- Symbolik. Diese Symbolik wird in vielen alten Kulturen auch durch einen (z.B. Rinder-) Hörner-Schädel an dem Kult-Baum oder auch am Zelt- oder Hütten-Eingang zum Ausdruck gebracht (s. auch auf dem Buch-Umschlag vorne). *Haupt – Hörner* stehen für *Hirn* für >Geist, Bewusstsein, Kultur< (insofern wohl Verbindung zwischen ***Hirn*** und *Hörner*).

Die **BaBa* bzw. **PiPa* >Pfeife, Flöte< (auch *five – fünf – Finger – phon* usw.), die mit zu dem ältesten bislang aufgefundenen Kulturgut gehören (s. Abbildung),[77] erscheint hierbei als die transportable Ausgabe des >Weltenbaums<.

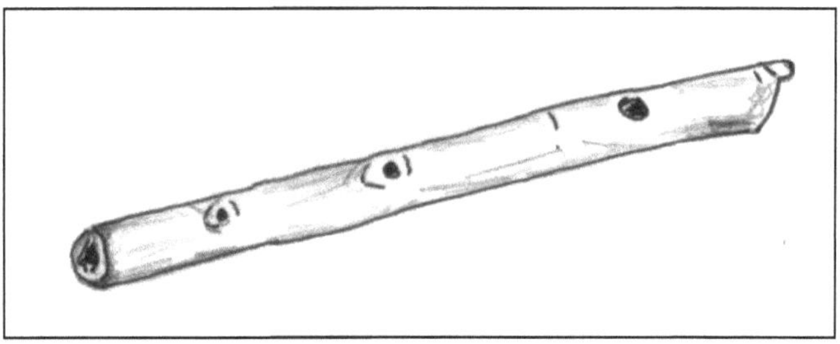

Entsprechend erscheint sie ethnologisch auch als Stamm-Symbolik, so z.B. in Nordamerika:

> „**Flat Pipe** (Flachpfeife) ist die heilige Pfeife der Arapaho, die für den ganzen Stamm steht. Sie wird mit wertvoller Me-

[77] „[…] Hier handelt es sich um zwei Vogelknochenflöten und eine erst kürzlich entdeckte Flöte, die in einem sehr aufwendigen Verfahren aus Mammutelfenbein geschnitzt wurde. Die Flöten vom Geißenklösterle datieren um rund 35.000 Jahre vor heute.“
Gabriele Uelsberg & Stefan Lötters: Roots/Wurzeln der Menschheit, S. 237

> dizin gefüllt, ist daher immer in ein Tuch gehüllt und wird vom Hüter der Pfeife bewacht.
> Flat Pipe gilt gleichzeitig als die Kraft, welche die Arapaho erst erschuf. Diese Rolle wird in der Flat Pipe-Zeremonie deutlich, doch es gibt auch Sagen, die diesen Ursprungsmythos erzählen. Flat Pipe, die Personifikation der Pfeife, trieb auf vier Stäben auf dem Wasser. Er bat die Tiere, ins Wasser einzutauchen und ihm Erde zu holen, damit er trockenes Land schaffen könnte. Die Ente schaffte es schließlich. Doch leider war es nicht genug Schlamm, sodass die Schildkröte noch einmal tauchen musste. Sie brachte genug Erde, damit Flat Pipe daraus den ganzen Kontinent schaffen konnte.“ [78]

Das Blasen der *Töne* bzw. der Rauch der *Pfeife* verkörpern dabei den >Geist<, ursprünglich *anima* als >Odem, Bewusstsein<, später in der mesolithischen Geheim-Organisation auch die >Geister<.

Bei diesen Formen ist nun die ***materielle*** Symbolik >**Stein**< als eine *eigentlich* spezifisch **mittelmesolithische** Symbolik zu sehen. Demgegenüber verknüpft sich die Zentral-Symbolik im Paläolithikum mit *Odem/Atem – Anima* für >Geist, Bewusstsein, Kultur<, im Späten Mesolithikum mit *bone* (*Schädel, Gebein* für *Ahnenkult, Genealogie*) und im Neolithikum mit (der feuchten Acker-) *Erde* (dt. z.B. in >Modder< - *Mutter*) für >Wiedergeburt, Vermehrung, Wirtschafts-Wachstum<. Es bleibt hier im Folgenden zu beachten, dass der Begriff >Erde< im Mesolithikum und im Neolithikum wie bei uns zwei verschiedene Bedeutungen hat. Mesolithisch steht >Erde< für die >Welt< und für das intendierte >Völker-Rechts-Bund-Netzwerk< und ist nicht mit >(Acker-) Erde<, sondern mit >Fels, Stein< (als dem >Gerippe< oder den Säulen der Erde) assoziiert, danach auch mit seinem >Stammes-Gebiet< (dt. *Gau*). Wenn diese Megalith-Symbolik in Göbekli Tepe erst im Späten Mesolithikum und woanders wie in Stonehenge, in den Menhiren und in den Pyramiden gar erst erheblich später in Erschei-

[78] D. M. Jones & B. L. Molynaux: Die Mythologie der Neuen Welt, S. 37

nung tritt, so dürfte dies durchaus als Ausdruck einer Traditionsfolge aus dem mittelmesolithischen Stämme/Völker-Rechts-Bund zu werten sein.

Dass das Mittlere Mesolithikum >Stein< als Leit-Symbolik hat, ist hier absolut beredt, nämlich – angesichts des durch die Naturumbrüche aufgerissenen Chaos – in dem überaus fundamentalen und bemühten Interesse an neuen stabilen (Sozial-) Verhältnissen. Dieser Sachverhalt gilt sogar noch stärker für das Späte Mesolithikum (auch mit der Megalith-Anlage von Göbekli Tepe → 5.4), wo angesichts der noch nicht erreichten Stabilität noch weitergehende Maßnahmen zur Schaffung von Status Quo entwickelt wurden, über Rituale bis in die Sprache hinein (s. hierzu das Konzept der Ahnen-Kult-Sprache, das in Afrika bis vor Kurzem eine Entwicklung insgesamt relativ erfolgreich unterbinden konnte → 5.3.1). Nicht einmal die >neolithische Revolution< war von >Fortschritt< in dem gemeinhin unterstellten Sinn motiviert (s.u.).

Den sich hier darstellenden Zusammenhängen nach wäre es möglich, dass die uns bekannte spätmesolithische Megalith-Anlage von Göbekli Tepe im Mittleren Mesolithikum eine Vorläufer-Anlage etwa in der Art der dargestellten Anlage der Ngarinyin-Aborigines gehabt hätte. Möglicherweise war dieser Gipfel dieses ***Tepe*** (Berges) ohne weitere Gestaltung der Versammlungs-Kult-Ort des dortigen Völker-Rechts-Bundes, der durch ***Tabu*** gesichert war.
Wir finden nämlich hierzu als den jeweiligen regionalen „Orten der Gesetzgebung“ im Alten Israel u.a. die später mit Mose in Verbindung gebrachten (identischen oder auch nicht identischen) ***El***-Berge *Sinai* (2. Mose 19, 18) und *Hor**eb*** (5. Mose 4, 10; *Hor* >Berg<). Dazu heißt es:

> „Und zieh eine Grenze um das Volk und sprich zu ihnen: Hütet euch, auf den Berg zu steigen oder seinen Fuß anzurühren; denn wer den Berg anrührt, der soll des Todes sterben. Keine Hand soll ihn anrühren, sondern er soll gesteinigt oder erschossen werden. Es sei Tier [!] oder Mensch, sie sollen nicht leben bleiben.“ (2. Mose 19, 12 f.)

Eine ähnliche Tradition von (wie bei den Aborigines) mit aufgestellten *Steinen* abgegrenzten Tabu-Gebieten ist auch vom Alten Arabien her bekannt. [79]

Diese Symbolik der >Nabel-Berge< oder >Nabel der Welt< steht mit diesem Komplex der *Weltberg= Weltenbaum*-Symbolik in Verbindung. Der >Weltberg< ist die untere *Nabe (= Nabel,* Beides althochdeutsch *naba*) der >Weltenbaum-Achse< (der *Pol= Stern* die obere Nabe).

Im Ursprünglichen ist dies letztlich eine Symbolik bzgl. der Jugend-Initiation. Diese Symbolik mutiert im Mittleren Mesolithikum im Kontext der Stämme- bzw. des Völker-Rechts-Bundes zu ihren regionalen Kult-Orten. Im Gefolge der paläolithischen Tradition dienen diese (in Teilen) auch der Jugend-Initiation, wo in Verbindung mit dem mittelmesolithischen Völker-Rechts-Bund der Brauch der männlichen Beschneidung aufkommt. Auch auf dem Göbekli Tepe fand sich eine Skulptur, die ich als – historisch bislang ältesten – Ausweis der Beschneidung sehe → 3.3.6. Die Symbolik des Wegschneidens der Vorhaut verknüpft sich mit dem >Abnabeln< (von der Kindheit), obwohl das psychologische Motiv in Wirklichkeit exakt umgekehrt liegt, nämlich in dem *Anbinden* der männlichen Jugendlichen an das Rechts-Bund-System.

Der Name *Göbekli Tepe* könnte den Hintergrund der Bedeutung >Nabel-Berg< haben (türkisch *göbek* >Nabel, Bauch<). In wortwörtlicher Form findet sich dies in dem (einstmals) bekannten israelitischen *Berg Tabor* (hebräisch *tabbur* >Nabel< = >Nabelberg<). Dieser überaus auffällige Berg, der wie ein riesiger Hügelgrab-Bauch aus der Ebene hervorragt, [80] ist als alter Kultberg bekannt. Leider ist sein Gipfel aber deswegen von den Kreuzzugsrittern mit einem noch immer bestehenden Kloster überbaut worden, dass er archäologisch nicht erforscht

---

[79] S. dazu etwa: >Heilige Orte, heilige Steine, heilige Bäume<, unter: Wikipedia: *Altarabische Gottheiten*

[80] S. zu dem Berg Bilder und Infos bei: Wikipedia: *Berg Tabor*

werden kann. Mit **Garizim** findet sich bei Sichem ein weiterer altisraelitischer Ritualberg

Nabe, Nabel - *novo – neu (Kind - - Nymphe* >Braut< usw.)

Nebo, Nevo	נבו	hebräisch >Berg<, als >Gott< in babylonisch *Nabû* (in dem Namen von König *Nebukadnezar*) [ℵ]
nabû -	נבא	assyr. >verkünden<, hebräisch >prophezeien< [ℵ]
Nuba		Himmelsgott der afrik. Nuba-Stämme [81]
niebo		polnisch >Himmel< [Π]

usw.

Bei weiteren Formbildungen spielt eine Verbindung mit dem ursprachlichen Element *Ћℵ wie z.B. *ta* u.a. für >Erde< eine Rolle (lat. *terra* mit neolithischem R):

ta	Tℵ	altägyptisch >Erde<, in → *Ptah* (nächste Seite)
tu		sumerisch >Erde<, *Nin**tu*** >Erdgöttin< (*nin* >Herrin<)
tŭ		chinesisch >Erde< (s. samt Zeichen E. Fazzioli, S. 98)
toy		Ainu (Ureinwohner Japans) >Land<
dā		mittelniederdeutsch = nhd. **Ton** (Duden 7, *Ton*)
chthón		griech. >Erde, Erdboden, Erdreich, Land< = *Gē, Gaia* [Γ] [wohl ***Gē** + **Ta/n***] >**chtonisch**

Ptah	der altägyptische „Schöpfer“, Ursprung des Alls und der Götter und „der Kulturbringer“, ist *Tatenen*, was bedeuten soll, dass er „der Gott ist, der einstmals aus dem Urhügel hervorging“. [82]

[81] Helma Marx: Das Buch der Mythen, S. 435
[82] Mircea Eliade: Geschichte der religiösen Ideen I, S. 396

Interessant ist sowohl die Symbolik des ägyptischen *Ptah* als auch die potentielle Etymologie, erscheint sie als Parallele zu *MaTa'*, *MaGa* (→ 6.4.3), *BaGa (> Bauch, Berg)*, *DaGa/TaKa* (*dağı* türkisch >Berg<, dt. in *Teck* (bei Kirchheim), *Dach, zeugen* usw., s. auch *TorKu* → 3.3.3) und

DuKu ein **heiliger Berg** der **sumerischen** Mythologie, wo die *Anuna-Götter* gelebt haben sollen. Dort habe die Heimat von Schaf und Getreide gelegen. Der Archäologe Klaus Schmidt erwog von daher, ihn mit dem *Göbekli Tepe* zu identifizieren [83]

Dazu parallel (umgekehrt zu *Ptah*) *Ћא - *Φא wie *Ta-Pa*:

beachte *tief, Dampf, taub (betäubt), tappen, tapfer* usw.

dabar דבר hebr. >Wort, Spruch, Rede<, auch >Gesetz< [א]
Har (Berg) ***Tabor*** hebr. *tabbur* >Nabel< = >Nabelberg<

tepe türkisch >(Berg) Hügel< = turkmenisch *depe*
tepe aztekisch >Berg< z. B. in *Tepeyolohtli* >Herz des Berges<, Erdgottheit der Frühzeit [84]
Popocatepetl Vulkan-Berg bei der Stadt Mexiko

Týphōs, Týphōn griech. >Ungeheuer der Urzeit: Verkörperung des vulkanischen Feuers und der Glutwinde (Sohn der **Gaia** und des **TarTar***os*, von Zeus unter einem Berg begraben) [Γ]

De*l*phi griech. >Nabel der Erde<. *omphalós* >Nabel; nabelförmige **Erhöhung**, Mitte; *~ der Erde*: **Delphi**<; *delphýs* >**Gebärmutter**< [Γ]

dipo Begriff der Krobo (SO-Ghana, Afrika) für die >Mädcheninitiation< (auf einem Ritual-Berg) [85]

---

[83] s. Klaus Schmidt: Sie bauten die ersten Tempel, S. 220

[84] D. M. Jones & B. L. Molynaux: Die Mythologie der Neuen Welt, S. 138

[85] H. Christoph, K. E. Müller & Ute Ritz-Müller: Soul of Africa, S. 44

Es lassen sich noch weitere historisch greifbare Momente der Megalith-Kultur aufnehmen. Dabei ist jedoch zu beachten, dass die späteren Formen der Megalith-Kultur Elemente späterer Entwicklungen enthalten, so etwa aus dem spätmesolithischen Ahnen-Kult. Der Ackerbau-Kult mit der Wiedergeburts- und der Götter-Vorstellung ist dem Neolithikum zuzurechnen. In Monumentalbauten tritt die Megalith-Symbolik erstmalig mit dem spätmesolithischen Göbekli Tepe (→ 5.4) in Erscheinung.

> „Man könnte die Megalithmonumente als eine Antwort auf unseren indonesischen Mythos deuten: da das menschliche Leben dem Leben des Getreides gleicht, werden Kraft und Unvergänglichkeit *durch den Tod* erreichbar. Die Toten kehrten in den Schoß der Mutter Erde zurück in der Hoffnung, dass das Los des Saatgutes auch das ihre sei; darüber hinaus sind sie aber auch den Steinblöcken mystisch verbunden und werden somit mächtig und unzerstörbar wie der Fels. Tatsächlich scheint der megalithische Totenkult nicht nur die Gewissheit des Fortlebens der Seele einzuschließen, sondern auch und vor allem das Vertrauen auf die Macht der Ahnen, und die Hoffnung auf ihren Schutz und Beistand für die Lebenden. [...]
> In einigen Gegenden Frankreichs, auf der Iberischen Halbinsel und auch andernorts stieß man auf Spuren eines Kults, der eine Göttin als Schutzgottheit der Toten zum Mittelpunkt hat. Nirgends aber haben die Megalithbauten, der Totenkult und die Verehrung einer Großen Göttin so spektakulär Ausdruck gefunden wie auf Malta. [...]
> Außerdem sind die Megalithen das Bindeglied schlechthin zwischen Lebenden und Toten; sie gelten als Träger der magischen Fähigkeiten ihrer Erbauer oder jener Toten, für die sie errichtet wurden, und gewährleisten so die Fruchtbarkeit von Mensch, Vieh und Ernte. In allen noch bestehenden Megalithkulturen spielt der Ahnenkult eine bedeutende Rolle.
> Die Bauten dienen den Seelen der Toten bei ihren Besuchen im Dorf als Sitz, aber sie werden auch von den Lebenden benutzt. Der Platz, auf dem die Megalithen stehen, ist zugleich Kultstätte (feierliche Tänze, Opfer usw.) und Mittelpunkt des gesellschaftlichen Lebens. Im megalithischen Totenkult

spielen Genealogien eine große Rolle. Nach R. Heine-Geldern ist es wahrscheinlich, dass man die Genealogien der Ahnen, d.h. der Begründer der Dörfer und bestimmter Familien, feierlich rezitierte. Folgendes ist von Bedeutung: *Der Mensch hofft, sein Name werde mit Hilfe des Steins in Erinnerung bleiben.* Anders ausgedrückt, die Verbindung mit den Ahnen wird durch das Gedächtnis ihrer Namen und Taten gewährleistet, ein Gedächtnis, das in den Megalithen >erstarrt< ist. [...]
Durch die Megalithbauten besitzen die Toten eine außergewöhnliche Macht; da aber die Kommunikation mit den Ahnen rituell gewährleistet ist, können auch die Lebenden an dieser Macht teilhaben.“ [86]

Näheres bietet die folgende Beschreibung der Guanchen-Tradition auf den Kanaren. Hier findet sich die mit der frühmesolithischen Stämme-Symbolik aufkommende Geschlechtsideologie, die sich im Späten Mesolithikum nun handfest als Weltanschauung, in Plastiken und im Nahen Osten sogar als grammatisches Geschlecht ausprägt.

„Sie [*die Guanchen*] verehrten eine einzige Gottheit, die sie sich dualistisch, in ein gutes und ein schlechtes Prinzip aufgeteilt, vorstellten. Die guten Kräfte nannten sie *Abora,* sie wurden stellvertretend in einer Urmutter (Tara bzw. Moneiba) bzw. in einem Urvater (Eraorahan bzw. Orahan) verehrt. Die Urmutter, die eindeutig Beziehungen zur Unterwelt aufwies, wurde in Höhlen und an Quellen kultisch angebetet [...]. Der Urvater, dem man die Berggipfel, große menhirartige, phallische Steine und den Himmel zuwies [...].

Die Chroniken berichteten z.B. von der Verehrung des Idafe auf La Palma, die ausschließlich von Männern zelebriert wurde. Idafe ist der Rest eines erodierten Vulkanschlots im Zentrum des großen Kraters *Caldera de Taburiente.* Wie ein

[86] Mircea Eliade: Geschichte der religiösen Ideen, Band I, S. 115 - 122

> Phallus ragt er aus dem Kessel. Vom Steinkreis an seinem Sockel aus wurden die Opfer (Milch, Butter, Eingeweide von Ziegen) zu seinem rotbraunen Felsen getragen und symbolisch an ihn verfüttert, damit er bei Kräften blieb und nicht umstürzte. Dies war wichtig, denn die Guanchen glaubten – ähnlich den Kelten -, die >Weltensäule< Idafe stütze und trage den Himmel. Wenn dann die Adler, Geier, Raben, Dohlen und Falken kamen und die Opfergaben verspeisten, glaubte man, dass diese >Seelenvögel< die Geister der Ahnen seien. Ähnliche Funktionen besaßen die bereits erwähnten Seelensteine.“ [87]

Dieser Vulkan-Felsen erinnert an den eben erwähnten >Baumfels< der Kiowa. Das Element *Ida-* findet sich auch bei Bergen auf Kreta und dem mit der Göttin *Kybele* verbundenen Kult-Berg *Ida* in Anatolien.

In anderen Formen findet sich diese Symbolik in den als *Betyle, Bätyle, Baityl* usw. (*Beth-El* >*El*-Haus [>der Gottheit<]) bezeichneten „Menhire“, [88] die vom Alten Israel her als (*androgyne*) >Pfahlgöttin< *Aschera* oder = *Astarot* (Astarte) bekannt sind. Wie schon erwähnt, ist in diesem Kontext die Symbolik des >Weltberges< und des >Weltenbaums< in Teilen als identisch zu sehen, und je nach Gegebenheiten und Vorlieben wird diese Symbolik in Stein oder als Baumstamm ausgeführt. In verschiedenen Mythologien findet sich eine entsprechende Baum-Stamm-Mythologie, so auch in Sibirien und im Germanischen (zu der entsprechenden Geschlechts-Philosophie → 4.3.1):

---

[87] Harald Braem: Die Geheimnisse der Pyramiden, S. 39 f.

[88] s. Wikipedia: *Steinkult,* dort auch Abbildungen (wenige); Weiteres bei Wikipedia: *Statuenmenhir.*

„Zwei Baumstämme wurden auf den Strand gespült, die die Götter mit Atem, Verstand, Gehör, Gesicht und anderen Lebensfunktionen versahen. Der eine war ein Mann, genannt Ask *[= Esche], der andere eine Frau,* Embla.*“*

(Germanische Mythologie) [89]

Sibirisch: *Mann* – Lärche; *Frau* – **Tanne** (Findeisen/Gehrts S. 114)

Alteuropäische >Stamm<-Plastiken aus der Eisenzeit, die weibliche aus Schottland, die männliche aus England.
Solche Figuren standen in den gallischen >heiligen Hainen<.

Nachzeichnung nach:
Miranda J. Green: Die Druiden, S. 24

Bei diesen >Stamm<-Plastiken handelt es sich um vergrößerte Ausgaben der ursprünglichen >Venus<-Figuren, vgl. S. 134

[89] Lennart Ejerfeldt, in: Asmussen & Læssøe: Handbuch der Religionsgeschichte I, S. 308

3.3.2 Die *El*-Berge = *Al-Tai*

(*Ur-Al; Al-Tai; Al-Ba*:
Alpen, Elburs, Olympos usw.)

In dem Motiv des >Weltberges< verkörpert >Berg< schon ursprachlich und paläolithisch >die Welt, das All^{es}, das Leben, die Menschheit, Kultur<, und so erstaunt es nicht, dass sich die ursprachliche Wurzel *ℵL wie dt. *Alles/All/alle* und *alt* für eigentlich >groß, hoch; erwachsen< (vgl. lat. *altus*) auch im Kontext von Bergnamen wie in diesem inhaltlichen Zusammenhang und in Teilen auch mit diesen kultischen Bezügen findet.

Da *ℵL jedoch auch schlichtweg die Bedeutung >groß< hat, muss seine Verwendung für >Berg< nicht per se Weiteres besagen. Seine Zusammensetzung mit einem anderen Element wie *Ur* oder *Ba* (wie in *Bakken, Berg*) muss nicht mehr als eine Bestimmung von >groß< in diesem Kontext von >Berg< bedeuten, wie türkisch *Ulu-Dağ* ganz einfach >mächtiger Berg< bedeutet. Es kann entsprechend aus diesen Namensformen nicht per se ein besonderer (kultischer) Hintergrund geschlossen werden. Doch da sich mit diesen Formbildungen häufiger kultische Zusammenhänge verknüpfen, wäre es dumm, dies nicht als einen potentiellen Anhalt aufzunehmen. Der antike Name des *Ulu-Dağ* war übrigens *Olympos,* nicht der einzige *Olympos*. Doch zeigt sich die Form *Olympos* auch nicht als beliebige Bezeichnung für >höhere Berge<.

So findet sich die Wurzel *ℵL findet sich auch in Bergnamen:

Al-Tai	Altai
Ala-Tau	mit Gipfel 4463 m
Ala-Dağ	Gipfel in Türkei 3734 m
Ulu-Dağ	[= **Olympos** No. 2, s.u.]
Khara Narin *Ula*	Gebirgszug mit Gipfel 2109 m in China Richtung Grenze Mongolei
Ural	[evtl. + Ur wie umgekehrt >>]
Uluru	zentrales Berg-Heiligtum bei den Aborigines, auch Ayers-Rock [90]
Uluguru-	Berge 2651 m in Tansania
Ulawun	höchster Berg auf Neubritannien mit 2500 m (im Raum der ***Uli***-Figuren)

*ℵL + *Φℵ wie *Pa, Ba* :

Alpen	
Alb	
Elburs	-Gebirge: Gebirgszug im Iran südlich des Kaspischen Meeres mit Gipfel 5604 m
Elbrus	höchster Gipfel im Kaukasus (5633 m)
Olympos	Name mehrerer Berge/Gebirge: 1.) hoher Bergzug auf der Grenze von Makedonien (Pierien) und Thessalien, in der Mythologie berührt als Wohnsitz der Götter; daher metonymisch = >Himmel<; 2.) Gebirge im nordwestlichen Kleinasien auf der Grenze von Mysien und Bithynien; [= türkisch *Ulu-Dağ*] 3.) Berg auf Zypern [Γ] (4) bei Antalya (Türkei) im Taurus, heute *Tahtalı Dağı*
Illampu	einer der Anden-Hochgipfel 6550 m nördlich von La Paz (Bolivien)

[90] s. z.B. Jeff Doring: Gwion Gwion, S. 328

Diese Formbildung *ℵL + *Φℵ wie *Alba, Alpen, Alpha* deutet auf interessante Zusammenhänge, so im Semitischen mit:

alpu — assyrisch >Rind< (s.u.:) ℵ
äläph אלף — hebr. >Rind<; >Stamm; Geschlecht<; >Tausend< ℵ

Als entsprechende Bildungen finden sich u.a. mit bezeichnender Bedeutung:

Alb, Alfen — germ. „Die Verstorbenen werden als Vorfahren *álfar*, Elben, genannt.“ [91] =
Elb, Elf, Elfe — auch für Flüsse wie ***Elbe***
Alban — sib. Tungusen für einen >bösen Geist< [92]
Alp (-Traum) = *Mahr* — (>Mutter< - hier ist der Ahnen-Geister-Kult umgekippt)

<u>Die einfache Form *ℵL (ursprachlich *Λ) findet sich etwa in:</u>

altus — lat. (von **alo*) >hoch, tief<
alt
ulu — türkisch >mächtig, erhaben<, in *Ulu-Dağ* (Berg) (Wikipedia, *Uludağ*)
il — sumerisch >hoch sein, tragen, heben< $^{\Sigma}149$
elu(m) — akkadisch (semitisch) >hoch, oben<, >hoch sein, emporsteigen< $^{\Sigma}156$
el אל — hebräisch für >**Gott**<; für >Mächtiger<; für >**Baum**, **Pfeiler**< ℵ
heilig — - vgl. die germanische Göttin *Hēl, hehlen = verbergen – Höhle; Hölle*)

Interessant ist hebräisch *Ul* oder *Il*: „אול (oder איל) Stamm einer großen Anzahl Wurzelworte, deren Bedeutungen aber so verschieden sind [...].“ Ihre Bedeutungsbezüge sind etwa >An-

[91] RelMen 19/1: Åke V. Ström: Germanische Religion, S. 163 f.
[92] Hans Findeisen/Heino Gehrts: Die Schamanen, S. 175

fang, Vorzeit<; >Widder<; >stark, kräftig<, doch erklärt sich dieser Verbund aus der ursprünglichen Sprachsymbolik bzw. ihrer postpleistozänen Verwendung. Die >STier<-Symbolik findet sich hier unter >Widder< entwickelt, und das Wort für >Widder< bedeutet im Hebräischen *ebenfalls* auch etwa >großer Baum, vorspringender Wandpfeiler, Türpfosten<, [93] wie woanders >STier< (z.B. in der Reihung *Astarot - - toro – [-Tor] - Tier* – dt. *Teer* = engl. *tree* >Baum<).

Dass sich diese Formen dann auch bei dem griechischen Götterberg *Olympos* und verbreitet als Bezeichnung für >Gott< (wie hebräisch *el*) oder als Göttername findet, ist von diesen Zusammenhängen her (freilich erst) in Verbindung mit der neolithischen Weltanschauung (→ 6.4.2) bestens verständlich.

Ul	„Mondgott“ auf den Neuen Hebriden
Ull, ullu-di	germanisch, „vielleicht ein alter Himmelsgott“
Ele	irisch, evtl. „Muttergöttin“, zu *Medb* [94]
El, Il	gemein-semitische Gottheit, ein Wort für >Gott< in der Bibel, „war für die Kanaanäer der >Vater der Götter< und der >Schöpfer der Erde<“ [95]
Alalu	in der hethitischen Mythologie der „erste Götterkönig“, von *Anu* gestürzt [96]
Illil	im Sumerischen im Missverständnis zu ***Enlil*** [denn nicht *Il-lil,* sondern *Il-Il*]
Allah	
Allat	„eine vorislamische Göttin Zentral- und Nordarabiens“ [97]

usw.

[93] alle Angaben nach: Wilhelm Gesenius: Hebräisches und Aramäisches Handwörterbuch ebd.

[94] Sylvia & Paul F. Botheroyd: Lexikon der keltischen Mythologie, S. 285

[95] Rachel Storm: Die Enzyklopädie der östlichen Mythologie, S. 32

[96] s. Rachel Storm: Die Enzyklopädie der östlichen Mythologie, S. 16 f.

[97] Rachel Storm: Die Enzyklopädie der östlichen Mythologie, S. 16

3.3.3 *Tor-Ku* – das >Netzwerk<

Das ursprachliche Element *Ћא wie *ta* findet sich auch in der charakteristisch neolithischen R-Erweiterung wie *STier – Taurus – Tauern* – lat. *terra* >Erde< sowie in *Tora* (*Thora*) als dem hebräischen Wort für das >Recht, Gesetz< ihrer Rechts-Bund-Konzeption.

Es ist nun genau **diese** Form (teilweise mit der Zusammensetzung *co - Ku*^{h}), die u.a. als Anhalt der ursprünglichen Verwandtschaftsverhältnisse der altaischen Sprachen vorgestellt wird, und zwar mit der Bedeutung >**Netz**(**werk**)<: [98]

**towr*	proto-mongolisch, mongolisch *tor*
turku	proto-tungusisch, heute *tur-ku*
**tor*	proto-turksprachlich, türkisch *tor*
**tarachi*	altkoreanisch, koreanisch *tar-äki*
**turi*	altjapanisch, heute *tsuri*

Mit dieser Form wird auf eine mögliche ursprüngliche sprachliche Verwandtschaft zum Koreanischen und auch zum Japanischen verwiesen, wie sie in Bezug auf das Japanische z.B. von Jens Rickmeyer in seinem Werk >Japanisch und der altaische Sprachtyp< insgesamt gesehen wird. Was die genannte Form angeht, so beschränkt sie sich jedoch keineswegs bloß auf das Altaische. Sie dürfte nicht bloß der Hintergrund für ***Turke, Türke*** sein, sondern auch aus dem Kontext der hieraus entstehenden Kultstätten für Städtenamen wie z.B.

Turgai	Stadt in Kasachstan nördlich des Aral-Sees (Turgai-Senke)
Turku	Stadt in Finnland

[98] alles nach: Wikipedia: Altaische Sprachen, in der Tabelle des Abschnitts Makro-altaische Wortgleichungen

Trakai	alte Hauptstadt Litauens sö. von Vilnius
Trāchīs Τραχῖς	Stadt im südlichen Thessalien
Terqa	Stadt am Euphrat unterhalb des *Khabur*
Sara Khan **Taraki**	Prä-Indus-Gemeinschaft
Tarraco	Stadt nördlich der *Ebro*-Mündung (Spanien), jetzt **Tarragona**
Tarascon	(Frankreich) -sur-Ariège
Tarascon	(Frankreich) an der *Rhône*, mit dem „Drachen“ *Tarasque* verbunden [99]
Torgau	[aus altslawisch für >Markt< erklärt]

umgekehrte Zusammensetzung:

Gadara	antike Stadt in Jordanien
Kotor (Cattaro)	Bucht von Kotor - Montenegro
Hatra, heute **Chadra**,	bedeutende parthische Karawanenstadt in Nordmesopotamien [100]
Hazor	verschiedene Städte in Israel (s. Gesenius), eine ist bronzezeitlich recht bedeutsam - *schor,* semitische Parallele zu *tor* >Stier<, beachte **Assur** (- Syrien)

Mit Turku (Finnland) wäre der Bezug Altaisch – Uralisch bestätigt.

Neben *Torgau* – altslawisch >Markt< deutet auch m*ongolisch* **Tôrgan** Jam >***Seidenstraße***< *darauf, dass dieses Handelsnetz auf dem mittelmesolithischen Rechts-Bund-Netzwerk aufbaute. Dies spricht neben den sprachlichen Bezügen zu Korea und Japan und anderem weiterhin für Bezüge nach China.*

[99] Sigrid Früh: Märchen von Drachen, S. 20
[100] Sumer – Assur – Babylon, Ausstellungskatalog Berlin usw., S. 33

Interessant ist, dass diese erweiterte Form heute sowohl im Tungusischen als auch im Koreanischen mit Bindestrich geschrieben wird, was meine Einschätzung bestärkt, dass es sich hierbei um eine zusammengesetzte Bildung handelt, und zwar – genau wie >Drache< - aus den beiden Elementen *Ћא(r) wie *tor, Stier, terra* und *Γא wie *co-, Kuh* und griech. *gē* = sumerisch *ki* >Erde<, deutsch *Gau* >**Stammes**gebiet< (in *Breisgau, Allgäu* usw.). Mit Bezug auf hebräisch *Tora* ließe sich ihre erste historische Bedeutung z.B. als >Rechts-Bund< deuten.

Die Verbindung zu der Formbildung *Drache* ist ein weiterer Hinweis, dass das mittelmesolithische Völker-Rechts-Netzwerk auf einem ursprünglichen Initiations-Kontext (in Höhlen oder Gipfeln) aufbaute, was für diese Entwicklung höchst bezeichnend wäre.

Lagen entsprechend die mittelmesolithischen (Megalith-) Kultstätten in abgeschiedenen Tabu-Gebieten, so werden die neuen Kultstätten ab dem Späten Mesolithikum aufgrund des Zerfalls dieser Zusammenhänge und der aufbrechenden Disflikt-Verhältnisse nun umgekehrt in das Zentrum seiner Gebiete und Ansiedlungen gelegt, woraus sich gleichermaßen die >Tempel< wie die urbane Entwicklung seiner >Hauptstädte< ergeben. Dazu Beispiele:

Städtenamen mit *Tאr wie *toro, STier, UTerus*

Tara		der einstige Königssitz Irlands [101]
Tara		Stadt am *Irtysch*, Sibiren (Russland)
Tárās	Τάρας	heute *Tarent*
		>>

[101] „Luftaufnahme des Königssitzes Tara, Irland. Dort befinden sich die mittelalterlichen >Dinnschenchas< als heilige Stätte der rituellen Amtseinführung der Hochkönige von Irland. Tara hat seit den ersten Anfängen im Neolithikum beständig eine rituelle Rolle gespielt."
Miranda J. Green: Die Druiden, S. 120 f.

Tarsós Ταρσός	Hauptstadt von Kilikien (Türkei)
Tarsos	(antike) Hauptstadt von Sizilien
Troíā, Trōiás, Trōios	>**Troja**< (**Dar*dan*** ellen)
Tyrus	Stadt der Phönizier, Mutterstadt Karthagos
Tirana	Hauptstadt von Albanien
Dori	Stadt im N von Burkina Faso, unweit von
Téra	Stadt im Südwesten von Niger
Thara	Ort im tiefen Wüstenbereich Algeriens (südöstlich der Mitte Algeriens)
Augusta **Taurinorum**	Stadt der ***Taurini***, jetzt **Torino** (**Turin**), analoge Bildung:
Trier	Hauptstadt der ***Treverer***
Abdera	Stadt in Thrazien (der **Thraker**) [*Ab* wohl = Ur!]
Darfur; Dar-Nuba	(Stämme-) Gebiete im Sudan (*dar* arabisch >Heimat<)
Dar-Es-Salam	Hauptstadt von Tansania
Derna	Küstenort in Libyen gegenüber Kreta
Tárnē Τάρνη	Stadt in Lydien, später *Sardes*
Tarfain	Küstenort im Süden Marokkos
Dèrbe Δέρβη	Stadt in Lykaonien
Derby	(GB)

usw.

3.3.4 Der Anhalt **TaNa*

tan- „an vielen Orten der Erde die Bedeutung >Erde, Boden, Land<“, so in altamerikanischen Ortsnamen mit Endung *–tan* wie *Yuca**tan*** [102] (Mexiko)

Ein weiterer Anhalt bietet sich unter **TaNa,* was ebenfalls als eine erweiterte Form von ursprachlich *Ћא wie *ta* erscheint. Sie findet sich in der Grundform in *ta* elamisch >stellen<, bei uns durch das S als Relikt einer einstigen Vorsilbe etwas verdunkelt in **stā* >stehen<, dazu u.a. auch *Stand, Stein, Stelle/ Gestell/Stall, Stock, Stab/stabil, Stamm/demos* (>Volk<)/*domus* >Haus<, *Dom/Stätte, Stadt, Staat* mit vielen weiteren Bildungen. Als eine der Ausgangsbedeutungen erscheinen hier *Stock/Dach/Zelt/Hütte* sowie *Lager* (im Sinne des ursprünglich zeitweiligen *Stand*ortes).

Ich halte es für wahrscheinlich, dass sich **tan-* als eine ursprüngliche Zusammensetzung *Ћא + *Nא (*tana*) erklärt (oder + *Mא > *tama, domus* als Lautvariante). Neben weiteren Formbildungen finden sich in dem mesolithischen Kontext, den als sprachlich als >**Mebuntu**< beschreibe, insbesondere zwei weitere zentrale Bildungen dieser Art in weiter sprachlicher Verbreitung, und zwar (im Deutschen):

*Φא + *Nא (*Ba-Na*): *Band, Bündnis,* bone/*Bein, Bann*
*Lא + *Nא (*La-Na*): *lana – Leine* (Band), *Linie, Lineage*
*Ћא + *Nא *Ta-Na, Da-Na* wie

dā mittelniederdeutsch = **To*n*** (Duden 7, *Ton*)
chthón griech. >Erde, Erdboden, Erdreich, Land< = *Gē, Gaia* [vgl. dt. *Gau* >Stammesgebiet]

[102] Richard Fester: Die Eiszeit war ganz anders, S. 248

Diné	= Navajo (indi(anisch) s.o.
Na-Dené	eine indianische Sprach*familie* (s.u.)
Dan	ein Stamm, eine Stadt in Israel (> **Daniel**)
Dan	Stamm/Volk in West-Afrika
Danäer	für >Griechen<
Dänemark	Mark der Dänen
stan	polnisch >Zustand, Stand; Staat<
-stan	**persisch** >Heimat von, Ort der< (Wikipedia, -*stan*), so z.B. in: Pakistan Afghanistan, Kasachstan, Belutschistan, Sistan, Turkestan, Usbekistan, Kirgisistan, Luristan (Lorestan, Iran), Chusistan, Dagestan, Tadschikistan, Turkmenistan, Rajasthan (in Indien) usw.
Lusitanien	ein historisches Reich in Portugal
Mauretanien	>Land der Mauren<, 2 römische Provinzen in Nordafrika
Tunesien	- Tunis, nach **Tannit**, der weiblichen Hauptgottheit Karthagos
Tuatha Dé Dannan	das vorgeschichtliche >Volk der Göttin *Danu*< in Irland [103]
Britannien	

Ténéré	Gebiet der Sahara: Tuareg >Land da draußen< (Wikipedia: Ténére)

Nun findet sich eine vergleichbare Form auch noch an einer höchst bedeutsamen Stelle in der Besiedelung Amerikas. Bei der als zweite Besiedlungswelle geltenden ***Na-Dene*** ist dieses Wort bereits die Selbstbezeichnung und zwar mit der Bedeutung >Volk<. Bei den als amerikanische Erstbesiedler ange-

[103] s. dazu z.B. Sylvia und Paul F. Botheroyd: Lexikon der keltischen Mythologie, *Tuatha Dé Dannan,* S. 413 f.

nommen >Amerind< ist diese Wortform im Sinne von >Nachkomme< (>Ab**stammen**der<) verbreitet:

T'ANA protoamerind >Kind<
- nach Greenberg – Ruhlen [104] (stark **gekürzt**):

in den angenommenen Ausgangsformen

T'A'NA	>Kind, Geschwister<,
T'I'NA	>Sohn, Bruder, Knabe<
T'U'NA	>Tochter, Schwester, Mädchen<

T'A'NA		**Sprachen**:
t'a'na	>Kind<	Nootka
**tana*	>Tochter, Sohn<	Proto-Uto-Aztekisch
ta'in	>Kind<	Urubu-Kaapor
tayna	>erstgeborenes Kind<	Aymara
tawin	>Enkelkind<	Lengua
t'ána-t	>Enkelkind<	Totonac
tane	>Bruder	Yuchi
tane	>mein Sohn<	Pavishana
tani-mai	>jüngere **Schwester**<	Masaca
tuk-tan	>Kind, Knabe<	Miskito
tog-tan	>**Mädchen**<	Tibagi
dani-	>**Schwester** der Mutter<	Warrau

[Hervorhebungen CR]

T'I'NA		
ten	>Sohn<	Tique
tin-gwa	>Sohn, Knabe<	Mocochi
t'inī-si	>Kind, Sohn, **Tochter**<	Yana

[104] Joseph H. Greenberg & Merritt Ruhlen, in: Berthold Riese: Schrift und Sprache, S. 74 ff., S. 76/77

den	>Bruder<	Tehuelce
dēnu	>männliches Kind<	Yagua
'díínó	>Bruder<	Cuicatec
t^{s}*in*	>junger Mann<	Yurok
-'tsin	>männlich, Knabe<	Mohawk

T'U'NA		
tune	>Nichte<	Coer d'Alene
tūne-	>Tochter<	Central Sierra Miwok
a-tune-sas	>Mädchen<	Morotoko
thaun	>Schwester<	Tehuelche
ton	>Tochter<	Tique
-tona	>Schwester<	Nonuya
-tóna	>jüngere Schwester<	Tacana
a-ton-kä	>jüngere Schwester<	Piokobyé
t^{s}*'one*	>Tochter, **Sohn**<	Yuchi
t^{s}*uh-ki*	>Schwester<	Cayapa
-t'út'ina	>ältere Schwester<	Taos

Greenberg & Ruhlen bieten diese Bildungen als ein ***zentrales* Kennzeichen** der von ihnen insbesondere *an diesem Beispiel* vorgestellten amerikanischen Super-Sprachfamilie >**Amerind**< (***Amer**ika* + ***Ind**ianisch*), die sich demnach also von den ersten Einwanderern in Amerika ableiten soll.

Bei der anderen (von manchen angenommenen) amerikanischen Sprachfamilie *Na-Dene,* die sich - mit Ausnahme einzelner Ausläufer nach Süden (wie die Apachen und Navajos) - in Alaska und Nordwest-Kanada findet und insofern als zweite Einwanderungsstufe gilt, findet sich **tan* nun in direkter Form für >Volk<:

Na-Dené	(Wikipedia: *Na-Dené* [**Na* >Mensch<[)
Ndee, Indé	Westliche Apachen >Volk<
Dinde, T'Inde, Didé	Jicarilla >Volk<
Tindi, Ndé, Indete	Lipan >Volk<
Diné	Navajo >Menschenvolk< = Selbstbezeichnung der Navajo (Wikipedia: *Navajo (Volk)*)

Dies könnte bedeuten, dass die *Na-Dene* in direkter Verbindung mit der mittelmesolithischen Ausbreitung der Stämme- bzw. Völker-Bund-Konzeption (etwa in der Linie *Altai* – ***Tungusen***) standen und evtl. auch, dass zu diesem Zeitpunkt noch die Landverbindung nach Amerika bestand, was bis 9.000 oder gar 8.000 v. Chr. noch der Fall war (s. Wikipedia: *Beringia*). Dann hätte der riesige Landuntergang von >Beringia< die *Na-Dene* nach Amerika und diese die *Amerind* weiter in den Süden gedrängt.* Möglicherweise steht die nun überaus schnelle Ausbreitung bis zur Südspitze Südamerikas hiermit in Verbindung. Es muss hier offenbleiben, ob das mittelmesolithische Völker-Bund-System über die *Na-Dene* hinaus nicht hinreichend gegriffen hätte und sich eher nur die neue Technik der >Ehe-Bünde< und des Produzierens gemeinsamer Nachkommen vermittelt hätte oder sich dieser Völker-Rechts-Bund auch dort in seine Bestandteile der >Stämme< aufgelöst hat.

Ob die Formen *t'ana* >Kind< tatsächlich *direkter* mit Mebuntu (der Sprache des mittelmesolithischen Völker-Rechts-Bundes) **TatNa* in Verbindung stehen, ist beim Stand der Dinge nicht zu klären. Doch die sich im Norden vorfindbare Form **den-* >Volk< dürfte schon weniger Zufall sein. Da die Konzeption >Stamm< keine ursprüngliche ist, sondern die der >mesolithischen Revolution<, die insbesondere über die Völker-Bund-Konzeption eine rasche und flächendeckende Verbreitung fand, dürfte diese Wortform einen Anhalt für eine historische Verbindung darstellen.

---

* Der genetische Befund stellt sich komplexer dar, doch widerspricht dies nicht diesem Grundmodell

3.3.5 Bund – *Ubuntu* (Afrika)

Dass sich die Ahnen-Kult-Kultur – wohl von dem Raum Jericho aus (→ 5.3) – so stark in Afrika verbreitete, dürfte durchaus eine Vorgeschichte haben. Weitere interessante Zusammenhänge deuteten sich bei der Kulturform der >Höheren Jäger und Sammler< (→ 2.4.1) im Bereich der Felsmalerei an, wo sich erstaunliche stilistische Ähnlichkeiten zwischen figürlichen Darstellungen in Tansania, Sahara und Australien finden (S. 104), die in Australien mit dem neuen >Geister<-Kult in Verbindung stehen. Auch ist sowohl vom Süden des Nahen Ostens bis über Afrika als auch in Australien die Sitte der männlichen Beschneidung verbreitet (→ 3.3.6).

In den Bantu-Sprachen (Afrika) *Zulu* und *Xhosa* findet sich das Wort **Ubuntu**, das mich an *Bund – Verbundenheit* denken ließ, dessen Sinn es in der Tat in etwa hat. *Ubuntu*

> „steht für >Menschlichkeit< und >Gemeinsinn<, aber auch für den Glauben an ein universales Band des Teilens, das alles Menschliche verbindet.“ (Wikipedia: *Ubuntu*)

Das *Bantu*-Wort *bantu* bedeutet >Menschen<. Es geht als Plural von der Wurzel *ntu* >Mensch< aus. Diese Wurzel zeigt eine erstaunliche Ähnlichkeit mit Bildungen in den *Na-Dene*-Sprachen (s.o.) wie:

Ndee, Indé	Westliche Apachen >Volk<
Ndé, Indete	Lipan >Volk<

Diese Bildungen dürften entsprechend *Na-Dene* eine zusammengesetzte Form sein, wo *Na* (*N) für >Mensch< steht. Dies findet sich in diesem Sinn in den Selbstbezeichnungen *Ainu, Innu, Inuit* usw. Das zweite Element verknüpft sich wohl mit *Ћא wie *ta* für >Erde< und >Stamm< entsprechend der **Ga*^{ia}-Parallele (→ 6.4.3) dt. *Gau,* das sich ebenfalls in dieser Verbindung belegt (*Enga; Angel*[*sachsen*], ***angga*** [> S. 126]) usw.

3.3.6 Der Anhalt der männlichen Beschneidung

Es zeigt sich, dass das >Völker-Bund<-System der (Ngarinyin-) Aborigines einige zentrale Entsprechungen zu den nahöstlichen Entwicklungen aufweist. In Australien fanden wir den mittelmesolithischen Ur-Typ einer Megalith-Anlage, wie sie in der nächsten Ära, im Späten Mesolithikum, in Göbekli Tepe (→ 5.4) in imposanter Größe errichtet wird. Das >Gesetz-Bund<-System zeigt sich mit mehreren interessanten inhaltlichen Parallelen im Alten Israel (das offenbar unter Mose eine Wiederbelegung und/oder eine Neudeutung erfährt). Mit all diesem ist auch der Sachverhalt der männlichen Beschneidung als einem durchaus spezifischen Merkmal verknüpft.

Der älteste bislang ersichtliche Beleg der männlichen Beschneidung findet sich hierbei in einer Plastik des archaischen Typs in Göbekli Tepe. Auf jeden Fall würde ich diese Plastik (Abb. unten) so deuten. Ich sehe sie nicht als Ausdruck eines Phallus-Kults, der als Fruchtbarkeitskult erst im Neolithikum aufgekommen ist (in der männlichen Form wohl eher noch später), sondern als Darstellung der Beschnittenheit. Eine Vorhaut ist dort deutlich formuliert nicht vorhanden. Der ganze Sinn dieser Skulptur scheint auch in ihrem Ausdruck auf diese Darstellung ausgerichtet.

Vgl. zu dieser Figur die Zeichnungen in:

Klaus Schmidt: Sie bauten die ersten Tempel, S. 99

Der genaue Ursprung des Brauchs der männlichen Beschneidung ist bislang nicht näher auszumachen. Die Anhaltspunkte weisen auf eine Entstehung im Frühen oder mit dem Mittleren Mesolithikum. Sie könnte zuerst eine Form der Initiation zu einer höheren Position in der Rechts-Bund-Organisation gewesen sein, wie es sich im Alten Ägypten als Ordination zum Priester findet. Von diesem Völker-Rechts-Bund könnte sie am Ende des Mittleren Mesolithikums (wohl aufgrund der ersten Krise ihrer Organisation) zu einer allgemeinen Form der männlichen Jugend-Initiation ausgedehnt worden sein. Bei den Ngarinyin galt auf jeden Fall:

> „Ein Mann mit Vorhaut gehört nicht zum Gesetz.“ [105]

Dazu weiter:

> „Wenn durch die Beschneidung besiegelt wird, dass ein Junge zum Mann geworden ist, schenkt dieser neugeborene Mann sein Blut in einem feierlichen Akt der Erde – ein Sinnbild dafür, dass er fortan zu diesem Land gehört. Gedenksteine markieren den genauen Ort, an dem ein Mann sein erstes Blutopfer als Erwachsener dargebracht hat. Durch das Blut, das der junge Mann dem Land, setzt er ein unauslöschliches Zeichen der Zugehörigkeit zu seiner Familie, seinem Land und seinem Namen. Erwachsene Männer müssen der Erde und einander auch weiterhin Blutopfer bringen; das ist Teil einer Stufenfolge von geheimen, durch das *Wunan* vorgeschriebenen Ritualen. Dazu erklärte der Gesetzeshüter Banggal:
>
> >Er lässt sein Blut auf die Erde fließen ... auf die Erde
> so sorgt er für das ganze Land
> Das ist der *munnumburra* – der Hüter des Gesetzes [...]
> *mamaa* ... heiliger Ort heißt das
> weil es ein Ort des Blutes ist, deswegen ist es *mamaa*
> Blut ist da in der Erde, und das Blut bleibt für immer da.<“ [106]

---

[105] Banggal, in: Jeff Doring: Gwion Gwion, S. 223

„Er ist jetzt im *Wunan*
Er hat sein Blut auf die Erde vergossen, der junge Bursche
So ist das *Wunan,* niemand steht außerhalb des *Wunan*
wenn er sein Blut vergossen hat…
dann gehört er den Rest seines Lebens dazu
der junge Bursche kann das nicht mehr ändern
... die Initiation gilt für immer.
Darum geht es bei der Initiation
die rettet das junge Leben
... durch das Verstehen von Kultur.“ [107]

Auch bei den afrikanischen Dogon wurde, wenn auch mit späterer Mythologie, ein Zusammenhang mit dem Blut der Beschneidung und der Erde hergestellt:

> „Da Gott den Menschen aus Lehm knetete, hat der Mensch der Erde gegenüber eine Schuld, die er mit Blut bezahlen muss. Da er aus ihr hervorging, muss er ihr sich selbst zum Opfer bringen.
> >Das Blut der Beschneidung<, sagte der Blinde, >lässt sich mit dem Opferblut auf den Altären vergleichen. Die Erde selbst kommt und trinkt dieses Blut.<“ [108]

Diese Art der männlichen Initiation und ihre Begründung zeigen, dass sie in dieser Form nicht der Ursprung der Entstehung dieses Brauchs sein können. Sie deutet darauf, dass der Völker-Rechts-Bund und ggf. schon zuvor die Stammes-Verfassung (anscheinend vor allem männlicherseits) durchaus umkämpft war. Doch da hier diese Formen die Vormacht erreichten, wurde die Beschneidung als Bekenntnis-Akt gefordert, andernfalls wurde man als >Fremder< oder gar >Gegner< betrachtet. Wo sich diese Systeme etablierten, wurde die Beschneidung

---

[106] Banggal, in: Jeff Doring: Gwion Gwion, S. 18

[107] Nyawarra und Banggal in: Jeff Doring: Gwion Gwion, S. 231. In dem Buch steht hier: „damit es die Kultur versteht“, im englischen Original „to understand culture“ (ebd.)

[108] Marcel Griaul: Schwarze Genesis, S. 170

dann ggf. auch in einem Alter durchgeführt, wo vonseiten der Betroffenen von einer Entscheidung noch gar keine Rede sein konnte.

Diente die ursprüngliche Jugend-Initiation dazu, den Jugendlichen darin zu unterstützen, die Schwelle vom Kind zu Erwachsenheit zu bewältigen, so dient hier diese Art der Initiation exakt umgekehrt dazu, die männlichen Jugendlichen dem System unterzuordnen. Wie ich noch in dem Abschnitt zu >Sprache< zeigen werde (→ 4.1.2), hat auch entsprechend die >Aufklärung< im Kontext der Jugend-Initiation nicht mehr wie ursprünglich die Funktion einer tatsächlichen Aufklärung, die die Jugendlichen zu einer gleichberechtigten Mitgestaltung und Mitbestimmung der Sozialverhältnisse qualifizieren würde, sondern die des Aufbaus einer Geheim-Organisation, in der die Jugendlichen *subordinativ* >eingeordnet< werden.

Diese Form der Initiation hatte als solche keine direkte kriegerische Funktion – offenbar eher im Gegenteil, nämlich um die Gefahr des Aufbegehrens gegen das Recht-Bund- System zu unterbinden. Doch (wie es sich auch im Militär belegt) erwächst genau aus dieser *Subordination* im Weiteren der Militarismus mit kriegerischen Formen (vgl. *Milgram* und den Komplex der Gehorsamsbereitschaft). Der Militarismus entsteht mitnichten aus der natürlichen biologischen Aggression, sondern ganz im Gegenteil aus dieser neuen Initiation (→ 4.4) samt ihrer „Wehrpflicht", da sich hier die Jugendlichen nicht zu *wehren* vermögen. Doch da diese Form der Initiation gar nicht mehr an äußere Disflikte gebunden ist, sondern zu einer Form der Sozialisation wird, erwächst aus ihr bald auch eine kriegerische Betätigung. Auch wenn es gar keine kriegerischen Probleme gab: dieser Initiation konnte sich kein männlicher Jugendlicher entziehen. In diese Initiations-Praxis ging die Entwicklung des Militarismus ein, und sie wurde zu einem definitiven Sozialisationsfaktor – und also zu einem entscheidenden Moment der historischen Entwicklung.

Doch was hier offenbar die erste Krise des mittelmesolithischen Völker-Rechts-Bundes verhindern sollte, wurde im Nahen Osten erst recht dessen Krise. Im Norden des Nahen Ostens stießen die als Repression begriffenen Maßnahmen auf definitive Ablehnung. Weitere Zusammenhänge deuten darauf, hier den Ursprung des Bruchs zwischen den späteren >Indogermanen< und >Semiten< zu sehen. Diese Zusammenhänge sollen im Weiteren gezeigt werden.

3.3.7 Der Anhalt der >Sprachfamilien<

Bei den inzwischen entstandenen Einsichten in die Zeiten der Humanevolution und der Verbreitung des Homo sapiens über die Erde ist inzwischen ein grundlegender Erklärungsbedarf bzgl. der >Sprachfamilien< entstanden. Denn sie lassen sich nicht mehr auf die humanevolutionär entwickelte Sprachform und auch nicht mehr auf die Verbreitung des Menschen über die verschiedenen Regionen der Welt zurückführen. Umgekehrt bieten sich einige sichere Anhalte auf sehr bestimmte historische Kontexte (etwa bzgl. der Stammformen-Systeme → 5.3.1; 5.5.2.1, 6.3).

Ganz grundlegend ist in etwa festzustellen:

> „Die Feingliederung der Sprachen, mit der wir heute leben, geht in ihren Anfängen auf die Periode der letzten Eiszeit zurück (vor ca. 12.000 Jahren). […] Die formativen Prozesse aller bekannten Sprachfamilien sind nicht älter als ca. 10.000 bis 12.000 Jahre.“ [109]

Wie ich noch näher zeige (→ 4.1), war der sprachliche Umbau im Kontext der >Mesolithischen Revolution< eine der Voraussetzungen, die überhaupt erst die neue historische Entwicklung möglich machte. Damit verknüpften sich im Sprachlichen

---

[109] Harald Haarmann: Weltgeschichte der Sprache, S. 127

grundlegende Veränderungen, die es bei allen Fortführungen aus dem pleistozänen Sprachbestand unmöglich machen, im Unterschied zu manchem *Vokabular* die *speziellen* Sachverhalte einer >Sprachfamilie< - etwa in der *Grammatik* – auf eiszeitliche Kontexte zurückzuführen.

Tatsächlich stellen sich die Entwicklungen der >Sprachfamilien< in Verbindung mit den neuen kulturellen Entwicklungen ab dem >Ende der Eiszeit< dar. Ohne die Veränderung in der Sprachanlage wären die historischen Entwicklungen gar nicht möglich gewesen (→ 4.1). Umgekehrt waren die Veränderungen in der Sprachanlage (wie etwa die Entwicklung einer *expliziten* Grammatik) eine der entscheidenden *Grundlagen* für die neuen historischen Entwicklungen. In manchem liefern hier die grammatischen Ausprägungen wichtige Hinweise, z.B. in Bezug auf die Ahnen-Kult-Sprache (→ 5.3.1).

Wenn nun die Sprachfamilien (etwa in ihren grammatischen Spezifika) kein Sachverhalt einer ursprünglichen, sondern erst einer historischen Sprach-Entwicklung darstellen (worauf auch die gängigen späten zeitlichen Ansätze bzgl. der Sprachfamilien deuten), dann liegt sofort auf der Hand, dass sich für diese *Größenordnung* Erklärungsbedarf ergibt – und auch ein Erklärungs*problem* besteht. Denn weder bei dem Indoeuropäischen = Indogermanischen noch bei dem Afroasiatischen oder Uralischen gibt es einen gemeinsamen genetischen Ursprung in ihrer Bevölkerung (kein >Urvolk<, wie man dies früher gedacht hatte) noch einen politischen Kontext, der diese Einheit erklären könnte. Umgekehrt ist interessant, dass sich auch *zwischen* den Sprachfamilien spezifische Verbindungen finden.

Von diesen sich übergreifend andeutenden Zusammenhängen zwischen Sprachfamilien stellte der dänische Linguist Holger Pedersen 1903 eine >Nostratisch< genannte >Super-Sprachfamilie< auf. Dieses >Nostratische< galt als

> „gemeinsame Mutter des Indoeuropäischen, der drawidischen Sprachen Südindiens, der Kartwel-Sprachen des südlichen Kaukasus, der uralischen Familie (dazu gehören Finnisch und

> Samojedisch), der altaischen Sprachen (mit Türkisch und Mongolisch) sowie der afro-asiatischen Sprachfamilie, wozu Arabisch [Semitisch] und die Berbersprachen gehören“. [110]

Diese Konzeption wird von einigen Forschern auch heute noch vertreten (s. dazu mehr z.B. in Wikipedia, *Nostratisch*).

In Modifikation dazu stellte der bekannte Sprachtaxonom Joseph Greenberg eine als >Eurasiatisch< bezeichnete Konzeption auf. Dazu werden neben dem Indoeuropäischen (= Indogermanischen) insbesondere das Uralische und das Altaische gerechnet, wobei das Altaische auf jeden Fall die turkischen, mongolischen und tungusischen Sprachen umfasst, nach manchen Forschern auch ursprünglich das Koreanische und Japanische. Hier hat laut Wikipedia: *Eurasiatische Sprachen* (konkret wohl Ernst Kausen)

> „[…] Greenberg beim Eurasiatischen neben der Untersuchung verwandter Wörter auch grammatische Elemente miteinander verglichen, deren Ähnlichkeit zum Teil sehr überzeugend sind (insbesondere beim Vergleich indogermanischer, uralischer und altaischer Sprachen), und die durch die Konzepte Sprachbund und Entlehnung nicht einfach erklärt werden können.“

Besonders bemerkenswert – und auch von Aufschluss – ist hier die widersprüchliche Einordnung *und Situation* des >Indoeuropäischen<. Denn es bleibt immer auch noch festzustellen:

> „Dass Indogermanisch und Hamito-Semitisch [*heute Afroasiatisch*] in irgendeiner Weise näher zusammengehören, ist sicher. Der allgemeinste Sprachbau dieser beiden großen Sprachgruppen in Wortbildung, Flexion und Syntax ist sehr verwandt; vor allem sind sie die einzigen Sprachen der Welt, die voll flektierend sind und die eigenartige Erscheinung des grammatischen Geschlechts besitzen. Dazu kommt eine bedeutende Anzahl glaubhafter Wortgleichungen.“ [111]

---

[110] Philip E. Ross, in: Berthold Riese: Schrift und Sprache, S. 44

[111] Ernst Meyer, in: Anton Scherer: Die Urheimat der Indogermanen, S. 280

Wie ich gleich zeigen will, sprechen die ersichtlichen Fakten dafür, dass der *Ursprung* des >Indoeuropäischen< in der nahöstlichen Entwicklung liegt. Nur handelt es sich bei diesem Ursprung noch nicht um das sprachwissenschaftlich als >Indoeuropäisch< Charakterisierte, sondern um eine Vorform entsprechend dem Germanischen in Bezug auf das Deutsche. Doch spricht alles dafür, dass das Stammformen-System wie überhaupt das Flexionssystem aus dem Nahen Osten stammt. Hierin hebt sich das Indoeuropäische effektiv von dem Eurasiatischen ab und zeigt darin mit dem Semitischen spezifische Gemeinsamkeiten, wo sich demgegenüber Uralisch und Altaisch deutlich stärker ähneln (dass manche Forscher ein Konzept von >Ural-Altaisch< aufstellen).

Alle diese Zusammenhänge und Widersprüche sind sehr aufschlussreich. Für mich ergibt sich daraus etwa folgendes Modell.

Die ursprüngliche Spracheinheit stammt aus der ursprünglichen humanevolutionär entwickelten eiszeitlichen Sprache. Dass sich so weit verbreitete Entsprechungen *im Vokabular* finden, hat (bei *bestimmten* Merkmalen *und* Inhalten) hierin seine Ursache. Dieser Sachverhalt ist bei der Einsicht in die Konzeption der ursprünglichen Sprache noch weit augenfälliger. Doch lässt sich dies nicht in wenigen Sätzen erklären und noch weniger >beweisen<. Dafür bedarf es eines eigenen Buchs, das im Januar oder Februar 2021 veröffentlicht werden soll (*Cûl Tura*).

Dass so große Spracheinheiten mit spezifischen *grammatischen* Formen aufkommen, erklärt sich meinen Einsichten nach ausschließlich durch die überregionalen Organisations-Zusammenhänge des mittelmesolithischen Völker-Rechts-Bund-Netzwerkes. Denn die *expliziten* Formen, die wir gemeinhin als >Grammatik< begreifen, gehören zu dem Komplex der historischen Neuanlage von Sprache (= ab dem >Ende der Eiszeit<).

Wo sich diese Konzeption nicht durchsetzt oder wo sie auf der frühen Stufe zerfällt, da bilden sich keine größeren *spezifischen* sprachlichen Gemeinsamkeiten aus. Wo auf dem Stand der ursprünglichen Verbände oder der frühmesolithischen Stämme Disflikte in seiner Gegend aufreißen, da bildet jede Einheit mangels einer Tradition an Expliziter Grammatik und aufgrund einer anderen Technik bzgl. der Wortbildungen sehr schnell eine Sprache aus, die keinerlei Verwandtschaft zu anderem aufweist, wie dies in etwa insbesondere für Papua-Neuguinea zu sagen ist. Dieser Sachverhalt kann nicht als ursprünglich eingeschätzt werden, außer in dem Mangel an *Expliziter* Grammatik. Das unterscheidet dies etwa von der Sprach-Situation in Afrika, wo die Zersplitterung erst auf der Stufe des Neolithikums und später anzusetzen ist.

Die großen *spezifischen* Spracheinheiten, die sich *später* zu Sprachfamilien ausprägen, erklären sich eigentlich nur von der großregionalen Organisation im Kontext des mittelmesolithischen Völker-Recht-Bund-Netzwerkes her. Diese erhält sich in der nomadischen – und anscheinend auch *nautischen* - Entwicklung auch weit länger als bei den neolithischen Ackerbau-Kulturen, die recht schnell ihrer Scholle verfallen.

Dieser Sachverhalt ist interessant, weil es auch unsere Region betreffen könnte. Zum einen ist da an die Entwicklung der *expliziten* Megalith-Kultur zu denken, die mit der Küste (wohl dem Nautischen) in Verbindung steht: von den Menhiren und Pyramiden in West-Frankreich über Stonehenge bis hin zu den Megalith-Gräbern in (Nord-) Deutschland usw. Zum anderen kommt auch der Sachverhalt bei den >(Linear-) Bandkeramikern< als der ersten neolithischen Kultur bei uns in Betracht. Dass sich das Neolithische hier offenbar *en bloc* von Südost-Europa her durchgesetzt hat, dürfte sich aus dem Bestand eines Netzwerk-Verbundes erklären: sei es, dass ein solcher von Südosten her einen recht leeren Raum (im Bereich der Flussauen) kolonisiert hat, oder sei es, als Ansässige den Neuansatz übernommen zu haben (wahrscheinlich Beides gleichzeitig). Interessant ist hier auch die in diesem Kontext einigermaßen einzigartige Plastik des >Adonis von Zschernitz< (s. dazu Bilder im Internet und Infos bei Wikipedia ebd.), die mich in ihrem Ausdruck an die unter → 3.3.6 erwähnte Plastik von Göbekli Tepe erinnert. Auffällig ist die Gestaltung der Peniseichel, die vielleicht eher als Ausdruck von Beschneidung statt als Fruchtbarkeits-Symbolik zu begreifen ist (was Letzteres gar nicht ausschließt).

Auch die Anlage von Lepenski Vir könnte ursprünglich im Sinne des gezeigten Aborigines-Kult-Ortes (→ S. 126) auf eine Kult-Anlage des Völker-Rechts-Bundes zurückgehen und in dieser Fortsetzung unter den historischen Neuentwicklungen zu einer Kult-Anlage seiner Clan-Ahnen in dieser Gegend modifiziert worden sein, bevor diese Entwicklung gänzlich im Neolithischen aufging.

M.E. ist es hier von manchen Anhalten her (z.B. in der Megalith-Symbolik) wahrscheinlicher, ältere schon bestehende Traditionslinien anzunehmen, als diese Entwicklungen (etwa von Stonehenge) als spätere *originäre* Neuentwicklungen zu begreifen. Dass sich diese älteren Formen *materiell* nicht oder kaum belegen, hat auf dieser Stufe nicht viel zu besagen. Ohne Informationen von den Aborigines selbst hätte man auch kaum einen Anhalt für ihr ungeheuer komplexes und weiträumiges Organisationssystem, das recht wenig auf Materiellem als vor allem auf Sprache und mündlicher Tradierung aufbaut (und dabei auch in guten Teilen der Geheimhaltung unterlag).

In manchem bleiben uns nur die Sachverhalte der >Sprachfamilien< mit ihren Merkmalen als Anhalt. Läge der Sachverhalt der Sprachfamilien in der Größe der >Germanischen Sprachen<, dann ergäbe sich natürlich eine sehr andere Einschätzung. So aber fällt ihre ungeheuere Ausdehnung auf, vor allem mit den weiteren Bezügen zu anderen Sprachfamilien. Besonders interessant ist hier der widersprüchliche Befund des Indogermanischen.

Mir stellen sich die Gesamtdaten so dar, dass der Ursprung der Sprachfamilien in den großregionalen Organisations-Stätten (wie etwa den *El*-Bergen) des **mittel**mesolithischen Völker-Rechts-Bund-Netzwerkes liegen, das von Göbekli Tepe eine Ära vor der uns bekannten dortigen **spät**mesolithischen Megalith-Anlage ausgegangen sein könnte.

Die historisch reichlich aus dem Rahmen fallende imposante spätmesolithische Anlage hätte demnach in der zentralen Position von Göbekli Tepe als Ausgang des mittelmesolithischen Völker-Rechts-Bund-Netzwerkes ihren ursprünglichen Hintergrund. Wenn irgendein solches Zentrum (im Nahen Osten) in Betracht kommt, dann ist es bei dem gegenwärtigen Kenntnisstand Göbekli Tepe.

Ausgehend vom Nahen Osten – evtl. konkret von Göbekli Tepe als dem nahöstlichen organisatorischen Oberzentrum – hätte sich die mittelmesolithische Rechts-Bund-Konzeption in einem guten Maße über die Welt verbreitet: evtl. etwa in Afrika bis zu den späteren *Bantu,* nach Australien und über Asien bis zu den Na-Dene nach Amerika. Die Megalith-Kulturformen in Spanien, West-Frankreich und Stonehenge deuten einen Einfluss auch in Europa an, auch wenn die expliziten Formen schon in der Auseinandersetzung mit dem Neolithischen stehen.

Auf der *mittelmesolithischen* Stufe hätte dies sprachlich in dem >Nostratischen< seine Spuren hinterlassen. Die kulturelle Krise und ihre Bewältigungs-Muster hätten nicht bloß in organisatorischer Hinsicht vom Nahen Osten Impulse empfangen (da dort die Krise am heftigsten in Erscheinung trat und der Nahe Osten im Zentrum zwischen den drei Kontinenten lag), sondern in *diesem Verbund* auch in sprachlicher Hinsicht. Dieser Sachverhalt erscheint nicht unwahrscheinlich, weil auch die nachfolgenden Hauptentwicklungen, so die spätmesolithische Ahnen-Kult-Kultur und dann die >neolithische Revolution< ebenfalls zuerst im Nahen Osten aufkamen und ebenfalls tendenziell weltweite Verbreitung fanden, wofür sich ebenfalls *spezifische* Merkmale zeigen (sprachlich z.B. in **MaGa* → 6.4.3).

Die widersprüchliche Situation des Indoeuropäischen stellt sich in Verbindung der Probleme am Ende des mittleren Mesolithikums dar.

3.3.7.1 Das >Indogermanische< und das >Semitische<

Wenn man das ursprüngliche mit der Stämme-Bildung verbundene Disflikt-Problem (im Nahen Osten) mit historischen Sachverhalten verknüpfen möchte, so kommt hier m.E. insbesondere das in Betracht, was sich **später** als >Indogermanisch< (oder = Indoeuropäisch) und >Semitisch< findet, und dies offenbar im Nahen Osten *von Anfang an* und praktisch mit der quasi *gleichen* Grenzlinie, die auch heute noch besteht.

Damit möchte ich nicht der sprachwissenschaftlich gängigen Auffassung widersprechen, das >Indogermanische< stamme in seiner eigentlichen *historischen Ausprägung* aus dem Steppengebiet nördlich des Schwarzen Meeres Richtung Altai in der Zeit des 5. Jahrtausends v. Chr.

Doch deutet schon dieser Zeitansatz darauf, dass hier im Gegensatz zu früheren Vorstellungen keine Anfänge an Sprach-Entwicklung mehr an sich liegen, sondern lediglich historische Prozesse der Art, wie später das Deutsche aus dem Germanischen erwächst.

Von bestimmten Sachverhalten her ist es durchaus wahrscheinlich, dass das historisch verbreitete Indogermanisch im Konkreten sich seit der Zeit vor 6.000 Jahren von diesen Steppengebieten her verbreitete. Doch handelte es sich von den Anhalten her lediglich um eine neue historische Stufe wie das Deutsche in Bezug auf das Germanische, und zwar ebenso in Verbindung mit neuartigen kulturgeschichtlichen Entwicklungen, in diesem Fall mit der aufkommenden Bedeutung der Metalle und also des Fernhandels.

Wenn sich wohl das Deutsche vom Germanischen abhebt, so wäre doch die Annahme falsch, dass hier ein bis dahin unbekannter Stamm den germanischen Raum erobert und die Germanen verdrängt hätte. Ebenso wenig stellt sich dar, dass das Indogermanische mehr als eine neue historische Stufe gewesen wäre: einer Stufe, die das Uralische und Altaische in ihrer >hinteren Lage< in dieser Form nicht nachvollzogen und der sich das Baskische effektiv verweigerte. Dass sich nämlich dieses Neue neben den Metallen auch mit Militarisierung und dem Patriarchalen verknüpft, scheint in der Tat der Fall.

Das, was sich – gegenüber der ursprünglichen eiszeitlichen Sprache - als die sprachlichen Grundlagen des Indogermanischen zeigt, weist samt und sonders auf einen Ursprung im Nahen Osten (in potentiell durchaus unterschiedlichen Strängen). Mögen sich besondere Bezüge zum Eurasiatischen und hierbei speziell zum Uralischen zeigen, so bestehen nicht weniger sehr spezifische Gemeinsamkeiten mit dem Semitischen. Dies in eine eindimensionale Alternative zu stellen, erfasst die sich darstellende *historische* Tiefe (von *etlichen* Jahrtausenden) nicht.

Meiner Einschätzung nach – die sich in Kombination aus sprachlichen und den historischen Sachverhalten ergibt – gingen das Prä-Indogermanische und das Prä-Semitisch-Afroasiatische im Nahen Osten aus einer ursprünglich gemeinsamen Sprache hervor. Die Spaltung zwischen Prä-Indogermanisch und Prä-Semitisch/Afroasiatisch erfolgte erst im *Verlauf* des Späten Mesolithikums in dem Konflikt bzgl. der Entwicklungen der Ahnen-Kult-Kultur (→ 5.5.1).

Die besonderen grammatischen Entwicklungen, von denen sich gleichermaßen Indogermanisch und Semitisch/Afroasiatisch von den anderen Sprachfamilien *deutlich* abheben, lassen sich im Besonderen mit den *spätmesolithischen* Entwicklungen im Nahen Osten in Verbindung bringen. Hierfür sind die Stammformen-Systeme ein sehr bedeutender Anhalt, da sie sehr bestimmte kulturgeschichtliche Momente repräsentieren, und zwar sowohl für die ursprüngliche Gemeinsamkeit als auch für die am Ende des Späten Mesolithikum aufkommende Spaltung (s.u.).

Das Interessante, das sich aus all dem schließen würde, ist, dass das Indogermanische und das Semitisch/Afroasiatische ursprünglich aus einer gleichen Sprache und Kultur: etwa dem *Natufien* hervorgingen.

Es stellt sich mir nicht dar, dass der Disflikt zwischen dem Indogermanischen und dem Semitisch/Afroasiatischen von vorne herein aus zwei Blöcken heraus entstand, die etwa im Raum Göbekli Tepe aufeinander stießen. Es erscheint im Grunde umgekehrt.

Es wäre im Extrem sogar vorstellbar, dass der Disflikt sogar innerhalb eines Clans aufgekommen wäre. Die ursprünglichen Bezüge waren auf jeden Fall verwandt. Der Unterschied bestand schlichtweg darin, dass in der einen Gruppe die Verwandtschaftsbezüge (über das Heiraten) in die nördliche Richtung gingen, in der anderen in die südliche. Der Disflikt entstand daraus, dass die südlichen Bezüge von den Naturumbrüchen im Nahen Osten anders betroffen waren als die nördlichen.

Da die Ausgangssituation bislang zeitlich und räumlich nicht genau genug bestimmt werden kann, können auch die Disflikt-Probleme nicht genau bestimmt werden. Doch in der allgemeinen Tendenz lag das Problem im Nahen Osten so, dass der Süden stärker von der Wüste bedroht war und dort deswegen in den Umbrüchen schneller Ernährungsprobleme aufkamen. Hingegen entstanden die Ernährungsprobleme im Norden eher durch die *Zuwanderungen* aus dem Süden etwa aufgrund der Wüstenbildung (evtl. gab es jedoch mitunter vom Hinterland her auch einen Migrationsdruck in umgekehrter Richtung). Daraus bildete sich Anfang des Frühen Mesolithikums im Raum Göbekli Tepe eine gewisse Frontstellung zwischen anscheinend insbesondere zwei (möglicherweise direkt verwandten) *Parteien*, die zur Vertretung ihrer Interessen damit begannen, Bündnis-Politik zu betreiben.

Denn darin könnte der historische Ursprung der Stämme-Bildung überhaupt gelegen haben.

„Rekonstruktionszeichnung des so genannten Totempfahls von Nevalı Çori.“ (Gegend von Göbekli Tepe, 8500 – 7900 v. Chr.)

Zitat und Nachzeichnung nach: Klaus Schmidt: Sie bauten die ersten Tempel, S. 79. Höhe des oberen Teils ca. 1m, Angaben und Foto in: Badisches Landesmuseum Karlsruhe: Vor 12.000 Jahren in Anatolien, S. 289 f.

Auch dieser Pfahl deutet auf die Moiety-Konzeption

Infolge dieses Disflikts hätte die Bündnis-Politik der einen Partei eine entsprechende Bündnis-Politik der anderen hervorgerufen. Es ist hierbei durchaus wahrscheinlich, dass beide Parteien die Rechte der Tradition für sich in Anspruch genommen haben und etwa also: dass sich beide als ***die*** primär legitimen Nachfahren der Stamm-Ahnen wie etwa >*Adam* und *Eva*< behauptet haben.

Gerade die gemeinsame Herkunft machte die Problematik so scharf wie auch so eigentümlich. Wären einfach zwei fremde Gruppen aufeinandergestoßen, hätte dies einen anderen, weit kriegerischeren Charakter ergeben. So aber wurde das *verwandtschaftliche* Moment bestimmend, zunächst gar in Form der historisch völlig neuartigen **Idee** des >Stammes<, was sich mit dem Späten Mesolithikum u.a. zur Clan-Ahnen-Kult-Kultur fortsetzen sollte. Die Verwandtschaft zwischen den beiden in Disflikt geratenen und sich dann zu >Stämmen< ausprägenden Parteien bestimmte auch ihre Art von Politik. Zunächst versuchte man offenbar, sich über >Beziehungen<, dann auch über das >Heiraten< und Nachwuchsproduktion Mehrheitsverhältnisse für seine Interessen zu schaffen.

Dieser Bestand an Verwandtschafts-Verhältnissen ermöglichte es auch umgekehrt, wieder in Verbindung zu kommen. Keineswegs darf die spätere Block-Situation zwischen >Indogermanisch< und >Semitisch< in dieser Form zurückprojiziert werden. Ich sehe hier nach der ersten Stämme-Bildung vielmehr den Ursprung des mittelmesolithischen Völker-Rechts-Bund-Netzwerks, das im Späten Mesolithikum in Göbekli Tepe als ein Gemeinschaftswerk von im Besonderen *später* „indogermanischen" und „semitischen" *Zweigen* fortgeführt worden wäre, ohne dass deswegen andere Traditionen (wie das spätere Sumerisch) auszuschließen sind. Von dort her erklären sich mir die besonderen sprachlichen Verbindungen zwischen diesen beiden (späteren) Sprachfamilien, die ggf. aber erst auf die Stufe des PPN B mit ihrer Regionalisierung ab ca. 8.800 v. Chr. anzusetzen sind.

Doch erscheint mir dieses >Ur-Szenario< als die historische Begründung der >Stämme<, dass >Indogermanisch< und >Semitisch/Afroasiatisch< sowohl im Nahen Osten als auch in einem weiten Umkreis um den Nahen Osten herum her zu diese überaus besonderen Größenordnungen wurden. Sie waren es in ihrem Konflikt, die die ursprünglich ja **global** gedachte Tradition (mit der *globalen* >Ur-Mutter< [„*aller* Lebenden" - *Eva*] usw.) jeweils für sich in Anspruch nahmen. Es handelte sich dabei nicht um die >Stamm-Ahnen< von Hintertupfingen, die lediglich für das entsprechende Dorf von Bedeutung waren.

Diese ursprünglichen Stamm-Ahnen in der Art von >Adam und Eva<, die hier für seinen >Stamm< in Anspruch genommen wurden, verkörperten weit über den Nahen Osten hinaus die allgemeinen mythologischen >Ur-Ahnen< und mit ihnen die Kultur, Sprache, Mythologie – und damit etwa auch die Rechts-Verhältnisse: den Anspruch ihrer Deutung und Bestimmung – und zwar ganz konkret auf die Rechte an Land und Ressourcen, hier wohl insbesondere auf das besonders günstige Gebiet im Raum Göbekli Tepe.

Auch wenn dieser Disflikt zwischen diesen beiden Parteien keine Entscheidung für eine Seite fand, so entstanden in ihm gerade in dieser Eskalation die Grundlagen für die später bedeutsam werdenden Größenordnungen. Die nachfolgenden Stämme-Bildungen – wie etwa die Sumerer – konnten von daher nicht mehr die Allgemein-Ebene der ursprünglichen Kultur in Anspruch nehmen, sondern bildeten sich aus sekundären Weiterentwicklungen heraus. Dies wurde selbst den Sumerern auf die Dauer ihr Schicksal. Bei aller zwischenzeitlichen Bedeutung hatten sie auf die Dauer der ganz anderen Größenordnung des Semitischen in diesem Gebiet nichts entgegenzusetzen, und die ganz andere Größenordnung kann nicht aus dem Nichts stammen.

Auch wenn dieses >Ur-Problem< der >Mesolithischen Revolution< infolge der mittelmesolithischen Entwicklung in dieser Form aufgelöst wurde, so sehe ich doch in ihm auch einen wichtigen Grund, dass der mittelmesolithische Völker-Rechts-Bund im Nahen Osten keine zu lange Dauer erreichte – wenngleich er im *spätmesolithischen* Göbekli Tepe in modifizierter Form eine Neuauflage fand.

Doch es hat den Anschein, dass die alten Konflikte nicht vergessen wurden, wieder und wieder neue Belebung fanden und neuen Brennstoff erhielten. Die Hinweise deuten darauf, dass die Absage an den mittelmesolithischen Rechts-Bund aus >nördlicher< Richtung (Richtung Anatolien/Çatal Höyük) kamen. Ihre Absage und Angriffe dürften bereits der Grund gewesen sein, dass die Anlage von Göbekli Tepe in machtvoller Form errichtet wurde, und sie dürften auch der Grund gewesen sein, dass es um 8.000 v. Chr. zu der historischen Spaltung kam, die dann einerseits zu dem >Indogermanischen< und andererseits zum >Semitisch/Afroasiatischen< führte und die auch die >Neolithische Revolution< (durchaus in und mit Kontroversen) auslöste.

Zunächst jedoch vertraten die spätmesolithischen Mehrheits-Verhältnisse im Raum Göbekli Tepe die Verbindung und Einheit zwischen den „Indogermanen“ und den „Semiten“. Vor dem Ende von Göbekli Tepe kann die kontroverse Block-Bildung zwischen den >Indogermanen< und den >Semiten< nicht angenommen werden. Die Organisation von Göbekli Tepe schuf eine historisch bedeutende Stabilisierung dieser Disflikt-Zone und leitete damit historisch die zivilisatorische Entwicklung ein. Denn dass die erst eigentliche Nahrungsproduktion aus diesem Gebiet stammt, hat in diesem Szenario mit seinem besonderen Bevölkerungsdruck seine Ursache. Doch sicherte Göbekli Tepe nicht nur die historische Entwicklung der Nahrungsproduktion, es schuf auch die Basis für die Sozialorganisation sowohl in den einzelnen Ortschaften als auch für die übergreifenden Verbindungen (Politik wie Handel/Ökonomie, wie es sich etwa anhand des Feuersteins usw. belegt. Möglicherweise sind auch die nautischen Unternehmungen nach Zypern usw. seit dieser Zeit im Besonderen hiermit in Verbindung zu bringen. Insgesamt ist das Megalithische auffällig stark mit nautischen Bezügen verbunden).

Die „indogermanischen“ Gruppierungen, die sich am Ende des Mittleren Mesolithikums nicht mehr mit dem zunehmenden Bevölkerungsdruck von Süden her und den damit verbunden Nachteilen und Zwängen abfinden wollten und für Kampf eintraten, mussten mit dem neuen Bündnis von Göbekli Tepe eine harte Niederlage einstecken. Wer sich nicht arrangieren wollte, musste ins Hinterland abwandern. Die weitere Disflikt-Basis deutet in die Richtung Çatal Höyük – Anatolien. Hier kommt es im Weiteren zu der historischen Entwicklung des Kriegertums (die >Leoparden< → 5.5.2.2). Diese Entwicklung löst insgesamt (ab 7.500 v. Chr.) die Neolithische Revolution aus, doch ist auch dies wieder mit einer Niederlage der >Krieger< verbunden. Da die Anzeichen darauf deuten, dass sich inzwischen schon eine Krieger-Identität (z.B. als „Leoparden“ wie später die *Werwölfe*) ausgeprägt hatte, die durch die Neolithische Revolution erneut verdrängt wurde, ist ein weiterer Rückzug in eine Hinterland-Situation anzunehmen, diesmal wohl in den Raum nördlich des Schwarzen Meeres. Von hier aus stellen sich Linien zur Entwicklung der patriarchalen Kultur mit einer kriegerischen männlichen Jugend-Initiation und der Ausprägung eines männlichen >Sonnen-Gottes< dar, der in Verbindung mit den Metallen in Verbindung mit Waffen (wie insbesondere Dolche - Schwerter) von Bedeutung wird.

Soweit dieser Raum und diese Entwicklung auch in der Vereinheitlichung im Indogermanischen eine entscheidende Rolle spielt, so erscheint es doch von den verschiedenen Hinweisen ebenso falsch, die vorausgehende Entwicklung zum Indogermanischen auf diesen Raum beschränkt zu sehen wie eine durchgängige Verbreitung dieser Steppenkultur im Indogermanischen. Vermutlich stammen unsere Wörter *Rad* und *rot* von dort, nämlich als Ableitung der Sonnen-*Rad*-Symbolik eines neuartigen männlichen Sonnen-Gott-Kultes in Verbindung mit den >roten< Metallen (Kupfer/Bronze und Gold). Diese Ausgangsform *Ra* für den Sonnengott findet sich – in *Ägypten* (bekannt im Pharao-Namen *Ramses*).

Doch ist dies bei uns nicht zum Wort für >Sonne< geworden, und bei uns ist *die* Sonne *neolithisch* >weiblich< geblieben – dies hier nur als *ein* kleiner Hinweis, dass sich die realen Sprach-Bezüge reichlich anders und komplexer zeigen und weit mehr mit den *kulturgeschichtlichen* Entwicklungen in Verbindung stehen, als es bislang gesehen wurde.

Dem Anhalt in den Stammformen nach wurde die spätmesolithische „semitische“ Form, die sich auch nach Afrika hin vermittelt hat, keineswegs in allen semitischen Sprachen aufgenommen, sondern auch deren „indogermanische“ Weiterentwicklung. Damit wird insgesamt deutlich, dass der Gegensatz von „Indogermanisch“ – „Semitisch (-Afroasiatisch)“ keinen „rassischen“ Hintergrund hatte. Im Gegenteil scheint er aus verwandten Bezügen zu entstammen. Der Ursprung des Disflikts lag ganz einfach in den unterschiedlichen Konsequenzen der Naturumbrüche im Süden und im Norden des Nahen Ostens.

Doch hatten die sprachlichen und die weiteren kulturellen Entwicklungen eine Eskalation eines ursprünglich recht kleinen Disflikt-Szenarios zu regelrechten Blöcken zur Folge, wie es sich schon mit den „Sprachfamilien“ >Indogermanisch< und >Afroasiatisch< andeutet. Mit den damaligen *neuen* Sprach-Entwicklungen prägten sich viele Gewohnheiten, Vorstellungen, Empfindungen stärker spezifisch aus. Auch wenn diese Ausprägungen zunächst noch gegenüber den anderen und älteren Traditionen zwischen den Prä-Semiten und den Prä-Indogermanen (etwa in dem Bund von Göbekli Tepe) gemeinsam erfolgten, so entwickelten sich doch so viele spezifische regionale Eigentümlichkeiten, dass diese dann in einem neueren Disflikt – endgültig in der Konzeption der Ahnen-Kult-Kultur (s.u.) - am Ende des Mesolithikums potenziert als Gegensatz erlebt werden konnten. Von daher wurde dann auch die Beschneidung im Indogermanischen >unmöglich<.

In historischer Zeit potenzierte sich dieser Disflikt zwischen den >Indogermanen< und den >Semiten< noch einmal in neuer historischer Form: zwischen (Christlich-) *Abendländisch* und Islam. Dabei stammt das Christliche aus dem Jüdischen und dieses ebenso wie der Islam aus dem Semitischen. Doch die vorherrschende Ausprägung zum Christlichen war schon bald nach Paulus eine Neufassung des indogermanischen Hellenismus, der infolge des Kriegszuges Alexanders „des Großen“ die Vormacht im Nahen Osten stellte. Die Römer übernahmen dies auf einer noch größeren Basis, bis das Semitische in Form des Islam zu einer neuen Gegenmacht heranwuchs…

Mit diesem Überblick sind wir schon deutlich über den konkreten Nachvollzug der historischen Entwicklung hinausgegangen. Doch erschien die Darstellung der großen historischen

Linien von Vorteil, um nun im Weiteren die einzelnen Schritte einzuordnen zu können.

Im Folgenden soll nun mit den zentralen Inhalten der Mesolithischen Revolution begonnen werden, um nun von dort her den weiteren Gang der historischen Entwicklung zu verfolgen.

„Abdruck eines Stempelsiegels aus Tell Sabi Abyad. Das Motiv wird als stilisierte Wiederholung des Spinnenmotivs vom Göbekli Tepe gedeutet […].“ Zitat + Nachzeichnung nach: Klaus Schmidt: Sie bauten die ersten Tempel, S. 206

4 Zur >Mesolithischen Revolution<

I.
Das Theorem der >Mesolithischen Revolution< stellt in dem so schwierigen Verhältnis zwischen Biologie, Kultur und Geschichte den archimedischen Punkt, in dem die überaus unterschiedlichen Erkenntniszugänge der verschiedenen humanwissenschaftliche Bereiche wie auch anderer menschlich-kultureller Erfahrungen aus völlig willkürlichen Verbindungen herausgeholt und stattdessen nun wissenschaftlich begründet in ein kompatibles Verhältnis gesetzt werden können.

Mit diesem Theorem ergibt sich zeitlich wie inhaltlich-prozessual ein Anhalt in dem schwierigen Verhältnis zwischen Anthropologie und Geschichte, mit dem sich auch der Sachverhalt in der Entwicklung von Fortschritt wie von Eskalation an kultureller Verwahrlosung wissenschaftlich erschließen lässt.

Ganz in diesem Sinne soll der Sachverhalt der >Mesolithischen Revolution< hier in besonderer Form aufgenommen werden.

II.
Der entscheidende menschheitsgeschichtliche Umbruch beginnt nicht erst, wie man nach dem Modell von 1936 meinte, mit der >Neolithischen Revolution<. Der Punkt dabei ist jedoch nicht, dass man den Beginn der Sesshaftwerdung und der Nahrungsproduktion nach den neueren archäologischen Befunden zeitlich etwas früher ansetzen muss. Es geht hier vielmehr um die Einsicht, dass die kulturgeschichtlichen Prozesse und Zusammenhänge in den verschiedenen Sachverhalten *fundamental* anders liegen, als es in dem bisherigen Geschichts-Modell vorgestellt war.

Damit soll nicht die fundamentale Bedeutung der Entwicklung von Sesshaftigkeit und Nahrungsproduktion bestritten werden. Diese tritt in dem weiteren historischen Prozess sehr wohl heraus. Doch liegen die Kausalzusammenhänge entscheidend anders. Ihr Entwicklungsprozess zieht sich über einen *erheblich* längeren Zeitraum. Die Ergebnisse, die mit Sesshaftigkeit + Nahrungsproduktion per se assoziiert werden, werden erst in einer deutlich späteren Zeit erreicht, und die damit von vorne herein vorgestellten Vorteile liegen jenseits kurzfristigerer Effekte noch einmal erheblich später. Erst mit dem keramischen Neolithikum (Keramikum) entsteht die Möglichkeit einer größeren, systematischen und guten Speicherung von Nahrungs-Vorräten. Doch erst die altorientalischen Territorialstaaten vermochten mit ihrer überregionalen Organisation und ihren Speicheranlagen die regionalen Epidemien und die Ernteausfälle eines Jahres oder gar die (von der Bibel her) berühmten >sieben mageren Jahre< zu kompensieren, was bis dahin in den Bauernkulturen mangels hinreichender anderer Versorgungsmöglichkeit zu unabdingbaren Katastrophen und mehr und mehr zu einer systematisch werdenden Kriegsproblematik geführt hatte.[112]

Auch wird selbst noch bei den kulturellen Zusammenhängen des Späten Mesolithikums ersichtlich, dass bis in diese Zeit hinein weder die Absicht noch überhaupt eine *Vorstellung* bestanden, „Fortschritt“ zu entwickeln (das blanke Gegenteil war der Fall → 5.2), sondern dass man die Nahrungsproduktion nur als Notmaßnahme bei einer unzureichenden Versorgung aufnahm. Und auch die noch spätere >Neolithische Revolution< ist von gänzlich anderen – nämlich von religiös-weltanschauli-

---

[112] „Untersuchungen von Anthropologen und Archäologen zeigen, dass in einfachen landwirtschaftlichen Gesellschaften, die sich nicht über das Dorf oder den Stamm hinaus organisierten, etwa 15 Prozent aller Menschen eines gewaltsamen Todes starben; bei den Männern waren es gar 25 Prozent.“ Harari: 107

Dies dürfte jedoch nach den anderen archäologischen Anhalten gemeinhin nicht vor dem *Späten Neolithikum* aufgekommen sein und erst mit der Verbreitung des Patriarchalen, das in dieser Disflikt-Entwicklung seine Ursache hatte, dieses Ausmaß erreicht haben.

chen und von sozial-organisatorischen - Motiven bestimmt gewesen. Die Vorstellungen, die man inzwischen bis auf die >Endphase der Eiszeit< inadäquat zurückprojiziert, begründen sich tatsächlich erst im Alten Orient, möglicherweise schon im 5. Jahrtausend v. Chr., aber damit auf jeden Fall immer noch etliche Jahrtausende später und damit auch aus gänzlich anderen Gründen, als in dem alten Geschichtsmodell vorgestellt.

Die >Mesolithische Revolution< steht nicht eigentlich mit Sesshaftwerdung und Nahrungsproduktion in Verbindung, wie es an dem Beispiel der mittelmesolithischen Kultur der (Ngarinyin-) Aborigines zweifelsfrei erkennbar ist. Sofern in dieser Ära Sesshaftwerdung und Ansätze von Nahrungsproduktion zu sehen sind, stehen sie zumindest im Gesamtbild im Licht von eingeschränkten Möglichkeiten aufgrund des Aufkommens ungünstiger Naturverhältnisse. Diese Probleme müssen nicht unbedingt in unmittelbaren Versorgungsproblemen liegen. Sie können auch in Einschränkungen der Wanderungs-Möglichkeiten bestehen, was bis dahin insgesamt als der jeweilige Hintergrund von langen Aufenthalten an einem Ort erscheint (auch schon im Paläolithikum). Dass in solchen Fällen natürlich die günstigsten Versorgungskontexte gewählt werden, erscheint logisch, ergibt aber gänzlich andere Kausalzusammenhänge, als sie aufgrund der falschen Prämissen bislang gesehen werden: als gäbe es im Ernst Gründe für die Annahme, ursprünglich eine unzureichende Versorgungssituation dauerhaft als Normalzustand begreifen.

Das Problem eigentlich ungewollter Länge an Aufenthalten erweist sich an Anhaltspunkten für einen auffälligen Drogengebrauch (s. dazu die „Höheren Sammler" → 2.4.1.1). In *diesem* Zusammenhang werden dann auch die entsprechenden Überlegungen und Hinweise von Josef H. Reichholf in seinem Buch >Warum die Menschen sesshaft wurden< in Bezug auf Alkohol interessant und auch bedeutsam, aber auch erst in dieser zeitlichen und kausalen Einordnung und nicht umgekehrt, wie in seinem Buch überlegt.

Die >Mesolithische Revolution< hat andere Ursachen, und sie steht in ihrem Eigentlichen auch mit anderen Sachverhalten als Sesshaftigkeit und Nahrungsproduktion in Verbindung, auch wenn dies im Nahen Osten als eine *baldige Folge* aufkommt. Wenn die >Mesolithische Revolution< im Nahen Osten *an Punkten* auch schon von Anfang an mit Sesshaftwerdung und Ansätzen von Nahrungsproduktion in Verbindung steht, dann jedoch in der Tendenz ausschließlich dort, wo es zu definitiven Problemen in der Versorgung und ggf. auch noch zu kriegerischen Disflikten um Gebiete und Ressourcen kommt. Dennoch ist dieses Verhältnis hier zunächst lediglich rein äußerlich und nicht in der Art des alten Geschichtsbildes zu sehen, das spätere Traditions-Vorstellungen inadäquat zurückprojiziert.

III.

Die >Mesolithische Revolution< ist in ihrem Eigentlichen vielmehr als Produkt einer wechselseitigen Entwicklung aus einer neuen Sprach- und einer neuen Sozial-Entwicklung zu sehen, die in einer Stamm-Mythologie kulminierte.

Sie besteht also in der historischen Begründung der >Stämme<. Diese Begründung der >Stämme< ist in dieser Form der Sachverhalt der >Mesolithischen Revolution< und nichts Älteres und vor allem nichts evolutionär >Natürliches<, wie dies aufgrund ihrer fast globalen Verbreitung häufiger vorgestellt wird. Wäre es etwas Älteres und Natürliches gewesen, dann hätte dieser Sachverhalt nicht die Wirkung erbracht, die neuartige historische Entwicklung zu begründen. Sicher hätte diese Entwicklung ohne die spätere >Neolithische Revolution< auch nicht die entstandene historische Bedeutung erreicht, doch wäre es ohne sie auch nicht zur >Neolithischen Revolution< gekommen. Die nahöstliche Begründung der >Stämme< als Sachverhalt der >Mesolithischen Revolution< schuf die kulturellen Grundlagen und im Nahen Osten die historischen Voraussetzungen für die Entwicklung zur >Neolithischen Revolution<.

Wir werden im Weiteren dieses Buchs sehen, dass sich mit der Entwicklung zur >Neolithischen Revolution< erst noch eine *ganze Reihe* an sehr *spezifischen* Sachverhalten und Entwicklungen verknüpft. Dieser Entwicklungs-Prozess zur >Neolithischen Revolution< erklärt sich *nicht* eigentlich darin, dass es in einem „Fruchtbaren Halbmond“ Wildgetreide und Schafe / Ziegen gab, die man sich zu einer sicheren Versorgungsbasis und einem großen Energieüberschuss hätte züchten können und man deswegen damit beginnen konnte, dauerhaft Hütten zu bewohnen und diese mehr und mehr zu Palästen auszugestalten. Diese durchaus noch immer gängigeren Vorstellungen sind in der Tat ein >Ammenmärchen< (Harari: 104), die in dieser Form zumindest insgesamt nichts mit den tatsächlichen Sachverhalten zu tun haben.

Dieser Prozess begründet und erklärt sich nicht in einem „Fruchtbaren Halbmond“ und nicht in Wildgetreide und Schafe/Ziegen. Auch stehen Schafe und Ziege gar nicht mit fruchtbaren Verhältnissen in Verbindung. Es würde vor allem nicht erklären, warum gerade der Nahen Osten in dieser Zeit von solchen Hunger-Problemen, dem Aufkommen der äußerst konservativ ausgerichteten Ahnen-Kult-Kultur, dem Macht-Komplex von Göbekli Tepe und so stark von Disflikten gekennzeichnet wäre.

IV.

Doch der wichtigste Grund, warum diese Sichtweise in dieser Form schon grundlegend an den Sachverhalten vorbeigeht und wissenschaftlich unzureichend liegt, ist, dass hier das menschliche Primat von Kultur nicht in den Blick gerät. Die damalige Entwicklung kann nicht als eine Horde von Affen gedacht werden, die unter besonders günstigen Ernährungsbedingungen nun zur Entwicklung von Kultur gekommen wären. Die Evolution von Kultur erklärt sich nicht auf diese Weise (sondern durch den langen humanevolutionären Prozess in Verbindung mit Sprache). Auch die Rechts-Verhältnisse und Sozial-Verfassungen waren schon mit der Evolution von Kultur schon vor unserer Art Homo sapiens unabdingbarer Bestandteil von Kultur – und übrigens (s.u.) auch der Sprach-Anlage.

Tatsächlich verknüpfen sich die zentralen Sachverhalte der mesolithischen Kulturstufen in *erster* Linie mit neuartigen Sozialorganisationen: das Frühe Mesolithikum mit den >Stämmen<, das Mittlere Mesolithikum mit dem >Völker-Rechts-Bund< und das Späte Mesolithikum z.B. mit Göbekli Tepe oder mit dem >Ahnen-Kult< als *Organisationsform*. Die weitere Ausprägung an Sesshaftigkeit und an Nahrungsproduktion hängt – zumindest wo sie eine relevante und also historische Größenordnung erreicht – zunächst einmal an diesen Organisationsformen. Göbekli Tepe scheint bzgl. dieser Organisation historisch von immenser Bedeutung gewesen zu sein. Ohne Göbekli Tepe hätte der Nahe Osten zu einer Art Papua-Neuguinca werden können, wo sich jeder Stamm und/oder Ort in dauerhaften Kleinkriegsverhältnissen befunden hätte, wie es in Teilen auch aufkam, und es wäre bei allen Dörfern mit ihren Feldern ebenso wenig wie in Papua-Neuguinea niemals zur zivilisatorischen Entwicklung gekommen.

Auch handelt es sich bei den Stämme-Bildungen der >Mesolithischen Revolution< nicht mehr um einfache Kommando-Verhältnisse. In dieser Hinsicht war die neuartige Entwicklung von >Mythologie< und zahlreichen weiteren Sozialtechniken von – auch weitergehender historischer – Bedeutung. Alle diese Sachverhalte bieten soziologisch, linguistisch und etwa auch religionsgeschichtlich ganz entscheidende Anhalte für das Verständnis dieser Entwicklung, und die Einsichten sind heute so weit, dass die Einsichten aus diesen Bereichen mit der historischen Entwicklung in eine direkte Verbindung gebracht werden kann.

V.

Dass die frühmesolithische Entstehung der >Stämme< recht bald neue Disflikt-Probleme ergab, was die mittelmesolithische >Völker-Rechts-Bund-Bewegung< auslöste, habe ich schon beschrieben. Auch die damit verbundenen Hinweise sind hier von Bedeutung.

Doch im Unterschied zu Australien sollte im Nahen Osten der mittelmesolithische >Völker-Rechts-Bund< keine Dauer erreichen. Daraus entstanden dort verhältnismäßig bald die Entwicklungen des Späten Mesolithikums: so insbesondere der Bündnis-Komplex von Göbekli Tepe und die Ahnen-Kult-Kultur im Raum Jericho. Und aus diesen jeweiligen zunächst spezifisch nahöstlichen Entwicklungen entstanden erst die Grundlagen für die >neolithische Revolution<. Daraus ergibt sich (wiederum), dass die Gründe für diese Entwicklungen nicht in dem Bestand fruchtbarer Verhältnisse oder den Gegebenheiten von Wildgetreide und/oder Schaf/Ziege lagen, sondern in den sprachlich-kulturellen sowie den politischen Entwicklungen des Späten Mesolithikums.

Dass der mittelmesolithische >Völker-Rechts-Bund< im Nahen Osten im Allgemein-Bestand recht bald scheiterte, dürfte freilich nicht bloß an den besonders *ungünstigen* Verhältnissen im Nahen Osten gelegen haben. Die Hinweise deuten darauf, dass die epipaläolithischen Entwicklungen, die zum Schluss zu der Begründung der >Stämme< führten, in dieser Ära im Nahen Osten eine ganz andere Rolle als sonst wo gespielt haben, und sie schlugen recht bald in neuer Form (u.a. in Göbekli Tepe) durch. Diese Verbindungen sind als historische Hinweise aufzunehmen, da sie in der Frühzeit archäologisch kaum fassbar werden und erst vom Späteren her als deren Vorgeschichte in den Raum treten.

Diese Stämme-Bildung hat im Nahen Osten eine ganz besondere historische Wirkung entwickelt, die sowohl mit der Begründung des Mesolithikums als auch mit ihren nachfolgenden Wirkungen für das Späte Mesolithikum und für die >neolithische Revolution< über sämtliche anderen Stämme-Bildungen heraustritt. Und wir kennen sogar noch ihre mesolithische Ausgangs-Mythologie und eine ihrer durchaus historisch wirkmächtigen Folge-Logiken: nämlich den Mythos von >Adam und Eva< als seinen Stamm-Ahnen.

> Hierbei wäre es möglich, dass das Wort *Adam* unserem Wort *Stamm* und davon *-tum* (ahd. *tuom* >Macht, Würde, Besitz; Urteil< - *verdammen*), lat. *domus* (in *Dom, Dominus*), *Zimmer* usw. entspricht.
> Auch *Eva* hebräisch *Chawwah* findet sich etwa via griech. *Hēbē,* anatolisch *Hebat* in zahlreichsten sprachlichen Fortsetzungen wie *Habe, Heb(amme), Hof, Kopf – Haupt* usw., wofür auch viele weitere Entsprechungen, Symbole, Verbindungen usw. sprechen. Für diese Erläuterungen ist freilich eine eigene Veröffentlichung notwendig.

„Bereits seit dem PPNA [= *um 9.500 v. Chr.*] trifft man auf strukturierte Gemeinschaften von [*tatsächlich* ***mesolithischen***] Jägern und Sammlern, die in der Lage sind, zweigeschossige Bauten nach einem vorgegebenen Plan zu errichten, und bemüht sind, ihre symbolischen Vorstellungen und ihre Visionen der Welt in erstklassigen Kunstwerken auszudrücken. Dies setzt eine komplexe soziale Organisation voraus, deren Einzelheiten wir nicht kennen, über die aber die vorangehenden epipaläolithischen Gruppen offenbar nicht verfügten.“ [113]

Tatsächlich liegt zwischen dem (tatsächlichen) Epipaläolithikum und dem PPNA eine kulturgeschichtlich höchst bedeutsame Entwicklungsstufe, die sich nicht eigentlich mit Nahrungsproduktion verknüpft, sondern mit einer neuen Sozialorganisation in Verbindung mit einer neuartigen Sprach-Anlage.

[113] Olivier Aurenche, in: Badisches Landesmuseum Karlsruhe: Die ältesten Monumente der Menschheit, S. 64

4.1 Die Neuanlage von Sprache

„Wittgenstein sagt, dass Probleme entstehen, weil wir die Arbeitsweise unserer Sprache missverstehen. Er sagt, wir seien von der Sprache >verhext<, und manchmal hätten wir einen >Drang<, sie misszuverstehen."

A.C. Grayling: Wittgenstein, *S. 148*

s. hierzu weiter auch >Magizismus< → 6.4

„Die Feingliederung der Sprachen, mit der wir heute leben, geht in ihren Anfängen auf die Periode der letzten Eiszeit zurück (vor ca. 12.000 Jahren). [...] Die formativen Prozesse aller bekannten Sprachfamilien sind nicht älter als ca. 10.000 bis 12.000 Jahre." [114]

Dies entspricht in gewisser Weise meinen Einsichten, mit dem Zusatz, dass die historisch neuartige Sprach-Entwicklung m.E. ganz konkret in der etwas früher anzusetzenden Mesolithischen Revolution ihren *Ursprung* hat. Doch dauerte es in der Tat noch etwas, bis sich – zuerst wohl im Kontext des mittelmesolithischen Völker-Rechts-Bund-Netzwerkes (→ 3.2 ff.) – die neuen historischen Sprach-Ansätze verbreiteten. Bestimmte spezifische Entwicklungen an grammatischen Formen sind jedoch erst mit dem Späten Mesolithikum – und hierbei im

[114] Harald Haarmann: Weltgeschichte der Sprache, S. 127

Besonderen mit dem Rechts-Bund von Göbekli Tepe - in Verbindung zu bringen. Hier entstehen nun spezifische Sachverhalte der nahöstlichen Sprach-Entwicklung:

> „Dass Indogermanisch und Hamito-Semitisch [*heute Afroasiatisch*] in irgendeiner Weise näher zusammengehören, ist sicher. Der allgemeinste Sprachbau dieser beiden großen Sprachgruppen in Wortbildung, Flexion und Syntax ist sehr verwandt; vor allem sind sie die einzigen Sprachen der Welt, die voll flektierend sind und die eigenartige Erscheinung des grammatischen Geschlechts besitzen. Dazu kommt eine bedeutende Anzahl glaubhafter Wortgleichungen.“ [115]

Ein sehr bedeutender kultur- wie sprachgeschichtlicher Anhalt in dieser Entwicklung liegt in der Entwicklung des Stammformen-Systems (wie *schwimmen – schwamm – geschwommen*). Ihre Zusammenhänge weisen auf die Entstehung im Späten Mesolithikum (→ 5.3.1), doch spiegelt sich hierbei im Weiteren auch der Bruch zwischen >Indoeuropäisch< (= Indogermanisch) und >Semitisch< im Verlauf des Späten Mesolithikums als einer der Hintergründe der Neolithischen Revolution (→ 5.5.2.1).

So lassen sich inzwischen insgesamt einiges der Ursachen und Hintergründe für die Entstehung der völlig neuartigen historischen Sprachformen ausmachen und ergründen. Als Ausgangs-Moment ergibt sich eine wechselseitige Entwicklung zwischen einer neuartigen Sozialorganisation und einer neuartigen Sprach-Anlage, die in der Mesolithischen Revolution mündete.

Diese Einsichten sind, soweit sie sich als zutreffend erweisen, konstitutiv und zentral für ein wissenschaftliches Geschichts-Verständnis.

---

[115] Ernst Meyer, in: Anton Scherer: Die Urheimat der Indogermanen, S. 280

4.1.1 Die neue Form von Mythologie

In meinen diesbezüglichen Studien kristallisierte sich heraus, dass in Verbindung mit der neuen Sozialorganisation, die zu der Konzeption >Stamm< führte, auch eine neue Sprach-Entwicklung aufkam, die überhaupt erst diese neue Sozialorganisation und dann auch die weitere Fortschritts-Entwicklung **möglich** machte. Umgekehrt brauchte die neue Sozialorganisation auch eine neuartige Sprach-Anlage. So wirkten beide Faktoren wechselseitig aufeinander zu einem Umbau der ursprünglichen Kultur-, Sozial- und Sprach-Anlage, auch wenn vieles in Mythologie und Vokabular auf der humanevolutionär entwickelten Sprache aufbaut und diese fortsetzt.

So schuf die Mesolithische Revolution nicht nur die Grundlagen für die neue Sozialanlage, die erst die weitere historische Sozial-Entwicklung möglich machte, sondern auch die Grundlage für die neue historische Sprach-Anlage, die diese Sozialprozesse in Denken und Kommunikation erbrachte.

Denn es wird deutlich, dass diese Entwicklungen von der humanevolutionär entwickelten ursprünglichen Sprache des Homo sapiens im Prinzip gar keine Möglichkeit gewesen wären. In der ursprünglichen humanevolutionär entwickelten Sprache des Homo sapiens (= HS) waren Vokabular, Mythologie, Kultur, Recht und Soziales absolut aufeinander abgestimmt. Die Mythologie war gleichzeitig die Kultur- und Rechts-Verfassung wie als Didaktik auch die Grundlage für die kindliche Bewusstseins- und Sprach-Entwicklung.

In der humanevolutionär entwickelten Sprache HS steckte schon in der – auf die Bewusstseins-Entwicklung der Kinder abgestellten – Anlage des Vokabulariums seine kulturelle Konzeption incl. ihrer >Utopie< (>Mythologie<), mit seiner Auffassung von Leben, Sozialumgang und Welt-Verhältnis, was also gleichzeitig auch Moral, Sitten und auch die Rechts-Setzungen enthielt. Die humanevolutionäre Entwicklung war in der Tat darauf hinausgelaufen, dass ihre Sprache selbst die Kultur-Verfassung war, was bei uns noch an dem etymologischen Zusammenhang von *Wort* = dänisch *ord* und lat. *ordo* – deutsch *Ordnung* (= griech. *logos* – *lex* – *Logik*) ersichtlich wird.

Die ursprüngliche Sprache HS war das menschliche >Gesetz< und dabei so als Bestandteil der kindlichen Sozialisation in Didaktik, Moral und Vokabular aufgebaut, dass man mit ihrer Kenntnis als Erwachsener seine Sozialverhältnisse auf der Basis von Kommunikation steuern konnte. Dazu brauchte es nicht nur Vokabeln wie >Gerechtigkeit<, sondern auch einer so klaren semantisch-kulturellen Bestimmung, dass ein *Gespräch* über empfundene Ungerechtigkeiten sozial befriedigende Klärungen erbringen konnte. Schließlich hatte man hier noch kein Rechtswesen und noch keinen Justizapparat, der die entstandene Ungerechtigkeit für >Recht< und also als >gerecht< erklären konnte (dies begann erst mit der Mesolithischen Revolution). Insofern waren die vorausgehenden Kulturen auf gemeinschaftliche Klärungen angewiesen. Anders wäre es humanevolutionär auch nie zu der Entwicklung von Kultur gekommen.

Dieser Sachverhalt bedeutete freilich auch, dass man in seiner Sprache an die ursprüngliche Form der Sozialanlage und Lebensform gebunden blieb. Darin lag ursprünglich auch die großartige Leistung der humanevolutionären Sprache HS, die unserer Art Homo sapiens über Zehntausende von Jahren bei all den äußeren Veränderungen eine dauerhafte soziale Stabilität bot. Diese großartige Leistung war auch in der Sozialisation nicht allein im Nebenbei zu haben. Für diesen erst eigentlichen Erwerb der Schulung von Kultur, Verhalten und der Beherrschung von Sprache wurde in der humanevolutionären Entwicklung der Komplex der >Jugend-Initiation< eingerichtet. Er lässt sich in Teilen mit einem Studium von Psychologie und Jura vergleichen, in anderen Teilen jedoch auch mit einem Bewusstseins-Training u.a. in Form von Trance, nicht-sprachlicher Meditation (wie im Zen) usw.

Bei dieser hochgradigen Abstimmung der Sprach-Anlage auf Didaktik, Moral, Rechts-Setzungen, Kultur-Auffassung, Verhaltens-Steuerung und Lebensstil war so einfach gar kein Abgang von dieser Sprach-, Kultur- und Sozial-Anlage möglich. Die Sprache ergab eine bestimmte Bewusstseins-Anlage und diese umgekehrt eine entsprechende Sprache. Ob man dabei *PaPa* **oder** *DaDa (daddy)* (oder auch *abba* oder *atta*) für >Vater< sagte, war in diesen Hinsichten völlig irrelevant.

An diesem Punkt zeigt sich, wie sehr hier noch die Prämissen des Geschichts-Modells des 19. Jh.s nachwirken, wo man für diesen aus heutiger Sicht so späten Zeitraum vor wenigen Tausend Jahren noch eine Tier-Stufe des >Menschen< annahm und Sesshaftwerdung und Nahrungsproduktion für die ersten Anfänge von Kultur-Entwicklung hielt. Davon kann nach den heutigen Einsichten in dieser Zeit keine Rede mehr sein. Es war – in gewisser Weise - nicht die Anfänglichkeit von Kultur- und Lebenserfahrung, die die Kultur des Homo sapiens über Zehntausende von Jahren auf ihrer Stufe hielt, nicht die Ahnungslosigkeit bzgl. der Fortpflanzung von Mensch, Tier und Pflanzen. Es war ihre ausdrückliche Kulturverfassung als Ergebnis einer langen humanevolutionären Entwicklungs-Geschichte, wie sie – mit durchaus guten Gründen - in einigen Alten Kulturen und in modifizierter Form bei den Aborigines (→ 3.2.1) heute noch zum Ausdruck kommt.

Wir werden im Folgenden noch weitere Hinweise sehen, die auf diese Zusammenhänge deuten und durchaus vehement gegen die Vorstellung sprechen, die hier aufkommende nahöstliche Entwicklung erklärte sich in dem alten Sinn aus neuen Erkenntnissen bzgl. der Fortpflanzung und besonders fruchtbaren Verhältnissen.

Das Gegenteil stellt sich dar. Die neuen Sozial- und Sprach-Entwicklungen zeigen vielmehr den Hintergrund, dass die alten Sozial- und Lebensformen aufgrund der starken Umbrüche in der Natur aus dem Gefüge gerieten und nicht mehr in den alten Formen funktionierten. Sehr handgreiflich wird dies in dem

Umbau der Jugend-Initiation, nun männlicherseits in dem neuen Brauch der Beschneidung.

Mit der Entkopplung von Sprache und Mythologie erhalten beide Formen eine andere Freiheit in der Sozialtechnologie, die von daher neuartige Entwicklungen möglich machten. Die Mythologie, die paläolithisch an die humanevolutionär entwickelte Kultur band, konnte nun in neuartiger Form für die Entwicklung der neuen Sozialorganisation verwendet werden. Die mesolithische Stämme-Mythologie selbst ist bereits als dessen Ausdruck zu sehen. Nicht nur der Sachverhalt von >Stämmen< (oder >Gesellschaft<) ist reine „Mythologie" in einem gänzlich neuartigen Sinn, sondern die ganze neue Sozialorganisation baut auf dem neuen Gebrauch von Sprache und Mythologie auf.

Als Eindruck für diese Entwicklung, der auch einigermaßen sicher zeitlich dieser Ära und Entwicklung zuzuordnen ist, möchte ich hier noch mal kurz auf die Aborigines-Kultur zu sprechen kommen.

4.1.2 Die neue Sprach-Technik am Beispiel der Ngarinyin-Aborigines

Einen Aufschluss in die grundlegende Umformung der ursprünglichen Sprach-Technik bietet der ethnologische Befund, wie er vor kurzem bei den Ngarinyin-Aborigines *offenbar* wurde. Es belegt sich hier, wie durch Umdeutungen der ursprünglichen Mythologie ein Geister-Kult als Überbau seiner Geheim-Organisation geschaffen wurden.

Hierbei wird deutlich, dass der im Mittleren Mesolithikum aufkommende neuartige Stil an Felsmalereien mit dieser neuartigen Sozialorganisation in Verbindung steht. Zu diesem neuartigen Stil der Felsmalereien ist zu sagen:

> „Sie [die Felsmalereien] finden sich häufig an heiligen Orten und dienten im Rahmen von Initiationsriten als sichtbare Hilfsmittel, um den Initiierten die Traditionen des Stammes zu vermitteln. Viele Bilder durften Nicht-Initiierten gar nicht gezeigt werden; manche wurden zwar gezeigt, ihre Bedeutung durfte jedoch nicht erklärt werden. Viele Fundorte der Felskunst sind heute noch den Initiierten vorbehalten: kein anderer darf sie betreten.“ [116]

> „Denn im Gegensatz zu westlicher Kunst kann der Wert eines Bildes davon abhängen, nicht wie viele, sondern wie wenige Menschen es gesehen haben. Auf diese Weise können Eingeweihte – meist ältere Männer – Landrechte und soziale Regeln kontrollieren.“ [117]

Es geht bei diesen neuen Formen von Felsmalerei nicht mehr um Kunst. Sie sind vielmehr eine Technik der neuen Sozialorganisation. Dies soll an einem einfachen Beispiel *illustriert* werden:

Dieses Bild scheint die schöne Geschichte zu erzählen, dass einer zurück ins Dorf kommt und von einem Freund empfangen wird, der ihn (Trinkhorn) zu sich zum Trinken einlädt, und diese Annahme würde Nicht-Initiierten – und also entspre-

[116] Emmanuel Anati: Höhlenmalerei, S. 395, s. auch Farb-Abb. 80, S. 232

[117] Andreas Weber, in: GEO Wissen „Die Evolution des Menschen“, S. 138

chenden Forschern - ohne Zweifel bestätigt. Doch tatsächlich handelte es sich um einen *Code* mit der Bedeutung: „Geh nach Mann-Heim zu dem Haus >Zur Sonne< und frage dort nach >Horn<."

Die Felsmalereien der Aborigines sind in ihrem Sinn natürlich erheblich komplexer und vielschichtiger angelegt. Sie erklären sich aber in ihrem Sinn nie aus sich selbst heraus. Sie tragen mit jeder Stufe an Initiation ihren eigenen >Sinn<. Er besteht darin, dass den höher Initiierten an der Kenntnis bestimmter „Bilder", Namen, Sprüche, Lieder, Zeichen und der erreichten Einsicht der Initiationsgrad einer Person = der Rang und die Befugnis im Rahmen der Verwaltung der Gesetz-Bund-Organisation erkenntlich wird. Weitere Kennzeichnungen sind Narben (in anderen Kulturen auch Tätowierungen) oder das Verfügen über gewisse Ritualobjekte wie die *Turingas* (Abb.), die *auch* so etwas wie einen Dienstausweis oder eine Dienstplakette darstellen.

Dieses von Anati als >Turinga< bezeichnete Objekt stammt aus Saint Marcel, Frankreich; Jungpaläolithikum. Es ähnelt in der Tat manchen Turingas aus Australien. Doch dürfte es noch nicht deren Funktion gehabt haben, denn es handelt sich um ein Instrument, mit dem sich, an eine Schnur gebunden, Töne erzeugen lassen.

Text und Nachzeichnung nach Emmanuel Anati: Höhlenmalerei, S. 244

Den Turingas in gewisser Weise vergleichbare Plättchen finden sich auch im Kultur-Kontext von Göbekli Tepe (s. Nachzeichnungen), hier aus dem Ort Jerf el-Ahmar (S. 106).[118]

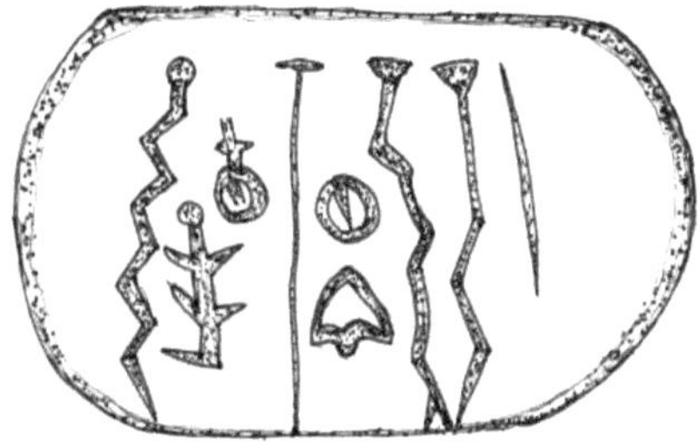

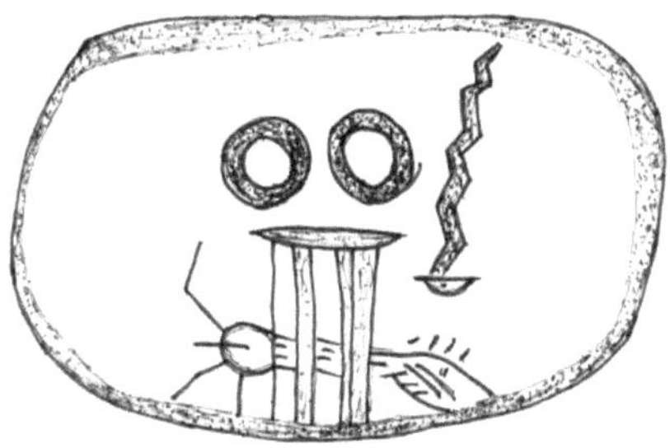

„Für die Beschäftigung mit dem *Wunan* und den *maya.ngarri* muss man wissen, dass die *maya.ngarri* geheime, heilige Bedeutungen haben, die oft absichtlich verschleiert werden. [...] Es wäre ungehörig, *maya.ngarri* abzubilden oder im Detail zu beschreiben, gerade in ihrer Funktion als Mittel, mit dem Totem in Verbindung zu treten, denn sie sind ganz und gar durchdrungen von ihren geheimen Bedeutungen, die bewahrt und geschützt werden müssen. Jeder, der innerhalb des *Wunan* gegen diese Regel verstößt, riskiert es, getötet oder aus der Gemeinschaft ausgeschlossen zu werden.“[119]

„*maya.ngarri* durch heilige Gegenstände übermittelte Botschaften; geheime oder private Formen geschnitzter und be-

[118] S. mit weiteren Beispielen in: Badisches Landesmuseum Karlsruhe: Die ältesten Monumente der Menschheit, S. 103 ff.

[119] Jeff Doring: Gwion Gwion, S. 188

> malter Hölzer, auf denen grundlegende kulturelle Vorstellungen überliefert sind; abstrakte Symbole des Gesetzes, die als *wulari* innerhalb des *Wunan*-Netzes im Umlauf sind; uralte kulturelle Gemeinsamkeit, die die Aborigines der tropischen Regionen im Norden mit den zentralaustralischen verbindet.“[120]

Die weitere Betrachtung zeigt, dass diese Technik auf der humanevolutionär entwickelten Anlage der Sprache aufbaute. In ihr hatten die Geschichten wie die vom >Osterhasen< jedoch nicht die Funktion, die Kinder auf die falsche Spur zu bringen. Sie waren vielmehr die Form, das kleinkindliche Interesse und Verstehensvermögen zum Zweck der Entwicklung des Bewusstseins, des Sprachvermögens und dem Verstehen von Kultur aufzunehmen. Wenn hier für die Kleinkinder zunächst der Unterschied von Realität und Geschichten noch nicht verständlich war, so machte doch der Gebrauch dieser Geschichten die Kinder auf die Dauer darauf aufmerksam, dass es sich hierbei um ein >Spiel< und eine >Geschichte< handelte.

Mit der Einrichtung der >Jugend-Initiation< hatte man die entscheidende Form gefunden verhindern zu können, dass aus diesen *Geschichten* wie die vom >Osterhasen< und den >Geistern< auf der Erwachsenen-Ebene die falschen Schlussfolgerungen gezogen wurden. So ließ sich die Mythologie als ein geniales System der Didaktik wie der Sprach-Anlage in der humanevolutionären Entwicklung auf die gesamte Sozialisation und Sprach-Anlage ausdehnen. In der Jugend-Initiation galt es dafür zum einen, den *wirklichen Sinn* dieser Geschichten verstehen zu lernen: nämlich zum einen als Grundlage der Steuerung seines Verhaltens und seiner Kultur, und zum anderen, dass es sich hierbei um *Sprache* und nicht schon um >die Realität< handelt, wie es das magizistische Bewusstsein in seinem Kurzschluss zwischen Sprache und Realität meint (→ 6.4.1).

[120] Jeff Doring: Gwion Gwion, S. 328

Die neue mesolithische Sozialorganisation, wie sie sich bei den Ngarinyin-Aborigines findet, stellt nun diese ursprüngliche Sprach-Technik in gewisser Weise *systematisch* auf den Kopf. Das lässt sich wohl allein darin erklären, dass (im *Bild*) bzgl. des >Osterhasen< schon keine allgemeine Klarheit mehr bestand, denn sonst wäre diese neuartige Sozialtechnokratie gar nicht möglich geworden.

Diese neuartige Sozialtechnokratie entstand sicher daraus, dass sich die noch hinreichend Aufgeklärten zusammenfanden, um angesichts des entstandenen geistigen und sozialen Chaos die nötige soziale Steuerung ersatzweise als Elite zu übernehmen. Die Aufgeklärten, die sozusagen noch den wirklichen Sinn der Geschichte vom >Osterhasen< verstanden, kamen hier damit in die Lage zu sehen, *wer* hier noch den wirklichen Sinn verstand und also für eine Position mit sozialer Verantwortung in Betracht kam. Die Übrigen beließ man ihren Fantasien, soweit es ins Konzept passte. Hier liegen schon die Ansätze der neolithischen Konzeption der >Hirten< und ihrer >Schäfchen<.

Dieser Ansatz wurde hier zur völligen Sozialorganisation systematisiert. Daraus entstand ein ***Rang***-System an Aufklärung, Wissen und >Initiationen<. Dies baut auf der alten Tradition der Jugend-Initiation auf. Da das soziale Chaos am Anfang dieser Entwicklung wohl nicht unwesentlich mit einer disfunktional werdenden Aggression der männlichen Jugendlichen (Gewalt, Destruktionen) verbunden war (→ 4.3.1), diente hier die *Umkehrung* der Logik der ursprünglichen >Jugend-Initiation< als Ausgangsbasis der neuen Sozialorganisation. Hatte die ursprüngliche >Jugend-Initiation< die Funktion, die Jugendlichen über seine Kultur aufzuklären und ihnen bei ihrer Ablösung vom kindlichen >Über-Ich< zur erwachsenen Autonomie = Selbständigkeit (= Ich-Werdung) zur Seite zu sehen, so dient hier nun die neue Form der >Jugend-Initiation< u.a. mit der Beschneidung (→ 3.3.6) dazu, den männlichen Jugendlichen ganz >hautnah< an entscheidender Stelle zu verdeutlichen, „wo der Hammer hängt“, um damit erst recht ein Über-Ich-Bewusstsein zu installieren, das von der Elite steuerbar war (vgl. dazu *Gehorsamsbereitschaft - Milgram*).

Entsprechend dieser neuartigen Über-Ich-*Installation* wird hier eine völlig neuartige Form von >Mythologie< geschaffen, die die ursprüngliche Form der Mythologie auf den Kopf stellt und ins Unüberschaubare aufbläht. Damit wurde die soziale Geheimorganisation gleichzeitig geschaffen wie getarnt. Jede Stufe einer >Initiation< ist mit einer Fülle von >Wissen< besetzt. Hierbei spielen z.B. die Felsmalereien eine wichtige Rolle. Dies enthält auch brauchbare Informationen, aber in Wirklichkeit doch nur die für den jeweiligen *sozialen Rang* vorgesehenen. Die Fülle des angebotenen „Wissens" hat eher die Funktion, die Köpfe zu besetzen und die tatsächlichen Sachverhalte – nämlich der geheimen Sozialsteuerung – zu tarnen. Stufe um Stufe der Initiationen geht es bei all dem angebotenen „Wissen" *letztlich* um nichts als darum, die sozial Befähigten herauszufiltern. Wer *tatsächliches* Verstehen und Verantwortungsfähigkeit zeigt, wird zum Kandidaten für die nächste Stufe an Initiation.

Wo diese mittelmesolithische Entwicklung nicht mehr funktionierte – wie dies mit dem Schritt zum Späten Mesolithikum im Nahen Osten (wie etwa mit Göbekli Tepe) einzuschätzen ist -, da musste diese Entwicklung mit ihrem Geister-Kult und der aufgeblähten verdrehten Mythologie einige Probleme aufwerfen. Der spätmesolithische Ahnen-Toten-Kult-Komplex ist etwa eine Folge dessen (→ 5.3), auch der neolithische Kult.

Es versteht sich jedoch, dass damit endgültig die Entwicklung einer vollständig neuen Sprach-Anlage notwendig wurde. Sowohl sozial als auch sprachlich suchte man zunächst das Heil in einer umfassenden Entwicklung von Ritualität und Rollen (→ 4.3). Das, was wir infolgedessen in unserer >Sprache< im Eigentlichen gemeinhin als >Grammatik< begreifen, ist vielmehr Ausdruck der auf Ritualismus aufgebauten Kultur und dürfte in den ausgeformten Teilen (*Flexion* usw.) dem Späten Mesolithikum zuzurechnen sein (s. zu den Anhalten der Entwicklung der >Stammformen< wie *schwimmen – schwamm – geschwommen* → 5.3.1 + 5.5.2.1).

Damit verknüpft sich der Umbruch der ursprünglich *subjektivisch-psychologisch-kulturalen* Sprach-Anlage („Animismus" im tatsächlichen nicht-magizistischen Sinn) zu einer *objektivisch-physikalisch-grammatisch* oder *technizistisch-rituellen* Sprach-Anlage – bis in die heutigen Wissenschaften hinein. Ihre Entwicklung verknüpft sich damit, das mit dem Mesolithikum entstandene Problem der >babylonischen Sprach- und Geistesverwirrung< zu verlängern (>Wissen ist Macht<) - oder aber zu beheben…

4.1.3 Zur modernen Form der Sprach-Anlage

So sehr die Spaltung von Mythologie und „Sprache" auch die Voraussetzung für die historische Entwicklung von Fortschritt war, so verknüpft sich mit ihr doch ein Hochmaß an Problemen.

Denn die Entwicklung der >Mythologie< als der Organisation der Sprach-Anlage war der entscheidende Bereich der humanevolutionären Weiter-Entwicklung von Sprache als der Grundlage von Kultur und zur Befähigung zur eigentlichen Verhaltenssteuerung, d.h. nicht bloß der vom **Großhirn** gesteuerten Aktivitäts-Bereiche, sondern auch der vom **Zwischenhirn** ursprünglich genetisch gesteuerten Verhaltens-Programme. Dass das Mesolithikum auch von dem Aufkommen von Verhaltens-Mechanismen in Rollen und Ritualismus geprägt ist (→ 4.3), erscheint hier nicht als Zufall, sondern als Ausdruck der nicht mehr verstandenen und nunmehr verdrehten Form von „Mythologie".

Denn die ursprüngliche >Mythologie< ist der entscheidende Sachverhalt der humanevolutionären Weiterentwicklung von Sprache. Sie ist die Entsprechung der Entwicklung der Aneignung der genetischen Verhaltenssteuerung zur Befähigung zur

Selbststeuerung = die Entwicklung von Kultur und Persönlichkeit (in dem humanevolutionär neuartigen Sinn). Mit einer Sprache aus lediglich Vokabular und Grammatik ist Kultur = die Selbststeuerung von Verhalten im eigentlichen Sinn neurologisch keine Möglichkeit. Die Sprache aus Vokabular und Grammatik ist die Stufe der Hominiden vor der Humanevolution. Die Hominiden unterstanden noch der genetischen Verhaltenssteuerung (der Tier-Stufe). Ihre Sprache aus lediglich Vokabular und Grammatik brauchte noch nicht die Verhaltensprogramme steuern – aber sie konnte es auch nicht. Sie kann lediglich die *Ausführung* der Verhaltensprogramme oder aber der Vorgaben der Führer steuern. Neurologisch ist diese Art von Sprache (modern gesprochen) lediglich zu >Produktion und Dienstleistung< befähigt. Damit ist die (Neuro-) Logik der weiteren Kulturentwicklung schon deutlich.

Diese Entwicklung hat schlichtweg den Hintergrund: man hat Sprache nicht mehr verstanden – und also die ursprüngliche Sprache nicht mehr. Es kam hier in der Tat zu einer wahrhaft >babylonischen Sprachverwirrung<, in der aus >Geist< *Gespenstisches* wurde. Man hat in den entstandenen sozialen Wirren in den Naturumbrüchen Sprache: Kommunikation und Verhalten nicht mehr zureichend beherrscht, weil – wie es an den veränderten Formen der Jugend-Initiation zum Ausdruck kommt – man nicht mehr über die Zeit zu einer entsprechenden Schulung verfügte.

Eine wirkliche Verhaltenssteuerung und damit also Persönlichkeit und sozial Kultur braucht neurologisch unabdingbar *Bilder, Geschichten* und *Symbole.* Die ursprünglichen Bilder, Geschichten und Symbole haben die Funktion, die neurologischen Strukturen des Bereichs der Verhaltenssteuerung zu erschließen und sie dann darüber (in Verbindung mit theaterartigen Verhaltens-Spielen und –Übungen) einsetzen und steuern zu lernen.

Doch gehört zu dem Erwerb wirklicher Sprachbeherrschung auch, die Geschichten als *Geschichten,* die Symbole als *Symbole,* die *Mythologie* als Mythologie: Sprache als *Sprache* zu begreifen: als ein Mittel unserer Neurologie zwecks Verhaltenssteuerung und zwecks Kommunikation und Kultur. Wir brauchen dafür Geschichten, Symbole, Wörter und Grammatik, aber das sind Techniken in Hinsicht auf unser Gehirn und keine Sachverhalte der erzählten äußeren >Realität<. Die >Realität< liegt jenseits des Sprachlichen, und um diese erfahren und verstehen zu lernen, braucht es u.a. Übung und Erfahrung im Nicht-Sprachlichen, etwa in Form der nicht-sprachlichen Meditation.

Bereits die Entwicklungen des Späten Mesolithikums zeigen die Verselbständigung von „Mythologie“ und von „Sprache“, da man ihren eigentlichen Zusammenhang nicht mehr versteht. Vokabular und Grammatik machen bei der Neurologie von Homo sapiens noch nicht das Eigentliche von Sprache. Sie sind lediglich die Mittel, in der Sprache als Verinnerlichung und als Ausübung von Kommunikation arbeitet. Die volle Konsequenz dieser Verselbständigung schlug freilich erst mit der Neolithischen Revolution durch.

„Weniger fortschrittsgläubige Ethnologen wie Bronislaw Malinowski oder Claude Lévi-Strauss haben beobachtet, dass die >primitiven< Gesellschaften (oder doch mindestens manche von ihnen) mit ihrem mythischen Weltbild in vieler Hinsicht besser >funktionieren< (etwa was die Integration des Gefühlslebens oder die Harmonie mit ihrer Umwelt angeht) und andererseits eine den modernen Zivilisationen durchaus vergleichbare strukturelle Differenzierung erreichen können. Seitdem ist uns der Dünkel einer fortschrittsgläubigen Überlegenheit verloren gegangen, mit der noch James Frazer Riten und Mythen der >Wilden< betrachtete.“ [121]

[121] Wolfgang Schmidbauer: Mythos und Psychologie, S. 19

„Sprache ist in Mythen begründet (Mythos heißt in seiner ersten Bedeutung das Wort), und der Mythos umfasst noch beides, den Primär- wie den Sekundärvorgang, die Vergangenheit wie die Zukunft, die Emotionalität und das rationale Erklärungsbedürfnis.“ [122]

„Erfahrung und Handeln sind nicht möglich, wenn sie nicht ikonisch organisiert sind. Die >Speicherung im Gehirn< von allem, was lebendig ist, muss ikonisch erfolgen. Es ist dies die endgültige Form der Speicherung [...].“ [123]

„Der heutige Mensch misst seiner Fähigkeit zu abstraktem Denken zuviel Bedeutung bei. Zwar verdanken wir dieser Fähigkeit einige nützliche Arbeitsmethoden, doch sind wir für ein wirkliches Verständnis abstrakter Gedanken auf einen reichhaltigen Vorrat von Bildern aus dem realen Leben angewiesen. Könnten wir nicht auf diese Erfahrungen zurückgreifen, blieben die abstrakten Gedanken trockene, leblose Wortaneinanderreihungen [...].“ [124]

„Ein Denken, das hauptsächlich in Wörtern vor sich geht, schöpft nicht Stoff aus den evolutionsmäßig älteren Strukturen des Gehirns, die mit dem Gefühl eng verbunden sind. Schöpferisches, spontanes Denken muss eine Verbindung zu den älteren Gehirnhälften unterhalten. Abstraktes Denken, das nicht von Zeit von Zeit seine Nahrung aus tiefer liegenden Quellen im Inneren schöpft, wird zum Wörterfabrikat ohne menschlichem Inhalt.“ [125]

---

[122] Wolfgang Schmidbauer: Wie Gruppen uns verändern, S. 149
[123] Oliver Sacks: Der Mann, der seine Frau, S. 199
[124] John McCrone: Als der Affe sprechen lernte, S. 152
[125] Moshé Feldenkrais: Bewusstheit durch Bewegung, S. 80 f.

Dennoch war die Spaltung der ursprünglichen Sprache HS in einerseits Vokabular + Grammatik und anderseits in „Mythologie“ die Voraussetzung für die Entwicklung von Fortschritt. Freilich brauchte es für die Entwicklung von Fortschritt noch einiger sprachlicher Entwicklungen, die erst im näheren Vorfeld der Neolithischen Revolution als ihre unabdingbare Grundlage aufkamen (s. dazu insbesondere → 6.3).

Mit der ursprünglichen Sprache HS wäre dies keine Möglichkeit gewesen. Diese Sprache war als Teil der Didaktik, Moral und Kultur so angelegt, dass unter der Voraussetzung einer gängigen vollen Schulung von Sprach-Beherrschung und Persönlichkeit die ursprüngliche Kulturform als ein gemeinschaftliches Kommunikationsverhältnis ihr Ergebnis war. Darin lag die *soziale* Stabilität über Zehntausende von Jahren. Doch darin lag auch ihre Grenze unter den nahöstlichen Gegebenheiten am >Ende der Eiszeit<.

Die Lösung mit der neuartigen (Stämme-) Mythologie, die die Mesolithische Revolution fand, ermöglichte neuartige soziale Größenverhältnisse und neuartige Technologien. Doch verschob sich damit die kulturelle Bestimmung ins narzisstisch Fiktive und die soziale Bestimmung ins Autoritäre und auf das Prinzip von >Macht<.

Dieses Problem lässt sich nach den sich hier darstellenden Zusammenhängen ausschließlich über ein Verstehen der menschlichen Gegebenheiten (= Anthropologie), von >Sprache< wie durch den Erwerb der Fähigkeit zu wirklicher Kommunikation beheben.

4.2 Die frühmesolithische Konzeption >Stamm<

Auszüge *aus Szenen aus dem Latmos-Gebirge bei Milet (Südwest-Türkei),* „einer der heiligen Berge Kleinasiens. Sein von allen Seiten aus sichtbarer Gipfel war Stätte eines uralten Stein- sowie Regen- und damit Fruchtbarkeitskultes.“ [126] *In den Höhlen und versteckten Ecken im Gipfel-Bereich finden sich zahlreiche Malereien, deren „Hauptgegenstand die Familie ist“* (ebd.). *Entsprechend werden die obigen Szenen als Hochzeiten gedeutet.* Hier scheint sich das Konzept von Göbekli Tepe (das sich in den T-Formen im Kopfbereich auch stilistisch andeutet) und der Initiation als Clan-Heirats-Politik fortgesetzt zu haben.

[126] Anneliese Peschlow-Bindokat, in: Badisches Landesmuseum Karlsruhe: Die ältesten Monumente der Menschheit, S. 162 ff. Dort auch Abbildungen, u.a. die Vorlagen der obigen *Nachzeichnungen.*

Die Stämme-Bildung ist in Bezug auf die Sozial-Organisation der entscheidende Sachverhalt der Mesolithischen Revolution. Mit ihr verknüpft sich die menschheitsgeschichtlich entscheidende neue Sozialanlage in Verbindung mit der neuen historischen Sprach-Entwicklung.

Hierbei scheint der frühmesolithische Ansatz der Stämme-Bildungen besonders wirkmächtig gewesen zu sein. Denn anders als bei den späteren kleinregionalen Größen bedeutete dieser frühe Ansatz die Inanspruchnahme der ursprünglich global ausgerichteten Sprach-Symbolik in der Art von >Vater Himmel< und >Mutter Erde< oder >Adam und Eva< (>Eva< hebr. *Chawwah* = griech. *Gaia - Ma Ga* → 6.4.3) als seine >Stamm-Ahnen< für seine *eigenen exklusiven* Stammes-Interessen.

Dieser *höchst spezielle* Sachverhalt ist infolge einer in gewisser Weise recht direkten Traditionslinie (Raum Jericho) von der Bibel her bekannt. *Eva* (= hebräisch *Chawwah*) ist hier entsprechend der ursprachlichen Mythologie nicht bloß die Mutter eines Stammes (etwa der >Israeliten<), sondern die globale >Mutter aller Lebenden< (aber hier noch keine >Göttin<) - die hier aber dennoch von einer sehr *speziellen* Tradition *für sich* in Anspruch genommen wird: im Frühen Mesolithikum für ein bestimmtes Gebiet und/oder bestimmte Ressourcen.

Dies hatte ohne Zweifel eine Berechtigung, aber nicht in dem vorgetragenen Ausmaß. Insofern ist diese Proklamation als eine gewisse Kriegserklärung an die Konkurrenz um Land und Ressourcen zu verstehen (wie dies bis heute fortbesteht), aber nicht bloß als unmittelbare Gewalt. Der Konflikt wird hier auf eine höhere Ebene verlagert. Man nimmt hier die Rechte der ursprünglichen globalen Kultur in diesem Gebiet für sich in Anspruch – die in dieser Form so nicht bestanden und die man damit den Anderen abspricht. Diese Anderen werden in die Rolle der Rechtsbrecher, also der >Kriminellen< gedrängt. Gleichzeitig verknüpft sich damit der Versuch einer Sammlung von Verbänden in dieser Region als Interessensgemeinschaft für die >Wahrung seiner angestammten Rechte<.

Der genannte Bezug zu >Adam und Eva< soll jedoch nicht besagen, dass dieser Ansatz von den >Semiten< ausging. Von den weiteren Kontexten ist es wahrscheinlicher, dass er aus dem Norden von Göbekli Tepe und hierbei von den (Vor-) Indoeuropäern ausging, die nicht von den Naturverschlechterungen betroffen waren wie die Verbände im Süden, sondern von dem Problem der Zuwanderungen. Dieses Disflikt-Problem zieht sich durch die ganze weitere Zeit bis über die Neolithische Revolution hinaus. Demnach wäre diese Stämme-Bildung vom Süden her ebenfalls mit einer Stämme-Bildung zur Durchsetzung seiner Interessen gekontert worden.

Szene aus Bohuslän, Schweden. Auch hier erscheint die Initiation zu einer Heirats-Fruchtbarkeits-Konzeption mit entsprechenden Kult-Orten umgedeutet. Die Initiations-Symbolik deutet sich von dem Hand-Motiv her an, das Heiraten – Paaren an den Geschlechtsmerkmalen und dem Punkt, der das Kind symbolisieren dürfte. Weitere Darstellungen (Gravuren) bestärken diese Deutung.

Nachzeichnung *aus: Emmanuel Anati: Höhlenmalerei, S. 276.*

S. dort insbesondere auch das Foto S. 284 oben sowie S. 289 unten.

4.2.1 Der Aspekt der sozialen Größe

Es ist zu sehen, dass die hier in den Stämmen entstehende neuartige Größenordnung der Sozialanlage die historische Basis für die Entwicklung von Fortschritt stellte.

Es ist auch überhaupt erst diese neuartige soziale Größenordnung, die die Ansätze von Sesshaftwerdung und Nahrungsproduktion zu historisch relevanten Größen machte. Denn es sind mitnichten die >Ansätze< von Sesshaftwerdung und Nahrungsproduktion selbst, die das entscheidende Moment in der nahöstlichen Entwicklung sind. Weder waren diese Ansätze an sich neu noch bis zum Späten Mesolithikum im Nahen Osten ein kulturell bestimmender Sachverhalt. Wie auch schon früher konnten sich solche Ansätze selbst bei einer Größenordnung von selbst 200 Einwohnern, die damals schon aus dem Rahmen fiel, bei einer Veränderung der Lage im Klima oder den Sozialverhältnissen sich wieder im „Nichts" auflösen.

Erst die Entwicklung der >Stämme< und ihre Verbreitung im Nahen Osten bot der Entwicklung von Sesshaftigkeit und Nahrungsproduktion eine wirkliche Relevanz – und dies auch erst mit der Zeit nach und nach –, wie dann freilich auch umgekehrt Sesshaftigkeit und Nahrungsproduktion zur unabdingbaren Basis höherer sozialer Größenordnungen wurden. Es scheint, dass überhaupt erst der Organisations-Komplex von Göbekli Tepe (→ 5.4 f.) der Entstehung der zivilisatorischen Kultur mit Nahrungsproduktion, Sesshaftigkeit und des Urbanen das organisatorische Rückgrat bot, das – etwa im Unterschied zu der Entwicklung in Papua-Neuguinea – verhinderte, dass sich die nahöstliche Entwicklung in Stammes- und Clanfehden und Kleinkriegen verlor, was ohne Göbekli Tepe mit einiger Wahrscheinlichkeit *vollends* der Fall geworden wäre.

Es mochte auch früher schon zu Ansätzen von Sesshaftwerdung oder Nahrungsproduktion gekommen sein. Doch die früheren Sozialgebilde aus gemeinhin ein bis zwei Dutzend Erwachsenen oder selbst eine Größe von mehreren Dutzend Erwachsenen erreichten einfach keine Größenordnung, die eine neuartige historische Kulturentwicklung auf den Weg hätte bringen und diese dann hätte erhalten können. Selbst ein nahöstlicher Superstaat wie das hethitische Reich konnte bei all seiner zeitweiligen Bedeutung und mit seinen materiellen Hinterlassenschaften samt einer großen Bibliothek mit Schrift-Dokumenten fast im Dunkel der Geschichte versinken. Erst die archäologischen Ausgrabungen und mehr noch die Auswertungen der Schrift-Dokumente ließen die einstige Größe erkennen.

Was selbst für einen früheren Superstaat mit seinem materiellen Gepräge und gar einem Bestand an Schrift-Dokumenten gilt, gilt in einem noch ganz anderen Ausmaß für die einstigen Sozialgebilde von Hundert Erwachsenen. Selbst wenn es an einem Ort in der heutigen Tschechei schon vor 25.000 Jahren Brennöfen für Ton gab, so hatte dies keine Basis, um von dauerhafter Relevanz zu werden. Es musste sich nur das Klima ändern – der Ort löste sich auf, wahrscheinlich wieder in kleinere Verbände, und die Idee der Brennöfen war bald wieder vergessen, da in der Wildbeuter-Existenz nicht wichtig genug, um unter den anderen Verhältnissen weitergeführt zu werden.

Auch wenn man das kulturelle Niveau der paläolithischen Kulturen auf keinen Fall unterschätzen sollte, so lag es doch in Hinsicht auf Gemeinschaftlichkeit, auf Beziehungen und auf einer geistig-psychischen Ebene: in Eros/Liebe, einem fähigen Geschlechter-Verhältnis, einem kulturell-spielerischen Witz (auch in dem Verhältnis zu den Kindern), im Erzählen, Tanz, theaterartigen Spielen, im Wandern und im Erleben der Natur. Die eiszeitlichen Höhlen belegen, in was für einem Ausmaß sie erkundet wurden. Dieses Ausmaß hat man erst in jüngster Zeit mit modernen Ausrüstungen wieder erreicht.

Doch in materieller und in technologischer Hinsicht blieb dies überaus gering und bescheiden. Dies hatte, wie inzwischen mehr und mehr erkannt wurde, durchaus seine guten Gründe - und zwar insbesondere in sozialer Hinsicht.

In technischer und materieller Hinsicht haben die gängigen Überlegungen durchaus ihr Recht. Die kleinen Wildbeuter-Verbände erreichten kein Potential, mit dem sich – außer auf der geistig-sozialen Ebene – über die direkten Bezüge zur Natur hinauskommen ließ. Die direkten Bezüge zur Natur blieben folglich soweit bestimmend. Eine andauernde Sesshaftigkeit war außer an ganz besonderen Orten von der Ressourcenlage keine Möglichkeit, ebenso wenig eine effektive Nahrungsproduktion auf der Basis so weniger Leute. Alles in allem: die ursprüngliche paläolithische Kultur des Homo sapiens hatte in ihrer Gesamtanlage enge Grenzen, über die sich von sich aus auch gar nicht hinauskommen ließ – was in Wirklichkeit auch bis heute noch gar nicht der Fall ist (dazu muss man die tatsächlichen Gegebenheiten überhaupt erstmal erfassen usw.). Diese engen ursprünglichen Grenzen erlaubten im Allgemeinen sehr wohl eine hohe Lebensqualität im Sozialen und im Erleben der Natur. Doch den Problemen, die sich insbesondere im Nahen Osten aus den Naturumbrüchen am >Ende der Eiszeit< ergaben, war diese Kultur-Anlage nicht gewachsen. Aus *diesem* Sachverhalt heraus entstand die Mesolithische Revolution.

Von dort her betrachtet war die Bildung einer Stammes-Organisation der hier kaum zufällige Schritt zur Lösung der entstandenen Probleme und darüber hinaus auch für die Entwicklung von Fortschritt. In Teilen bedeutete der mittelmesolithische Völker-Rechts-Bund eine Weiterentwicklung, aber in Teilen auch eine Festschreibung und also eine Verhinderung von Weiterentwicklung. Insofern kam dem Organisationskomplex von Göbekli Tepe die hier eigentliche historische Bedeutung in der Entwicklung von Organisation zu. Doch baute dies auf falschen Voraussetzungen auf.

„Wir sind Gruppenwesen, keine Gesellschaftswesen [...]. Unser Ursprungsmilieu war weniger die Savanne als die kleine Gemeinschaft von 25 bis 29 Personen, von denen die Hälfte Kinder waren. Die Kleingruppe ist unser angemessenes Urmilieu. Erst seit der neolithischen [*mesolithischen*] Revolution vor etwa [*drei-*] zehntausend Jahren sind wir aus diesem Paradies, auf das wir uns körperlich, seelisch und geistig entwickelt haben, vertrieben. Die sich mit der Ackerbaukultur bildenden Großgesellschaften entwickeln sich nach vollkommen anderen Gesetzen. Sie folgen den Gesetzen der >Gesellschaftsmechanik<, wie Norbert Elias es nennt [...]. Die Gesellschaft ist und bleibt menschenfern, obwohl sie von uns zwangsläufig selbst gemacht wird."

Michael Lukas Moeller, Psychoanalytiker [127]

„Soziologen haben in Untersuchungen herausgefunden, dass eine >natürliche Gruppe<, die nur von Klatsch zusammengehalten wird, maximal aus 150 Personen bestehen kann. Mit mehr Menschen können wir keine engen Beziehungen pflegen, und über mehr Menschen können wir nicht effektiv tratschen. Das ist bis heute die magische Obergrenze unserer natürlichen Organisationsfähigkeit. Bis zu einer Größe von 150 Personen reichen enge Bekanntschaften und Gerüchte als Kitt für Gemeinschaften, Unternehmen, soziale Netzwerke und militärische Einheiten aus, und es sind keine Rangabzeichen, Titel und Gesetzbücher nötig, um Ordnung zu halten." [128]

„Über die längste Zeit seiner Geschichte lebte der Mensch nun in individualisierten Kleinverbänden. Jeder kannte jeden [...]. Das hat sich [*nicht erst*] in der modernen Großgesellschaft geändert. Wir leben inmitten von Menschen, die wir nicht kennen. Das agonistische System wird dadurch ständig aktiviert, und wir erleben den fremden Menschen als Stressor. Das macht

[127] Michael Lukas Moeller: Der Krieg, S. 40

[128] Harari: 40, dort auch Literatur

sich in verschiedener Weise bemerkbar. Die Auszählung der Gehgeschwindigkeit von Menschen in verschiedenen Städten ergab, dass Personen umso schneller dahinhasten, je größer die Städte sind, als wären sie in einer Art Flucht begriffen. Des Weiteren entwickelten Großstädter Strategien der Kontaktvermeidung. Erving Goffman beschrieb als >polite inattention< die Tatsache, dass man den Blickkontakt mit Fremden vermeidet, er gilt als unhöflich und herausfordernd.“ [129]

„Die neurophysiologische Ausrichtung auf eine soziale Einsicht von der Größe einer Jäger/Sammler-Gruppe – in der Regel kaum mehr als 40 Personen – war über lange Zeiträume tief verankert und erlaubte es, frühen Menschengruppen, wie auch noch heutigen Stämmen auf gleicher Stufe, in Harmonie mit der Natur und miteinander zu leben. Soziale Reaktionen, genetisch eingebettet, erhielten daher die Qualität automatischer Antworten auf bestimmte Reize. [...]. Aber die steigende Population von Ackerbau treibenden Gemeinschaften überschritt die Toleranzgrenze der biologischen Mechanismen, die den Ablauf sozialer Interaktion steuerten.“ [130]

„Im Grunde dreht sich die Geschichte nach der landwirtschaftlichen Revolution um eine einzige Frage: Wie organisierten die Menschen ihr Zusammenleben in großen Gruppen, obwohl ihnen jeglicher biologischer Instinkt dazu abging? [...] Die Gesellschaften, die daraus hervorgingen, waren nämlich weder neutral noch gerecht. [...] Man bekommt beinahe den Eindruck, als bräuchte eine komplexe Gesellschaft Hierarchien und Diskriminierung.“

Der israelische Historiker **Yuval Harari**: 168; 171

Doch ist die Entwicklung von (sogar Hoch-) Kultur sehr wohl eine echte menschliche Möglichkeit.

---

129 Irenäus Eibl-Eibesfeld: Krieg und Frieden aus der Sicht der Verhaltensforschung, S. 28 f.

130 A. David Jonas, in: Richard Fester: Weib und Macht, S. 216 f.

4.2.2 Zur Entstehung der Konzeption >Stamm<

Es muss hier offenbleiben, ob die frühmesolithische Konzeption >Stamm< ursprünglich aus dem Problem der Zusammendrängung größerer Menschenmengen aufgrund von Gebietsverlusten (Meer, Wüste) entstand oder aber aus dem Interesse einer dauerhaften Etablierung von Bündnis-Bildungen in kriegerischen Disflikt-Verhältnissen – doch ist diese Klärung auch nicht von solcher Bedeutung, da dies mit oder recht bald im Frühen Mesolithikum auf das Gleiche hinauslief.

Das Konzept >Stamm< verknüpft sich in jedem Fall damit, dass man die ursprünglich freien authentischen Beziehungs- und Sozialverhältnisse – die auf der Basis gemeinschaftlicher Kommunikation gesteuert und geklärt wurden – in *formalisierte* Beziehungs-Verhältnisse mit >Heiraten<, >Verwandtschaften< in Rollen und Rängen unter einer >Mythologie< gemeinsamer Abstammungsverhältnisse ummodelte. In der Zusammendrängung hatte die Schaffung von >Verwandtschaftsverhältnisse< die Funktion, die sozialen Spannungen zu entschärfen und >Beziehungen< auch jenseits entsprechender Gefühle zu schaffen. Weiterhin belegt sich das >Heiraten< und das Verheiraten seiner Kinder mitsamt der Absicht eines gemeinsamen Nachwuchses als Technik der Verankerung seiner Stammes- und Clan-Bündnisse. Es ist die älteste Form von Politik. Die Mythologie des >Stamms< hat darin ihre historische Ursache.

Bei den Ngarinyin-Aborigines ist noch deutlich, dass das Prinzip des >Heiratens< in dem Kontext des mittelmesolithischen Gesetz-Bund-Systems eingeführt wurde.

> „Wir hatten kein Gesetz, aber jetzt wollen wir eines machen ... ein neues, ein Gesetz über das Teilen und das Heiraten.“[131]

[131] Banggal, in: Jeff Doring: Gwion Gwion, S. 137

Auch z.B. in der chinesischen Mythologie ergibt sich der Zusammenhang zwischen den Naturkatastrophen am >Ende der Eiszeit< und der Begründung der Ehe, auch wenn diese Mythologie hier schon neolithisch überlagert ist, wo etwa das mythologische „Ur-Paar“ (in der Art von „Adam und Eva“) nun zu >Göttern< geworden sind (und in der Bibel vielmehr *Noah* entspräche):

> „Sie waren die einzigen Überlebenden der Flut und nannten sich beide Fu Xi. Als sie älter wurden, schlug der Mann vor, dass sie Kinder haben sollten. Die junge Frau war dagegen, weil sie doch Schwester und Bruder seien. Wenn ihr Bruder sie aber bei einem Wettlauf fangen könnte, so sei sie einverstanden. Fu Xi fing seine Schwester, und von da an gab es die Institution der Ehe. Sobald sie verheiratet waren, nannte die Frau sich Nu Gua.“ [132]

> „[…] das Wasser überschwemmte die ganze Erde […]. Nun brachte die Göttin [*Nu Gua*] den Menschen die Kulturgüter, sie zeigte ihnen den Anbau des Getreides und des Obstes. Sie stiftete die Ehe und gab den Menschen Heiratsregeln. Sie führt die Paare zusammen und schenkt ihnen Kinder.“ [133]

Der Name *Nu Gua* erinnert in dem zweiten Teil u.a. sehr an *Gaia,* ägyptisch *Geb,* hebräisch *Chawwah* >Eva< (*nu* bedeutet >Frau<, vgl. >Frau Holle<). Ebenso wie die im Nahen Osten entstandene Ahnen-Kult-Kultur mit den Anfängen der Nahrungsproduktion China erreichte, so belegt sich hier auch die Entsprechung der Neolithischen Revolution mit dem Götter-Kult. Die Entsprechung in der >Mythologie< und selbst in der Namensform sollte nicht unterschätzt werden, bieten sich vielfältige Hinweise und Anhalte, dass der neolithische Kult um seine zur Göttin erhobene >Mutter Erde< global ausgerichtet war, vgl. auch *Ma Ga* >Mutter Erde<

Ma Ga → 6.4.3

[132] Rachel Storm: Die Enzyklopädie der östlichen Mythologie, S. 191
[133] Helma Marx: Das Buch der Mythen, S. 334

4.2.3 Die mesolithische Neufassung der Symbolik des >Stamms<

Die frühmesolithische Stamm-Symbolik entstand aus einer Umformung der ursprünglichen *Weltenbaum*-Symbolik (→ 3.3.1). Das bedeutet, dass im Ursprünglichen der >Stamm< für >UrMutterVater; Welt, Leben/Wesen, Mensch, Geist/Kultur< = >Gott< und auf jeden Fall für die Menschheit insgesamt stand.

Die frühmesolithische Umformung der Weltenbaum- zur Stamm-Symbolik bedeutete jedoch gerade nicht, sich nun als eine spezifische Körperschaft in dem Gesamtverband der Menschheit zu verstehen. Das war vielmehr die ursprüngliche Auffassung, die auch in dem Völker-Rechts-Bund-Netzwerk neu aufgenommen wurde. Was hier nun historisch von Konsequenz war, war, dass die ursprünglich universale Symbolik nun voll und ganz für die (durch proklamierte Verwandtschaftsverhältnisse) in dem >Stamm< zusammengeschlossenen Verbände bezogen und in Anspruch genommen wird.

Man begreift sich hier also nicht mehr wie zuvor als >Teil der Menschheit<, man **ist** hier nun >die Menschheit<, auf jeden Fall das Eigentliche der Menschheit. Der eigene Stamm verkörpert die originäre Abfolge und zentrale Linie >der Ur-Ahnen< der Menschheit, wie es bei uns mit >Adam und Eva< am bekanntesten ist. Der >Rest der Welt< sind irgendwelche abgezweigten Nebenlinien, die sich >entfernt< haben und die Zugehörigkeit und Rechte des >eigentlichen Stamms< aufgegeben und also soweit auch verloren haben.

Hier hebt sich nicht etwa der ursprüngliche Grundsatz von der >Solidarität der Menschen< auf – im Gegenteil, die Stämme-Ideologie verlängert ihn zum Kollektivismus oder Sozialismus auf Kosten der Persönlichkeit und damit auch der >Würde des

Menschen<. Der ursprüngliche Grundsatz von der >Solidarität der Menschen< wird hier nun im Eigentlichen auf den eigenen Stammesverbund bezogen (auch nicht mehr wie zuvor auf die >Lebewesen< und die >Welt<), was ethnologisch als >Ethnozentrismus< [134] bekannt ist.

Viele Stämme-Namen bedeuten in ihrer Sprache >Mensch<. Das hat ursprünglich seinen Grund nicht darin, dass man damit den Anderen Kultur oder gar das Mensch-Sein absprechen wollte, sondern in der mit der Humanevolution entstandenen Kultur-Programmatik, die auf die Entwicklung von Persönlichkeit und Kultur: also auf Mensch-Sein ausgerichtet war. Mit der neuen Stämme-Bildung spricht man zunächst den Anderen weniger etwas ab, nur nichts Wichtiges mehr zu. Der eigene >Stamm< wird zum >Universum< und zum >Nabel der Welt<, um den in seinen Stammes- oder Dorf-Grenzen das neue „Bewusstsein“ kreist. Auch wenn es noch ein >Außen< gibt, wozu man ggf. auch Handelsbeziehungen unterhält, so gehört es doch nicht *eigentlich* dazu. Es zählt nicht vollwertig, es interessiert nicht wirklich, allenfalls punktuell und funktionell.

> „Die Moral der Stammesstruktur ist immer nur eine Moral für den Binnenbereich, nur für die Mitglieder des gleichen Stammes gültig. […] Immer ist der Fremde einer, der nicht zum gleichen Stamm gehört und deshalb nicht als ein vollwertiges menschliches Wesen empfunden wird. […] In einer solchen Stammesstruktur wird der Fremde mit Argwohn betrachtet, und alles Böse in einem selbst wird auf den Fremden projiziert.“ [135]

---

[134] *Ethnozentrismus*: „Es ist dies die Tendenz, die eigene Kultur als den anderen überlegen oder als >besser< als die anderen anzusehen. Die Einstellung […] ist nicht auf die westlichen Gesellschaften beschränkt, sondern scheint in allen Gesellschaften vorhanden zu sein. Es haben z.B. viele schriftlosen Gesellschaften keinen anderen Namen für sich selbst als >Die Leute<, was natürlich impliziert, dass niemand außerhalb ihrer Gruppe ein wirklicher Mensch ist [*ursprünglich* ***nicht***, *s.o.*].“ Frank Robert Vivelo: Handbuch der Kulturanthropologie, S. 46

[135] Erich Fromm: Humanismus als reale Utopie, S. 72

„Die Kulturen grenzen sich voneinander ab, als wären sie verschiedene [*biologische*] Arten […]. In Kontrastbetonung bezeichnen sich die Vertreter der jeweiligen Gruppen selbst als Menschen, alle anderen dagegen als Nichtmenschen oder nicht vollwertige Menschen.“ [136]

Dieser Sachverhalt folgt ursprünglich aus dem Verständnis der >Jugend-Initiation<, in der man tatsächlich erst zum >eigentlichen Menschen< wurde, nämlich jenseits des bloß Biologischen als >Homo< in dem erst eigentlichen kulturell erwachsenen Sinn >Mensch< (= Identität: als dem Sachverhalt, wo das Biologische durch die Aneignung der genetischen Verhaltenssteuerung auf die Ebene von Bewusstheit und seiner Steuerung gebracht wird).

In der neuen „Initiation“ (etwa mit der Beschneidung) geht es nicht mehr um Emanzipation von dem infantilen Über-Ich (= Individuation), sondern (de facto *ganz im Gegenteil*) darum, die Rechte als Stammes-Angehöriger (ggf. als Ausgangsbasis weiterer Rangstufen und Privilegien) zu erwerben. Diese Entwicklung verschärft sich mit der Ausprägung seiner Stammes-Mythologien und den entsprechenden Stammes-Traditionen (mit dem Maß der Disflikt-Probleme und der Entwicklung von >Macht<). Das geht bis in die weitere Sprach-Entwicklung hinein. Wo auf der *Kulturstufe des Mesolithikums* beständige Kriegsverhältnisse aufreißen – wofür sich bei allen neolithischen Einflüssen etwa Papua-Neuguinea als Paradebeispiel nehmen lässt -, da spricht bald jeder >Stamm< seine eigene Sprache.

Diese Entwicklung bedeutete nicht bloß die historische Begründung der Kleingeistigkeit, von Eingeborenentum und Unbewusstheit. Es bedeutete auch den Verlust des Verstehens des zentralen humanevolutionär entwickelten *Kultur*-Begriffs >Mensch< selbst. Der Begriff >Mensch< erhält hier als >Stammes-Name< die Bedeutung >Stammes-Angehöriger<, entsprechend der Begriff >Kultur< den Inhalt >Stammes-

[136] Irenäus Eibl-Eibesfeld: Krieg und Frieden, S.147

tradition<. Man weiß zwar nicht mehr, was >Kultur< eigentlich ist (nämlich die gemeinschaftliche Steuerung seiner biologischen Verhaltens-Anlage per Kommunikation), aber ohne jeden Zweifel, dass die eigene „Kultur“ *der* Inbegriff von Kultur überhaupt ist, ggf. sogar „Hochkultur“. Das damit verbundene Bewusstsein ist quasi gänzlich vom Innersozialen her bestimmt – darin liegt die Ursache der schon im Neolithikum aufkommenden ökologischen Probleme (→ 6.3).

Bezeichnend ist auch die Umformung von *Mensch* zu >Mann< (→ 4.3.1). Selbst darin ist der Begriff >Mann< **kein** Geschlechtsbegriff, sondern aufgrund der Mutation in der Stämme-Kultur ein **Status**-Begriff, der in diesem Fall durch das Kriegerische definiert ist (entsprechend *Wer/Wehr* wie in *Werwolf,* lat. *vir* usw.). In der vollen Form schlägt dies erst im Kontext der metallenen patriarchalen Revolution durch, doch die Ansätze dazu liegen schon in der Mesolithischen Revolution, evtl. auch schon in der neuen Form der Initiation mit der Beschneidung.

Die Gegner sind hier keine >Menschen< mehr, mit denen man einen *Konflikt* etwa um Ressourcen hat. Sie sind vielmehr >das Böse<: >Terroristen< oder gar >Ungeziefer<, das entsprechend zu bekämpfen und evtl. auszurotten ist. Sicher kommt diese eskalative Sicht erst mit der Zeit auf, in schon scharfer Form wohl am Ende des Späten Mesolithikums. Doch hat die Linie bis hin zu Auschwitz in der Stämme->Mythologie< der Mesolithischen Revolution ihren Ursprung.

4.3 Die Entstehung der Rollen-Kultur und des Rollen-Verhaltens

„Man kann z.B. die Ausübung von Herrschaft in modernen politischen Institutionen nicht völlig verstehen ohne einige Vertrautheit mit Gesellschaften, in denen es keine politische Herrschaft gibt und formale Institutionen der Rechtspflege fehlen."

Frank Robert Vivelo: Handbuch der Kulturanthropologie, S. 39

Bezeichnender-, aber auch schwierigerweise werden zwei an sich grundlegend verschiedene Sachverhalte unter ein und demselben Begriff >Rolle< gefasst: zum einen eine **soziologische *Funktion*** und zum anderen eine **neuropsychologische Stufe** der Verhaltens-Entwicklung.

Doch ist dieser Zusammenhang alles andere als Zufall. Denn er entstand als ein Aspekt in der Mesolithischen Revolution in dem Kontext der Ausprägung der neuartigen Sozialanlage namens >Stamm<.

Es ist nun zu sehen, dass es dieser Zusammenhang war, der historisch die Entwicklung von Fortschritt begründete.

Er ermöglichte über die Arbeitsteilung Fachqualifikationen mit neuartigen gesellschaftlichen Leistungen und entsprechende Einrichtungen von Institutionen, die diesen Entwicklungen eine soziale Basis boten. Doch ist es gleichermaßen dieser Zusammenhang, der historisch die Fehlentwicklungen zu Macht, Gewalt, Barbareien und einer degenerativen und anthropologisch falsch ausgerichteten Persönlichkeits-Bildung und –Anlage begründete.

Noch immer wird in der historischen Wirkung dieses Zusammenhangs gemeinhin der alles entscheidende Unterschied zwischen diesen beiden Dimensionen nicht zureichend erfasst. Doch ist genau die Herausarbeitung dieses Unterschieds die entscheidende Aufgabe einer wirklichen Historiologie. Denn erst, wo dieser Unterschied zureichend erfasst wird, lässt sich die Entwicklung von gesellschaftlichem Fortschritt von dem Problem der historisch falschen Grundlagen und der daraus begründeten Fehlentwicklungen abtrennen und die bisherige Ambivalenz der gesellschaftlichen Entwicklung auflösen.

Es geht nicht darum, in Technik oder in funktionellen Rollen an sich das Problem zu sehen. Auch Rollen und Institutionen sind – nur auf der sozialen Ebene - Techniken und Mittel, und ganz ohne Zweifel lässt sich ein kultureller Fortschritt nur mittels Technologie und Rollen-Funktionen entwickeln.

Doch handelt es sich auch bei Rollen-Funktionen um >Mittel<, und von daher hängen der Sinn der >Mittel< und ihre Folgen unabdingbar an ihren Voraussetzungen. Sofern das humanevolutionäre Primat des Menschen in der Persönlichkeits-Entwicklung und in der Anlage der Sozialverhältnisse gesichert ist, lässt sich mittels Technologie und Rollen-Funktionen kultureller Fortschritt entwickeln.

Es geht hier also nicht darum, den seit der Mesolithischen Revolution in Erscheinung tretenden Bestand der Entwicklung von Rollen und Institutionen an sich zu problematisieren – in gewisser Weise im Gegenteil, hatte die Entwicklung von Fortschritt darin eine ihrer Grundlagen.

Doch haben wir allen Grund, die *Voraussetzungen und Hintergründe* dieser historischen Entwicklung von Rollen zu problematisieren. Hier liegen psychologisch und deswegen auch gesellschaftlich die Hintergründe der historischen Fehlentwicklungen in der Persönlichkeit, der sozialen Interaktion (samt >Sprache<) und der Anlage der Gemeinwesen bis letztlich zum Faschismus und den Weltkriegen. Mögen sich die Probleme bis zum Beginn des Späten Mesolithikums aus diesem Blickwinkel noch sehr in Grenzen halten, so ist doch der historische Ausgang dieser Problematik letztlich auf die Voraussetzungen der Mesolithischen Revolution zurückzuführen.

Hier liegen nicht nur die historisch systematischen Anfänge des >Eingeborenentums< und des Problems der Gehorsamsbereitschaft (> *Milgram*). Hier liegen auch die Anfänge des Militarismus (→ 4.4) infolge einer auf den Kopf gestellten Initiations-Praxis (wofür der hier aufgekommene Zwang zur Beschneidung ein deutlicher Anhalt ist – hat die Gehorsamsbereitschaft [oder die soziale Zerstörung der Entwicklung der Autonomiefähigkeit] hier *effektive* historische Wurzeln).

In Entsprechung zu der seitdem entmündigenden Initiations-Praxis entsteht eine *Führer*-Schicht, die angesichts des entstandenen sozialen Chaos die soziale Organisation betreibt. Mag diese Führer-Schicht aus der ursprünglichen gemeinschaftlichen Kommunikation zuerst als eine Art repräsentativer Demokratie (Vertreter der verschiedenen >Verbände< des Stamms) hervorgegangen sein, so verselbständigt sich deren Aktivität aufgrund der Anforderungen bereits im Verlauf des Mittleren Mesolithikums selbst, wenn in dieser Ära noch aus effektiv sozialer Motivation (s. hierzu das Beispiel bei den Ngarinyin-Aborigines → 3.2.1, → 4.1.2). Doch schon das Späte Mesolithikum ist soweit bislang endgültig von dem Aufkommen von Macht, Herrschaft, Privilegien und sozialen Gegensätzen usw. gekennzeichnet.

Der entscheidende Sachverhalt ist, dass die im Mittleren Mesolithikum aufkommende Sozialentwicklung nicht mehr wie humanevolutionär ursprünglich auf Persönlichkeit und einer gemeinschaftlichen Kommunikation als der einzig realen Subjekt-Basis des Menschen aufbaut, sondern in dem Verlust der Fähigkeit zu gemeinschaftlicher Kommunikation *an ihre Stelle* tritt.

Die Stämme-Mythologie ist hier entsprechend bezeichnend. Es entstehen hier nicht bloß autoritäre Führungs-Strukturen mit

Hierarchien. Weit mehr tritt hier eine „Mythologie“ als *Macht* in das **zwischen**menschliche Sozialleben. Sie tritt an die Stelle, die gemeinschaftlich nicht mehr als *Kommunikation* und *Reflexion* beherrscht wird. Dies geschieht am Ende des Epipaläolithikums passiv als Ersatz von Kultur, doch schon mit der Mesolithischen Revolution in aktiver Form als Grundlage der Sitten und Gesetze der neuen Sozialorganisation, die damit der sozialen Reflexion und Disposition *entzogen* wird – woraus die weiteren historischen Fehlentwicklungen unweigerlich folgen. Es sind nicht die Personen, sondern es ist dieser neuartige „Mythologie“ und die neue Form von >Sprache<, was Unbewusstheit, das Psychopathologische, das Eingeborenentum und umgekehrt die Entwicklung von „Macht“ in all ihren Komponenten konstituiert (zu **MaGa*: *Machen – Macht – Magie* → 6.4).

So sehr mit der neuen Sozialorganisation >Stamm< auch funktionale Rollen in der gesellschaftlichen Organisation begründet werden, die tatsächlich auch zur Basis der Entwicklung von Fortschritt werden, so sehr begründet sich diese Entwicklung aus dem historischen Kontext von Notstandsproblemen mit einem substanziellen Mangel an Kultur und Persönlichkeits-Entwicklung. Die >Rollen< sind hier also keine *Erweiterung* in der Ausbildung der Persönlichkeit in Beherrschung von Verhalten, Sprache, Kommunikation, Interaktion, Kultur und Konfliktfähigkeit um bestimmte fachliche Qualifikationen, was erst wirklichen Fortschritt ergäbe. Sie treten vielmehr *an die Stelle* der Persönlichkeits-Entwicklung und werden später gar zum Inbegriff von „Persönlichkeit“, wie es sich schon in dem Wort *Person* (>Maske< von >Theater-Rolle<) selbst belegt.

Bedeutet die menschliche Persönlichkeit nicht mehr Identität und die Fähigkeit zu Beziehungen und zu Gemeinschaftlichkeit, entstehen auf der Ebene von >Rollen< natürlich ganz andere „Großartigkeiten“ an >Persönlichkeit<, >Macht<, >Göttern< und >(Hoch-) Kultur< wie etwa die ja durchaus hohen Pyramiden Ägyptens usw. Die gesellschaftlichen Folgen verweisen jedoch auf Anderes.

In Bezug auf die historische Ausgangslage lässt sich etwa feststellen:

> „Ein anderes Charakteristikum der Wildbeutergesellschaften ist das *Fehlen von formal definierten Führungspositionen.* Niemand hat in einer Wildbeutergesellschaft irgendwelche Macht oder Autorität (im Unterschied zu Einfluss) über eine Gruppe. Niemand kann irgendjemandem anderen sagen, was er tun soll, weil niemand auf ihn hören würde; und niemand hat die Macht, andere zu zwingen, auf ihn zu hören. Es gibt jedoch eine Art von informeller Führung, die mit dem Begriff *primus inter pares* (>Erster unter Gleichen<) bezeichnet wird. Ein Führer dieses Typus übt keine Zwangsgewalt aus. [...] Eine Person, der der Status des *primus inter pares* zugestanden wird, ist jemand, der tüchtige Leistungen bei der Jagd oder einer anderen hoch bewerteten Tätigkeit erbringt, seine oder ihre Familie gut versorgt, sich vernünftig beträgt und so fort. Er oder sie ist, kurz gesagt, ein Individuum, welches das, was man von einer Person erwarten kann, gut macht und jene Qualitäten und Persönlichkeitszüge aufweist, die von der Gruppe bewundert werden. […] Es gibt in den Wildbeutergesellschaften keine *Arbeitsspezialisierung.*“ [137]

Doch ist auch der hier beschriebene Sachverhalt schon nicht mehr ganz der humanevolutionär entwickelte. So sehr es von dem evolutionären Erbe immer auch gewisse Führungs-Persönlichkeiten geben mag, so sehr bestand ihre Aufgabe entsprechend der alten Formen von Schamanismus (und ihrer späteren Form als die ersten >Richter<) darin, ihre Fähigkeit und Führung dazu zu verwenden, bei Problemen für einen sozialen Ausgleich und eine gleichwertige Kommunikation zwischen den Erwachsenen zu sorgen. Denn das lebens*fähige* und *–freudige* Sozialleben des Homo sapiens basiert auf Kommunikation und also auf der Persönlichkeit aller, so unterschiedlich sie auch ist.

[137] Frank Robert Vivelo: Handbuch der Kulturanthropologie, S. 73 f.

Ein wirklicher Fortschritt ist nur unter dieser Voraussetzung möglich und baut unabdingbar auf ihr auf. Dies aber war historisch nicht der Fall. So großartig auch die Leistung wirklicher Führungs-Persönlichkeiten war, bei dem Aufkommen der unzureichenden Fähigkeit zu gemeinschaftlicher Kommunikation ersatzweise die notwendigen Sozialfunktionen zu übernehmen, so konnte dies doch angesichts der menschlichen Anlage nur eine vorübergehende Notstands-Hilfsmaßnahme sein. Dass diese Notstands-Hilfsmaßnahme in dem mittelmesolithischen Völker-Rechts-Bund-Netzwerk zumindest in Teilen wie etwa in Australien zu einem Dauerzustand wurde, ist als Beleg für das Ausmaß des Notstands, des Ausmaßes an Disflikt- oder auch an jugendlichen Aggressions-Problemen (Beschneidung!) wie auch des Verlustes an Kultur zu werten.

Doch hielt sich das Problem in Australien noch in Grenzen. Im Nahen Osten mutiert das Sozialleben mit dem Späten Mesolithikum im Eigentlichen zur Rollen-Existenz. Nun kommt es auf Abstammung, Geburtstitel, Verwandtschaften und >Positionen< an. Im Süden des Nahen Ostens vollzieht sich dies als Ahnen-Kult-Kultur. Es spricht einiges dafür, dass sich dies in Parallele im Norden wie insbesondere in Göbekli Tepe mehr als Oberschicht und der Begründung der Konzeption des >Adels< ausbildet (s.u.).

Es ist, wie gesagt, ***dieser*** Sachverhalt, der in Wirklichkeit die psychosoziale Basis der hier (erst) nun einsetzenden >Fortschritts-Entwicklung< stellt. Diese >Fortschritts-Entwicklung< baut hier soweit auf der Entwicklung einer Rollen-Kultur auf.

Der spätmesolithische Kult-Komplex von Göbekli Tepe ist, soweit bislang ersichtlich, der erstmalige historische Ausdruck dessen, dass man nun „Kultur“ als *Staffage* seiner „Macht“ verwendet, worauf die weitere Entwicklung von „Kultur“ in der bisherigen Kern-Linie (über die Pyramiden über Versailles) basiert. Natürlich dürfte diese Inszenierung von Göbekli Tepe samt ihrer ausgeprägten Aggressions-Symbolik ihre Gründe spiegeln: die vielfältige Bedrohung dieser Gegend in einer komplexen Situation aus äußeren und inneren Disflikten (→ 5.4 f.).

Ganz in diesem Gefolge gilt in der Tat: „Wir alle spielen Theater“ – so das in Teilen immer noch aktuelle und wichtige Buch von Erving Goffman. Doch so sehr dieser Sachverhalt weit verbreitet ist, so darf er doch nicht mit *Kultur* im humanevolutionär ursprünglichen Sinn verwechselt werden. Das brächte doch eine reichliche Ahnungslosigkeit in Bezug auf Identität und >Leben< zum Ausdruck. Das große menschliche Interesse an Spielerischem bedeutet nicht, dass darin schon alles begriffen werden könnte. Das echte Spielerische ist durch selbst gesetzte Regeln samt einem zeitlich begrenzten Rahmen bestimmt. Darin unterscheidet es sich vom Gesellschafts-Theater und von Psychopathologie. Dazu:

> „Wenn die Rolle die Persönlichkeit beherrscht, wenn das Ganze in der Rolle untergeht (wenn die Rolle sich verselbständigt), wenn man […] den Menschen nicht mehr hinter Maske und Kostüm sehen oder fassen kann, ist die Diagnose >schizoide Persönlichkeit< gerechtfertigt.“ [138]
>
> „Das schizoide Verhalten unterscheidet sich in grundlegenden Aspekten vom normalen Verhalten. […] Es beruht auf Rationalisierungen [...] und Rollenspiel und wurzelt nicht in echtem Gefühl. Der schizoide Mensch kann also funktionieren, aber seine Art zu leben erinnert an das Funktionieren von Automaten.“ (ebd. S. 51)

Dies ist in erster Linie auf die Logik einer gesellschaftlichen Organisation und ihres Bildungsprogramms anzuwenden. Ein entsprechendes *Haben statt Sein* (> Erich Fromm) ist Ausdruck dessen und dient der Ausstaffierung von >Rollen<…

Mn kann diese Entwicklung, wo sie historisch von Bedeutung wird, nicht bloß als >Theater< und Psychopathologie begrei-

---

[138] Alexander Lowen: Der Verrat am Körper, S. 36

fen. Diese >Inszenierungen< wie ab dem Neolithikum die großen Götter-Kulte haben eine reale gesellschaftliche Funktion, und in dieser gesellschaftlichen Funktion haben sie in Teilen auch eine echte Produktivität. Diese Inszenierungen waren im Nahen Osten die Alternative zu dem Aufkommen von Verhältnissen wie in Papua-Neuguinea, und sie stellen die Grundlagen der Neolithischen Revolution und der weiteren bisherigen historischen Entwicklung. Doch kommt es nun auf alles darauf an, diese Entwicklung menschlich zu verarbeiten und wieder zum Subjekt seiner Verhältnisse und seines eigenen Selbst zu werden.

S. zu diesen bezeichnenden Symbolen → S. 354

4.3.1 Die Erfindung der >Geschlechts-Rollen<

Das Konzept >Stamm< verknüpft sich in jedem Fall damit, dass man das soziale Chaos durch formalisierte Beziehungs-Verhältnisse mit >Heiraten< und >Verwandtschaften< unter einer „mythologischen“ Konzeption >gemeinsamer Abstammungsverhältnisse< zu lösen versuchte. In dieser *Spaltung* der ursprünglichen Gemeinschaft in >Gesellschaft< und >Soziales< sowie u.a. in >Politisch< und >Privat< brauchte es eine neue Sozialorganisation auch seiner Basis. Dazu schuf man die >Ehe<, die früher durchaus eine Mehr-Männer- und eine Mehr-Frauen-Ehe sein konnte. Was sich weiterhin historisch belegt, ist, dass das >Heiraten< und das Verheiraten seiner Kinder (mitsamt der Zielsetzung von gemeinsamem Nachwuchs) die Technik der Verankerung seiner Stammes- und Clan-Bündnisse war. Es war die erste Form von Politik.

Von daher ist mit dieser Stämme-Ideologie gleichzeitig eine Geschlechts-Ideologie verbunden. Dies belegt sich u.a. in der neuen Form der Initiation u.a. mit der männlichen Beschneidung und darin, dass die nahöstlichen Sprachen wie im Besonderen das >Indogermanische< und das >Semitisch/Afroasiatische< „die eigenartige Erscheinung des grammatischen Geschlechts besitzen.“ [139]

Dies deutet darauf, dass die Entwicklung der >Stämme< hier auch mit kriegerischen Disflikten verbunden gewesen sein müssen, wofür auch das baldige Aufkommen des Völker-Rechts-Bund-Netzwerkes als deren Lösungs-Versuch spricht. Doch da dieser Rechts-Bund im Nahen Osten zeitlich und räumlich nur eine begrenzte Wirkung erreicht, tritt diese Stämme-Konzeption sowohl in Göbekli Tepe (in der Paar-Symbolik der T-förmigen Säulen im Zentrum einer jeweiligen Anlage) als auch in dem Konzept der Ahnen-Kult-Kultur, die sich im Raum Jericho begründet, wieder in Erscheinung.

Bestimmte Einzelheiten in der Entwicklung einer sich ausprägenden Geschlechts-Philosophie (>Gender<) sind für diese Zeit bislang nicht genauer fassbar, doch in ihrem Aufkommen und ihrer Ausprägung wesentlich mit dem Mesolithikum zu verbinden.

So dürfte auch die Bildung des >grammatischen Geschlechts< wie insgesamt die der Flexion auf das Späte Mesolithikum anzusetzen sein. Dieser Sachverhalt des „grammatischen Geschlechts“ zeigt, wie ausufernd dies wurde: *die* Sonne – *der* Mond, *der* Tag – *die* Nacht, *die* Erde – *der* Himmel, *der* Hund – *die* Katze, *der* Baum – *die Buche/Eiche, die* Eule – *der* Adler, *die* Donau – *der* („Vater“) Rhein usw. Es ging hier keineswegs um bloße >Grammatik<.

Viele dieser geschlechtlichen Artikel sind kein Zufall, sondern leiten sich aus einer entsprechenden Symbol-Entwicklung (auch >Götter<) ab. Einige Sachverhalte deuten auf eine matriarchale Tradition und einige auf den Disflikt zwischen matriar-

[139] Ernst Meyer, in: Anton Scherer: Die Urheimat der Indogermanen, S. 280

chalen und patriarchalen Traditionen (so sind bei uns Flussnamen im Prinzip weiblich, aber bei einigen großen Flüssen wie insbesondere >Vater< *Rhein* hat sich das Patriarchale durchgesetzt. Man beachte jedoch, dass bei uns *die* Sonne >weiblich< geblieben ist – die für das Patriarchale so bedeutsame Konzeption des >Sonnengottes< hatte sich hier allgemeiner *nicht* durchgesetzt).

Wenn manche angesichts unserer patriarchalen Tradition das zweigeschlechtliche Modell als Lösung empfinden, doch bleibt doch festzustellen, dass dieses geschlechtsstereotype Weltbild, selbst wenn es zuerst von der Gleichwertigkeit der Geschlechter ausging, in sich selbst doch die spätere Ungleichwertigkeit begründete, erhielt mit dem Ackerbau *die* Sonne nun mal eine andere Bedeutung als *der* Mond, *der* Tag eine andere als *die* Nacht usw.

Doch ist dieses damalige Aufkommen der Geschlechts-Rollen-Ideologie schon Ausdruck von Notstandsproblemen, wo die Entwicklung von Kultur und Persönlichkeit hinter die humanevolutionäre Entwicklung zurückfällt.

Denn es handelt sich bei >Frau< und >Mann< keineswegs, wie gemeinhin angenommen wird, um einen natürlichen und biologischen Sachverhalt beim Menschen, wie es sich schon an den Wortbildungen selbst belegt. Weder >Frau< noch >Mann< sind ursprünglich Geschlechtsbegriffe. Es sind Beides in dieser Form *Status*-Begriffe, *Frau* von etwa **fro* >Herr< analog zu skand. *kvinne* >Frau< – engl. *queen* usw. Wenn *Mann* ursprachlich als >Mensch< zu deuten ist, verweist unsere Semantik auf die patriarchale Tradition, aber auch da war das Geschlecht lediglich eine Status-Komponente und die Krieger-Initiation (s.u.) ihre mindeste Voraussetzung.

Damit soll nicht bestritten werden, dass auch beim Menschen das Geschlecht über das Genitale hinaus von Wirkung wäre. Die kulturelle Evolution hat mitnichten jegliche Biologie beim Menschen ausgelöscht (die Geschlechtsreife entsteht nicht bloß bei entsprechender Erziehung dazu).

Dennoch wäre es abstrus, den gerade hier entscheidenden Unterschied zwischen >Mensch< und >Tier< zu verkennen. Die Humanevolution lief auf die Entwicklung von Kultur, Persönlichkeit und Individualität hinaus, und dies evolutionär substanziell *notwendig*. Denn allein die Fähigkeit zu Kommunikation und die Konfliktfähigkeit insbesondere im Geschlechter-Verhältnis war die Alternative zu innersozialen Macht- und Konkurrenz-Kämpfen, die bei der höheren Großhirn-Intelligenz im sozialen Selbstruin endeten, so bereits komplett bei der der Humanevolution vorausgehenden Stufe der Hominiden.

Anders als bei den Tieren endet von daher die menschliche Sozialisations-Entwicklung nicht schon mit der Geschlechtsreife. Ganz infolge entsprechender Bemühungen kam es humanevolutionär zu dem neuen Moratorium namens >Pubertät< oder >Jugend< zwecks Entwicklung von Kultur und Persönlichkeit gerade auch angesichts der Geschlechter-Thematik. Denn diese Entwicklung ließ sich erst ab dem Erreichen der Geschlechtsreife bearbeiten, und *hierum* geht es letztlich bei der >Drachen<-Symbolik der Jugend-Initiation (vgl. u.a. *draikà* litauisch >Brunstzeit<, *drāga* serbokroatisch >Schatz, Geliebte<; dt. in *trächtig* usw.). Dass der Jüngling erst den >Drachen< besiegen muss, um dadurch seine >Prinzessin< zu erhalten, das ist nur die patriarchale Version der Kinderfassung. In Wirklichkeit müssen Frauen ebenso durch den „Drachen-Kampf" = der Emanzipation vom Infantilen [*Cinderella-Komplex*] [140] hindurch, um zu einer *echten* Beziehung fähig zu werden. Verlieben und Anhänglichkeit machen beim Menschen noch keine erwachsene Beziehung.

Die Geschlechts-Ideologie ist Ausdruck dessen, dass in dieser Ära die Persönlichkeits-Entwicklung in der Pubertät stecken blieb, da man hier mit der Geschlechtsreife auch schon zur Nachwuchs-Produktion in festen Ehen überging). Damit stellte sich das Geschlechter-Thema auf den Kopf. Bei der entsprechenden Jugend-Initiation ging es nun nicht mehr darum, Per-

[140] S. dazu etwa: Colette Dowling: Der Cinderella-Komplex

sönlichkeit zwecks Konfliktfähigkeit zwecks Eros und Beziehungsfähigkeit zu erwerben, sondern nun darum, „Mann“ bzw. „Frau“ zu werden, was man biologisch bereits war - das zeigt den geistigen Kurzschluss: mit recht fatalen Folgen.

Denn real begründet sich damit für den „Mann“ die „Wehrpflicht“ und für die „Frau“ die Gebärpflicht („seid fruchtbar und mehret euch“). Auch hier ist die Sprache wieder beredt. Denn *Wehr* und *wer* >Mann< - der ursprüngliche deutsche Geschlechtsbegriff statt „Mann“ – dürften ursprünglich identisch sein (vgl. dazu lat. *vir* >(Gegensatz zu Weib + Kind) Mann, Ehemann, Krieger, Held< [Stowasser: *vir*], *vīrá-ḥ* altindisch >Mann, Held< (Duden Herkunftswörterbuch: *Werwolf*), im Deutschen noch in dem bezeichnenden Relikt *Werwolf* enthalten. Dass sich das Wort *wer* >Mann< im Verlauf des Mittelalters verliert, hat seine Ursache im Feudalismus, wo die ge*mein*e Bevölkerung zum *man* = rechtlich unselbständigen >Gefolge< wird).

Erst diese mesolithische *Ideologie* hat den >Mann< zum „Krieger“ *erklärt* und in der neuen Initiations-Praxis auch *gemacht*. Ist diese Geschlechter-*Tendenz* auch kein Zufall, so haben die „Wehrpflicht“ (übrigens auch in der Moderne) und viele andere Maßnahmen den Hintergrund, dass das Kriegerische und das Töten von Menschen in diesen Formen bei Männern gerade *nicht* vorausgesetzt werden können. Man hätte in der Französischen Revolution die „Wehrpflicht“ nicht in Zwangsform eingeführt, wenn die vorausgehenden Aufrufe hinreichend gezündet hätten. Angesichts des Krieges rechnet ein Hitler vor: „An der Front kann man sterben, als Deserteur muss man sterben.“ [141] Sowohl die Durchführung der „Wehrpflicht“ als auch die konkrete Militärstrategie basierte von je her auf der Rechnung, dass das Mitmachen das potentiell geringere Risiko und Übel darstellte als das Verweigern.

---

[141] zitiert nach: Norbert Haase: Deutsche Deserteure, S. 37

Dieser Sachverhalt beginnt mit dem Mittleren Mesolithikum mit der nun auf den Kopf gestellten Jugend-Initiation mit der männlichen Beschneidung. Man beachte: unter etablierten Verhältnissen konnte dem kein männlicher Jugendlicher entgehen. Weder waren sie alt genug, um sich dem wirklich entziehen zu können, und selbst wenn es gelungen wäre, so hätte sie in diesem Kulturbereich keine Existenzmöglichkeit mehr gehabt. „Ein Mann mit Vorhaut gehört nicht zum Gesetz.“ [142] Er wäre ein >out-law<, ohne Chance zu einer normalen sozialen Existenz.

Das Aufkommen eines expliziteren Kriegertums deutet sich erstmalig in Göbekli Tepe (→ 5.4) in der Leoparden-Symbolik an, die sich im Nachfolgenden bis hin zu Çatal Höyük verbreitet findet (s. hier insbesondere → 5.5.2.2). Eine Fortsetzung dieser Ansätze, die ich freilich *in dieser Form* erst für ab dem späten Neolithikum ansetzen würde, findet sich bei den Germanen unter den Stichwörtern >Werwolf< (Wolf) und >Berserker< (>in einer Bärenhaut<). Dazu z.B.:

> „Bei den Taifalern musste der junge Mann ein Wildschwein oder einen Bären erlegen und bei den Herulern ohne Waffen kämpfen. Durch diese Prüfungen erwarb sich der Anwärter die Lebensweise eines Wilden; er wurde in dem Maße zum gefürchteten Krieger, als er sich wie ein Raubtier benahm.“ [143]

> „Viele indoeuropäische und turko-mongolische Stämme trugen Raubtiernamen (vor allem den des Wolfs) und hielten sich für Abkömmlinge eines mythischen Tierahnen. Zu den militärischen Initiationen der Indoeuropäer gehörte auch eine rituelle Transformation in einen Wolf: der vorbildliche Krieger eignete sich das Verhalten eines Raubtieres an.“ [144]

---

[142] So in Australien, in: Jeff Doring: Gwion Gwion, S. 223

[143] Mircea Eliade: Geschichte der religiösen Ideen, Band I, S. 144

[144] Mircea Eliade: Geschichte der religiösen Ideen, Band I, S. 44

Wenn diese Praktiken zum Bestandteil der männlichen Sozialisation sowie der *gesellschaftlichen* Männlichkeits-Ideologie (an der auf ihre Weise auch die Frauen teilhaben) werden, darf man sich über die Folgen nicht wundern. Es muss hier überhaupt nicht Abrede gestellt werden, dass es hierbei ursprünglich tatsächlich nur um ein *Wehren* ging. Wo aber dies in relevanter Form in Recht und >Mode< zum Bestandteil einer Männlichkeits-Ideologie wird, ist damit auch besagt, dass sie zum Bestandteil sozialer und auch erotischer Attraktivität wird. Und daraus folgt in sich, dass diese ganz am Anfang zur *Wehr* angelegte Form zu Imponierverhalten und also zu einer der aktiven Betätigung führt, sprich, wie es sich auch historisch zeigt: zu Kriegertum mit entsprechenden Kriegszügen. Der *wer* wird nicht nur zum „Mann" zum „Krieger", sondern eben auch zum „Helden" (s.o. lat. *vir,* altindisch *vīrá-ḥ*) – und damit auch zum >Werwolf<. Mag den Frauen diese Konsequenz nicht immer gefallen (den Männern auch nicht), so sind es doch ihre Reaktionen auf diese „Männlichkeit", die die wichtigste Komponente in dieser Motivation jenseits akuter Kriegsprobleme darstellt. Das ist schon bei den Gorillas der Fall.

Die weibliche Geschlechtsrolle

Für die Frauen hatte die neuartige Geschlechts-Rolle nicht weniger problematische Konsequenzen. Denn dass es hier bald zu einer deutlichen Bevölkerungs-Explosion sowie zu einer *deutlichen* Verkleinerung in der Körpergröße und einer in Teilen nachweislich deutlich gesteigerten Kindersterblichkeit kam, die auch mit einer gesteigerten Sterblichkeit der Frauen einhergegangen sein dürfte (was sich bei der deutlich besseren Fundlage im Neolithikum belegt), hat in dieser Geschlechtsrolle und in letztlich nichts Anderem seine Ursache.

„Sicher ist, dass mit der Sesshaftwerdung eine rasche Zunahme der Bevölkerung einsetzte [...].“ [145]

„Mit der Gründung fester Siedlungen […] wuchs auch die Bevölkerung. Nachdem die Menschen sesshaft geworden waren, konnten Frauen jedes Jahr ein Kind zur Welt bringen. Babys wurden eher abgestillt, an die Stelle der Muttermilch traten Haferschleim und Getreidebreie. […] Da die Menschen in schmutzigen und verkeimten Siedlungen lebten, die Kinder mehr Getreide und weniger Muttermilch bekamen und jedes Kind mit immer mehr Geschwistern um den Haferschleim konkurrierte, schoss die Kindersterblichkeit in die Höhe. […] Die Kinder starben wie die Fliegen.“ (Harari: 111 f.)

Verbuttung: „Unter **Verbuttung** versteht man den überproportionalen Anstieg der Individuenzahl einer Fischpopulation bei auffallender Zwergwüchsigkeit. Insgesamt sinkt die Durchschnittsgröße der Tiere und die Geschlechtsreife tritt früher ein. […] Verbuttung wird fast ausschließlich in bewirtschafteten Gewässern beobachtet und hat anthropogene Ursachen. In Naturgewässern ohne menschliche Eingriffe ist das Phänomen der Verbuttung weitgehend unbekannt. […] Eine Folge der Verbuttung ist, bedingt durch den dadurch ausgelösten Nahrungsmangel, eine hohe intraspezifische Konkurrenz und die dadurch ausgelöste Kleinwüchsigkeit.“

(Wikipedia: *Verbuttung*)

Damals sank im Nahen Osten die Durchschnittsgröße der Menschen um satte **15 cm** → 5.1

Folgende Aussage gilt für die Neolithisierung in unserem Gebiet (Kultur der Bandkeramiker). Doch dürfte sich das hierbei

[145] Fischer Weltgeschichte Band 2, S. 23; s. auch: Lewis Mumford: Mythos der Maschine, S. 171

Entscheidende mit der aus dem Nahen Oster importierten weiblichen Geschlechtsrolle verknüpfen. Die Lebenserwartung sank hier

> „mit der Neolithisierung speziell für die Frauen drastisch ab. […] Die meisten Frauen starben im dritten Lebensjahrzehnt. […] Als wichtiger Faktor, der die Lebenserwartung der Frauen herabsetzte, wird ihre Belastung durch die sehr früh und dann in kurzen Abständen aufeinander folgenden Schwangerschaften vermutet. [...] Neben den Schwangerschaften war für den weiblichen Organismus auch das Stillen sehr belastend, dem heute ein Mehrbedarf von ca. 600 kal. am Tag zugeschrieben wird. Diese Kalorienmenge konnten die bandkeramischen Frauen in Anbetracht der zumindest phasenweise prekären Ernährungssituation wohl häufig nicht decken. Die Stillzeiten konnten durch das Zufüttern von Getreidebrei zwar verkürzt werden, doch dürfte diese Maßnahme nur kurzfristig Entlastung geboten haben: Im allgemeinen steigt mit einer frühen Entwöhnung der Kinder die in der Stillzeit herabgesetzte Fruchtbarkeit der Frauen wieder an, was letztlich die Geburtenfolge nur weiter beschleunigt.“ [146]

4.3.2 Zur Bevölkerungsexplosion (I)

Insgesamt ist in dieser Sache festzustellen, dass sich die bald deutlich werdende Bevölkerungs-Explosion nicht eigentlich in der Sesshaftwerdung erklärt. Das kausale Verhältnis scheint eher umgekehrt gelegen zu haben. Die infolge der Geschlechts-Ideologie der Stämme erhöhte Taktung der Geburtenfolge erlaubte nicht mehr so viel Mobilität. Mehr noch zeigt die (erst) spätmesolithische Entwicklung der Ahnen-Kult-Kultur (→

[146] Brigitte Röder, in: Bärbel Auffermann & Gerd-Christian Weniger: Frauen – Zeiten – Spuren., S. 260 f.

5.3), dass die Sesshaftigkeit eine erst sekundäre Folge bestimmter Mental-Entwicklungen war: dass historisch erst hiermit eine *effektiv* territoriale Ausrichtung aufkommt. Bis dahin war ein territoriales Moment lediglich unmittelbaren Problemstellungen in der Ressourcen-Lage geschuldet und nicht an einen Ort gebunden. Nimmt man hier die mittelmesolithische Konzeption der Aborigines als Anhalt, so gibt es dort nur einen weiten groben Territorial-Bezug, das erheblich Genauere verknüpft sich mit den Regelungen der Ressourcen. Ein effektiver Bezug auf feste Standorte entsteht historisch allgemein erst in der Auffassung der Ahnen-Kult-Kultur (nämlich in Verbindung mit den Grabstätten seiner Ahnen → 5.3.2) – obwohl auch zu diesem Zeitpunkt eine ständige Ansässigkeit allenfalls in Ausnahmen möglich war. Dazu verfügte man zunächst noch nicht (genug) über Techniken der Nahrungsproduktion und einer längeren Vorratshaltung (hier wird die Keramik von Bedeutung, aber diese kommt erst später auf).

Noch weniger hat dies mit >neolithisch< zu tun. Das Neolithikum war erst recht eine *Folge* dieser Entwicklungen. Die Nahrungsproduktion wurde mehr und mehr zur einzigen Chance, in der anwachsenden Bevölkerung dieses Ausmaß an Nachwuchs durchbringen zu können – nicht umgekehrt.

Denn vor allem erklärt sich die Bevölkerungs-Explosion nicht aus günstigen Ernährungsbedingungen, die es hier gar nicht gab. Das blanke Gegenteil war der Fall. Es ist auch heute noch so, dass die verstärkte Kinderproduktion in problematischen Versorgungs- und Sozialkontexten anzutreffen ist (in Ländern der >3. Welt<). Denn unter diesen Verhältnissen besteht die Befürchtung, dass der Nachwuchs noch in der Kindheit sterben könnte, und Kinder sind hier die einzige Versorgungsbasis im Alter und die einzige potentielle soziale Chance. Die erhöhte Nachwuchsproduktion ist zunächst Ausdruck von Notstandsproblemen und verselbständigt sich dann als Auffassung, Sitte und sozialem Zwang.

Die hier aufkommende Bevölkerungs-Explosion erklärt sich zuerst aus der neuen weiblichen Geschlechts-Rolle und der neuen Sozialverfassung der >Stämme<, vor allem dann aber im Späten Mesolithikum in dem Kontext des Clan-Wesens und der Ahnen-Kult-Kultur (→ 5.3.3). Denn nicht erst bei dem Ackerbau, sondern schon in dem Kontext >Stamm< wird es im Gegensatz zu der ursprünglichen Kultur zum Vorteil, möglichst viele Angehörige zu haben. Dies betrifft zum einen den kriegerischen Aspekt, wo die Größe des Gemeinwesens ein bedeutsamer Faktor ist, vor allem in dieser Zeit, wo die Waffentechnologie noch nicht die entscheidende Rolle spielt.

Doch es betrifft auch die >Verbindungen<. Viele Kinder zu haben, bedeutet, auch viele Verwandtschafts-Beziehungen herstellen zu können – was hier auf der Ebene der Stämme und dann vor allem auf der Ebene der Clans von handfester Bedeutung wird. Die privaten Verbindungen werden bereits am Ende des Mittleren Mesolithikums immer wichtiger, wie umgekehrt die Gemeinschaftsebene damit immer weniger handlungsfähig. Diese Entwicklung schlägt mit dem Späten Mesolithikum vollends durch, vor allem im Süden des Nahen Ostens, wo sich in Teilen ohne Clan-Anbindung (außer ggf. als Sklave/in) jegliche Existenz-Möglichkeit verliert.

Damit schließt sich der *Teufelskreis*. Denn die in den Naturumbrüchen durch den Verlust von Ressourcen und Gebieten entstandene relative Überbevölkerung war ja schon die *Ursache* für die Disflikt-Probleme und die Bildung der Stämme. So sehr es an sich um nichts als die Sicherung seiner Existenz ging, so hatten doch diese Bewältigungsmuster eine eskalative Konsequenz. Die männliche Geschlechts-Rolle führt zur Herausbildung von Militarismus und Aggressivität, die weibliche Geschlechts-Rolle erbringt eine Bevölkerungs-Explosion. Und damit wird die ganze Problematik erst recht reproduziert - wie es sich auch in den weiteren Folgen erweist.

Zahlen zur Bevölkerungszunahme:

8000 v. Chr.		10 Mio. Menschen	
0		300 Mio	
1000 n. Chr.		410 Mio	
1650 n. Chr.		545 Mio	
1750 n. Chr.		728 Mio	
1800 n. Chr.		906 Mio	
1850 n. Chr.		1.171 Mio	
1900 n. Chr.		1.608 Mio	
1950 n. Chr.		2.493 Mio	
1960 n. Chr.		2.984 Mio	
1965 n. Chr.		3.308 Mio	
1970 n. Chr.		3.500 Mio	
1975 n. Chr.		3.890 Mio	[147]
2016/17		7.470 Mio	(Jahreswechsel)
Nov. 2022	über	8 Milliarden	*

„Die UNO rechnete für den Zeitraum 2015 bis 2020 mit einem Bevölkerungswachstum von rund 78 Mio. Menschen pro Jahr.“
(* nach) Wikipedia: *Weltbevölkerung* (17.01.23, 23:10)

„*>Naturschutz< und >natürlich leben< sind heikle Begriffe: Wir müssen ja entweder behaupten, es gebe 4,99 Milliarden Menschen* [inzwischen über 8 Milliarden] *zu viel auf der Welt, oder uns klarmachen, dass die >Natur<, die viele meinen, in Wahrheit vor 8.000 Jahren gestorben ist.*“ [148]

[147] nach: Richard E. Leakey & Roger Lewin: Wie der Mensch zum Menschen wurde, S. 140

[148] Wolf Schneider: Wir Neandertaler, S. 179 f.

4.4 Zur Entstehung des Militarismus-Problems

Es ist hier insbesondere meine These, dass auch die Entwicklungen bis hin zum Faschismus und den Weltkriegen auf den Kontext der Mesolithischen Revolution zurückgehen.

Es bestehen hier uferlose Debatten mit inzwischen überaus umfangreichem Material. Doch trotz einiger brauchbarer Literatur ist mir noch kein Buch bekannt, wo ich den archimedischen Punkt dieser Thematik schon hinreichend getroffen finde – was angesichts der bisherigen Weltgeschichts-Karte auch nicht verwundern kann.

So besteht hier bislang ein doppeltes Problem in der Diskurs-Lage. Denn angesichts der sich mir darstellenden Zusammenhänge kann die Klärung der Ursachen des Militarismus-Problems nicht ohne eine Klärung der Weltgeschichts-Karte erfolgen – und umgekehrt: denn wenn man die Karibik für Indien nimmt, gibt es natürlich keine *echte* und auch keine *treffende* Erklärung etwa für die ausgeprägte Aggressions-Symbolik von Göbekli Tepe usw. Insofern habe ich mich entschieden, zunächst diese Arbeit über die sich abzeichnende neue Weltgeschichts-Karte vorzulegen. Hier können und sollen auch nur die grundsätzlichsten Punkte der Militarismus-Debatte angerissen werden.

Im Bisherigen meinte eine ganze Reihe an Literatur, in der Neolithischen Revolution den archimedischen Punkt des Militarismus-Problems gefunden zu haben, so etwa:

> „Wir stellen im Gegensatz dazu [*zu den Aggressionstheorien von Raymond Dart und Robert Ardrey*] die Behauptung auf, dass der Mensch sich nicht auf so bemerkenswerte Weise von

seinen frühen Vorfahren hätte wegentwickeln können, wenn er nicht ein äußerst kooperationsfähiges Wesen wäre.
Davon ausgehend stellt sich natürlich die Frage, warum dann unsere jüngste Vergangenheit eher durch Konflikte als durch Harmonie gekennzeichnet ist. Wir vermuten, dass die Antwort auf diese Frage im Übergang der Jäger und Sammler zum Ackerbauern zu suchen ist. Dieser Umwandlungsprozess begann vor etwa zehntausend Jahren und führte gleichzeitig zu dramatischen Veränderungen in den Beziehungen der Menschen untereinander und zu ihrer Umwelt. Während der Sammler und Jäger noch als Bestandteil einer natürlichen Ordnung anzusehen ist, zerstört der Ackerbau diese zwangsläufig. Wesentlich wichtiger ist jedoch, dass siedelnde Agrargemeinschaften die Gelegenheit haben, Besitz anzusammeln, den sie dann auch verteidigen müssen. In diesem Verhalten liegt der Schlüssel zum Verständnis der Konflikte, die sich in unserer heutigen, so überaus materialistischen Welt immer mehr verschärfen. […]
Alles in allem bedeutet das, dass die These von der angeborenen Aggression des Menschen einfach nicht haltbar ist. Wir können zwar nicht leugnen, dass die Menschen des 20. Jahrhunderts überaus aggressiv sind, aber wir werden in unserer [*evolutionären*] Vergangenheit keinen Hinweis auf die Ursprünge dieses Verhaltens finden [...].

Der Krieg ist ein Kampf um Macht über Menschen und Besitz, sei es Land oder Rohstoffe, was für Jäger- und Sammler-Gesellschaften nicht relevant ist. Je mehr sich der Ackerbau verbreitete und damit materiell ausgerichtete Sozietäten, desto häufiger und härter wurden die Kriege und führten dazu, dass wir heute in der Lage sind, unseren gesamten Planeten zu zerstören. Der Krieg wurde möglich, aber nicht unvermeidlich. Denn derselbe Faktor, der die Menschen innerhalb des Tierreiches auszeichnet, hat auch die Möglichkeit eines Krieges zur Realität werden lassen, nämlich die Kultur.“ [149]

---

[149] Richard E. Leakey & Roger Lewin: Wie der Mensch zum Menschen wurde, S. 9 f.; 216

Doch hatte diese Sicht nicht nur das Problem, mit dem damals vorherrschenden historischen Modell bzgl. des Neolithikums zu kollidieren. Es berücksichtigte auch nicht den Sachverhalt, dass gerade auch in den Kulturen der Jäger und Sammler eine teilweise ausgeprägte Aggressions- und Kriegs-Problematik anzutreffen ist, und genau diese Feststellung war der Ausgangspunkt für eine lange weit verbreitete Auffassung. (Doch werden hierbei häufig nicht die wichtigen kulturellen Unterschiede zwischen den ursprünglichen und den historischen >Jäger- und Sammler-Kulturen< beachtet, s. etwa die „Höheren Jäger" → 2.4.1.1).

Nun liegt diese Thematik beim Menschen aufgrund unserer Kulturalität, die das Biologische bestimmt, methodologisch schwierig. Denn es können an sich sehr wohl Aggressions-Probleme bestehen, die jedoch unterdrückt oder in andere Formen umgeleitet werden, wie umgekehrt Erziehung und bestimmte Sozialisations-Muster, wie Kriegsspiele oder Helden-Mythen, auch von sich aus zu aggressivem Verhalten führen können, ohne dass es dafür von außen her entsprechende Anlässe geben muss. Der Effekt der kriegerischen Jugend-Initiation ist ein gewisses Beispiel dafür.

Um über die teilweise letztlich ideologisch begründeten Kontroversen hinauszukommen, ist es unabdingbar, sämtliche humanwissenschaftliche Einsichten in diesem Zusammenhang aufzunehmen. Als Ausgangspunkt können etwa die allgemeinen biologischen Einsichten von Konrad Lorenz bzgl. der >innerartlichen = intraspezifischen Aggression< (der Aggression innerhalb einer Art wie etwa auch bei >Homo sapiens<) herausgezogen werden:

> „Die Gefahr, dass in einem Teil des zur Verfügung stehenden Biotops eine allzu dichte Bevölkerung einer Tierart alle Nahrungsquellen erschöpft und Hunger leidet, während ein anderer Teil ungenutzt bleibt, wird am einfachsten dadurch gebannt, dass die Tiere einer Art einander *abstoßen*. Dies ist,

> in dürren Worten, die wichtigste arterhaltende Leistung der intraspezifischen Aggression.“ [150]

Dieser Sachverhalt wird von dem Verhaltensforscher Irenäus Eibl-Eibesfeld weiter ausgeführt:

> „[...] Das fordert wiederum Rache heraus; und kriegerische Konflikte sind oft die Folge. Sie sind umso wahrscheinlicher, je dichter das Gebiet bevölkert ist. [...] Mit anderen Worten, die Wahrscheinlichkeit, dass es zum Streit kommt, steigt in einem größeren Umfange, als die Bevölkerung wächst, und zwar bei linearem Populationszuwachs etwa in geometrischer Progression. [...]
> Die territoriale Funktion des Krieges wurde von vielen Anthropologen auch klar gesehen (Wright 1965, Vayda 1960, 1961, 1967, 1971, dort auch weitere Literatur). Nach Morey und Marwitt (1973) führten die zentralisierten Stämme der südamerikanischen Flachlandindianer Kriege, die der Landnahme und Tributerhebung dienten und die bereits vor der Einflussnahme der Europäer eine Antwort auf den Populationsdruck und das nur beschränkt zur Verfügung stehende bestellbare Land war. Die Aggressivität der Gruppe hatte eine eindeutig ökologische Basis.“ [151]

Dieser Sachverhalt ist infolge der Naturumbrüche am >Ende der Eiszeit< mangels nennenswerter Organisation und Kompensationsmöglichkeiten gerade auch bei den frühgeschichtlichen Kulturformen zu veranschlagen, [152] doch verbietet es sich von den Zusammenhängen her, dies als Allgemeinzustand und Anlage auf die humanevolutionären Entwicklung zurückzu-

---

[150] Konrad Lorenz: Das so genannte Böse, S. 37

[151] Irenäus Eibl-Eibesfeld: Krieg und Frieden aus der Sicht der Verhaltensforschung, S. 221 f.

[152] „Untersuchungen von Anthropologen und Archäologen zeigen, dass in einfachen landwirtschaftlichen Gesellschaften, die sich nicht über das Dorf oder den Stamm hinaus organisierten, etwa 15 Prozent aller Menschen eines gewaltsamen Todes starben; bei den Männern waren es gar 25 Prozent.“ Harari: 107

projizieren. Denn es gab vor der Mesolithischen Revolution keine territoriale Auffassung, sie entstand im Eigentlichen auch erst im Späten Mesolithikum (s. hierzu im Besonderen die Ahnen-Kult-Kultur → 5.3.2). Ganz entsprechend findet sich hierzu:

> „Als frühester Beleg für kollektive oder kriegerische Gewalt unter Menschen wird häufig ein [...] Begräbnisplatz auf dem rechten Nilufer in der Nähe des Djebel Sahaba im Nordsudan gewertet."

Dieser wird „mit großer Vorsicht aufgrund von Indizien in den Zeitraum zwischen 12.000 und 10.000 v. Chr. gesetzt". [153] Dazu (vereinfachend) Harari:

> „Im sudanesischen Jebel Sahaba wurde ein 12 000 Jahre alter Friedhof mit 59 Skeletten gefunden. In 24 Fällen (oder 40 Prozent) wurden Pfeil- und Speerspitzen in oder neben den Knochen gefunden. Das Skelett einer Frau wies zwölf Verletzungen auf." (Harari: 82)

Parzinger (S. 75) verweist auf Schnitt- und Kratzspuren bei menschlichen Skeletten im europäischen Magdalénien. Inwieweit dies als Vorläufer für spätere Formen an Totenkult zu deuten ist, wie dies im Raum Jericho (→ 5.3) in Erscheinung tritt, oder ob dies Ausdruck von Gewaltproblemen ist, ist nicht einfach zu klären. Letzteres ist nicht sicher, aber auch nicht in allen Fällen auszuschließen. Doch steht diese Kulturphase, auf jeden Fall in ihrer späten Phase, schon mit den gravierenden Naturumbrüchen am >Ende der Eiszeit< in Verbindung.

Insgesamt bedeuten die erwähnten Grundeinsichten, dass die biologisch natürliche Verhaltens-Anlage der Aggression auch eine ökologische Funktion hat und als Verhaltens-Programm aktiviert wird, wenn die genetisch verinnerlichte Art-Erfahrung eine Bedrohung empfindet. Das betrifft nicht bloß den unmit-

[153] Armin Eich: Die Söhne des Mars, S. 17

telbaren Sachverhalt von Nahrung, sondern (je nach Art) auch Standorte, Klima-Bedingungen, Soziales: *alles*, was auf die neurologische Anlage einer Art als *Signal* für eine *effektive* Lebensgefahr *wirkt*. Es ist soweit ein neurologischer Sachverhalt (es gibt auch tödliche Gefahren, die nicht empfunden oder begriffen werden und auf die entsprechend zu spät oder quasi gar nicht reagiert wird). Wenn dieser Sachverhalt auch bei uns Homo sapiens erheblich komplexer liegt und entsprechend gesellschaftlich wie individuell recht unterschiedlich erlebt werden kann, so deuten doch die psychologischen, neurologischen und medizinischen Einsichten und insgesamt die historischen Sachverhalte darauf, dass dies grundsätzlich auch für den Menschen gilt.

Hier ließe sich etwa die bekannte >Bedürfnis-Pyramide< von Maslow [154] aufnehmen. Es ist kaum zu bestreiten, dass der Mensch für sein Überleben Nahrung und dass es für ein taugliches Sozialleben mehr als nur Ernährung braucht – s. hierzu den Prozess der Humanevolution (→ 1.2). So lässt sich lässt aus den Einsichten der Kulturanthropologie zunächst einmal grundlegend feststellen:

> „Wegen des fehlenden Territorialanspruchs lassen sich Jäger- und Sammlergruppen normalerweise nicht in umfassende Konflikte oder Kriege miteinander ein - doch führen sie Krieg gegen in ihr Gebiet eindringende Mächte, die ihre Autonomie oder ihren Zugang zu den Ressourcen bedrohen.“ [155]

Ein Einsatz von Gewalt bei entsprechender Bedrohung soll hier gar nicht bestritten werden, und es soll auch nicht behauptet werden, dass es am >Ende der Eiszeit< erstmalig zu Gewalt und zu kriegerischen Disflikten gekommen sei – auch wenn es hier bis dahin bzgl. Homo sapiens bislang allenfalls einzelne Anhalte gibt. Der längst unqualifizierte Pauschalbegriff

---

[154] s. in: Abraham Maslow: Motivation und Persönlichkeit (Kurzhinweise auch in Wikipedia: *Abraham Maslow*)

[155] Frank Robert Vivelo: Handbuch der Kulturanthropologie, S. 77

>Steinzeit< verwischt, dass die Anhalte von Gewalt eher **vor** Homo *sapiens* und ansonsten weitgehend **ab** dem >Ende der Eiszeit<, insbesondere ab der >*Neu*steinzeit< = Neolithikum liegen. Mögliche oder ggf. auch belegte Disflikte mit den Neandertalern stellen einen Sonderfall dar, da der Neandertaler neurologisch von einem grundlegend anderen Aggressionsverhalten als Homo sapiens bestimmt gewesen sein dürfte, wo er ein solches Gefahrenszenario erstmal sah.

Es gab auch schon vor dem >Ende der Eiszeit< gravierende Klimaschwankungen, die möglicherweise bei Homo sapiens in manchen Gegenden auf Leben und Tod zu Buche schlugen, dass es nicht verwundern könnte, wenn es in der Konkurrenz um das Überleben zu Kämpfen gekommen wäre. Doch vor allem bedeutet die kulturale *Anlage* des Menschen nicht, dass per se ein Bestand an hinreichender Kultur erreicht wird. So könnte es bei einem Mangel an Entwicklung von Kultur auch schon im Paläolithikum zu Gewaltproblemen gekommen sein. Freilich schieden solche Fälle mangels *Fitness* im Dunkel der Geschichte aus. Denn die entscheidende evolutionäre Fitness verknüpft sich bei der kulturalen Anlage von Homo sapiens nun mal mit Kultur. Ansonsten entstehen unweigerlich Gewalt, soziale Hierarchien, ökonomische Probleme, Kämpfe und Militarismus. Diese Sachverhalte sind Ausdruck mangelnder Kultur-Entwicklung bzw. Ausdruck kultureller Verwahrlosung, die eine *effektive* Gefahr für das Überleben darstellt, wie sich (von den Hominiden an) durch die gesamte Geschichte bis heute zeigt.

Doch gibt es bei den erreichten Einsichten in Humanwissenschaft und Geschichte nicht die geringste Möglichkeit, die **historische** Problematik des **Militarismus** in irgendeiner Form vor das Ende der Eiszeit zurückzuführen, weder kulturgeschichtlich noch also als Mitgift der Evolution. Weder gibt es einen Befund, der eine solche *Linie* von Gewalt darstellen könnte, noch handelt es sich bei dem Sachverhalt >Militarismus< - wie u.a die Rüstungsproduktion – überhaupt direkt um Krieg oder um Aggression und Gewalt im gängigen Sinn. Wenngleich Eibl-Eibesfeld in seinem Werk >Krieg und Frieden aus der Sicht der Verhaltensforschung< viele wichtige Momente herausarbeitet – dass sein inzwischen schon älteres Werk immer noch sehr lesenswert ist - und er auch sieht, dass der beim Mensch gegebene Bestand in dieser Hinsicht in der Tier-Welt ohne echte Entsprechung ist, [156] so scheitert er doch in seiner Reflexion schon begrifflich-methodologisch an dem Gegenstand. Denn die hier entscheidenden Sachverhalte lassen sich nur in der Auseinandersetzung mit Geschichte und speziell mit der Militärgeschichte studieren.

Umgekehrt weist das, was sich in Bezug auf Militarismus herausarbeiten lässt, ganz *eindeutig* auf *bestimmte historische* Ursachen und Linien, die in entsprechenden Auseinandersetzungen zunächst als Anhalt aufzunehmen sind, bevor man zu weitergehenden Spekulationen greift.

Weder in der Humanevolution noch in der historischen Anlage stellt sich die Entwicklung so dar, dass eine immer höhere Konkurrenz um Ressourcen entstanden wäre, die parallel dazu zu einer entsprechend höheren Aggression bis hin zu Kämpfen, Kriegertum, Armeen und Kriegen geführt hätte. Dies entstand erst später in Randgebieten (was bei einer bloß ethnologischen Betrachtung völlig überbewertet wird). Die historische Kern-Linie liegt hier deutlich anders.

Die Darstellungen von der Fortschritts-Entwicklung im Nahen Osten haben zumindest soweit ihr Recht, als dass diese Entwicklung zunächst nicht von dem Eindruck einer immer höheren Aggressions- und Kriegsproblematik bestimmt ist.

Sehr wohl deuten einige Anhalte darauf, dass die historische Entwicklung im Nahen Osten von Anfang an Disflikt-Probleme um Ressourcen zum Hintergrund hatten – etwa die Ausprägung zu den >Stämmen<. Sehr wohl dürfte von den Ein-

---

[156] er zitiert hier (S. 147) etwa: „>Der Krieg muss eine menschliche Abwandlung oder Verschlimmerung des Aggressionstriebes sein. Er muss außerdem ein Produkt der Tradition und nicht des Instinktes sein< (Toynbee 1966, S. 39)“

sichten über die Auslösung von Aggression anzunehmen sein, dass diese Problematik hier schon ein gutes Maß bestanden haben muss – doch ist der historisch entscheidende Sachverhalt, dass auch die größten Aggressionen im Nahen Osten nicht das Geringste an der entstandenen Situation ändern konnten. Man steckte hier – seit dieser Zeit - eingeklemmt in der Mitte zwischen drei Kontinenten. Ganz am Anfang dürfte es zu Aggression gekommen sein, vermutlich auch zu Gewalt – doch wurde (spätestens im Kontext der Begründung des mittelmesolithischen Völker-Rechts-Bundes) ersichtlich, dass auf diese Weise keine Lösung zu erreichen ist, sondern erst recht Probleme in der Nahrungs-Besorgung schuf.

So kam es hier zu der historisch entscheidenden Kapriole: zur Aggression auf zum Ausbruch kommende Aggressionen.

Es ist dieser Sachverhalt, der hinter dem Aufkommen der auf den Kopf gestellten Initiation mit der männlichen Beschneidung gestanden haben dürfte. Denn dass die hier disfunktional werdende Aggression insbesondere bei den männlichen Jugendlichen in Erscheinung tritt, erklärt sich biologisch [157] (die jugendliche weibliche Aggression wurde in die Kinder-Produktion wie in die „Erziehung“ umgeleitet). Offenbar hat man die Aggression der männlichen *Jugend* nicht anders als durch Autoaggression oder dann durch diesen Angriff auf das männliche Genital in den Griff bekommen (was sich bald in Kastration, auch der männlichen Zuchttiere, fortsetzte, und hier dürfte ein *effektiver* Zusammenhang zu sehen sein).

Konnte die Aggression auf die Aggressionen zunächst das Problem der Aggressionen zunächst in Schach halten, so entstand, als der entscheidende Damm brach, gerade daraus eine Teufelskreis-Problematik: die Aggression auf die Aggression als sich selbst verstärkende Aggressions-Entwicklung.

---

[157] „Dass sie sich aus jungen Mitgliedern zusammensetzen, ist das einzige verbindende Merkmal aller terroristischen Bewegungen, und das braucht kaum erläutert zu werden.“ Walter Laqueur: Terrorismus, S. 146

Der Militarismus ist eben gerade kein Sachverhalt natürlicher Aggression. Er entstand vielmehr aus der *Unterdrückung* der Aggression: aus einer Friedens-*Ideologie* [158] wie dann auch aus der *Unfähigkeit* zu authentisch echter Aggression (die übrigens auch Gandhi für schlimmer als Gewalt hielt). Der *Militarismus* ist ein Sachverhalt der aus der Unterdrückung von Gewalt produzierten >strukturellen Gewalt<, in der Aggression verinnerlicht und damit das Gewaltproblem auf ein potenziertes Niveau gebracht wird, das nur mit noch mehr Unterdrückung in Schach gehalten werden kann usw.

> „Vielleicht ist dieser Prozess mit der Domestikation gewisser Tierarten vergleichbar; ohne Zweifel bringt er körperliche Veränderung mit sich; man hat sich noch nicht mit der Vorstellung vertraut gemacht, dass die Kulturentwicklung ein solcher organischer [*körperlicher*] Prozess sei. [...]
> Von den psychologischen Charakteren der [*zivilisatorischen*!] Kultur scheinen zwei die wichtigsten: die Erstarkung des Intellekts, der das Triebleben zu beherrschen beginnt, und die Verinnerlichung der Aggressionsneigung mit all ihren vorteilhaften und gefährlichen Folgen."
>
> Sigmund Freud [159]

S. dazu weiter insbesondere die beiden Werke:

- **Armin Eich: Die Söhne des Mars.** Eine Geschichte des Krieges von der Steinzeit bis zum Ende der Antike
  A. Eich ist Professor für Alte Geschichte an der Uni Wuppertal

- **William H. McNeill: Krieg und Macht**. Militär, Wirtschaft und Gesellschaft vom Altertum bis heute.
  US-amerikanischer Historiker

---

[158] s. hierzu im Besonderen die wichtigen Ausführungen des Psychoanalytikers Michael Lukas Moeller in dem Kapitel >Destruktive Friedfertigkeit< in seinem Buch >Der Krieg, die Lust, der Frieden, die Macht<, S. 15 ff.

[159] Freud in: Albert Einstein & Sigmund Freud: Warum Krieg? S. 45 f.

5 Das Späte Mesolithikum

ca. 9.500 bis ca. 7.500 - 7.400 v. Chr.

„Die Sesshaftigkeit erwies sich jedoch als unumkehrbarer Schritt und führte zu einer radikalen Wandlung der gesellschaftlichen Struktur. Sie stellt die erste Stufe einer tief greifenden Veränderung aller Aspekte des menschlichen Lebens dar, die sich als >Neolithisierung< bezeichnen lässt." [160]

In der Phase, die ich als Spätes Mesolithikum bezeichne, ***beginnt*** in Wirklichkeit im Nahen Osten erst die eigentliche Entwicklung der Sesshaftigkeit, der Nahrungsproduktion und einer neuartigen materiellen und sozialen Kultur als der Grundlage der zivilisatorischen Entwicklung.

Ganz entsprechend wird **diese** Phase in dem herkömmlichen Geschichtsmodell schon seit längerer Zeit als *Neolithikum* bezeichnet, und zwar spezifisch mit dem Fachbegriff als PPN = ***P****re-****P****ottery* ***N****eolithic* = >**prä-keramisches** Neolithikum<. Dessen Beginn wird derzeit üblicherweise auf ca. 9.500 v. Chr. angesetzt. Dies kann hier soweit für die Aufstellung der Phase des >Späten Mesolithikums< übernommen werden. Eine ganz exakte Zeitangabe in Beginn und Ende ist jedoch bereits von dem Spektrum der Messdaten her nicht möglich, geschweige denn von exakten Anhalten her.

---

[160] Annie Caubet & Patrick Pouyssegur: Der Alte Orient, S. 22

Nun trifft es wohl zu, dass der Anfang der *technischen und materiellen* Entwicklungen der tatsächlichen neolithischen Kultur bereits in dieser Ära liegt. Doch geistig, weltanschaulich und auch von der Sprach-Entwicklung her (→ 5.3.1 > 6.3) liegen zwischen dem Späten Mesolithikum und dem erst nachfolgenden *eigentlichen* Neolithikum **Welten**.

Die kulturellen Auffassungen, die man gemeinhin mit >Neolithikum< assoziiert, nur aufgrund einiger technisch-materieller Momente bereits in die Zeit des Späten Mesolithikums zurückzuprojizieren, ist von den historischen Gesamtsachverhalten nicht bloß unbegründet, sondern *in dem Verstehen* dieser Prozesse geradezu *tragisch* verkehrt. Wie sich noch näher zeigen wird, führt – anders als im Technischen - ***kulturell*** hier **kein *direkter* Weg** vom Späten Mesolithikum zu dem erst eigentlichen Neolithikum. Dass hier das zunächst so bedeutende Göbekli Tepe jegliche überregionale Bedeutung verloren hatte und die neuen Entwicklungen in einem gänzlich anderen Raum – nämlich in Anatolien wie etwa Çatal Höyük – aufkamen, ist dafür höchst beredt, wie auch noch näher gezeigt wird.

Das Aufkommen von Sesshaftigkeit und Nahrungsproduktion im Späten Mesolithikum steht von den sich deutlich abzeichnenden kulturellen Entwicklungen nicht unter dem Vorzeichen eines Interesses an Entwicklung von Fortschritt. Das schlichte Gegenteil ist der Fall. Es steht mit dem Aufkommen einer neuen Krise in Verbindung und erklärt sich daraus, dass man nun noch mehr dafür tun musste, um sein Überleben zu sichern und einigermaßen einen stabilen Status Quo zu erreichen. Ganz entsprechend ist das Späte Mesolithikum in besonderer Form mit der Entwicklung von Ritualismus verbunden.

Diese Entwicklungen haben offenbar darin seine Ursache, dass das mittelmesolithische Völker-Rechts-Bund-Netzwerk anders als in Australien den organisatorischen Anforderungen unter den besonders schwierigen Verhältnissen im Nahen Osten nicht gewachsen ist, wodurch wohl wieder Disflikt-Probleme aufbrechen. Im Raum Jericho müssen sich die Verbände nun eher auf eigene Faust einen hinreichenden Überlebens-Raum sichern. Im Raum Göbekli Tepe deutet der Bau der neuen mächtigen Anlage in dieser Zeit (→ 5.4) auf *effektive* Disflikt-Probleme. Angesichts der sogar selbst beobachteten massiven Aggressions-Symbolik in Göbekli Tepe mutet es schon merkwürdig an, dass man nicht einmal auf die Überlegung kommt, ob dort Aggressions-Probleme bestanden haben könnten - so sehr ist man in dem alten Fortschritts-Modell verhaftet.

5.1 Die Sesshaftigkeit

Wenn die Auffassung zuträfe, die Sesshaftwerdung sei im Nahen Osten aufgrund der besonders günstigen Fruchtbarkeit entstanden, die man sich dann durch die Nahrungsproduktion noch weiter zunutze machen wollte, dann wäre zu erwarten, dass man dort auf besonders günstige Ernährungs- und Gesundheitsverhältnisse stoßen sollte. Doch ist in dieser Ära zumindest in der allgemeinen Tendenz, sogar in einem dramatischen Ausmaß, das Gegenteil der Fall.

> „In den Skeletten finden sich Indizien für Minderversorgung, womöglich durch Vitamin- und Eiweißmangel oder schlichten Hunger. Und die Menschen schrumpften. >Wir sehen eine drastische Reduktion der Körpergröße<, sagt der Paläoanthropologe Jean-Jacques Hubling vom Leipziger Max-Planck-Institut für evolutionäre Anthropologie. >In der Übergangsphase waren die Leute schlecht ernährt.<“ [161]

[161] Ulrich Bahnsen: Der Treck nach Westen, in: Die *Zeit* Nr. 30, 20. Juli 2006, S. 25 f.

„In den Anfangszeiten der Landwirtschaft im Nahen Osten sank die Durchschnittsgröße der Menschen um fünfzehn Zentimeter.“ [162] (15 cm!)

Neben den Ernährungsproblemen kommen noch weitere Probleme hinzu. Bei dem „Zahnbefund bei vielen Skeletten in Ain Mallaha“ als einem der Orte der Anfänge der „Sesshaftigkeit“ stellt sich dar: „Die Zähne sind nämlich infolge einer übermäßigen Getreidediät, gemischt mit dem groben Sand von den Mahlsteinen, bis aufs Zahnfleisch abgewetzt.“ [163]

Die Skelette der Einwohner von Abu Hureyra zeigen ab ca. 9000 v. Chr. als die (erst jetzt!) „ersten Bauern der Welt“ „häufig eigenartige pathologische Merkmale. Der Zustand der Zehen-, Knöchel- und Kniegelenke lässt vermuten, dass die Menschen viele Stunden am Tag kniend mit untergebogenen Zehen zubrachten. Die starke Entwicklung der Schultern und der Oberarme spricht für eine Arbeit mit den Armmuskeln, und die Pathologien der unteren Rückenpartien zeigen, dass der Körperstamm ständig vor und zurück bewegt wurde. Die einzige Tätigkeit, auf die alle diese Merkmale gleichzeitig zutreffen, ist die Mehlherstellung mit Mahlsteinen. Dies muss in sehr großem Umfang erfolgt sein, so dass die pflanzliche Nahrung das Fleisch wohl überwog.“ [164]

Für Anatolien wird in Bezug auf die Umstellung von der mobilen Lebensweise der Jäger und Sammler auf die sesshafte Form mit Getreideanbau an den Skeletten u.a. festgestellt:

---

[162] Bill Bryson: Eine kurze Geschichte der alltäglichen Dinge, S. 57

[163] James Mellaart, in: Leone Fasani: Die illustrierte Weltgeschichte der Archäologie, S. 365 f.

[164] Peter Rolwley-Conwy, in: Göran Burenhult: Illustrierte Geschichte der Menschheit I, S. 27

> „Die Veränderung der Lebens- und Ernährungsweise hatte für die menschliche Gesundheit jedoch einige negative Auswirkungen. Erhöhte sich durch die sesshafte Lebensweise die Produktion in allen Bereichen, so kam es durch das Zusammenleben in gedrängter Enge und unter unzulänglichen hygienischen und gesundheitlichen Bedingungen zunächst zu einem Absinken der Lebensqualität. Die Wohnsituation erhöhte also das Risiko zu erkranken und damit auch die Sterblichkeitsrate (Larsen 2003). […]
> Liegt die Zahnsteinquote in Aşıklı Höyük bei 9,5%, beträgt sie in Çayönü schon 12,5% und verzeichnet mit 46,5% in Çatal Höyük einen enormen Zuwachs. […]
> 45% der erwachsenen Individuen von Çayönü zeigen Deformationen an Hals- und Rückenwirbeln. Gelenkbeschwerden finden wir dagegen bei 58% der Bewohner von Aşıklı Höyük (Özbek 1996). Die Menschen von Çayönü und Aşıklı Höyük hatten also von frühester Jugend an sowohl Rückenprobleme als auch Probleme mit den Arm- und Beingelenken. Die Beschwerden an Hals- und Rückenwirbeln rühren offenbar von schweren, auf dem Rücken getragenen Lasten.“ [165]

Es spricht im Ernst nicht viel dafür, dass man all diese Probleme aufgenommen hätte, wenn nicht eine entsprechend große Not dahinter gestanden hätte. Entsprechend ist man inzwischen auch verbreitet zu der Einschätzung gekommen:

> „Andererseits wissen wir, dass es sich [*bei dem Schritt zur Nahrungsproduktion*] um eine vom Klima ausgehende, von vielen Zufällen gelenkte, ungewollte Entwicklung handelt, in die der damalige Mensch wohl unwissend >hineinrutschte<. Pflanzenbau bedeutet keineswegs eine Erleichterung des Lebens, denn der Jäger und die Sammlerin kannten wesentlich sicherere und vielfältigere Strategien der Nahrungsbeschaffung.“ [166]

---

[165] Başak Boz, in: Badisches Landesmuseum Karlsruhe: Die ältesten Monumente der Menschheit, S. 238, 241

[166] C. Strahm, in: Die ZEIT Welt- und Kulturgeschichte, Band 1, S. 124 f.

„Der Übergang vom Jäger und Sammler zum Bauern war eines der gravierendsten Ereignisse der Menschheitsgeschichte. Die meisten Experten sind sich heute darüber einig, dass der Anstoß zu diesem Übergang weniger vom Verlangen der Menschen als von der Notwendigkeit diktiert wurde.“ [167]

„Niemand konnte die landwirtschaftliche Revolution vorhersehen und niemand wollte sie. Eine Abfolge winziger Entscheidungen, mit denen sich die Menschen den Magen füllen und ein bisschen Sicherheit gewinnen wollten, summierte sich so lange, bis die alten Wildbeuter unter sengender Sonne Wassereimer schleppten.“ (Harari: 115)

„Warum ließen sich die Menschen nieder und wurden Bauern, die sich Ackerbau und Viehzucht verschrieben? Bislang gibt es keine plausible Erklärung. Denn die Bewirtschaftung der Felder war [*in dieser Zeit*] viel zu aufwendig und die Erträge waren viel zu gering, als dass es sich gelohnt hätte, das Jäger- und Sammer-Dasein aufzugeben.“ [168]

Plausibel ist es nur nicht angesichts der völlig falschen Vorstellungen bzgl. der damaligen Verhältnisse im Nahen Osten. Die ganze nahöstliche Entwicklung erklärt sich nicht aus besonders fruchtbaren Verhältnissen. Das schlichte Gegenteil ist der Fall. Wohl gab es gute Lebensräume, doch waren diese winzig im Verhältnis zu der dortigen Wüste und den riesigen Gebirgsverhältnissen weit größer als den Alpen (vor allem angesichts der inzwischen weiter angewachsenen Bevölkerung). So sollten der Kälterückschlag der Jüngeren Dryaszeit, die im Nahen Osten als Trockenphase wirkte, und die bald nach dem >Ende der Eiszeit< aufkommende Hitzeentwicklung (vor allem im Süden des Nahen Ostens) dramatische Versorgungsprobleme aufwerfen.

---

[167] Noel D. Broadbent u.a., in: Göran Burenhult: Illustrierte Geschichte der Menschheit II, S. 187

[168] in: Josef H. Reichholf: Warum die Menschen sesshaft wurden – Das größte Rätsel unserer Geschichte, S. 2

Schon die Mesolithische Revolution deutete entsprechende Probleme an, die dann aber mit dem Mittleren Mesolithikum in dem Rechts-Bund-Netzwerk eine passable Lösung gefunden hatten. Die Entwicklungen zum und im Späten Mesolithikum stehen jedoch damit in Verbindung, dass diese Regelungsformen angesichts der enormen und kapriolenreichen Naturumbrüche im Nahen Osten nicht gut genug funktionierten und nun neue Probleme aufkamen und ältere Disflikte aufrissen.

Doch jetzt wirkte der Bestand der Rechts-Bund-Verhältnisse selbst als neuer Faktor in der Problemlage. Selbst wenn es im Nahen Osten noch am Anfang des Späten Mesolithikums Jäger- und Sammler-Kulturen gab (und etwa in Anatolien usw. auch noch länger, s.u.), so bestanden hier deswegen keine paläolithischen Kultur- und Rechts-Verhältnisse mehr. Die Rechte auf Ressourcen und Gebiete waren hier längst festgelegt und zugeteilt. Wenn nun diese Regelungen angesichts der immer weiteren Klimaumbrüche nicht mehr hinreichend funktionierten, dann war die alte Zuteilung von Ressourcen-Rechten usw. deswegen nicht einfach aufgehoben. So hatte nun mit einer neuen Potenzierung in der Disflikt-Problematik zu tun: den unmittelbaren Problemen in der Versorgung und dem Problem untauglicher, aber dennoch bestehender Rechts- und Organisationsverhältnisse.

Wenn man von einem mittelmesolithischen Bestand eines Völker-Rechts-Bundes im Nahen Osten ausgeht – wofür Anhalte sprechen (→ 3.3) -, dann stellt sich die spätmesolithische Lage dort höchst komplex dar. Im Süden des Nahen Osten funktionierte diese Organisation zu wenig, dass man sich im recht Kleinen auf eigene Faust wesentlich über eine Clan-Struktur half. Im Norden scheinen einige >Verbände< (Stämme?) den Völker-Rechts-Bund für ungültig erklärt zu haben, während ihn die vorherrschenden Kräfte im Raum Göbekli Tepe umgekehrt zu einer nun noch strafferen Organisation mit dem Bau einer mächtigen Anlage weiterentwickelten. Dieser Sachverhalt erscheint historisch als von größter Bedeutung – aber deswegen nicht als Lösung.

5.2 Zu dem Begriff des >Späten Mesolithikums<

Wenn ich diese inzwischen schon lange dem >Neolithikum< zugerechnete Phase vielmehr als >Spätes Mesolithikum< bezeichne, dann ist dies natürlich eine Frage der Begriffs-Definition. Hier aufgrund der Anfänge der Nahrungsproduktion den Begriff >Neolithikum< anzusetzen, war einem bestimmten Geschichts-Modell geschuldet, das sich in dieser Hinsicht als unzutreffend erweist.

Wenngleich die Beschreibung >Neolithikum< für diese Ära *insofern* Recht hat, als dass – im effektiven Gegensatz zu der mittelmesolithischen Entwicklung entsprechend der Aborigines-Kultur – mit dem Späten Mesolithikum der Beginn der historischen *Dynamik* einsetzt, so ist die Bezeichnung >Neolithikum< in kulturell-historischer Hinsicht doch insofern fundamental – und auch *tragisch* – verkehrt, als dass die Entwicklungen des Spätes Mesolithikums nicht im Geringsten von der Absicht motiviert waren, etwa per Nahrungsproduktion irgendwelchen >Fortschritt< entwickeln zu wollen. Das schlichte Gegenteil war der Fall. Das Aufkommen der Ahnen-Kult-Kultur verknüpft sich noch stärker als der >steinerne< Ansatz der vorausgehenden Megalith-Kultur hinaus mit dem Motiv, die vielmehr als negativ wahrgenommenen Entwicklungen mit noch **mehr** Einsatz **unterbunden** zu bekommen, weil man diese Entwicklungen - und zwar soweit völlig zu Recht! – als Aufkommen eines Kollapses wahrnahm. Denn die Entstehung des Späten Mesolithikums stellt sich im Nahen Osten exakt durch diejenigen Sachverhalte dar, wo die Regelungs-Bemühungen des Mittleren Mesolithikums nicht hinreichend griffen.

Zwar kommt es im Späten Mesolithikum nun systematischer zu den Anfängen der Nahrungsproduktion, doch deswegen, weil aufgrund der wieder aufgebrochenen Disflikte in manchen nahöstlichen Gegenden eine nun definitiv prekäre Ernährungslage entstanden war (in Richtung Anatolien anscheinend eher in dem Problem des fundamentalen Eingriffs in seine Freiheit).

Es erweist sich sowohl kulturell als auch historisch als effektiv unbegründet – und auch als *falsch* -, die Ansätze von Sesshaftigkeit und Nahrungsproduktion als irgendwie gewünscht zu behaupten. In dem entscheidenden Unterschied zum Neolithikum betrachtete die spätmesolithische Ahnen-Kult-Kultur die Nahrungsproduktion nicht als Grundlage und Bestandteil ihrer Kultur, sondern als >Vertreibung aus dem Paradies<, als eine ungewollte Notmaßnahme und ggf. gar als >Fluch<, von dem man nach Möglichkeit wieder wegkommt. Entsprechendes findet sich auch in der kulturanthropologischen Entwicklung:

> „Interessant ist nun, dass Ackerbau treibende ehemalige Wildbeuter ihre neue Lebensform nach eigenen Angaben nicht für erstrebenswert halten: Sobald sich eine Möglichkeit bietet, geben sie die Landwirtschaft wieder auf und kehren zu ihrer traditionellen Wirtschafts- und Lebensform zurück.“ [169]

> Aus der Dogon-Kultur, Afrika: „Das Tier [...] ist dem Menschen überlegen, denn es stammt aus dem Busch und ist nicht zur Arbeit gezwungen. Viele Tiere ernähren sich von dem, was der Mensch mühsam anbaut.“ [170]

Vgl. dazu:

> „Die Bororro [*Afrika*] fühlen sich den sesshaften Bauern, an denen sie mit ihren Herden vorüberziehen […], haushoch überlegen und halten diese für kaum mehr als Sklaven.“ [171]

Bei den Mongolen gilt dies gar in Bezug auf die Viehzüchter:

> „Formulierungen wie >die glücklichen Waldvölker< (Geheime Geschichte, § 239) deuten wohl darauf hin, dass den höher entwickelten Steppennomaden die Waldleute ob ihrer ungebundenen Lebensweise und geringeren sozialen Differenzen in einer Art >Goldenem Zeitalter zu leben schienen;

---

[169] Brigitte Röder, in: Bärbel Auffermann & Gerd-Christian Weniger: Frauen - Zeiten - Spuren, S. 242

[170] Marcel Griaule: Schwarze Genesis, S. 138

[171] Wilhem Östberg, in: Göran Burenhult: Illustrierte Geschichte der Menschheit V, S. 133

andererseits erachteten auch die Waldleute selbst ihre relative Freiheit als wertvoller als das etwas stärkeren Bindungen unterworfene Leben der Viehzüchter.“ [172]

Es ließen dafür weitere ethnologische Beispiele anführen. Weiteres dazu unten.

Es zeigt sich, dass die tatsächlich immer **konservativere** Entwicklung des Späten Mesolithikums mit ihrer Vermittlung nach Afrika dort bis in die jüngste Zeit hinein recht erfolgreich war. Doch im Nahen Osten wurde man mit dem Ende des Mittleren Mesolithikums nicht mehr Herr der Lage. Der tragische >Witz< ist nun – hier liegt das Recht der Beschreibung als >Neolithikum< -, dass die immer konservativeren und repressiveren Bemühungen, den Fortschritt zu verhindern, tatsächlich zum *Motor* des >Fortschritts< wurden und damit in technischer Hinsicht positiv wie in kultureller Hinsicht als Provokation von Widerspruch die Neolithische Revolution auslösten. Doch dies verweist darauf, dass diese Prozesse überaus anders lagen, als das bislang – aufgrund der bloßen Ausrichtung auf die technisch-materiellen Entwicklungen - gemeinhin vorgestellt wird.

Wenn das Späte Mesolithikum bei der ansetzenden >Fortschritts-Entwicklung< von einem *auf gar* keinem *Fall motiviert* war, dann von der Entwicklung von >Fortschritt<. Denn wenn die Bemühungen des Späten Mesolithikums im Nahen Osten zureichend gegriffen hätten, wäre es dort und damit vielleicht auch weltgeschichtlich niemals zu einer Fortschritts-Entwicklung gekommen. Die Entwicklungen hätten sich ggf. lediglich insofern von der Aborigines-Kultur unterschieden, als dass man aufgrund der *schwierigeren* Verhältnisse im Nahen Osten einen erhöhten Aufwand in der Nahrungsversorgung und ansonsten in Ritualen wie in Göbekli Tepe, mit Ahnen-Toten-Kult (Raum Jericho) und bei ungelösten Disflikten etwa in Form von Kannibalismus und Kopf-Jagd hätte betreiben müssen, um den gegebenen Status Quo erhalten zu können, also vergleichbar mit der Entwicklung in Papua-Neuguinea.

[172] Erika & Manfred Taube: Schamanen und Rhapsoden, S. 19 f.

Die *Vorstellung* von >Fortschritt< kam erst in dem fundamentalen Umbruch der Neolithischen Revolution in Verbindung mit einer vollkommen neuen Kulturauffassung, Weltanschauung und auch einer neuen Sprach-Anlage auf und bezeichnenderweise auch in einer gänzlich anderen Gegend unter entscheidend anderen Kulturtraditionen. Es spricht m.E. bislang alles dafür, dies (immer noch) mit der eigentlichen Entwicklung von Çatal Höyük in Anatolien ab etwa 7.500 v. Chr. zu verbinden – also mit einer deutlich späteren Zeit und in einer deutlich anderen Gegend (→ 6.3).

Die gängige Zeichnung vom >Beginn der Fortschritts-Entwicklung< zu einer „blühenden Kultur" [173] muss also von der menschlich-kulturellen Perspektive her als eine **dramatische** Verkennung der sich tatsächlich darstellenden Verhältnisse im Nahen Osten bezeichnet werden, die hier vielmehr von Versorgungs-Problemen, Überlebens-Kämpfen mit Aggression und dem historischen Aufkommen von Macht- und Herrschafts-Verhältnissen und umgekehrt von sozialem Elend bis bald in die Sklaverei hinein gekennzeichnet sind. Man ist so sehr in dem Bild seiner Fortschritts-Geschichte befangen, dass die ganzen Hinweise auf die ganzen dortigen Notstandsprobleme übergangen werden oder aber in fatal falscher Form erklärt werden. Diese Zeichnung verhält sich so, als würde man das 3. Reich aufgrund des Baus von Autobahnen und Raketen als eine Phase des außergewöhnlichen Fortschritts hinstellen, was rein technisch betrachtet auch durchaus der Fall war.

Der Kollaps des (*Späten*) *Mesolithikums* und die durch ihn begründete Neolithische Revolution (um 7.400 v. Chr.) hat seine Voraussetzungen schon in dem Ende des Mittleren Mesolithikums. Auch die in der Ahnen-Kult-Kultur zum Ausdruck kommende immer konservativere Entwicklung erreichte im Nahen Osten bei weitem nicht den Erfolg wie in Afrika: so dass nun ausgerechnet diese an sich definitiv konservativ-restriktive Entwicklung nicht ganz ohne Grund als die historische Begründung und als Motor des Fortschritts gesehen wird.

---

[173] Harald Hauptmann & Mehmet Özdoğan, in: Badisches Landesmuseum Karlsruhe: Die ältesten Monumente der Menschheit, S. 34

Doch exakt dieser Eindruck kam auch damals in dem Raum nördlich von Göbekli Tepe auf – und reizte zum Widerspruch bis letztlich zum Kampf, was in die Neolithische Revolution mündete. Doch diese Kämpfe verschärften die Ressourcen-Lage und vor allem die soziale Lage…

5.3 Die Ahnen-Kult-Kultur

Überaus charakteristisch für die Entstehung des Späten Mesolithikums ist das historische Aufkommen der Ahnen-Kult-Kultur im Raum Jericho, von wo aus der Ahnen-Kult offenbar seinen Ausgang nahm.

Der Schädel-Kult, wie er uns aus der Südsee bekannt wurde, scheint (bei manchen einzelnen älteren Vorläufern) in dieser Form seinen Ursprung im Raum Jericho gehabt zu haben. Es finden sich in der Südsee recht entsprechende Merkmale wie der Einsatz von Muscheln in die Augenhöhlen und die Übermodellierung der Schädel. Dieser Schädel-Kult steht ursprünglich mit der Entwicklung des Ahnen-Kults in Verbindung: er ist die äußere Form in der Entwicklung des Ahnen-Kults.

Der Raum Jericho, wo das Fortschritts-Modell die „Anfänge sesshaften Lebens“ [174] bejubelt, erweist sich vielmehr als die Region, wo aufgrund des Kampfes um Ressourcen **erstmalig** in der Geschichte der Menschheit das Prinzip der >strikten< Territorialität aufkommt. Auch wenn dort bei allem Kampf um Land eine dauerhafte Sesshaftigkeit lange gar nicht erreicht wurde (selbst Jericho war immer nur zeitweilig bewohnt), so vermachte diese Entwicklung der Menschheit doch die Auffassung **privaten Land-Besitz-Erb-Rechten**.

---

[174] so der Titel des Artikels von: Kate da Costa, in: Göran Burenhult, Illustrierte Geschichte der Menschheit II, S. 22

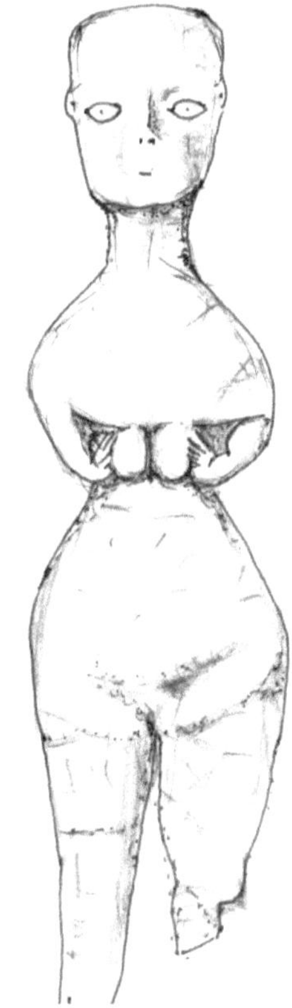

Nachzeichnungen:
Plastik aus Jericho, 7. Jt. v. Chr. [175]

rechts: Plastik aus 'Ain Ghazal, ebenfalls Jordanien, (7. Jt. v. Chr.) „Die Statuette war möglicherweise die >Muttergöttin< eines Dorfes."
(ebd. S. 37)

Die Plastik aus 'Ain Ghazal weist auffällige Ähnlichkeiten zu der obigen Plastik aus Jericho auf, nämlich Stubsnase und einen unrealistisch kleinen Mund. Solche Merkmale, wie in 'Ain Ghazal mit Brüsten versehen, weisen die „Fruchtbarkeitspuppen" Akua'ba *der Ashanti in Ghana auf, die von jungen Frauen getragen werden.* [176] *Die Bezeichnung* >Akua'ba< *lässt sich mit span.* cueva *und hebräisch* Chawwah >Eva< *in Verbindung bringen. Der Ausdruck dieser Figur ließe sich als Verschränkung von Autoritarismus und Infantilem als Mutter-Komplex deuten.*

---

[175] in: Göran Burenhult: Illustrierte Geschichte der Menschheit II, S. 21
[176] S. z.B. in: M. Trowell & H, Nevermann: Afrika und Ozeanien, S. 92

Mag es hier am „Ende der Eiszeit“ zu einer Optimierung der Natur-Verhältnisse gekommen sein - was möglich, aber noch nicht sicher ist -, so läge dies in einer deutlich früheren Phase. Denn seit dem Holozän = Späten Mesolithikum ist diese Gegend von einer massiven Verschlechterung betroffen:

> „Innerhalb des begrenzten, von den Natufiern besiedelten Gebiets führten Bevölkerungswachstum und sich verschlechternde klimatische Bedingungen – für beides gibt es sichere Belege – zu einem dauernden Druck. [...]
> Die vollständige Abwanderung aus den meisten Natufsiedlungen in Palästina außer Nahal Oren und Jericho wird von Fachleuten als Folge der sich verschlechternden klimatischen und damit auch der wirtschaftlichen Umstände angesehen. Wegen der zunehmenden Trockenheit wichen die Waldgebietc und ihre Tierwelt langsam nach Norden [*also Richtung Göbekli Tepe*] zurück. Vermutlich folgte ihnen ein großer Teil der Natufbevölkerung.“ [177]

Wir erhalten hier also schon einen Hinweis auf einen Migrationsdruck in Richtung Göbekli Tepe, worauf wir noch zu sprechen kommen. Für die spätere Zeit wird auch eine Abwanderung nach Ägypten erwogen (Parzinger: 288), wie dies auch für Phasen von der Geschichte des alten Israels bekannt ist.

Von diesen Zusammenhängen her stellt sich die Entstehung der Sesshaftwerdung aus gänzlich anderen Gründen dar: nämlich als Kampf um ein Fleckchen Erde zwecks Sicherung seines Überlebens mangels hinreichenden Gelingens von Absprachen und Koordination. So entstand hier anscheinend historisch erstmalig die Auffassung von definitiven Besitz-Rechten eines *konkreten* Stücks Gebiet: nämlich als >heiliges Land< als die Grabstätten seiner Ahnen, was bis heute seine höchst unheilgen Konsequenzen hat. Wenngleich man in dieser Ära eine tatsächliche dauerhaftere Sesshaftigkeit noch gar nicht erreichte, so vererbte man doch der Menschheit das Besitz-Denken und den Kampf um Land*besitz*.

---

[177] James Mellaart, in: Leone Fasani: Die illustrierte Weltgeschichte der Archäologie, S. 366 - 369

5.3.1 Die Ahnen-Kult-Sprache

Es kommt in der Verbindung mit der Entwicklung der Ahnen-Kult-Kultur auch zu einer **entsprechenden spezifischen Sprachform**. Dieser Sachverhalt bietet inhaltlich und formal wichtige Anhalte, die aus diesem Grund für das Verständnis der spätmesolithischen Entwicklung im Raum Jericho herangezogen werden sollen.

Das entscheidende Moment dieser Sprachform findet sich fast durchweg in den afrikanischen Sprachen und auf jeden Fall mit dem Hebräischen (*Bibel*!) auch im Semitischen – und damit exakt in der Region, wo diese Entwicklung wahrscheinlich ihren Ausgang genommen hat.

Die Sprachform der Ahnen-Kult-Kultur ist dabei sowohl von ihrem Anliegen als auch von ihrer Auffassung gekennzeichnet, dass der ursprüngliche Zustand das >Paradies< = >**Perfekte**< war, den es so gut es geht zu **bewahren** gilt. Diese Auffassung des Erlebens und Verstehens von ***Perfekt – Imperfekt*** wird hier sogar regelrecht zu *Sprache*: zu Grammatik. In dieser Auffassung ist das „Perfekt“ (= *Samani* in Suaheli s.u.) absolut wortwörtlich zu verstehen, als nämlich der mit den Urahnen verbundene perfekte Ursprungszustand der Schöpfung, auf den die gesamten kulturellen Bemühungen des „Imperfekten“ („Sasa“) ausgerichtet sind. An sich kann dies als direkte Ableitung aus der ursprachlichen Mythologie und Kulturauffassung gesehen werden, doch entwickelt dies hier völlig neue Konsequenzen.

Denn mit dieser Konzeption wird nun das ganze Denken bis in die Sprache hinein und durch die Sprache auf die Vergangenheit ausgerichtet, was praktisch mit jedem Satz betrieben, bestätigt und vorgetragen wird. Dieser Konservatismus ist hier genau wie im Mittleren Mesolithikum mit ihrer Megalith-Symbolik (wie z.B. bei den genannten Aborigines) ausdrückliches Kulturziel, und man erreichte es im Raum Jericho und in Afrika wohl insbesondere auch durch diese Sprach-Anlage.

> „Jedes afrikanische Volk hat seine eigene Geschichte. Diese Geschichte schreitet >rückwärts< von der Sasaperiode [= *Imperfekt*] ins Samani [= *Perfekt*], vom Augenblick intensiven Erlebens in den Zeitrum, den nichts durchmessen kann. Im traditionellen afrikanischen Denken gibt es keinen nach >vorwärts< orientierten Geschichtsbegriff, demzufolge die Geschichte einen zukünftigen Höhepunkt oder dem Ende der Welt entgegenstrebt. [...] Mithin kennen die afrikanischen Völker keinen Fortschrittsglauben [...]
> Die allgemeine Blickrichtung ist zum Samani hin, denn dieses enthält die Grundlagen des Sasa, deren Kenntnis zu einem besseren Verständnis der Gegenwart unerlässlich ist. Das Samani ist nicht erloschen, sondern mit Ereignissen und Tätigkeiten angefüllt. Es enthält die Antworten auf viele Fragen, die die Menschen stellten: über die Schöpfungsgeschichte, den Ursprung des Todes, die Entwicklung ihrer Sprache und Sitten und das Werden ihrer Stammesweisheit. Das >Goldene Zeitalter< liegt im Samani, und nicht etwa in der äußerst begrenzten oder überhaupt nicht existenten Zukunft. [...]
> Die afrikanischen Völker leben in der Erwartung, dass die Menschheitsgeschichte im ewigen Rhythmus des Übergangs vom Sasa zum Samani fortdauert. Nichts lässt darauf schließen, dass dieser Rhythmus je ein Ende nimmt; die Tage, Monate, Jahreszeiten und Jahren folgen endlos aufeinander, wie auch der Rhythmus von Geburt, Hochzeit, Zeugung und Tod unendlich weiter schwingt.“ [178]

Diese *Sprach*-Anlage = *Kultur-Auffassung* ist inhaltlich und entwicklungsgeschichtlich mit dem Späten Mesolithikum und geographisch mit dem Raum Jericho in Verbindung zu bringen. Denn sie ist die sprachliche Grundlage der im *Norden* des Nahen Ostens entstehenden Konzeption mit der Erweiterung um Präsens zu dem Sprachkonzept mit *Präsens – Imperfekt – Perfekt,* wie es unseren Sprachen zugrunde liegt. Diese Modifikation sollte das Konzept der Ahnen-Kult-Kultur durchbrechen und es in sein Gegenteil verwandeln: es ermöglichte überhaupt erst die Vorstellung von selbst geschaffenem gesellschaftli-

[178] John S. Mbiti: Afrikanische Religion und Weltanschauung, S. 29 - 31

chem Fortschritt, und es begründete anscheinend auch die historische Fortschritts-Entwicklung, die sich daraufhin mit der Neolithischen Revolution Geltung verschaffte (→ 6.3).

5.3.2 Die Gründe der Entstehung des Ahnen-Kults

Der ursprüngliche Grund für die spätmesolithische Entwicklung des Ahnen-Kults waren anscheinend die aufkommenden territorialen Probleme in diesem Gebiet, die mit der Ausweitung der Wüste durch verstärkte Wanderungs-Bewegungen entstanden.

Es erscheint auf den ersten Blick unlogisch, dass man hier nun festere Häuser und Dörfer baut, *weil* sich die Wüstenbildung ausdehnte und die Ressourcen-Lage *schlechter* wurde, und so wurde diese Entwicklung ja auch durch Optimierungen in der Natur und der Technik erklärt. Nur stellen sich diese Optimierungen in dem Befund gar nicht dar.

Der Sachverhalt ist, dass man normalerweise unter der Verschlechterung der Verhältnisse abgewandert wäre. Dazu kam es auch. Doch inzwischen waren diese Abwanderungen unter den nun schon etablierteren Verhältnissen mit den Stämmen und mit der bereits angewachsenen Bevölkerung in dieser so von Wüste umfassten Gegend gar nicht mehr so einfach möglich.

Noch sind die Techniken in der Nahrungsproduktion nicht entwickelt genug, um hier dauerhaft siedeln zu können. Dazu sind die Bedingungen im Sommer und im Winter zu unterschiedlich. Nach der ursprünglichen Rechtsauffassung bedeutete jedoch das Verlassen seines Standorts >aufgestanden – Platz vergangen<. So entsteht nun das Problem, dass man bei den notwendigen jahreszeitlichen Wechseln nicht mehr wissen konnte, ob man bei dem nächsten Wechsel noch einen Existenz sichernden Standort vorfand, wurde die Konkurrenz aufgrund der zunehmenden Wüsten-Bildung immer höher (auch wegen der selbst geschaffenen Nachwuchs-Vermehrung).

So wird der Brauch, seine Toten neben seinen Häusern zu beerdigen, als die *Grabstätten seiner >Ahnen<* zum Anhalt an seine Ansprüche an dauerhaften Besitz auch bei zeitweiligem Verlassen. Die Ansprüche an Gebiet sind in der Ausdehnung gering, aber sie werden hier nun **definitiv**. Damit wird der größtmögliche Rückzug einer Existenz aufgenommen, aber auch das Maß erreicht, wo es keine Verhandlungsmöglichkeit mehr gibt. In dem hier historisch erstmalig aufkommenden Toten-Kult werden die Toten und Grabstätten (evtl. in Übernahme der Idee der Megalith-Stätten) >heilig< und >Tabu<: jeglicher Disposition entzogen. Dies wird hier durch die Toten-Schädel zum Ausdruck gebracht und markiert.

> „Auch ein weiteres kultisches Verhalten entsteht in der Epoche: der >Schädelkult<, bei dem man nach der Bestattung die Schädel bestimmter Individuen wieder ausgräbt, sie eine Zeitlang in der Behausung aufstellt und dann in einer gemeinsamen Zeremonie erneut beisetzt. Diese für Jericho belegte Praxis bezeugt das Aufkommen eines Ahnenkultes, der die territoriale Bindung der Familiengruppe bestätigt, diese festigt und ihre Beständigkeit sichern soll.“ [179]

In dieser Praxis liegt der historische Ursprung der Auffassung von >Besitz< und >Erbschaft< jenseits rein persönlicher Beziehungs- und Erinnerungs-Objekte. Es ist interessant, dass – wohl aufgrund der Ausbildung der damaligen Wortwurzel ***se*** wie lat. *se* = ***sein*** *(Eigen), sich, selbst, Sippe (sibi)* – ein sprachlicher Zusammenhang zwischen *sesshaft* – (Wohn-) *Sitz* - (*besetzen* -) *Besitz* und *Sitte, Gesetz* besteht. Die historisch älteste Vorstellung von >Besitz< (jenseits des rein Persönlichen) hat mit dem Anhalt der Grabstätten seiner Ahnen in der hier neuartigen Auffassung eines definitiven Anspruch auf ein Stück Land seinen Ursprung.

---

[179] Annie Caubet & Patrick Pouyssegur: Der Alte Orient, S. 24

Dass eine solche neue Konzeption von >Besitz< an Gebiet in dieser *strikten punktuellen* Form (der Grabstätten) entsteht, dürfte seine effektiven Gründe haben. Sie dürften damit in Verbindung stehen, dass die Regelungen der Stämme- und/oder der Gesetz-Bund-Konzeption nicht mehr hinreichend griffen. Dieser Toten- und Schädel-Kult hat also zuerst die Bedeutung der Proklamation von *privaten Clan*-Besitz- und Erbschafts-Rechten. Aus wohl diesem Grund kommt es mit der Zeit dahin, die hierbei wichtigen Toten durch das Aufstellen der Schädel auch auszuweisen und zu demonstrieren.

Wie hier zunächst die Gräber der Ahnen zum Anhalt an Gebietsbesitz werden, so werden nun umgekehrt die Sicherung der Clan-Linie, des Betreibens des Totenkultes wie die Sicherung der Erbschaft von Bedeutung. Daraus erwächst die Konsequenz einer *erhöhten* Nachwuchs-*Produktion.* Schon die Stämme-Verfassung brauchte >eigenen< Nachwuchs, doch war dies durch die Größe des Stammes natürlicher und erheblich besser gesichert.

In der nun (stark) privatistischen Basis dieser Ahnen-Kult-Konzeption gibt es diese Kompensations-Möglichkeit nicht. Nur der leibliche Nachwuchs sichert den Ahnen-Kult und die >Linie<, nur der leibliche Nachwuchs kann das damit verbundene Erbe beanspruchen, und damit entsteht ein ganz anderer Druck an Nachwuchs-Produktion für die Individuen, zumal bei der erhöhten Hunger-Sterblichkeit.

Die Bevölkerungsexplosion, die hier nun in noch stärkerer Form aufkommt, ergibt sich also nicht aus dem Sachverhalt einer besonders günstigen Versorgungslage, sondern ganz im Gegenteil aus dem Problem der höchst ungesicherten Versorgungslage. Da dieses leibliche Verhältnis konstitutiv für diese neue Rechtsverfassung ist, aber die Kindersterblichkeit unter diesen Verhältnissen erst recht hoch wird, muss entsprechend >auf Reserve produziert< werden (die gleiche Logik deutet sich noch heute in den „Entwicklungsländern" an).

Ich sehe in dieser – in Anfängen schon mit der mittelmesolithischen Stämme-Konzeption aufkommenden, doch im Eigentlichen erst im Späten Mesolithikum eskalierenden – Auffassung den entscheidenden Grund dafür, dass es dort in dieser Zeit zu der deutlichen Verkleinerung und >Verfeinerung< (Verbuttung - Infantilisierung) des menschlichen Nachwuchses kommt. Der gleiche Sachverhalt zeigt sich in den Anfängen der Tierzucht. Doch ist dieser Prozess des Schrumpfens der Körpergröße der Menschen mit im Durchschnitt vollen 15 cm in dieser Zeit im Nahen Osten extrem ausgeprägt (s.o. → 5.1).

Einen gewissen Aufschluss über die Inhalte dieser hier aufkommenden Entwicklung der Ahnen-Kult-Kultur kann die aus dieser Tradition stammende afrikanische Überlieferung bieten. Dies ist mit dem bereits genannten Sprach-Konzept aus *Perfekt* = *Samani* und *Imperfekt* = *Sasa* verbunden.

> „Nach dem körperlichen Tod existiert der einzelne in der Sasaperiode weiter, ohne sofort aus ihr zu entschwinden. Seine Verwandten und Freunde, die ihn im Leben gekannt und im Tode überlebt haben, gedenken seiner. [...] Das namentliche Erkennen ist von größter Bedeutung. Das Erscheinen eines Verstorbenen [!] und seine Namensnennung zum Zeichen des Erkennens setzt sich manchmal über vier bis fünf Generationen fort, solange noch jemand am Leben ist, der einst den Verstorbenen persönlich und namentlich gekannt hat. Wenn jedoch der letzte Mensch, der den Verstorbenen kannte, gleichfalls stirbt, entschwindet dieser aus dem Bereich der Sasaperiode. Erst jetzt gilt er im Hinblick auf die Familienbande als völlig tot. Er ist im Samani versunken. Solange man jedoch des Verstorbenen und seines Namens gedenkt, ist er nicht wirklich tot. Der Lebend-Tote (the living-dead), oder die Totenseele, ist ein Mensch, der körperlich tot ist, aber im Gedächtnis jener, die ihn im Leben kannten, weiterlebt und gleichzeitig in der Welt der Geister existiert. Solange man die Totenseele so in Erinnerung behält, befindet sie sich im Stande persönlicher Unsterblichkeit. Ein äußeres Zeichen dieser persönlichen Unsterblichkeit ist die physische Fortdauer des Individuums durch Zeugung, welche bewirkt, dass

die Kinder die Züge ihrer Eltern oder Vorfahren tragen.[180] Die Hinterbliebenen verleihen der persönlichen Unsterblichkeit durch verschiedene Handlungen Ausdruck, indem sie z.B. den Verstorbenen mit Ehrerbietung begegnen, ihnen Speisen darbieten und Trankopfer ausgießen und die zu ihren Lebzeiten oder beim späteren Wiedererscheinen von ihnen gegebenen Anweisungen befolgen.
Der Begriff der persönlichen Unsterblichkeit sollte zum Verständnis der religiösen Bedeutung der Ehe in der afrikanischen Gesellschaft beitragen. Ein Mensch, der nach seinem körperlichen Tode keine nahen Verwandten hat, die ihn im Gedächtnis behalten, wird zu einem Niemand, der wie verlöschende Flamme aus dem Menschenleben ausscheidet.
[...]
Wenn die Totenseelen plötzlich dem Vergessen anheim fallen, werden sie aus der Sasaperiode ausgestoßen, man könnte sagen exkommuniziert, ihre persönliche Unsterblichkeit erlischt, und sie gehen in einen Zustand der Existenzlosigkeit über. Und dies ist die schlimmste Strafe, die ein Mensch [dieses Ahnenkults] sich vorstellen kann. Die Verstorbenen grollen dagegen, und die Lebenden versuchen mit allen Mitteln, einen solchen Frevel zu vermeiden, da sie befürchten, Krankheit und Unglück würden über diejenigen kommen, die ihre toten Angehörigen vergessen.
[…]
Die Scholle ist der Wurzelgrund ihrer Existenz und gleichzeitig das mystische Band, das Leben und Verstorbene eint. Die Afrikaner wandeln auf den Gräbern ihrer Väter, und eine Lösung des mystischen Bandes zur Totenwelt würde Unglück über ihre Familie und das Leben der Gemeinschaft bringen.“[181]

Ein weiterer interessanter, bezeichnender und in der historischen Verortung wohl auch wichtiger Anhalt ergibt sich in der wohl aus dem spätmesolithischen Kulturraum von Jericho stammenden Wortbildung um **kadesch,* die uns aus dem Grie-

[180] Anmerkung CR: So stammt auch unser Wort *Enkel* als Verkleinerungsform von *Ahn,* s. Duden Herkunftswörterbuch: *Enkel*

[181] John S. Mbiti: Afrikanische Religion und Weltanschauung, S. 32 - 35

chischen unter **Hades** bekannt ist. Es ist im Semitischen das Wort für >heilig<, wie es in >das heilige Land< enthalten ist.

Es deutet sich bei diesem Wortfeld an, dass es (mal wieder) aus der ursprachlichen *Mond*-Symbolik für >Ursprung und Ende, Geburt und Tod< stammt. Dazu:

chadasch	חדש	hebräisch >neu<, >erneuern< (assyrisch *edêšu* >neu<), ℵ davon:
chodesch		hebräisch >Neumond<, der erste Tag, an dem der Mond sichtbar wird, bei den Israeliten als Fest gefeiert ℵ

Doch läuft die ursprüngliche Symbolik der Sprache des Homo sapiens nicht auf eine *Vorstellung* von Geburt und einem Leben nach dem Tod hinaus – wie es in der paläolithischen Kultur überhaupt nur um die Ausbildung von *Sprache* und *Kultur* in *Gegenwärtigkeit* geht, ohne sich in *Vorstellungen* zu verlieren. Sie ist dort vielmehr eine *Symbolik* von >Tod (im >Drachenschlund<) und Wiedergeburt< (in der Weltberg-UTerus-Höhle) *im Kontext der Jugend-Initiation.* Dies finden wir in diesem Wortfeld im Griechischen in *Ketos,* dem **mythologischen Ungeheuer** etwa in der Art des Wals, der >Jona< verschluckt haben soll (es ist eine ursprüngliche Initiations-Geschichte, vgl. dazu etwa lat. *Janus,* ebenfalls für >Ende und Anfang<).

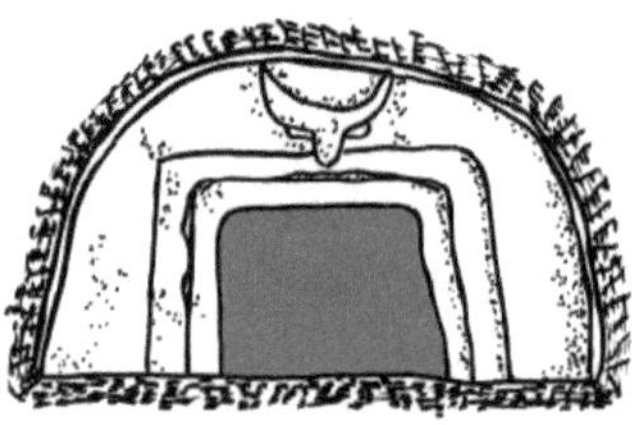

Grab**kammer** auf Sardinien, 5. Jahrtausend v. Chr., (mit weiteren Beispielen) nach: Marija Gimbutas: Die Zivilisation der Göttin, S. 291

Hades

chadasch חדש hebräisch >neu<, >erneuern<, ℵ davon:
chodesch hebräisch >Neumond<, als Fest gefeiert ℵ
qadasch קדש hebräisch die Wortwurzel für >heilig<, so
qadasch hebräisch >rein, geheiligt (von den Kriegern); durch Blutbesprengung; dem Heiligtum [*Tempel*, *Kult*] verfallen<ℵ
qiþus gotisch >Bauch, Mutterleib< (Duden 7> **Quaddel**)
qadesch hebräisch für die >Tempeldiener< (m und fem.) (= „Tempelprostituierte“) ℵ
Kadesch altägyptische „Göttin des Liebeslebens“

gadisch גדיש hebräisch 1. >Garbenhaufe<, 2. >Grabhügel<
gadusi Cherokee (indianisch) >Hügel< [*weder ursprachlich noch sicher Zufall!*]

wohl ursprünglich aus Kultstätten in Ortsnamen:

Qedesch (3 x im alten Israel) ℵ
Qart Ḥadašt (Wikipedia >) **Karthago**, neu + *Qart* >Stadt<
Ḳarti-ḫadasti keilschriftlich für eine Stadt auf Zypern (Gesenius, קרת)
Cadiz in Spanien als phönizische Gründung

kēdos griech. >Sorge; Trauer; Leichenbestattung< *
hatis gotisch = aengl. *hete*, schwed. *hat* = *
Hass [* nach: Duden 7, *Hass*] – bezeichnende Bedeutungsentwicklung, vgl. auch *Alp* (*Albe, Elfe*) und *Mahr* (- *Mutter*)

Auszug aus K.3.4.4.3 >(Grab)Kammer, Haus< in Band 2 b meines Werks *Cûl Tura*

In dieser nicht mehr verstandenen und nunmehr den eigenen Interessen unterworfenen Symbolik entsteht nun das, was man im schlechten Sinn unter >Religion< versteht. Sie erwächst, wie es sich auch an den Wortbildungen *Magie – machen – Gemächte* belegt (→ 6.4.3), aus der Verallgemeinerung des Zusammenhangs zwischen Ahnen-Kult und Nachwuchs-Produktion, also der Kopplung zwischen Toten- und Sexual-Kult, woraus das Neolithikum als Basis der gesamten gesellschaftlichen Organisation entsteht. Wahrscheinlich stammt auch unser Wort *Katze* (fem.!) von dorther, nämlich als *weibliche* Gott-Symbolik für >Liebe und Tod< (Schmusekatze – Raubkatze) wie bei der ägyptischen *Hathor* und der germanischen *Freia.* In direkter Form findet sich dies in *Kadesch* als Name der altägyptischen „Göttin des Liebeslebens“, [182] die ikonographisch der mesopotamischen Göttin *Ischtar* entspricht.

Da man hier, anders als in Australien, ab dem Späten Mesolithikum nicht mehr zu hinreichend tauglichen Formen von *Absprachen* fand, gerät man nun auf dem Hintergrund der im Mittleren Mesolithikum entstandenen kulturellen Techniken mehr und mehr in den *Bann* des Todes.

Es entsteht hier der historisch neuartige Toten-Kult, der mehr und mehr Raum in dem sozialen Leben einnimmt. Dieser Sachverhalt ist vor allem in dem Alten Ägypten *greifbar* zu studieren. Gerade auch wenn dieser Toten-Kult eine neuartige Bau-Produktion bis hin zu den Pyramiden und damit eine entsprechende wirtschaftliche Betätigung hervorbrachte, so schlug dieser zunächst höchst erfolgreiche Kultur-Ansatz doch in entsprechenden Kultur-Zusammenbrüchen mit höchst unerfreulichen Folgen zurück, und dieses Kapitel ist noch gar nicht beendet.

Das Thema Tod beschränkt sich hier in seinen Folgen nicht bloß auf den Toten-Kult. Die erhöhte Nachwuchs-Produktion produzierte auch eine höhere Sterblichkeit, und zwar auf allen Ebenen. Doch da hier Toten-Kult und Nachwuchs-Produktion zum Inhalt seiner Existenz werden, kommt es hier gerade unter den so prekär werdenden Verhältnissen zu einer regelrechten

---

[182] Mary Barnett, Götter und Mythen des Alten Ägypten, S. 91

Bevölkerungs-Explosion: die erst recht zur Konkurrenz um den zu knapp gewordenen Lebensraum wird.

Es ist noch immer die exakt gleiche Gegend, die noch immer unter dem Begriff >das heilige Land (der toten Ahnen)< steht. Es ist demnach aufgrund dieser so unheilgen Konzeption des Ahnen-Toten-Kults seit gut 11.000 Jahren Kriegsgebiet mit noch immer völlig *verstrickten* Disflikt-Problemen.

5.3.3 Die Bevölkerungs-Explosion (II)

„*Sicher ist, dass mit der Sesshaftwerdung eine rasche Zunahme der Bevölkerung einsetzte* [...].“ [183]

Muss in der neuartigen mesolithischen Stämme- und Geschlechts-Ideologie der Beginn der Bevölkerungs-Explosion gesehen werden, der im Nahen Osten schon im mittleren Mesolithikum seine Folgen zeitigt und zumindest als *ein* Grund für das Ende des Mittleren Mesolithikums anzunehmen ist, so nimmt diese Bevölkerungs-Explosion mit dem Späten Mesolithikum noch ganz andere Dimensionen an. Die hier erst wirklich aufkommende Entwicklung der Nahrungsproduktion ist damit in Verbindung zu bringen. Die mit der Geschlechts-Rollen-Ideologie gesteigerte Nachwuchs-Produktion schafft nun ernsthafte Ernährungs-Probleme, die die Nahrungsproduktion unumgänglich macht; und alle Gewinne, die die Nahrungsproduktion ergibt, werden im Besonderen in die Nachwuchs-Produktion gesteckt. Die Bedeutung des Getreide-Breis dürfte in erster Linie mit der Säuglings-Aufzucht und einem schnellen Abstillen zugunsten schnellerer Schwangerschaften in Verbindung stehen.

---

[183] Fischer Weltgeschichte Band 2, S. 23; s. auch: Lewis Mumford: Mythos der Maschine, S. 171

„Nachdem die Menschen sesshaft geworden waren, konnten Frauen jedes Jahr ein Kind zur Welt bringen. Babys wurden eher abgestillt, an die Stelle der Muttermilch traten Haferschleim und Getreidebreie. Die zusätzlichen Hände wurden dringend auf dem Acker gebraucht. Doch die zusätzlichen Münder aßen allen Überschuss schnell auf und verlangten nach mehr. So kam es, dass die Kinder im Durchschnitt schlechter dran waren als zuvor. Da die Menschen in schmutzigen und verkeimten Siedlungen lebten, die Kinder mehr Getreide und weniger Muttermilch bekamen und jedes Kind mit immer mehr Geschwistern um den Haferschleim konkurrierte, schoss die Kindersterblichkeit in die Höhe. In den bäuerlichen Gesellschaften starb mindestens jedes dritte Kind vor Erreichen des zwanzigsten Lebensjahres. Doch die Zahl der Geburten nahm immer noch schneller zu als die der Sterbefälle, weshalb die Menschen immer mehr und immer elendere Kinder hatten. […] Die Kinder starben wie die Fliegen."
(Harari: 111 f.)

„Wandernde Jäger und Sammler müssen die Größe ihrer Gruppe einschränken, sowohl aus praktischen Erwägungen (man kann auf langen Reisen nicht mehr als ein Kind zur gleichen Zeit tragen) als auch, um in schlechten Zeiten überleben zu können. Dagegen können in einer Bauerngesellschaft, solange unverbrauchtes Land zur Verfügung steht, umso mehr Getreide und Rinder aufgezogen werden, je mehr Arbeitskräfte zur Verfügung stehen. Damit begann der [...*Teufels*-] Kreislauf des Bevölkerungswachstums, das nach immer mehr Nahrung verlangte." [184]

Nun trifft es wohl zu, dass die Konsequenzen der Nahrungsproduktion etwa mit der Bestellung von Feldern, der Bewässerung und Pflege des Angebauten (etwa auch vor >Unkraut<) und dann auch die Sicherung der Lagerung der Ernte eigene

[184] Noel D. Broadbent u.a., in: Göran Burenhult: Illustrierte Geschichte der Menschheit II, S. 187

Faktoren darstellen. Insgesamt zeigt sich die Nahrungsproduktion als deutlich zeit- und arbeitsintensiver als das Jagen und Sammeln unter ursprünglichen Naturverhältnissen.

Doch haben die hier historisch erkennbaren Problementwicklungen auch noch effektiv andere Ursachen. Als erstes tritt hier die Sozialverfassung der Stämme-Bildung mitsamt der neuartigen weiblichen Geschlechts-Rolle in Erscheinung. Im Weiteren wird hier die Heirats-Politik zu einem Faktor. Im Moment ist noch nicht zu klären, ob die weiteren Naturveränderungen das primäre Moment ist oder eine soziale Dynamik in Verbindung mit der Heirats-Politik, die im Nahen Osten zu den Problemen der mittelmesolithischen Sozialverfassung des Völker-Rechts-Bundes führen, aus denen die Entwicklung der Ahnen-Kult-Kultur folgt.

Sicher ist jedoch, dass mit der nun erheblich privatistischer aufgestellten Ahnen-Kult-Kultur eine ganz andere Verschärfung im Nahen Osten entsteht, und zwar nicht nur infolge der Proklamation eines Clan-Besitzes an Gebiet, sondern auch bzgl. der Bevölkerungs-Explosion. Denn die Erbschafts-Rechte und der Ahnen-Toten-Kult sind nun wesentlich auf eine private Basis gestellt. Bringt schon die Stämme-Bildung eine Bevölkerungs-Zunahme mit sich, so besteht hier doch nicht der Druck in Bezug auf die Nachwuchs-Produktion. Die höhere Größe des Stammes macht eine gewisse Kindersterblichkeit nicht zu dem Drama. Doch die Erbschafts-Rechte und die Pflege des Toten-Kults sind in einem sehr engen Kreis an einen unmittelbar eigenen Nachwuchs gebunden. Insofern wird hier nun Nachwuchs auf >Vorrat< und Überschuss produziert, um damit so gut es geht zu sichern, dass mindestens ein Nachkömmling selbst zur Nachwuchs-Produktion kommt, um so >die Clan-Linie< zu sichern.

In gewisser Weise entsteht hier eine hochgradig verschärfte Mental-Verfassung, in der sich alles nur noch um das Überleben in Form von Nachwuchs-Produktion und Toten-Kult dreht. Doch schafft diese immer verzweifeltere Entwicklung weniger ihren Erfolg als insgesamt weit mehr ihren Untergang, doch leider nicht bloß für sich selbst.

> „Innerhalb des begrenzten, von den Natufiern besiedelten Gebiets führten Bevölkerungswachstum und sich verschlechternde klimatische Bedingungen – für beides gibt es sichere Belege – zu einem dauernden Druck. [...] Die vollständige Abwanderung aus den meisten Natufsiedlungen in Palästina außer Nahal Oren und Jericho wird von Fachleuten als Folge der sich verschlechternden klimatischen und damit auch der wirtschaftlichen Umstände angesehen. Wegen der zunehmenden Trockenheit wichen die Waldgebiete und ihre Tierwelt langsam nach Norden zurück. Vermutlich folgte ihnen ein großer Teil der Natufbevölkerung.“ [185]

Auch wenn diese Entwicklungen im Raum Jericho ihr Ziel nahezu *vollständig* verfehlten (nicht einmal in Jericho selbst besteht eine durchgängige Bewohnung), so vermachten sie doch der Welt diese extremistische Lebens-Auffassung bis hin zu Privatbesitz und einer Clan-Organisation bis hin zur Mafia. Wie das Zitat andeutet, ist zu vermuten, dass diese eskalative Entwicklung sowohl durch Migrationen als auch inhaltlich auf den Raum Göbekli Tepe einen historisch wirksamen Druck ausübte. In ihnen scheint der Bruch zwischen dem >Semitischen< und dem >Indogermanischen< zu liegen. Das Ende von Göbekli Tepe als überregionale Organisation um 8.000 v. Chr. und die einige Jahrhunderte nachfolgende Neolithische Revolution stellen sich mir, wie noch näher gezeigt wird, in *diesem* Zusammenhang dar.

---

[185] James Mellaart, in: Leone Fasani: Die illustrierte Weltgeschichte der Archäologie, S. 366 - 369

5.4 Göbekli Tepe

(s. dazu mehr und weitere Bilder in Wikipedia, *Göbekli Tepe*)

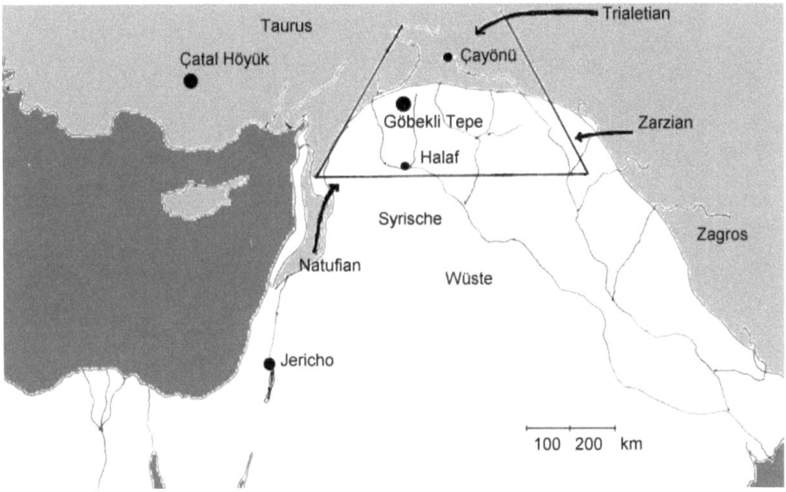

Das so genannte „goldene Dreieck" im heute insbesondere kurdischen Bereich in der Türkei, in Syrien und im Irak mit **Göbekli Tepe** *in recht zentraler Position. Das nordwestlich liegende* **Çayönü** *ist hier auch von Bedeutung (s.u.)*

> *„**Schmelztiegel dreier Kulturen***
> *Im Wettstreit um den Ort der Entstehung des Neolithikums ist das >Goldene Dreieck< in den letzten Jahren sowohl durch die Quantität als auch durch die Qualität der Funde und Befunde zum aussichtsreichsten Kandidaten geworden. Um diesen Sachverhalt zu erklären, sei daran erinnert, dass es sich hier um eine Zone handelt, in der die drei wichtigsten nacheiszeitlichen Kulturen Vorderasiens aufeinander trafen und sich wahrscheinlich vermischt haben."* [186]

---

[186] Olivier Aurenche, in: Badisches Landesmuseum Karlsruhe: Die ältesten Monumente der Menschheit, S. 65

Das Aufeinandertreffen dürfte zutreffen, nur deutet die Aggressions-Symbolik im Raum Göbekli Tepe auf einen recht anderen Charakter dieses Aufeinandertreffens…

Nachzeichnungen: Steinpfeiler von Göbekli Tepe:
links PPN A, Höhe ca. 3,60 m; rechts PPN B, Höhe ca. 1,45 m

Man beachte die Aggressions- und die ausgeprägte Männlichkeits-Symbolik, die in dieser Form *historisch erstmalig in Erscheinung tritt und für diese Ära und Gegend beispiellos ist – ein durchaus bezeichnender Hinweis*

Originale Fotos u.a. in: Klaus Schmidt: Sie bauten die ersten Tempel, S. 135 und S. 234

Im heutigen Grenzgebiet Türkei – Syrien tritt mit dem Späten Mesolithikum auf dem Göbekli Tepe quasi aus dem völligen Nichts eine höchst imposante Megalith-Anlage in Erscheinung. Es handelt sich bei Göbekli Tepe um eine – bislang noch längst nicht vollständig ausgegrabene - gewaltige Anlage, mit deren Bau zu Beginn des Späten Mesolithikums begonnen wurde. Sie bestand aus einer ganzen Reihe von Gebäuden mit bis zu 5 m hohen T-Pfeilern, deren Zahl auf insgesamt rund 200 geschätzt wird. Dazu:

> „Verwunderung rief allerdings die ungewöhnliche landschaftliche Lage des Ortes hervor. Er befindet sich nicht wie viele andere steinzeitliche Siedlungen im Tal, bei Wasser und Ackerland, sondern beherrscht wie eine gewaltige Landmarke einen lang gestreckten Höhenzug, der die südöstlich der modernen Stadt Urfa gelegene Harranebene im Norden begrenzt.
> […]
> Heute ist nach 12 Jahren archäologischer Erforschung klar, dass es sich beim Göbekli Tepe um einen steinzeitlichen Ort mit monumentaler, megalithischer Architektur handelt, der bisher ohne Vergleiche bleibt und der die architektonische Wucht des südenglischen Stonehenge um mehr als sechs Jahrtausende vorwegnimmt.
> Der Göbekli Tepe datiert ins 10. und 9. Jt. v. Chr. […] Hauptcharakteristikum des Göbekli Tepe bilden jedoch nicht Häuser oder sonstige Siedlungsspuren, sondern gewaltige Steinkreise aus monolithischen T-förmigen Pfeilern, die bis zu 5 m Höhe erreichen.
> […]
> Herausragend sind ohne Frage die megalithischen T-Pfeiler. Die manchmal in Relief dargestellten Arme und Hände erweisen sich als stilisierte, menschengestaltige, steinerne Wesen, die angesichts der starken Stilisierung, die ihre Körperlichkeit auf rein kubische Formen reduziert, ganz offensichtlich einer anderen Welt zugehören als der diesseitigen.
> Die steinernen Pfeilerwesen sind gleichsam im Kreis um zwei ihrer Art versammelt, die die übrige Versammlung jedoch an Größe deutlich übertreffen. Diese beiden zentralen Pfeiler ragen freistehend empor, die Pfeiler des Rundes wurden mit Bruchsteinmauern und innen vor die Mauern plat-

zierten steinernen Bänken verbunden, sodass innen und außen klar begrenzt und der Temenoscharakter der Anlagen verstärkt wird. [...]
Hier dominieren wilde und gefährliche Tiere, die mit oft zähnefletschendem Maul an den Kerberos der antiken Mythologie erinnern und die wahrscheinlich als Wächter der steinernen Welt des Göbekli Tepe dienten." [187]

„Es dominieren Tiere in aggressiver Haltung; die Mehrzahl der Skulpturen lässt sich ohne Zögern in die Kategorie >gefährliche Erscheinungen< einordnen; sie wurden folglich wohl in Unheil abwehrender – besser: abschreckender – und mithin >apotropäischer< Absicht aufgestellt. Bemerkenswert ist, dass sich unter den Darstellungen keine wirklichen Phantasietiere erkennen lassen. Die reptilienartigen Wesen vermögen die Assoziation mit Drachen zu erwecken, oder zumindest an Krokodile zu erinnern. Doch gab es an Euphrat und Tigris nie Krokodile." [188]

Es ist schon erstaunlich, dass man trotz der recht eindrücklichen Hinweise nicht auf den Gedanken kommt, dass dort kriegerische Disflikte bestanden haben könnten - und also in diese Problematik ein saumseliges „goldenes Dreieck der Kulturentwicklung" stellt.
Doch im Unterschied zu anderen Autoren bemerkt Klaus Schmidt, der damalige archäologische Leiter der Ausgrabung von Göbekli Tepe, in seinem einschlägigen Buch über Göbekli Tepe:

„Die *Jäger* des Göbekli Tepe jedenfalls erklimmen nicht die Stufen hinauf zu einer glänzenden Zukunft, sie stehen am Abgrund, am Abschluss ihrer großen Zeit." [189]

---

[187] Klaus Schmidt, in: Badisches Landesmuseum Karlsruhe: Die ältesten Monumente der Menschheit, S. 74 f.
[188] Harald Hauptmann & Klaus Schmidt, in: Badisches Landesmuseum Karlsruhe: Die ältesten Monumente der Menschheit, S. 76
[189] Klaus Schmidt: Sie bauten die ersten Tempel, S. 240

5.5 Die mesolithische Krise

„Niedergang einer blühenden Kultur
Das Ende des Akeramischen Neolithikums stellt zugleich eine Periode des Niedergangs einer blühenden frühneolithischen Kultur dar. Ob die Gründe für die >Krise< oder den >Kollaps< dieser Kulturerscheinung auf Veränderungen des Klimas oder Störungen des ökologischen Gleichgewichts, auf soziale Umwälzungen oder Konflikte, die aufgrund der Bevölkerungszunahme zwischen den Gemeinschaften entstanden, zurückzuführen sind, bleibt umstritten. Tatsache ist, dass in Obermesopotamien wie in Palästina viele große PPNB-Siedlungen aufgegeben wurden. Andere Siedlungen blieben hingegen auch nach dem Übergang zum keramischen Spätneolithikum kontinuierlich bewohnt, wenn auch in ungleich bescheidenerem Umfang.“ [190]

Wie aus dem Zitat ansatzweise hervorgeht, so stellt sich in dem historischen Befund mitnichten eine einfache und schrittweise Entwicklung dar, wie es in dem Fortschritts-Modell insgesamt suggeriert wird. Doch tritt die angedeutete Problematik nicht erst am Ende des Akeramischen Neolithikums um 6.200 v. Chr. auf.

Von den Gesamtdaten erscheint die Charakterisierung des „frühen Neolithikums“ als >blühende Kultur< wie eine Beschreibung des 3. Reichs im Bau von Autobahnen, von Raketen und von Vollbeschäftigung. In der Tat hat es da ja auch einen wirtschaftlichen Aufschwung gegeben. Nur erfasst eine solche Sicht nicht die Hintergründe und tatsächlichen Gesamtzusammenhänge.

---

[190] Harald Hauptmann & Mehmet Özdoğan, in: Badisches Landesmuseum Karlsruhe: Die ältesten Monumente der Menschheit, S. 34

Dass es in dieser Ära mehr und mehr zu der historisch bedeutsamen materiell-wirtschaftlichen Entwicklung in einem schon beträchtlichen Umfang gekommen ist, soll hier gar nicht bestritten werden – nur, dass das als ein wirklich gutes Zeichen zu deuten ist.

Wohl kam man im Raum Göbekli Tepe vermittels ihrer energischen Organisation über drängende Vorsorgungsprobleme und entsprechende Kämpfe hinweg und dabei umgekehrt zu einer erst überlokal funktionsfähig werdenden Entwicklung an Nahrungsproduktion. Es ist dieses über Göbekli Tepe organisierte weiträumige Beziehungsgeflecht, das in Sozialorganisation, Güter-Logistik (Rohstoffe wie Obsidian usw.), Bau-Tätigkeiten (s. Göbekli Tepe selbst), Nahrungsproduktion, der Züchtung von Getreide und der Domestikation von Tieren die historisch entscheidenden Grundlagen der zivilisatorischen Kultur schuf. Doch mit Freiheit hat das nichts zu tun. Es war nur damals dort aufgrund des geringen Maßes wirklich fruchtbarer Verhältnisse die einzige Alternative zu Chaos-Problemen in Hunger und Dauerkriegs-Verhältnissen.

Wenn es nach akuten Krisen – wie sie sich hier mehrfach andeuten – zu völlig neuartigen >Wirtschaftswundern< kam, dann wurde dies *natürlich* sicherlich als Glück erlebt. Wo somit aber die Chaos-Probleme wieder in den Hintergrund traten, traten umgekehrt auch die Zwänge und neuen Probleme der Sozialorganisation heraus, die in gewisser Weise ja schon tatsächlich die Voraussetzungen der Chaos- und Disflikt-Probleme waren. Davon, dass diese Ära im Raum Göbekli Tepe eine Ära von >Glück< über den >Fortschritt< gewesen sei, davon berichtet weder die Symbolik von Göbekli Tepe, die vielmehr von Aggression getränkt ist, noch die damalige Entwicklung der Ahnen-Kult-Konzeption. Dass das damalige >Wirtschaftswunder< mit dem historischen Aufkommen der materiell-technologischen Kultur und Zivilisation in dem „goldenen Dreieck“ des Raums Göbekli Tepe >Glück< und ein Sachverhalt der „Kulturentwicklung“ sei, ist (in Rückprojektion des Alten Orients) nichts als Tradierung der überholten Geschichts- und Kultur-Vorstellung des 19. Jahrhunderts. Die archäologische Deutung der zweifelsfreien Zunahme an materiell-technologischer Kultur als „golden“ und „Kulturentwicklung“ basiert auf dem Kurzschluss, der zwischen Mitteln und Ziel nicht unterscheiden kann und die Mittel bzw. die Technik schon für das Ziel bzw. Kultur hält. Dieser Sachverhalt belegt sich an den jeweils vorgetragenen Argumentationen. Denn diese Deutung muss (analog zum 3. Reich) in diesem Kontext insgesamt als falsch bezeichnet werden, da die kulturell ersichtlich werdenden Gesamtdaten bei der Interpretation der archäologischen Befunde nicht zureichend berücksichtigt werden. Die Ära des Späten Mesolithikums steht unter dem Vorzeichen der Entstehung und Entwicklung der Ahnen-Kult-Kultur, und diese ist nicht mit einem Interesse an der Entwicklung von >Fortschritt< verbunden, sondern ganz im Gegenteil mit dem Interesse, einen Stillstand in dieser Entwicklung zu erreichen, und dies gilt in einem nochmals gesteigerten Maße für die Motive der nachfolgenden Neolithischen Revolution (s.u.).

Die falschen Prämissen der gebrauchten Weltgeschichts-Karte belegen sich auch in Bezug auf die Wahrnehmung der Kult-Anlage auf dem Göbekli Tepe.

> „Aber warum sollten Jäger und Sammler eine derartige Anlage errichten? Sie erfüllte keinen erkennbaren Zweck […]. Aber warum die Wildbeuter diese Anlage auch immer gebaut haben mögen, sie schien ihnen sehr wichtig zu sein. Denn um Göbekli Tepe zu errichten, mussten Tausende Menschen unterschiedlicher Gruppen und Stämme über lange Zeiträume hinweg zusammenarbeiten. […]
>
> Jüngste Entdeckungen ergaben, dass zumindest eine Variante [*des Weizens*], das so genannte Einkorn, seinen Ursprung am Fuß des Vulkans Karacadağ im Südosten der Türkei haben muss – gerade einmal dreißig Kilometer vom Göbekli Tepe entfernt.
>
> Das kann kein Zufall sein. Die Vermutung liegt nahe, dass die Anlage auf dem Göbekli Tepe irgendetwas mit der Domestizierung des Weizens und **des Menschen** [!] zu tun haben muss.“ (Harari: 118) [Hervorhebung CR]

Die Anlage von Göbekli Tepe erklärt sich in der Tat nicht als Werk einer kleinen Ortschaft und auch nicht mehrerer kleiner Orte, wie sie um Göbekli Tepe herum bestanden. Sie ist vielmehr der Beleg eines größeren Organisations-Komplexes, und die Einzigartigkeit und Größe in der ganzen Ära lässt vermuten, dass ihr organisatorischer Bezug nicht zu kleinregional vermutet werden darf. In gewisser Weise erscheint diese Anlage – gerade von ihrer Kern-Symbolik her – als der historische Prototyp der mesopotamischen Tempeltürme (Zikkurate) und der Pyramiden, und es erscheint mir nicht unwahrscheinlich, dass der Bau dieser späteren Kult-Bauten noch immer von einer tradierten Erinnerung an Göbekli Tepe her inspiriert war, die in der weiten Verbreitung der mittelmesolithischen Megalith-Kultur eingegangen sein könnte. Weiterhin könnte sich in deren neuen Entwicklung einer Heirats-Politik auf der Führungs-Ebene (>Adel<, s.u.) als geheime Information für die *Queen* und/oder den >König< bei der Amtsübergabe eine Sammlung solchen >Wissens< ergeben haben, die von Generation auf Generation ging, ohne dass wir dies äußerlich nachvollziehen können. [191] Doch dass es solche Jahrtausende langen Überlieferungs-Stränge gab, ist von den Traditions-Beständen her unzweifelhaft.

Insgesamt scheint die Anlage von Göbekli Tepe von der gleichen Grundidee wie die Megalith-Anlage der Ngarinyin-Aborigines (→ 3.2.1) bestimmt zu sein. Ich halte es nicht für unwahrscheinlich, dass es vor dem Bau der spätmesolithischen Anlage von Göbekli Tepe dort schon eine Kult-Stätte in der Art der Aborigines-Anlage oder gar noch einfacherer Art als Versammlungsort auf dem Gipfel eines *El*-Berges (→ 3.3.2) gegeben hat, der durch Tabu gesichert war. Der Name *Göbekli Tepe,* der ursprünglich >Nabel-Berg< bedeuten haben könnte, deutet auch auf einen Ort des >Abnabelns<, sprich einen Ritualort für die männliche Beschneidung, was sich durch den Fund einer entsprechenden Plastik belegt (→ 3.3.6). Es handelt sich

[191] Eine solche Tradition belegt sich bei den Mongolen als >Geheime Geschichte< immerhin im Nachhinein, da sie hier (aufgrund der späten Zeit) in *einem* (1) Dokument *schriftlich* aufgezeichnet worden war.

um eine Form der ursprünglichen Symbolik des >Weltberges< (letztlich für die Jugend-Initiation), indisch *(Su-)Meru,* worauf auch ägyptisch *(pa-) mer* für die Pyramiden hindeutet. Es spricht insofern einiges dafür, dass Göbekli Tepe ursprünglich – d.h. im Mittleren Mesolithikum – eine Kultstätte des Völker-Rechts-Bund-Netzwerkes (→ 3.2 ff.) war.

Dass es jedoch mit dem Späten Mesolithikum auf dem Göbekli Tepe zu dem Bau einer gewaltigen Kult-Anlage kommt, erscheint hier im Verbund mit den weiteren Daten durchaus beredt. Dieser Sachverhalt deutet darauf, dass am Ende des Mittleren Mesolithikums die Völker-Rechts-Bund-Organisation im Nahen Osten endgültig in eine Krise geriet. Die Entwicklungen (zur Ahnen-Kult-Kultur) im Raum Jericho lassen vermuten, dass zumindest dort die übergreifende Organisation aus den Fugen geriet. Somit mussten die bestehenden Sozialformen, ob Verbände, Stämme oder Clans, sich in gegenseitiger Konkurrenz ihre Ressourcen-Basis auf eigene *Faust* sichern. Für die entsprechenden Gebiets-Ansprüche wurden die Grabstätten seiner >Ahnen< zum Anhalt (→ 5.3).

Dieser Sachverhalt dürfte zumindest mittelbar auf den Raum Göbekli Tepe gewirkt haben. Der Bau dieser Anlage deutet jedoch darauf, dass es hier zu Disflikten um die Rechts-Bund-Organisation kam: von den übergreifenden Zusammenhängen her wahrscheinlich zu einer Neuauflage des vorausgehenden frühmesolithischen Stämme-Disflikts. Demnach kündigten einige Verbände ihre Zuordnung zu dieser Rechts-Bund-Organisation auf und zwar wohl in der Form, dass sie dabei die alte Kult-Anlage in der Art der Ngarinyin-Aborigines und/oder die Tabu-Markierungen des Gebiets umstießen. Das bedeutete nicht bloß die Annullierung der Vertrags-Verhältnisse, sondern auch eine Demonstration der Ohnmacht dieser Organisation. Dem wäre mit dem Bau einer imposanten Anlage gekontert worden.

Der Bau der nunmehr auf Eindruck angelegten Kult-Anlage auf Göbekli Tepe dürfte sich (von diesen Hintergründen) ausschließlich durch *interne* Disflikte erklären - da auf der Stufe des Mittleren Mesolithikums diese Anlage der Öffentlichkeit nicht zugänglich gewesen sein dürfte -, aber auch darin, dass eine Mehrheit für die Weiterführung dieser Rechts-Bund-Organisation war.

Aus diesem Sachverhalt entsteht ein Doppeltes. Mir stellen sich u.a. in den Zusammenhängen zwischen den Sprachfamilien die Sachverhalte so dar, dass die Rechts-Bund-Organisation von Göbekli Tepe Teil des mittelmesolithischen Völker-Rechts-Bund-Netzwerkes *blieb*. Daraus erklärt sich die große Ausstrahlung der nahöstlichen Entwicklungen auch im Bereich der Sprache etwa bis zum Altai und nach Afrika hin (auch als eine Basis der Verbreitung der **spät**mesolithischen Ahnen-Kult-Formen, so grammatisch mit Perfekt – Imperfekt bis hin zum Mongolischen, wo dies – sicher später unter dem Einfluss des Neolithischen – in eigener Form erweitert wird).

Die spätmesolithischen Formen liegen schon spezifischer als die mittelmesolithischen. Der nahöstliche Einfluss liegt hier gleichzeitig begrenzter wie höher. Wo die Sozialverhältnisse einigermaßen menschlich intakt und gemeinschaftlich bleiben, bleibt dieser Einfluss höchst begrenzt (auch sprachlich); wo nicht, da werden die neuen nahöstlichen Entwicklungen an Ahnen-Kult, Clan-Organisation, Macht und Technik mit *weiter* Ausstrahlung von Interesse und Bedeutung. Die nahöstliche Entwicklung stellt von ihren besonderen *Problem*-Entwicklungen in ihren *Lösungs*-Ansätzen quasi die historischen Proto-Typen.

Das megalithische Völker-Rechts-Bund-Konzept kann nicht erst auf das spätmesolithische Göbekli Tepe zurückgeführt werden. Die spätmesolithische Form bietet nicht mehr diese gemeinschaftliche Basis. Sie ist in Mythologie und sozial deutlich stärker von Autoritärem, von Rängen, Macht, „Metaphysischem“ (Ideologie, Geister- und Toten-Kult) und einer innersozialen Strukturierung gekennzeichnet.

Die Anlage von Göbekli Tepe ist vielmehr selbst eine Weiterentwicklung. [192] Es stellt als die erste besondere Weiterentwicklung des mittelmesolithischen Völker-Rechts-Bundes im Grunde sämtliche Grundlagen der modernen zivilisatorischen Entwicklung von Politik, Recht, Produktion und Ökonomie: der Sozialtechnologie. Diese Sozialtechnologie, die in Göbekli Tepe erstmalig in besonderer neuer Form (über die der Aborigines hinaus) *explizit* heraustritt, setzt da an, wo die gemeinschaftliche Sozialbasis abhandenkam. Insofern erscheint hier Göbekli Tepe als die besondere Pionier-Anlage für diese Techniken und als Modell, wo solche Probleme aufkamen (was ggf. als Erinnerung bei den späteren Megalith-Bauten wie die Pyramiden und Stonehenge usw. wirkte). Umgekehrt versteht sich aber auch, dass diese Entwicklung von Göbekli Tepe Widerspruch und auch effektiven Widerstand fand.

Die Anlage von Göbekli Tepe ist selbst schon zu deuten, dass es am Ende des Mittleren Mesolithikums keinen Konsens mehr über die Organisation (der Ressourcen und Rechte) im Nahen Osten mehr gab. Da dort die Alternative aber real nur in Chaos mit Versorgungsproblemen und Kämpfen wie später in Papua-Neuguinea bestand, begründeten nun die führenden Kräfte auf der Basis von Mehrheitsverhältnissen eine Neuauflage der Organisation, soweit sie *machbar* war. Mit dieser hinter der Kult-Anlage von Göbekli Tepe stehenden Organisation wurde im Norden des Nahen Ostens eine Stabilität an Ordnung geschaffen, die zur historischen Grundlage der zivilisatorischen Entwicklung wurde. Diese Bedeutung dieser über Göbekli Tepe organisierten Stabilität für die zivilisatorische Entwicklung ist kaum zu überschätzen. Es war erst diese Stabilität, die eine wirkliche Entwicklung der Sesshaftigkeit und der Nahrungsproduktion (über einen bloßen Gartenbau als Ernährungszusatz hinaus) und die Züchtung des Kulturgetreides usw. ermöglichte.

---

[192] „Ein Monument wie der Göbekli Tepe ist ohne eine >Vorgeschichte< […] schwerlich denkbar.“ Klaus Schmidt: Sie bauten die ersten Tempel, S. 256

Dennoch: offenbar war diese Entwicklung von Göbekli Tepe nie mehr unumstritten. Sie setzte sich auf der Basis von Mehrheits-Verhältnissen und Macht durch. Die Aggressions-Symbolik von Göbekli Tepe erscheint nicht ohne Grund. Doch sie kann nicht bloß als Ausdruck von äußeren Gegnern interpretiert werden. Dann hätte man die Macht- und Aggressions-Symbolik vielmehr an den Grenzen bauen müssen. Freilich kann sie umgekehrt auch nicht wirklich als Ausdruck eines Terror-Systems gesehen werden. Doch kommen eine autoritäre Logik und eine Macht-Basis durchaus zum Ausdruck. Diese Anlage und ihre Organisation gehen in *jeder* Hinsicht einen deutlichen Schritt über die Anlage der Ngarinyin-Aborigines hinaus: in *positiver* wie in *negativer* Hinsicht.

Insofern zeitigte diese Entwicklung auch *historische* Folgen, die sich freilich erst mit der Neolithischen Revolution freisetzten. Göbekli Tepe erscheint im Positiven wie im Negativen die konkrete Ausgangsvoraussetzung für das Aufkommen der Neolithischen Revolution: in der Entwicklung der Technologien des Neolithikums wie in ihrer Macht-Entwicklung als das, was die Disflikt-Basis für die Neolithische Revolution schuf: für das, was man mit ihr überwinden und anders machen wollte. In der Tat kann die von der Neolithischen Revolution ausgelöste Entwicklung nicht als eine einfache Verlängerung der Entwicklungen von Göbekli Tepe und insgesamt des Mesolithikums begriffen werden.

Insgesamt wirft der Gesamtrahmen bzgl. Göbekli Tepe und dem Nahen Osten einige Fragen auf. Als Tatsache erscheint, dass die Anlage von Göbekli Tepe um 8.000 v. Chr. im überregionalen Kontext aufgegeben wurde. Für eine Bautätigkeit reicht es dort nicht mehr. Auch wenn sich einzelne Hinweise auf Angriffe finden, [193] ist dies im Gesamtbestand mehr auf interne Disflikte aufzunehmen. Die Beerdigung der Anlage lässt vermuten, dass es insgesamt eine Fortführung der Tradition gab, die aber nach 8.000 v. Chr. nur noch von kleinregio-

[193] u.a. offenbar deutlich an Pfeiler 37, s. Wikipedia: *Göbekli Tepe*

naler Bedeutung war. Doch ist dieser Zeitpunkt um 8.000 v. Chr. mit dem Ende der Bautätigkeit höchst interessant.

Zunächst findet sich schon mit dem Umbruch vom „PPN A“ auf das „PPN B“ um 8.800 v. Chr. in den Bautätigkeiten der Anlage von Göbekli Tepe eine deutliche Zäsur. In gewisser Weise steht dies mit den „neolithischen“ Entwicklungen von Sesshaftigkeit und von Nahrungsproduktion in Verbindung. Wenn sich hierbei ein Fortschritt andeutet, so ist dies doch nicht der einzige Sachverhalt.

Einen Anhalt böten hierfür wieder die Bezüge in den Sprachentwicklungen. Zumindest in gewisser Weise deutet sich an, dass die spezifischen nahöstlichen Entwicklungen mit den Flexionen, dem grammatischen Geschlecht und den Stammformen nicht schon mit dem Anfang des Späten Mesolithikums aufkamen, sondern eher erst mit diesem Wechsel. Dies dürfte, auch sprachlich, mit den Entwicklungen der Ahnen-Kult-Kultur im Raum Jericho in Verbindung stehen. Diese Entwicklungen sind jedoch im Norden umstritten oder gar verhasst. Von den sprachlichen Anhalten her ist anzunehmen, dass um 8.800 v. Chr. nicht nur Sumer aus der direkten Beteiligung der Organisation von Göbekli Tepe ausschied. So wurde Göbekli Tepe nun zu einem Gemeinschaftsprojekt der späteren >Indogermanen< und >Semiten< und zum Zentrum der Entwicklung der Flexionssprache.

Der Haupt-Disflikt weist jedoch in den >Norden<. Schon insgesamt stellt sich mir die eigentliche Disflikt-Entwicklung, die am Ende des Mittleren Mesolithikums im Nahen Osten aufkommt, eher in Richtung Anatolien in Richtung Çatal Höyük dar. Sie verknüpfte sich dann vor allem mit *einer Partei innerhalb* des (später) >Indogermanischen< - denn dieser Disflikt findet auch über das Ende von Göbekli Tepe und auch über die Neolithische Revolution hinaus (bis etwa zur patriarchalen metallenen Revolution) seine Fortsetzung. In dieser Linie sind der deutlichste Widerspruch zu der nahöstlichen Entwicklung und die deutlichste Spur weiterer Kämpfe zu finden, und dies wohl vermutlich deswegen, gerade weil er *Teil* der nördlichen Bezüge von Göbekli Tepe war. In ihm könnten sich zumindest Erinnerungen an den ursprünglichen Disflikt erhalten haben, der bereits mit dem Frühen Mesolithikum zu der Entwicklung der >Stämme< geführt hat. Es könnte sich um Verbände handeln, die entweder in Folge der Zuwanderungen direkt aus dem Bereich Göbekli Tepe verdrängt worden waren oder sich aus diesem Gebiet zurückgezogen haben, um sich den dortigen Entwicklungen zu entziehen und ihre Tradition und Freiheit zu erhalten.

Die Haupt-Vertreter der Disflikte dieser Ära verorte ich in einer Minderheiten-Partei *innerhalb* des >Prä-Indogermanischen<, die vielleicht schon am Ende des Mittleren Mesolithikums entstand, doch auf jeden Fall ab 8.000 v. Chr. in diesem Raum von Bedeutung wird. Zumindest ist bislang kein anderer ähnlich großer Block an Gegnerschaft ersichtlich. Doch es ist nicht *das* Indogermanische, das gegen Göbekli Tepe steht. Was sich mir darstellt, ist vielmehr, dass Göbekli Tepe von der Mehrheitspartei des „Indogermanischen" in Verbindung mit den „Semiten" betrieben wird (vermutlich schon in der ausgeprägten Form seit etwa dem „PPN B", wo die *spezifischen* sprachlichen Gemeinsamkeiten zwischen dem späteren „Indogermanischen" und dem späteren „Semitischen" entstehen). Die effektive Trennung von „Indogermanisch" und „Semitisch" sehe ich mit dem Ende der übergeordneten Organisation in Göbekli Tepe (wofür das Stammformen-System einen Anhalt bietet → 5.5.2.1), und zwar aufgrund des immer höheren Disflikts aufgrund der zunehmenden Bedeutung der sich entwickelnden regressiv-repressiven Ahnen-Kult-Tradition.

Demnach wäre es eine Minderheitspartei im „(Prä-)Indogermanischen" (aus dem Raum Çatal Höyük in Anatolien), die die Gegnerschaft zu der wachsenden Bedeutung der Ahnen-Kult-Kultur vom Süden her im Raum Göbekli Tepe in besonderer Form her vertreten hätte. Hätte demnach Göbekli Tepe zunächst und noch zugespitzter seit dem „PPN B" die Brücke zwischen beiden Seiten gestellt, so wäre es mit der weiteren Entwicklung immer stärker zu einer Polarisation zwischen dem *weiter* Nördlichen und dem *weiter* Südlichen gekommen, bis diese Brücke um 8.000 v. Chr. zerbrochen wäre. Das eigentliche Problem hätte aber weniger den direkten Raum Göbekli Tepe selbst berührt, der inzwischen schon gut durch >Macht< gesichert wäre.

Die effektive Disflikt-Entwicklung hätte vielmehr in Entfernung von Göbekli Tepe in Richtung des Raums Çatal Höyüks handfeste Formen angenommen. Demgegenüber wäre der Raum Jericho eher von dem weiteren Verlust einer übergreifenden Sozialorganisation und einer Verschärfung in der Versorgungslage betroffen gewesen.

Zunächst einmal deutet diese Entwicklung auf einen sehr bestimmten kulturgeschichtlichen Bruch zwischen dem Norden und dem Süden von Göbekli Tepe und ähnlich, aber keineswegs identisch zwischen den späteren >Indogermanen< und den späteren >Semiten<. Der südliche Einfluss erfuhr nun im Norden des Nahen Ostens eine starke Dämmung, und er wirkte vor allem nach Süden hin, auf jeden Fall nach Afrika, wahrscheinlich jedoch auch nautisch in Richtung Indien bis nach Südostasien und in die Südsee (Ahnen-Kult, Schädel-Kult).

Der andere Flügel blieb für etliche Jahrhunderte von den Disflikt-Problemen betroffen und in seiner Entwicklung stecken, bis sich diese in der Neolithischen Revolution eine Bahn brachen.

Es ist von diesen Zusammenhängen her nicht unwahrscheinlich, dass es im Raum Göbekli Tepe zu einer noch ganz anderen Entwicklung kam. Diese hätte auf den inzwischen schon älteren frühmesolithischen Ansätzen der >Stamm-Ahnen< aufgebaut, wie sie sich auch in den je zwei anthropomorphen T-Pfeilern ihrer Anlage andeuten und wie sie sich in anderer Form als Hintergrund der Ahnen-Kult-Kultur weiterentwickelte. Diese Entwicklung war auch zu der machtvollen Organisation von Göbekli Tepe wie zur sozialen Organisation nach dem Zerfall von Göbekli Tepe befähigt.

Es handelte sich hierbei um die Konzeption des >Adels< als den leiblichen Nachfahren der >Stamm-Ahnen<. Es wäre der gleiche Ansatz wie die Konzeption der Ahnen-Kult-Kultur. Der entscheidende Unterschied dieser Entwicklungen verknüpft sich in der sozialen Größenordnung ihrer Bezüge. Die Entwicklungen zur Ahnen-Kult-Kultur entstanden in dem Zerfall der Stämme in den Bildungen von Clans, während die Entwicklung der Konzeption des >Adels< aus den Stämme übergreifenden Organisationsformen in Nachfolge des Völker-Rechts-Bundes (etwa als Stämme-Vertreter oder den >Voll-Initiierten) heraus aufgekommen wäre, so nämlich etwa als die *El*-Söhne, die im Neolithikum zu den >Götter-Söhnen< wurden, wie sich etwa auch Cäsar in seiner Clan-Linie als >Sohn der Göttin Venus< behauptete (wobei ihr Name >Julier< tatsächlich eine solche alte Tradition andeutet, findet sich ein *dzuli* bei sibirischen Kulturen für die mythologische >Ahnenmutter<. [194]

„**Ariki** (Ari'i), polynesische Adelsgeschlechter, die an der Spitze der stark hierarchisch gegliederten Gesellschaft standen und ihre Abstammung auf die *Götter* zurückführten." [195]

U.a. auch in Tibet gab es diese „Mythologie": „So sind alle Könige Söhne der Götter, sie stehen über den anderen Menschen." [196]

Das Gleiche gilt für die ägyptische Pharao-Ideologie usw.

Damit ergäbe sich auch eine Brücke zu der noch anders gelagerten Entwicklung, die dann mit der neolithischen Revolution von historischer Bedeutung werden sollte (s.u.).

---

[194] Mircea Eliade: Geschichte der religiösen Ideen I, S. 30. Es dürfte unser Wort **Eule** sein, s. dazu die Symbolik → S. 350 f.

[195] Harenberg Lexikon der Religionen, S. 944. Vgl. die Bildung *Arier* und engl. *Earl(y)*

[196] Helma Marx: Das Buch der Mythen, S. 411

5.5.1 Das endmesolithische Disflikt-Szenario

Das Gebiet südlich von Göbekli Tepe ist in der weiteren spätmesolithischen Entwicklung wohl auch von Bedeutung, nämlich insofern, als dass von hier ein zunehmender Bevölkerungsdruck ausging. Ansonsten zeigen die Anhalte, dass die Entwicklungen in diesem Raum unter dem Vorzeichen der *Entwicklung* der (spätmesolithischen) Ahnen-Kult-Kultur standen, und das bedeutet: unter einer immer stärker auf Stillstand und rückwärts ausgerichteten Perspektive. Im Gegensatz zu der nachfolgenden tatsächlich neolithischen Entwicklung waren dort die technischen Entwicklungen nicht eigentlich gewollt und erwünscht. Man konnte sie nur nicht verhindern.

Es wundert *insofern* nicht, dass die eigentlich dynamischen Entwicklungen in der Folgezeit vielmehr im nahöstlichen Hinterland >nördlich< von Göbekli Tepe aufkamen.

In gewisser Weise lässt sich die Gesamtsituation jenseits von Göbekli Tepe an dem Bild des Verhältnisses der weißen Siedler und der Indianer veranschaulichen, nur dass es im Nahen Osten nichts mit einem „rassischen“ Unterschied zu tun hatte.

Offenbar war ursprünglich bereits mit Beginn des Mittleren Mesolithikums ein erster Disflikt aufgrund der Migrationen entstanden. M.E. deuten die Hinweise darauf, dass es in diesem Raum seit dem Beginn des Mittleren Mesolithikums in letztlich direkter Linie bis hin zur Neolithischen Revolution (*und noch bis heute*) wieder und wieder zu kriegerischen Disflikten kam. Das hieße, dass die – wenn auch weniger und weniger – ursprünglichen Jäger-Kulturen im Norden des Nahen Osten in Teilen einen Abwehrkampf gegen die ihren *Bestand* und vor allem ihre *Kultur* und *Freiheit* bedrohenden Zuwanderer aus dem Süden geführt hätten. Dieser zunächst einfache Zustrom wäre im Späten Mesolithikum (entsprechend der südlichen Entwicklungen) in eine Art Kolonisierung nördlich von Göbekli Tepe umgeschlagen, nachdem in dieser Zeit das mächtige

Bündnis-System von Göbekli Tepe eine starke Sicherung dieser Region geschaffen hatte.

Dass die *neuen* Entwicklungen im >Norden< die Zeichen des >Südens< tragen, kann dabei nicht verwundern. Einiges dürfte sich unmittelbar als Kolonisierung vom Süden her erklären. Angesichts des Bevölkerungsdrucks im Süden dürfte ein Interesse an >neuem Gebiet< vorhanden gewesen sein, und dieses Gebiet war unter der Sicherung von Göbekli Tepe nur jenseits von dort in dem Gebiet der heutigen Türkei zu erlangen. Es bestand dabei das gängige Problem, dass in der Wahrnehmung von >Gebiet< bei Wildbeutern und bei Siedlern nicht direkt vermittelbare Unterschiede bestehen. Die Lebensform der Jäger und Sammler erfordert ganz andere Dimensionen an Gebiet. Wo in der Perspektive der Siedler >leeres Land< besteht, von dem man also ruhig ein Stück für sich beanspruchen kann, kann sich die Wildbeuter-Kultur in ihrer Ressourcen-Basis absolut berechtigt auf Leben und Tod bedroht sehen und entsprechend mit Krieg darauf reagieren.

So dürfte im direkteren Norden von Göbekli Tepe eine sehr umstrittene Einschätzung entstanden sein. In der näheren Umgebung von Göbekli Tepe bedurfte es auch nordwärts aufgrund des Bevölkerungsaufkommens mehr und mehr der >neolithischen< Techniken zum Überleben, sowohl in Hinsicht auf die Nahrungsproduktion als auch – was nicht von vorneherein zu identifizieren ist – in sozialer und gesellschaftlicher Hinsicht. Es versteht sich von daher, dass diejenigen Gruppierungen und Stämme, die bei der gegebenen Entwicklung räumlich und ggf. auch klimatisch unter Druck gerieten und nicht auf Krieg setzen mochten, dann auch von sich aus die Anregungen und Vorbilder aus dem südlichen Raum von Göbekli Tepe aufnahmen.

Hinzu kommt das Bündnis-Konzept von Göbekli Tepe. In der weiteren Disflikt-Entwicklung dürfte auch der Bund von Göbekli Tepe an Bündnis-Partnern interessiert gewesen sein, wie auch ein so mächtiger Verbund bei einer vergleichbaren Ausrichtung als Bündnis-Partner in den Disflikt-Problemen von Interesse war.

In all diesen Bezügen wurde in den höheren Kreisen nun die Heirats-Politik interessant. Mochte das Heiraten nach Süden hin mit höherem Prestige oder auch Status verbunden sein, so ließ sich mit Ehen in dem >wilden< Norden und Westen weniger Status, dafür aber unter günstigen Bedingungen ein weit höherer praktischer >Gewinn< (an Gebietsbesitz usw.) erzielen. Bei mehreren Kindern musste sich das in einem Clan nicht einmal gegenseitig ausschließen.

Wenn hier also im >Norden< die befestigteren Bauten und dann auch die größeren Städte entstanden, so begründet sich dies zunächst wieder einmal nicht in der günstigeren Situation. Beide Sachverhalte dürften in Wirklichkeit in direkter Form damit in Verbindung stehen, dass diese Gebiete in noch unbefriedeteren und kriegerisch bestrittenen Verhältnissen lagen. Die hier stärker befestigten Bauten und die größeren Siedlungen erklären sich wohl dadurch, dass sie einen größeren Schutz boten, der zu dem höheren Aufwand motivierte, der mit Beidem verbunden war.

Wie also im >Norden< die Verhältnisse insgesamt recht unbefriedet lagen, so war er aber auch noch nicht so von der bremsenden und einengenden Wirkung der Ahnen-Kult-Kultur erfasst. So entstand im >Norden< einerseits eine pragmatischere Ausrichtung, wie hier andererseits von daher auch die unternehmerische und machtpolitische Komponente stärker durchschlug. Wenn die Neolithische Revolution von dorther kommt, so hat dies in *jeder* Hinsicht *in all diesem* seinen Grund.

Insgesamt bietet sich eine Reihe an Anhalten für Disflikt-Probleme. Dies gilt mit Sicherheit für den großen Bogen der nahöstlichen Entwicklungen von dem Aufkommen der Stämme-Entwicklungen im Frühen Mesolithikum bis über den Alten Orient hin an.

Im Einzelnen gibt es hier große Schwierigkeiten in der Interpretation der Befunde wie in dem derzeitigen Forschungsstand. Ich habe hier einen Artikel vorliegen, den ich im Internet gefunden habe. Dieser Artikel ist sehr wohl von einem ideologischen Interesse geprägt, das anders als gängig liegt, bezieht sich aber auf eine erhebliche Menge an speziellen fachwissenschaftlichen Artikeln. Ich bin bislang nicht in der Lage, an diesem Punkt eine eigene nähere Forschung zu betreiben und zu einem begründeten Ergebnis zu kommen. Doch da dieser Artikel andere Informationen als die gängige Literatur enthält, soll er zumindest als Ergänzung des Blickwinkels auf dieses Szenario aufgenommen sein.

Demnach [197] findet sich in der im „Hinterland" von Göbekli Tepe gelegenen Ortschaft Çayönü, die wohl um 8.800 v. Chr. errichtet wurde:

> „Die höhlenartig in den Berg gegrabenen, finsteren Tempel dienten der Aufrechterhaltung der Macht in einer offensichtlich straff organisierten Gesellschaft (Özdogan 1994: 43, Özdogan 1999b: 231) durch offenen Terror – durch Menschenopfer. In den Tempeln aller Bauschichten sind große Mengen Blutes geflossen, das in dicken Krusten von den Ausgräbern an Dolchen, Opfersteinen oder extra angelegten Abflussschächten geborgen werden konnte (Schirmer 1983: 466f und Fußnote 5, siehe auch 475, Schirmer 1990: 382, 384, Hole 2000: 200f). Dass es sich dabei meist um Menschenblut handelte, ergab die Analyse des isolierten Blutfarbstoffes Hämoglobin (Loy and Wood 1989, Wood 1998). In den Kammern eines dieser Tempel lagen die Schädel von über 70 Menschen und Skeletteile von mehr als 400 verschiedenen Individuen (Özdogan and Özdogan 1989: 71/2), >gestapelt bis an den Rand< (Schirmer 1990: 382). In den übrigen Siedlungen Ostanatoliens war die Situation vergleichbar.[198] "

---

[197] nach einem Internet-Artikel von Bernhard Brosium: Von Cayönü nach Catal Hüyük

[198] (Anmerkung des Artikels selbst) „Zu den Menschenopfern siehe z.B. Hauptmann 1991, Hauptmann 1991/92: 22, Zick 1992, zur

Entsprechend wäre es dort im Kontext der Neolithischen Revolution auch zu einer sozialen Revolution gekommen:

> „Irgendwann an einem Tag vor 9.200 Jahren wurden in Cayönü die herrschaftlichen Häuser an der Nordseite des großen Platzes niedergebrannt, und zwar so schnell, dass die Besitzer ihre Schätze nicht mehr retten konnten (Davis 1998: 259/2, 260/2). Der Tempel wurde abgerissen und verbrannt und sogar der Fußboden aufgerissen (Schirmer 1983: 467, 1990: 384), die Steinsäulen um den freien Platz niedergelegt und die größeren zerhackt (Özdogan and Özdogan 1989: 74, Özdogan 1999a: Fig.41, Fig. 42). Der Platz selbst - zuvor über 1.000 Jahre hinweg gepflegt und peinlich sauber gehalten – wurde zur kommunalen Mülldeponie umfunktioniert (Özdogan and Özdogan 1989: 72/1, Özdogan 1997: 15). Nach einer kurzen, chaotischen Übergangszeit begann der Abriss aller Häuser. Die Slums im Westen verschwanden für immer, doch nur wenige Schritte von der Stelle, an der die Ruinen der Herrschaftshäuser gebrannt hatten, stand nun das neue Cayönü. Die neuen Häuser waren an Größe den alten Herrschaftshäusern vergleichbar (Schirmer 1988: 148f), doch gab es keine schlechter gebauten Häuser oder Hütten mehr (siehe die Abfolge der Pläne in: Özdogan 1999a: Fig.35, Fig.46, Fig.47). In allen Häusern wurde gearbeitet (Özdogan 1999a 53/1) und alle Hinweise auf soziale Unterschiede waren gelöscht (Özdogan 1999a: Fig. 47, Fig. 50, siehe auch Schirmer 1988: 148f).
> Nach der Dokumentation dieser Befunde 1989 konnte der Grabungsleiter von Cayönü, Mehmet Özdogan, im Jahre 1997 die Invasion fremder Völker, Krieg, Seuchen und Naturkatastrophen ausschließen und kam zu dem Schluss, die einzige Ursache dieser Veränderung könne nur ein sozialer Umsturz gewesen sein (Özdogan 1997: 13-17, 33, bestätigt in: Özdogan 1999b: 232/2, Özdogan 2000: 167 und Fußnote 7).“ [199]

Gesellschaftsform z.B. Özdogan and Özdogan 1998, Rosenberg 1999, Rosenberg and Redding 2000, Hole 2000.“

[199] (Internet) Bernhard Brosium: Von Cayönü nach Catal Hüyük

Doch sehe ich insgesamt weitere bedeutsame Anhaltspunkte für die Disflikt-Problematik nördlich von Göbekli Tepe. Wenn diese bislang auch nicht direkt archäologisch greifbar werden, so erscheinen sie doch in den historischen Formen. Es gibt höchst bedeutsame Unterschiede zwischen dem Späten Mesolithikum und dem Neolithikum, die überhaupt erst die nahöstlichen Entwicklungen zu DEM historischen Phänomen gemacht haben, das man in der Fortschritts-Ideologie schon in das Mesolithikum hineinprojiziert.

Ohne diese höchst bedeutsamen Unterschiede wäre es vielleicht überhaupt nicht zu einer weiteren historischen Entwicklung gekommen. Der Nahe Osten hätte zu einer für sich isoliert bleibenden Region wie irgendwo auf Papua-Neuguinea werden können, die mit ihrem Ahnen-Toten-Kult beschäftigt gewesen wäre und sich je nach Krise mehr oder weniger in Stammes- und Clan-Fehden aufgehalten hätte, wie dies in Teilen bis heute tatsächlich auch der Fall war und ist. Die Wüstengebiete im Nahen Osten waren (mit nahen Anbindungen zur Sahara/Afrika, aber durchaus in der Richtung Persien – Indien – Wüste Gobi) groß genug, dass sich dort trotz der Großmachtspolitik bis in die Antike hinein archaische Kulturtraditionen zu halten vermochten. Die Geschichte des Alten Israel und des Aufkommens des Islams ist ohne diese Hintergründe nicht verständlich.

Göbekli Tepe hatte seine Bedeutung bereits verloren. Noch gab es sonst nur Lager und kleine Ortschaften. Ohne die Neolithische Revolution wäre es überhaupt nicht zu der gewaltigen Kolonisierung des Wüstensgebiets an Euphrat und Tigris wie am Nil usw. gekommen, die erst das eigentliche Mesopotamien, Ägypten und also den Alten Orient schuf und damit das, was man in dem alten Geschichts-Modell von vorneherein mit den „neolithischen“ Entwicklungen seit dem >Ende der Eiszeit< im Nahen Osten und anderswo (Indus-Kultur, China usw.) assoziiert.

Die spätmesolithische Entwicklung der eigentlichen Ahnen-Kult-Kultur (im Raum Jericho) bot für diese Entwicklung nicht die Ausrichtung: nicht das Interesse, nicht die Weltanschauung und nicht einmal *die Sprache*. Ihre Entwicklung war ganz im Gegenteil darauf ausgerichtet, jegliche Weiterentwicklung zu verhindern, ja womöglich gar wieder hinter den entstandenen >Fluch< zu Arbeit („im Schweiße deines Angesichts“) zurückzukommen. Gerade auch die damalige Sprach-Entwicklung lief darauf hinaus, schon per Grammatik das Denken auf das >Perfekt< (irgendeiner Vergangenheit) zu fixieren.

Erst die Neolithische Revolution bot überhaupt der Entwicklung der Ackerbau-Kultur ihre eigentlichen geistigen und sozialen Grundlagen.

Einen gewissen Anhalt für die damaligen Disflikt-Probleme im Nahen Osten bietet wohl auch die Gründung des Ortes ***Ba'ja*** (etwa halbe Strecke zwischen dem Toten Meer und dem Roten Meer)

> „etwa 14 km nördlich von Petra in Jordanien. Die Siedlung wird in der Präkeramische Neolithikum B datiert und ist damit rund 9.000 Jahre alt.
> Ba'ja liegt in einer Höhe von rund 1.160 Metern zwischen steilen Sandsteinformationen und ist nur mit Leitern über einen Kletterweg durch eine enge, steile Schlucht zugänglich.“
> (Wikipedia: Ba'ja)

Der Ort umfasste maximal 600 Einwohner. Man hätte wohl kaum eine so zurückgezogene und unkomfortable Situation gewählt, wenn nicht entsprechende Aggressionsprobleme bestanden hätten.

5.5.2 Das Kriegs-Patt

5.5.2.1 Der sprachliche Hinweis

Einen sehr bedeutenden Hinweis auf einen definitiven Kultur-Disflikt liefert ein grammatisches Phänomen. Es erscheint ebenso arglos wie natürlich. Doch davon kann gar keine Rede sein.
Es handelt sich dabei um unser Stammformen-System mit *Präsens – Imperfekt – Perfekt* wie *schwimmen – schwamm – geschwommen* oder engl. *do – did – done.*

Das, was sich in Bezug auf die Entstehung des Stammformen-Systems annehmen lässt, wirft ein höchst bedeutsames Licht auf das Vorspiel zur Neolithischen Revolution.

Bezeichnenderweise hat diese Konzeption im Indogermanischen auch keine Einheitlichkeit. Neben gänzlich unregelmäßigen Formen und Bildungen mit Hilfsverben haben wir zwei verschiedene Flexionssysteme, die >starke< und die >schwache Flexion< wie einerseits *gehen – ging – gegangen* und andererseits *machen – machte – gemacht*. Dem Hebräischen nach zu urteilen, würde die starke Flexion aus dem (Prä-) Semitischen stammen.

Neben den anderen Hinweisen, auf die wir noch zu sprechen kommen, deutet sich an, dass der Ursprung dieses Stammformen-Systems in der Ahnen-Kult-Kultur mit ihrer Sprach-Konzeption aus *Perfekt – Imperfekt* liegt (→ 5.3.1), als deren Zentrum sich Jericho darstellt. In diesem Raum hat diese Konzeption bis in das Hebräische hinein bestanden, und darüber hat sich diese Entwicklung u.a. fast über das gesamte Afrika vermittelt.

So stellt sich das Stammformen-System mit *Präsens – Imperfekt – Perfekt* als eine Kombination der Ahnen-Kult-Sprache mit ihrem Konzept aus *Perfekt – Imperfekt* und der nördlichen „indianischen“ Sprache mit ihrer aus dem Paläolithikum stammenden strikten Ausrichtung auf das Gegenwärtige dar. Doch was diese grammatische Verbindung zu einer Zeit-Konzeption völlig übergeht, ist, dass ihre Herkunfts-Grundlagen mit einerseits Perfekt – Imperfekt und andererseits dem Präsens jeweilige *Kulturkonzeptionen* bedeuteten.

Für die Ahnen-Kult-Kultur ging es mit ihrer Konzeption von *Perfekt – Imperfekt,* das Perfekt der angeblich >ursprünglichen< Vergangenheit zu erhalten und in seiner Aktivität ständig neu wieder zu erreichen. Die Gegenwart *als solche* war hier letztlich unerheblich (ist hier auch keine eigene grammatische Form) und interessierte allein in ihrer Ausrichtung auf das Perfekt, was die Notstandsproblematik hinreichend charakterisieren dürfte. Hingegen ging es für die ursprüngliche Kultur um alles um die Gegenwärtigkeit. Für sie bestand das Leben ausschließlich in Bezug auf die Gegenwart - ist dies auch die einzige tatsächliche Realität (freilich bei uns Homo sapiens ausschließlich unter der *Voraussetzung* vollgültiger Kultur).

Es handelt sich bei allem Anderen als dem Nicht-Gegenwärtigen um Gedanken, Pläne und Vorstellungen, die sich neurologisch in unserer Anlage aus *Sprache* ergeben. Dieses Hilfsmittel *Sprache* galt es infolge unserer humanevolutionären Anlage in der hierfür eingeführten Schulung der >Jugend-Initiation< so beherrschen zu lernen wie das Steuern eines Autos, um dazu befähigt zu sein, voll und ganz auf der Fahrbahn gegenwärtig zu sein = in der Gegenwart zu stehen und sich nicht in der Vergangenheit, in Vorstellungen, Fantasmata oder unbeherrschten neurologischen Sprach-Aktivitäten des Gehirns zu verlieren.

So zeigen schon diese beiden sprachlichen Konzeptionen von *Perfekt – Imperfekt* und von *Präsens* das Problem eines diametralen kulturellen Gegensatzes bis in die Grammatik hinein, der bei seiner Konfrontation in eine unlösbare Kriegsproblematik mündete. Dieser Gegensatz findet weitere Entsprechungen.

5.5.2.2 Die Leoparden-Krieger

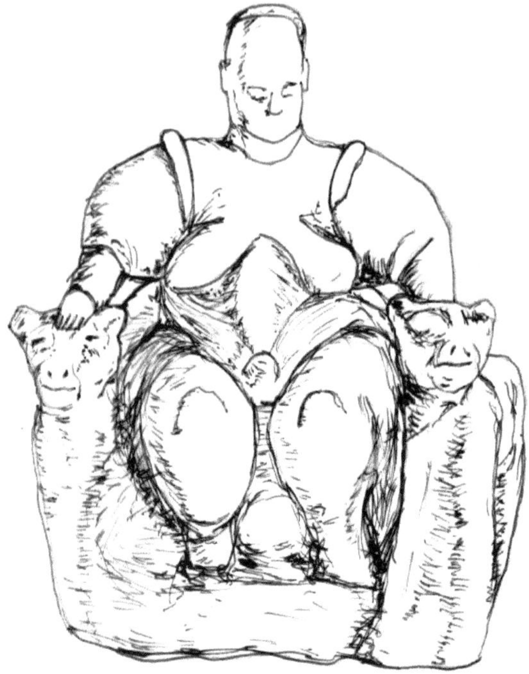

Diese Plastik aus Çatal Höyük [200] *erscheint als* **das** *Symbol der >neolithischen Revolution< und der neolithischen Kulturentwicklung* (s. auch S. 309)
Nachzeichnung

Als so fundamental dieser Disflikt zwischen den nördlichen „Indianern“ und der von Göbekli Tepe nach Norden hin gesicherten Expansion der nahöstlichen Kulturentwicklung erscheint, so wenig ist dieser Disflikt archäologisch in direkter

[200] Höhe 11,8 cm, nach: Marija Gimbutas: Die Sprache der Göttin, S. 107

Form bislang greifbar, außer vielleicht mit dem erwähnten Çayönü und „den übrigen Siedlungen Ostanatoliens“ (5.5.1).

In manchem begründet sich dies in der Verhaftung der Archäologie in dem Fortschritt-Modell, die die Anhalte für Disflikte hier als nicht ins Bild passend übergeht oder sie in der alten Vorstellung einer >ursprünglichen Primitivität< nicht weiter bemerkenswert findet.

Doch darf man sich hier ein solches Disfliktszenario auch nicht in der Art späterer Kriege in Heereszügen vorstellen. Solange sich hier nicht doch noch andere Ergebnisse zeigen, solange ist in diesem Szenario eher von Norden her von guerilla-artigen Aktionen kleiner Krieger-Banden auszugehen, die umgekehrt etwa von Göbekli Tepe her organisiert entsprechende „Polizei“-Aktionen als Gegenreaktion erhielten. Auch ging es bei diesen Aktionen nicht unbedingt um ein Töten, sondern vom Norden her vielleicht eher um Sabotage (etwa Vernichtung der Saaten oder des Saatgutes). Dennoch scheint eine Art psychologischer Kriegsführung entstanden zu sein (worin auch der Exo-Kannibalismus seinen Ursprung hat). Es ist bei dieser Disflikt-Entwicklung am Ende des Späten Mesolithikums anzunehmen, dass er zu Formen von effektivem Terrorismus eskalierte, so wenig dies bislang im Konkreten handfest greifbar ist. Doch kommt das Weitere nicht aus dem Nichts.

So erscheint die Raubtier-Symbolik von Göbekli Tepe und auch von Çatal Höyük usw. nicht ohne Grund. Es gab Leoparden in dieser Gegend, und es schiene mir vorstellbar, dass man Gefangene festgebunden hat, um sie den Leoparden zu überlassen. Wenn sich archäologisch (bislang) tatsächlich keine Spuren von tödlicher Gewalt finden, so bedeutet dies nicht, dass es keine gegeben haben könnte.

So wenig sich bislang zu viele direkte Spuren von Gewaltgebrauch finden, so erscheint doch die spätmesolithische Verbreitung der Leoparden-Symbolik nicht ohne Grund, und zumindest hiermit verknüpfen sich einige Anhalte.

Herakles im Löwenfell, Malerei um 560 v. Chr. [201]

Eine Plastik in Göbekli Tepe deutete auf eine Praxis der männlichen Beschneidung und dies auf einen militarisierten Hintergrund der männlichen Jugend-Initiation. Da aber die Beschneidung in dem Gesetz-Bund-System die Bedeutung der dortigen Zugehörigkeit erhielt, war sie als Symbol des kriegerischen Kampfes von Norden her gegen diesen Bund nicht (mehr) zu gebrauchen.

Insofern tritt hier nun die **Raubtier**-Symbolik in Erscheinung. Von dem historisch Greifbaren verknüpft sie sich mit Formen der Initiations-Symbolik, mit einer Krieger-Symbolik und mit der Macht- und Herrschafts-Symbolik.

Auch wenn es sich im Einzelnen bislang nicht greifen lässt, so deutet sich doch eine Traditionslinie in den Norden hin an, wo

[201] Nachzeichnung nach: Karl Schefold: Götter- und Heldensagen der Griechen, S.179, s. auch S. 108, 242

sich geographisch vom Germanischen bis zum Turko-Mongolischen eine Initiation unter dem Zeichen der Raubtier-Symbolik findet (hier freilich etwa mit Bär – *Berserker*, Wolf - *Werwolf*).

„Viele indoeuropäische und turko-mongolische Stämme trugen Raubtiernamen (vor allem den des Wolfs) und hielten sich für Abkömmlinge eines mythischen Tierahnen. Zu den militärischen Initiationen der Indoeuropäer gehörte auch eine rituelle Transformation in einen Wolf: der vorbildliche Krieger eignete sich das Verhalten eines Raubtieres an.“ [202]

„Der Name Wotan kommt von >Wut<. Es handelt sich um die besondere Erfahrung der jungen Krieger: sie verwandelte ihre Menschlichkeit durch einen Anfall aggressiver und Schrecken erregender Raserei und machte sie Raubtieren gleich. Nach der Ynglinga-Saga (Kap. VI) gingen die Gefährten Odins >ohne Panzer, wild wie Hunde und Wölfe, bissen in ihre Schilde und waren stark wie Bären und Stiere. Sie massakrierten die Menschen, und weder Feuer noch Stahl war ihnen gewachsen.< Man nannte dies die Wut der *Berserker* (wörtlich: >Krieger in der Hülle (serkr) von Bären<). Man kannte sie auch unter dem Namen *ulfhedhnar*, >Mann im Wolfsfell<.
Berserker wurde man nach einem Initiationskampf. So schnitt sich bei den Chatten, wie Tacitus schreibt, der Anwärter weder die Haare, noch rasierte er sich, bis er einen Feind getötet hatte. Bei den Taifalern musste der junge Mann ein Wildschwein oder einen Bären erlegen und bei den Herulern ohne Waffen kämpfen. Durch diese Prüfungen erwarb sich der Anwärter die Lebensweise eines Wilden; er wurde in dem Maße zum gefürchteten Krieger, als er sich wie ein Raubtier benahm. Der Glaube an die durch die rituelle Bekleidung mit einer Löwenhaut erhaltene Lykanthropie wird im Mittelalter extrem populär und setzt sich in nördlichen Breiten bis ins 19. Jahrhundert fort.“ [203]

---

[202] Mircea Eliade: Geschichte der religiösen Ideen, Band I, S. 44
[203] Mircea Eliade: Geschichte der religiösen Ideen, Band I, S. 144

Es ist hier zu beachten, dass, so sehr die Symbolik als solche etwa an die *ursprüngliche Drachen*-Symbolik anknüpft, diese Form der männlichen Jugend-Initiation nichts Eigentliches mehr mit der humanevolutionär entwickelten Jugend-Initiation zu tun hat, die ja vielmehr auf eine menschliche Erwachsenheit und auf Konfliktfähigkeit insbesondere in Sachen Liebe gerade als die biologische Alternative zu Macht und Gewalt ausgerichtet war. Diese ursprüngliche Form verfiel jedoch unter den frühmesolithischen Notstandsverhältnissen in weiter Verbreitung. Schon mit dem Mittleren Mesolithikum gerät die männliche Jugend-Initiation unter das Primat der neuartigen Stämme-Verfassung. Doch kommt die Konzeption eines *expliziten* >Kriegertums< erst im Späten Mesolithikums auf und erfasst von daher auch mehr und mehr die männliche Jugend-Initiation. Diese Entwicklung ist insgesamt im Besonderen als Abwehrkampf gegen die vereinnahmende Expansion der spätmesolithischen Ahnen-Kult-Kultur und seit dem Neolithikum gegen die Expansion der >zivilisatorischen Kultur< zu deuten, verselbständigt sich aber aufgrund seiner Anlage in der männlichen Jugend-Initiation.

Ausschnitt von dem Pfeiler
in Göbekli Tepe
→ S. 278

Ein spezielles >Kriegertum< hat es bis dahin nicht gegeben. Als >Aspekt< tritt dies erstmalig mit dem mesolithischen Aufkommen der Geschlechtsstereotypie auf, doch zu einer spezielleren Ausprägung wird dies erst im Späten Mesolithikum im Zuge dieser Disflikte, und zwar offenbar zuerst im Abwehrkampf gegen den nahöstlichen Kulturimperialismus.

In Göbekli Tepe spielt am Anfang auch die Fuchs-Symbolik eine Rolle (vgl. auch >fuchsteufelswild<). Sie ist sicher nicht ohne Grund mit einer deutlich betonten Männlichkeits-Symbolik verbunden.

Ausschnitt von dem Pfeiler
→ S. 278

Diese Art der männlichen Jugend-Initiation wird im Wesentlichen und Eigentlichen zu einer Art Grundausbildung zum >Krieger<. Welche Entwicklung dies im Weiteren nimmt, hängt dann von den Disflikt- und Macht-Verhältnissen ab. Die Raubtier-Symbolik wie etwa das Leoparden-, dann auch das Bären- (>Berserker<), Wolfs- (>Werwolf<) oder das Löwen-Fell wird hierbei zu einer Trophäe und auch Insignie, die seine Fähigkeit als Krieger herausstellen soll. Doch kommt sie ab Çatal Höyük offenbar als *Gegenentwurf* auch als Amts-Macht-Insignie in Gebrauch (→ 6.4.4). Diese divergierende Entwicklung schlägt sich in Teilen in unterschiedlichen Wortentwicklungen nieder. Noch im Altgriechischen erscheint dieses *leopardos* in dieser Tradition als Begriff für >rohe Soldaten<. [204] Als Amts-*Macht*-Symbolik setzt sich die Leoparden-Symbolik (mit Fell und Plastiken) eher als ***panthera*** fort (→ 6.4.4).

In Verbindung mit dem Schamanismus kommt es noch zu einer anderen Entwicklung:

> „Gesellschaften ohne Staat, wie solche von Jägern, können sowohl einen Häuptling wie auch einen Schamanen haben, oder der Schamane selbst ist ein charismatischer Führer und Krieger. Die Achuar des Amazonas und die Baruja Neugui-

[204] Walter Bauer: Griechisch-Deutsches Wörterbuch, *leopardos*

neas zeigen eine Mischung dieser beiden Typen von Führung. Sie haben >große Männer< und berühmte Krieger, doch es ist die Instabilität dieser Art von Häuptlingsschaft, die die ständigen Kämpfe anheizt und den magisch-aggressiven Kräften des Schamanen solche Bedeutung verleiht.“ [205]

„Eines der Kennzeichen des amazonischen Schamanismus ist die enge Identifikation zwischen dem Schamanen und dem Jaguar. Schamanen können sich in Jaguare verwandeln, indem sie Zaubersprüche singen, Jaguarornamente tragen (Zähne, Haut) oder indem sie halluzinogene Pflanzen nehmen. Schamanen können auch nach ihrem Tod zu Jaguaren werden.“ [206]

Vermutlich ist es historisch erstmalig im Späten Mesolithikum in Anatolien zu solch einer Entwicklung gekommen. Inwieweit eine solche Entwicklung in Anatolien als Schamanismus von Bedeutung wurde, wird bislang nicht direkt greifbar. Diese besondere Raubtier-Symbolik im amazonischen Schamanismus ist in dieser Form wohl nichts Ursprüngliches, hat aber unter entsprechenden Disflikt-Verhältnissen in dem Symbol-Gebrauch im Schamanismus selbst seine Logik. Sie muss hier nicht von Anatolien, direkt oder indirekt, vermittelt worden sein. Doch ist dies auch keineswegs auszuschließen ist, wie es sich etwa in der weiten Verbreitung der wohl aus dem anatolischen Neolithikum stammenden Bildung **Ma-Ga* wie in *Magie, Macht,* span. *meiga - Magier* u.a. bis hin zu *machi* >Schamane< bei südamerikanischen Indianern andeutet (s. mehr → 6.4.3).

Die Entwicklung in Anatolien selbst nahm jedoch bald eine sehr andere Richtung. Sie führte über die Neolithische Revolution zur Begründung der zivilisatorischen Kultur-Anlage und deren Verbreitung über die Welt – schon während des Neolithikums!

---

[205] Piers Vitebsky: Schamanismus, S. 117

[206] Piers Vitebsky: Schamanismus, S. 46

6 Die Neolithische Revolution

„Dabei scheint es Allgemeingut der Kulturen zu sein, dass Staat und Gesellschaft religiös fundiert sind, d.h., ihre Ordnungen gelten nicht als etwas von Menschen zu einem bestimmten Zweck Geschaffenes, sondern als >Satzungen< vorgegebener und heiliger Art: sie sind ein Stück Religion." [207]

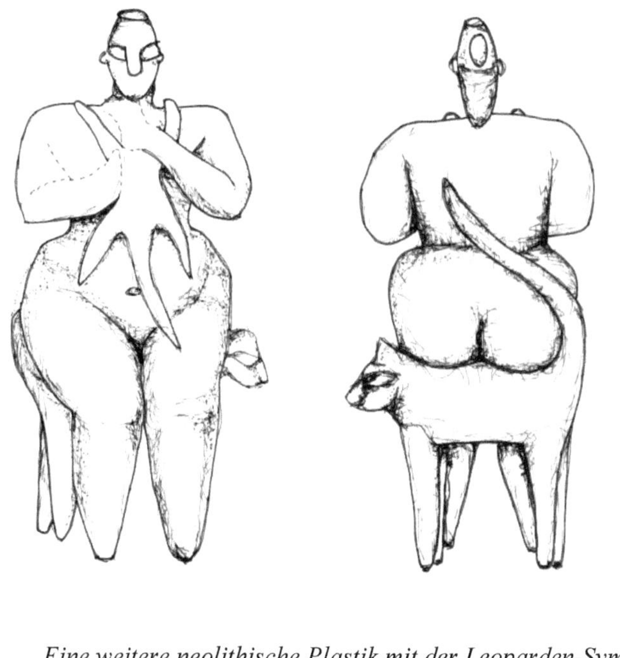

Eine weitere neolithische Plastik mit der Leoparden-Symbolik
Terrakotta aus Hacilar aus der Nähe von Çatal Höyük

Nachnachzeichnung nach
Marija Gimbutas: Die Zivilisation der Göttin, S. 227

[207] Eberhard Otto, in: Saeculum Weltgeschichte, Band 1, S. 10

„[...] andererseits sind sich die Wissenschaftler heute darüber einig, dass es sich bei den ältesten Stadtzentren um zeremonielle Komplexe handelte. P. Wheatly hat die religiöse Intention und Funktion der ersten Städte in China, Mesopotamien, Ägypten, Mittelamerika usw. überzeugend bewiesen. Die ältesten Städte wurden im Umkreis von Heiligtümern erbaut, d.h. in der Nähe einer heiligen Stätte, eines >Weltmittelpunktes<, an dem man die Kommunikation zwischen Erde, Himmel und Unterwelt für möglich hielt.“ [208]

Die >neolithische Revolution< verknüpft sich mit der Entstehung einer neuartigen Sozialtechnik: nämlich der Entstehung der Priester*innen-Herrschaft in Kulten in *direkter* Verbindung mit der neuartigen Weltanschauung von >Göttern<.

Diese Götter-Kulte entstanden aus der (am Ende des Späten Mesolithikums entstanden) Trauma-Problematik, als und wo man den **Glauben** = Urvertrauen **verloren** hatte. Er entstand als eine Weiterentwicklung des Ahnen-Totenkults, wo der >Mond< bzw. die Stamm-Ahnen wie z.B. >Eva< hebräisch *Chawwah* nun als >Gottheiten< aufgefasst wurden (z.B. griech. *Hēbē,* anatolisch *Hebat/Hepat*), nämlich aufgrund der Praxis der neuartigen Priester*innen-Kulte und –Herrschaft. Allein dieser auf die Behauptung von >Gottheiten< gestützte „metapyhsische“ diktatorische Autoritarismus war offenbar in der Lage, die anscheinend ansonsten unlösbar gewordenen Disflikte wieder in den Griff zu bekommen und zu Wirtschaftswundern und Expansionismus zu wenden.

Dies ist ein höchst signifikanter wie relevanter Ausdruck der Entwicklung des Historischen, der in der historiologischen Forschung auch entsprechend *konstitutiv* zu reflektieren ist.

---

[208] Mircea Eliade: Geschichte der religiösen Ideen, Band I, S. 123 f.

„Freuds Entdeckung der Übertragung ist viel weit reichender, als er selbst – an das Denken seiner Zeit gebunden – sehen konnte. Mit der Entdeckung der Übertragung entdeckte er zugleich eine besonders starke Strebung im Menschen: die Neigung zum Götzendienst (Entfremdung). […] *Der Mensch versucht eine Person, eine Institution, eine Idee in etwas Absolutes zu verwandeln, das heißt in einen Götzen, dem er sich unterwirft und der ihm die Illusion von Sicherheit verschafft. Man kann die psychologische und gesellschaftliche Bedeutung des Götzendienstes im Laufe der Geschichte kaum überschätzen.“*

Erich Fromm: Vom Haben zum Sein, S. 82

„Im [Buch] *>Gotteskomplex< habe ich die Hypothese ausführlich zu belegen versucht, dass unsere Zivilisation wesentlich durch magische Allmachtsideen und die Unterdrückung infantiler Ohnmachtsphantasien geprägt ist.“*

Horst Eberhard Richter [209]

Die zivilisatorische Kultur hat kulturell-weltanschaulich und organisatorisch in Politik, Wirtschaft, Recht usw. ihre Basis in der neolithischen Entstehung und Verbreitung der Götter-Kulte. Man beachte, dass sich all diese Entwicklungen bis in die jüngste Zeit auf angebliche „göttliche Befehle“ und nicht etwa auf menschliche Bedürfnisse, Verabredungen und Experimente begründen.

[209] Horst Eberhard Richter: Zur Psychologie des Friedens, S. 53

6.1 Der Aufbruch zum Paradies

So *„besteht das Wichtige in der Basilea-Erzählung darin, dass es eine Frau war, die zuerst Gesetz und Ordnung in eine chaotische Welt brachte, indem sie das Tier im Mann zügelte und zähmte und so die Zivilisation ermöglichte.“* [210]

„Die [indische] *Legende berichtet, dass nur die Göttin Durga [...] in der Lage war, den Bitten der Götter nachzukommen, den Büffeldämon zu schlagen. Ein enthaupteter Büffel, auf dem eine Gottheit steht, symbolisiert den Sieg über das Dämonische.“* [211]

> „Feministinnen werten die Funde von Çatal Hüyük als den bislang eindruckvollsten Beweis, dass die Anfänge der Kulturentwicklung [!!!] in direktem Zusammenhang mit dem Matriarchat gestanden haben. Die Ehrfurcht und der Respekt gegenüber der Frau, symbolisiert in der magischen[!] Kraft, der Fruchtbarkeit[!] und Weisheit der Großen Göttin [!], hatte offenbar auch die Gewaltsamkeit verhindert [!], die die späteren patriarchalen Kulturen kennzeichnete. >In Çatal Hüyük<, schreibt Elizabeth Gould Davis, >haben wir den Beweis für den Mythos des Goldenen und Silbernen Zeitalters, als die Menschen von den Früchten der Erde lebten und die Milch der Ziegen tranken und "ihren Müttern gänzlich untertan" [!] waren.<“ [212]

Zu Çatal Höyük →

---

[210] Elizabeth Gould Davis: Am Anfang war die Frau (The First Sex), S. 117

[211] Eckard Schleberger: Die indische Götterwelt, S. 188 f.

[212] Karin Gaube & Alexander von Pechmann: Magie, Matriarchat und Marienkult, S. 120

6.2 Çatal Höyük

Auch wenn Çatal Höyük in dem inzwischen erreichten archäologischen Bestand nicht mehr so einsam und bedeutsam herausragt wie noch vor einiger Zeit – kennt man etwa heute neben Göbekli Tepe eine ältere größere Ortschaft (Aşıklı Höyük) [213] -, so kommt es doch von den kulturellen Befunden in Plastiken und den vielen Darstellungen noch immer in Betracht, den Ursprung und den Durchbruch der Neolithischen Revolution mit Çatal Höyük und seiner (Neu-) Anlage als die bekannte Ortschaft um ~ 7500 v. Chr. in Verbindung zu bringen.

Zu ihrem Hintergrund von Çatal Höyük meinte ihr Entdecker:

> „In größerem oder geringeren Umfange sind derartige archaische Elemente auch in einer Anzahl anderer nachpaläolithischer Kulturen - wie dem palästinensischen *Natufien* - spürbar, doch nirgendwo finden sie sich so ausgeprägt wie im Neolithikum von Çatal Hüyük. Der Grund für das dortige Fortbestehen jungpaläolithischer Bräuche mag in einer strengen, konservativen Haltung zu suchen sein [...].“ [214]

Tatsächlich weisen die ganzen Zusammenhänge darauf, dass sich die Neolithische Revolution in dem Zusammenbruch der bisherigen Sozialorganisation und in Abwehr der Ahnen-Kult-Kultur mit dem Rückgriff auf die ursprüngliche = **paläolithische** Kultur verknüpft, die in diesem nahöstlichen Hinterland offenbar noch einen gewissen Bestand hatte, so etwa auch als dem Hintergrund des Befreiungskampfes der Leoparden-Krieger.
Der Disflikt der Leoparden-Krieger mit der Ahnen-Kult-Kultur verknüpfte sich mit deren expansiver und versklavender Ent-

[213] s. dazu Wikipedia ebd. Die englischsprachige Wikipedia enthält dazu weit mehr Informationen als die hier leider nur kurze deutsche Fassung

[214] James Mellaart: Çatal Hüyük - Stadt aus der Steinzeit, S. 272

wicklung. Doch so kriegerisch dieser Disflikt auch wurde, hier in diesem Gebiet des nahöstlichen Hinterlandes erreichten beide Seiten auch mit allem Terror nicht die Macht, diesen Disflikt für sich zu entscheiden. In dieser Dauer des Disflikts entstand in einem Erschöpfungszustand die Idee, dass doch eigentlich beide Seiten zurück zum ursprünglichen *Perfekt* („Paradies") wollten. Unter diesem Eindruck entstand eine völlig neuartige Weltanschauung mit verschiedenen sozialen Initiativen.

Die Ausgrabungen von Çatal Höyük sind noch längst nicht beendet. Es lässt sich im Moment noch nicht abschätzen, in welchem Maß die bisherigen Einschätzungen Bestand haben werden, und in manchem auch nicht, inwieweit manche Daten und Interpretationen noch aktuell sind.

Auf jeden Fall entstand nach den Einsichten der namhaften Archäologin Marija Gimbutas Çatal Höyük „[...] nicht aus dem Nichts. Darunter lag noch ein Hügel mit zwölf akeramischen Schichten. Die untersten Schichten gehörten zum vorkeramischen Neolithikum und Spätnatufien, sie gaben Material frei, das Verwandtschaft zu Kulturen in Syrien und Palästina zeigt. Die vorkeramische neolithische Schicht A enthielt ein Tempelmodell, Statuetten, Webgewichte, Kalksteinplaketten mit reicher Dekoration und Reste mehrfarbiger Wandmalereien. Das Spätnatufien (unterste Schicht) enthielt verzierte Holztäfelchen, Schieferplatten, geometrische Mikrolithe und andere Fundobjekte. Diese vorangehenden Schichten in Çatal Höyük machen die lange Entwicklung einer einzelnen Kultur vom 10. bis zum 8. vorchristlichen Jahrtausend deutlich." [215]

Die neue Ausrichtung auf das Weibliche muss nicht zwangsläufig auf Frauen zurückgegangen sein. Es ist nicht ausgeschlossen, dass dies ursprünglich auch auf männliche Schamanen zurückgeht. [216] Die primär weibliche Form der zentralen

---

[215] Marija Gimbutas: Die Zivilisation der Göttin, S. 7, 9

[216] So meint etwa auch Marilyn French: „Im Übrigen sind die aufgefundenen Göttinnenfiguren nicht unbedingt als Indizien für ein Matriarchat zu

Symbolik >Mutter Erde< ist auf jeden Fall nichts Neues, sondern schon ursprünglicher Art, wie es sich in den paläolithischen „Venus“-Figurinen belegt (worauf Marija Gimbutas *soweit* zu Recht verweist).

Dass sich jedoch dieses Verständnis mit einer *neuartigen* Ausrichtung auf das Weibliche verknüpft, dürfte *zuerst in erster Linie* als Gegensatz zu der Kriegsproblematik unter der männlichen Leoparden-(Krieger-) Symbolik zu begreifen sein. Auf jeden Fall scheint die Entwicklung von Çatal Höyük mit einer starken Initiative von Frauen verbunden gewesen zu sein, und wenn dies auch nicht unbedingt von vorneherein der Fall war, ist es nicht unwahrscheinlich, dass im Vorfeld oder Kontext der Neolithischen Revolution (einer) Frau(en) die Führungs-Rolle zufiel, wie es sich im Befund andeutete:

> „In 88 von 300 ausgegrabenen Räumen wurden bemalte Wände entdeckt. [...] In der Hauptsache ging es bei diesen Wandgemälden und Reliefs um die Göttin der Erneuerung und Wiedergeburt, die oft als froschähnliche Frau beim Gebären dargestellt war. Ihr sind Tiere beigesellt; in ihrer Nähe befinden sich der Geier, der für den Todesaspekt steht, und der Stierkopf, der die Lebenserneuerung repräsentiert. [...]
> Das reich ausgestattete Grab einer Frau, um deren Kopf drei hauerbesetzte Unterkiefer von Keilern angeordnet waren, wurde unter dem größten der Tempel (in E VII, 14) entdeckt. Das größte Wandgemälde zeigte eine Stadt (vermutlich Çatal Höyük selbst) mit einem ausbrechenden Vulkan im Hintergrund. Die Größe des Tempels und des Wandgemäldes sowie die ungewöhnlichen, symbolträchtigen Grabbeigaben lassen vermuten, dass diese Frau einen hohen gesellschaftlichen Rang einnahm, vielleicht war sie Königin oder Priesterin. Die Sonderstellung älterer Frauen und Mädchen wird in ähnlicher Weise auch in europäischen Gräbern deutlich, wie wir in Ka-

---

werten. Sie verweisen wohl eher auf die zentralen Anliegen und obersten Werte der damaligen Kultur: die Fruchtbarkeit von Pflanzen, Tieren und Menschen, das Fortbestehen der Natur und der menschlichen Gemeinschaft.“ Marilyn French: Jenseits der Macht, S. 65

pitel 9 zeigen werden. Männergräber mit so außenordentlichen symbolischen Beigaben gibt es nicht.“ [217]

Die wahrscheinliche Darstellung des in Çatal Höyük als Doppel-Berg gemalten Vulkan-Bergs *Hasan Dağı* in der (Sicht-) Nähe von Çatal Höyük könnte ein entscheidender Anhalt sein. Denn es kam um 7550 v. Chr. (nach neuerer Angabe [7.1.21] freilich 6960 ± 690 v. Chr.) zu einem bislang letztmaligen Ausbruch dieses Vulkans, der mit 3.268 m der zweithöchste Berg Zentralanatoliens ist (Wikipedia, *Hasan Dağı* [*Dag*], s. im Internet auch Fotos). S. auch → S. 333!

Der nicht zu entfernte ca. 3.916 m hohe Ex-Vulkan *Erciyes Dağı* soll noch um 6880 v. Chr. eine Eruption gehabt haben (s. Wikipedia ebd.). Dessen Namensbedeutung entspricht übrigens *Libanon* = *Alpen* = wohl *Olympos* (→ S. 147), und es fanden sich in der Antike dort Feuerphänomene, wie sie der heutigen >Chimera< (mit einem *Olympos*) zugeordnet werden (s.u.).

Der Name des griechischen Vulkan-Gottes, der als >Schmiede-Gott< *interessanterweise* auch „Gott der Geburtshilfe“ ist, [218] ist *Hephaistos,* was in irgendeiner Form auf die mit Çatal Höyük aufkommende anatolische Göttin *Hepat* zurückgehen dürfte. Die gleichbedeutende Form („Herrin der Welt/des Lebens“) ist *KiBele,* und dazu gibt es eine *Pele* als die hawaiische Vulkan-Göttin (vgl. auch *Ätna* - *Ath^{e}ne Pallas*; *Vul-kan, Bal-Kan* als umgekehrte Zusammensetzungen wie sumerisch *EnKi* zu *Ki-Bele* usw.). Die **Chimaira**, das „Feuer speiende Ungeheuer von Lykien“, [λ] dürfte (als der Vulkan) als **gē/ki – mera* >Erd-Mutter< als die anatolische Göttin zu deuten sein. Ihre *Symbolik* aus *Geiß – Schlange – Löwe* ist hier absolut bezeichnend.[219] Es ist vom Wort absolut gleichbedeutend wie die neolithische *pan-thera*-Symbolik (→ 6.4.4).

Wenn die neuere vagere Datierung eine klarere Bestimmung der Zusammenhänge verwehrt, so scheinen diese Vulkan-Aus-

---

[217] Marija Gimbutas: Die Zivilisation der Göttin, S. 7 - 9

[218] Mircea Eliade: Geschichte der religiösen Ideen I, S. 247

[219] S. dazu Bilder unter Wikipedia: **Chimära**. Die antike Mythologie beschreibt jedoch eine schon verselbständigte Version.

brüche als eine Art Zorn-*Ausbruch* von >Mutter Erde< (*MaGa = ChiMera = KiBele*) über die dortigen Kriegs-Chaos-Verhältnisse in der Art der *späteren* nahöstlichen Sintflut-Mythologie aufgenommen worden zu sein. Auf jeden Fall zeigt sich die **Neolithische Revolution** als eine Art **religiöse Erweckungs-Bewegung** zur >Rückkehr zu Mutter Erde<, die mit der Zeit auf den ganzen Nahen Osten bis nach 'Ain Ghazal kurz vor Jericho wirkt (s. die Plastik → 5.3).

Auf jeden Fall kommt es um 7500 v. Chr. zu der Neu-Anlage des eigentlichen Çatal Höyük (mit einer Blütezeit um 7000 v. Chr.).

> „Das ungewöhnlichste Merkmal dieser Häuser war ihr hoch standardisierter Grundriss, der jedem Haus 25 Quadratmeter Grundfläche zusprach.“ [220]
> „Die ungewöhnliche Standardisierung [...] sprechen für eine genaue Planung und ein hohes Maß an Zusammenhalt und Zusammenarbeit innerhalb der Gemeinschaft.“ (ebd.)

S. dazu mehr und Fotos unter Wikipedia: *Catalhöyuk.* Allerdings sind die Infos anderer Art und nicht einfach zu vergleichen.

6.3 Die Entstehung des Fortschritt-Denkens

„Da die Grammatik einen maßgeblichen Einfluss auf unser Denken ausübt, wollen wir uns im Folgenden ausführlicher mit ihrer Entstehungsgeschichte beschäftigen.“ [221]

Ich hatte schon darauf verwiesen, dass die Entstehung des Stammformen-Konzepts mit *Präsens – Imperfekt – Perfekt* (= **P-I-P**) als die entscheidende Basis für die Entwicklung des

[220] Lennart Palmquist, in: Göran Burenhult: Illustrierte Geschichte der Menschheit II, S. 29, s. auch S. 31
[221] John McCrone: Als der Affe sprechen lernte, S. 178

Fortschritts einzuschätzen ist. Erst diese Sprach-Konzeption richtete das Denken und Kommunizieren auf das >**Machen**< (→ 6.4.3) und die Entwicklung von Fortschritt aus und bot auch überhaupt erst die sprachliche Basis für eine solche **Denk-Formierung**, die wir mit dem Gebrauch dieser Stammformen-Konzeption permanent reproduzieren.

Dieser Sachverhalt ist in Hinsicht auf die Kultur-Konzeptionen von Bedeutung. Denn die vorausgehende Entwicklung der Ahnen-Kult-Kultur ging in ihrer Grundausrichtung genau umgekehrt dahin, im Interesse des Erzielens einer gesellschaftlichen Stabilität jegliche Veränderung und also auch Fortschritts-Entwicklung *unterbunden* zu bekommen. Diese Ausrichtung hatte sich auch zu einer Sprach-Konzeption mit dem *Kultur*-Schema *Perfekt – Unperfekt* (*Imperfekt*) verdichtet (→ 5.3.1), und Afrika wie auch das Alte Israel belegen, dass diese Sprach-Konzeption in der *Verhinderung* von >Fortschritt< guten Erfolg erzielte. Hätte sich diese Sprach-Konzeption auch im Norden des Nahen Ostens durchsetzen können, wäre es wohl nicht zu historischem Fortschritt gekommen. Die Menschheit wäre insgesamt auf der Stufe der Aborigines-Kultur verblieben. Nur im Nahen Osten und hier und da hätte man etwas erhöhten Aufwand zwecks Überlebens betreiben müssen, falls nicht mit der Zeit Abwanderungen möglich geworden wären, die diese Spannungen gelöst hätten.

Die unmittelbarste Bedeutung dieses erweiterten Stammformen-Systems P-I-P bestand also darin, das Bemühen der Ahnen-Kult-Kultur in der Unterbindung von Fortschritt unterlaufen zu haben. Diese einfache Erweiterung des Systems *Perfekt – Unperfekt* um das *Präsens* bedeutete eine völlige Uminterpretation der *Kultur*-Konzeption zu einer *Zeit*-Konzeption. Damit wurde die Kultur-Konzeption der Ahnen-Kult-Kultur und deren praktische Wirkung nicht bloß unschädlich gemacht, sondern im Effekt auch auf den Kopf gestellt: zur Grundlage des Fortschritts-Denkens.

Diese völlige Richtungs-Wendung von der Rückwärts-Bezogenheit des Systems mit *Perfekt – Imperfekt* auf die Zukunfts-

Bezogenheit in dem neuen Sprachsystems P-I-P griff umso mehr, als dass die Absicht von Fortschritt (in dem gemeinhin gedachten Sinn) weder *bewusst* gedacht noch *behauptet* wurde, sondern als Grammatik entstand und sich als diese verbreitete.

Für die einen lag die Bedeutung des neuen Sprachsystems P-I-P wohl vor allem darin, dass es die Ideologie der Ahnen-Kult-Kultur bei sich verhindern und unschädlich machen konnte. Für Andere lag der Vorteil des neuen Systems darin, dass sie mit dem Präsens einen ganz anderen Raum für ihre eigenen Aktivitäten erhielten. Für wieder andere war es einfach nur eine andere Sprachkonvention, wo man außer einer neuen grammatischen Form gar keinen Unterschied zwischen diesen beiden Sprachformen sah. Denn natürlich kannte auch die Ahnen-Kult-Kultur den Sachverhalt Gegenwart, wie auch die paläolithische Kultur die Sachverhalte des *Perfekten* („Ur" = Schöpfungs-Mythologie) und der Vergangenheit kannte. Nur waren diese Sachverhalte dort (wie auch in den anderen Sprachen der Welt) keine **kategorialen** und also keine ***zentralen*** **Größen** des Bewusstseins. Zu einer zentralen Kategorie wurde das *Perfekt* allein und erst durch die spätmesolithische Ahnen-Kult-Kultur mit ihrem zentralen Interesse des Erreichens und Zementierens eines Status Quo.

Im Unterschied zu dem Konzept der Ahnen-Kult-Sprache mit *Perfekt – Imperfekt* bedeutete das neue Sprachkonzept P-I-P *an sich* keine spezielle kulturelle und ideologische Absicht und Ausrichtung. Man kann im Unterschied zu der Verbreitung der Ahnen-Kult-Konzeption aus der Verbreitung des neuen Sprachkonzepts *keine direkte* kulturelle Schlussfolgerung ziehen. Handelt es sich bei dem Konzept mit *Perfekt – Imperfekt* um die Basis einer *Kultur-Konzeption* in der Sprach-Anlage selbst, so ist das bei dem Stammformen-System P-I-P genau nicht der Fall. Für sich selbst ist dies einfach nur Grammatik.

Es ist nicht eigentlich das Stammformen-System P-I-P selbst, das die Fortschritts-Entwicklung begründet hat. Zunächst einmal ist lediglich zu sagen, dass sie die Blockade der Fortschritts-Entwicklung beseitigt hat und die Fortschritts-Entwicklung zulassen konnte.

Doch wäre allein damit das Entscheidende noch nicht in den Blick geraten. Denn das Stammformen-System P-I-P war sehr wohl einer der zentralen und entscheidenden Sachverhalte der Begründung und Verbreitung des *Fortschritt-Denkens* bis zum heutigen Tag, und die diese Form benutzenden Kulturen wurden zu den Motoren dieser >Fortschritts-Entwicklung<.

Und damit kommen wir zu dem entscheidenden Problem der bisherigen Fortschritts-Entwicklung.

Denn das hier entstehende und die weitere historische Entwicklung bis heute bestimmende *Fortschritts-Denken* war weder von der Absicht motiviert, Fortschritt entwickeln zu wollen, noch überhaupt ein irgendwie bewusstes und sachlich geklärtes *Denken.* Das *Fortschritts-Denken* vermittelte sich durch das neue Stammformen-System durch die *grammatische* Anlage in der Ausrichtung auf die zeitliche Struktur in seiner Zentrierung auf **sein *gegenwärtiges*** >**Machen**< (*MaGa* = >Magie< → 6.4.3) = (dän.) *bygge* >(an)**bau**en< (*BaGa* >Bauch, Bock<) = ^{er}*zeugen* (*DaGa* - >Ziege<) = *heben/ schaffen* (*Chawwah* >Eva</*cueva*/*HePat*) usw.

Dass dieses Stammformen-System P-I-P zu dem Sachverhalt des *Fortschritts-Denkens* wurde, obwohl dies dieses Stammformen-System selbst an sich nicht im Geringsten besagt [es hat auch kein *Futur*], erklärt sich *ausschließlich* aus seinen historischen Voraussetzungen, die aufgrund der Art dieses damaligen Prozesses im Unbewussten verinnerlicht wurden.

Bereits die Fortschritts-Entwicklung, die mit dem Späten Mesolithikum begann, war ja gar nicht im Eigentlichen gewollt. Man griff auf sein längst bekanntes Wissen in Sachen Nahrungsproduktion nur deswegen zurück, weil es die einzige Möglichkeit zu überleben war. Doch im Eigentlichen verknüpft sich schon die Entwicklung der Ahnen-Kult-Kultur mit ihrem Konzept mit *Perfekt – Imperfekt* damit, diese ersichtlich eskalative Fortschritts-Entwicklung so weit es ging gebremst und verhindert zu bekommen, was im Nahen Osten nur nicht wirklich gelang.

Die Fortschritts-Entwicklung, die nun die Neolithische Revolution im Sinn hatte, war jedoch **ausschließlich**, wieder **hinter** die **ungewollten** Fortschritts-*Probleme* des Späten Mesolithikums **zurück**zukommen. Es ging um das Zurück zu >Mutter Natur< und dabei um nichts als „Religion". *Dafür* setzte man nun noch ganz anders seine inzwischen erreichten Möglichkeiten ein. Es war eine Dynamik entstanden, die von der Vorstellung beseelt war, endlich wirklich wieder zu dem *ursprünglichen* >Paradies< zurückzukommen.

Der Fortschritt, an den man dachte, verknüpfte sich mit dem **Zurück** >zum Paradies<, also zu den ursprünglichen Verhältnissen, und das meinte hier ganz real: zu der **paläolithischen** Kultur, die man in diesem nahöstlichen Hinterland zumindest in Teilen noch gegenwärtig und auf jeden Fall noch in Erinnerung hatte. Das neue Sprachkonzept P-I-P bot dabei auch die Möglichkeit, diesen Fortschritt des *Zurücks* in der zeitlichen Orientierung zu beobachten und verorten zu können. Und im Raum Çatal Höyük entstand hier eine höchst offensichtliche Entwicklung eines Heraus aus dem entstandenen Chaos.

Nur war dieses Heraus aus dem entstandenen Chaos nicht im Geringsten identisch mit dem Sachverhalt des Zurück zur ursprünglichen Kultur, weder geistig noch sprachlich noch materiell-technologisch. Auch wenn man hier neu auf die paläolithische Symbolik zurückgriff, so begriff man sie in einem inzwischen völlig veränderten Sinn, und damit verknüpfte sich an dieser Stelle das Problem in der kulturellen Bestimmung

Schon das neue Stammformen-System P-I-P verweist von seiner wahrscheinlichen Entstehungsgeschichte auf das entscheidende Problem. Denn es handelte sich bei den beiden vorausgehenden Sprachsystemen mit *Perfekt – Imperfekt* und mit *Präsens* ursprünglich ja jeweils um *Kultur-Konzeptionen.*

Offenbar war in dem kriegerischen Disflikt zwischen diesen beiden Kulturformen mit ihren jeweiligen Sprach-Konzeptio-

nen das eigentliche kulturelle Verstehen so sehr auf die bloße „Praxis“ an Organisation seines Überlebens geschrumpft, dass sich *von dort her* der kulturelle Konflikt auflöste. Man verstand den Sachverhalt >Kultur< nicht mehr, und damit erübrigte sich auch der kulturelle Konflikt.
Eben weil man den eigentlichen Sachverhalt Kultur nicht mehr verstand, deswegen konnte überhaupt erst die Idee entstehen, dass doch beide Seiten das >Zurück zum Paradies< wollten. Weil man den eigentlichen Sachverhalt Kultur nicht mehr verstand, erklärte sich auch der kulturelle Konflikt zwischen den beiden Seiten nicht mehr. Erst von dorther kam es zu der eigentlichen Verbindung zwischen den beiden zuvor feindlichen und sich gegenseitig ausschließenden Kulturformen. Neben der Sprachkonzeption P-I-P zeigt auch die weltanschauliche wie auch die organisatorische Entwicklung die gleiche Parallele: als Mischung aus Schamanismus und der Ahnen-Kult-Konzeption.

Das neue Sprachkonzept P-I-P bedeutete hier auf einer neuen Stufe die Entkopplung der Sprache von der kulturellen Konzeption. Dies hatte an dieser Stelle eine höchst positive Bedeutung, nämlich insofern, als dass die Sprache als die ursprüngliche Form der kulturellen Institution und Verfassung in Teilen ohnehin nicht mehr funktionierte und in Ideologie, Manipulation und Ausschaltung des Bewusstseins geraten war (z.B. in grammatischen Entwicklungen wie z.B. im Lateinischen wie z.B. in *amō,* wo die Nennung des *Subjekts* ausfällt, oder bei Formulierungen „*man* macht das so“ usw.).

Offenbar entstand diese Verbindung *Präsens – Imperfekt – Perfekt* wie später noch mehr das >Indogermanische< insgesamt (→ 3.3.7.1) als eine Art Pidgin zwischen den beiden Fronten. Der eine Grund der besonderen Verbreitung des >Indogermanischen< dürfte sich mit dessen Charakter als (kulturell neutralere) Verkehrssprache verknüpften, der andere in seiner Verknüpfung mit der neuen neusteinzeitlichen Fortschritts-Ideologie. Der Großteil des originäreren deutschen Vokabulariums lässt sich mit der anatolischen Herkunft der neolithischen Kultur in Verbindung bringen (wie z.B. *Kopf, Haupt – Häuptling, Gabel, Giebel, Gipfel* usw., da es sich um

Ableitungen der dortigen Göttin-Namen *KyBele* [Giebel, Gipfel] = *HePat* [(Ober-) Haupt] handeln dürfte und diese Ableitungen *alle* einen ursprünglich kultischen Hintergrund haben).

Das Problem dieser Religion und dieser Abkopplung der Sprache von der kulturellen Konzeption war nur, dass man in diesen Zusammenhängen den Verlust der kulturellen (Sprach-) Grundlage gar nicht bemerkte. In der eigenen Wahrnehmung entstand ja gar vielmehr eine überaus geistreiche, moralisch hochwertige und allseits überlegene Kultur, die sich sehr entschieden daran machte, die Probleme nicht bloß in der eigenen Region anzugehen. Die neue kultische Konzeption um >Mutter Erde< (*Ma Ga*, *ChiMera* usw.) war entsprechend der ursprünglichen Kultur-Auffassung (genau wie die mittelmesolithische Völker-Bund-Kampagne) absolut **global** ausgerichtet. Mit Ackerbau, Viehzucht und weiterer Kultur verfügte man nun endlich über die Mittel, mit denen man sich in seiner moralisch-religiösen Ausrichtung als regelrechten Inbegriff von >Kultur< verstand. Es ist – nach neueren Einsichten - sehr gut möglich, dass Çatal Höyük selbst tatsächlich bei der ursprünglichen spirituellen Neuausrichtung blieb und Saaten und Tier aus rein karitativen Gründen weiter gab.

Doch was die neolithisch-religiöse Revolutions-Bewegung bei aller Moralität und allem Engagement auch bot, so sehr fehlte ihr die Qualifizierung dessen, worum es bei dem Sachverhalt >Kultur< im Eigentlichen geht. Man kann dieser Bewegung nicht vorwerfen, nicht engagiert, entschieden und tatkräftig genug gewesen zu sein – dass es dies war, wurde im Historischen genau zu dem Problem: da man mit seiner moralisch-religiösen Motivation die Konsequenzen seiner so „positiven“ Mittel nicht zureichend in den Blick bekam. Ihre Vorstellung von Fortschritt hatte nichts Eigentliches damit zu tun, was sie an >historischem Fortschritt< auslöste. Das Gegenteil war an sich die Absicht gewesen. Im Grunde meinte man das Zurück ins Paläolithikum. Doch reproduzierte man im Ergebnis sogar noch potenziert genau das, was man seiner Vorstellung nach bekämpfte. Der Vorstellung nach ging es um Religion und Moral, doch im eigentlichen Ergebnis verbreitete man Technik und eine magizistisch-ökonomistische Technokratie.

Mit dem neuen Konzept von *Präsens – Imperfekt – Perfekt* wurden die beiden vorausgehenden Kultur-Konzeptionen aus *Perfekt – Imperfekt* sowie mit dem >Präsens< erübrigt und in eine reine Zeit-Verortung und in Grammatik verwandelt. Das, was die neolithische Kultur-Bewegung unter >Kultur< begriff, war nicht dazu qualifiziert, die entstandene Leerstelle in der kulturellen Bestimmung zu füllen. Und so füllte sich diese entstandene Leerstelle mit *magizistischen* Denken und (Omnipotenz-) Fantasma (→ 6.4). Die Wörter >Magie< und >machen< dürften samt einer ganzen Masse an Wortmaterial wie *Gemächte, Magd, Macht* usw. mit Sicherheit etymologisch dem gleichen Ursprung entspringen, und dieser Ursprung weist exakt auf die Göttin griech. *Ma Ga* des neolithischen Kult-Komplexes (→ 6.4.3) als totaler Umdeutung der ursprünglich paläolithischen Tradition.

Mit der *Zielsetzung* des *Perfekten* („Paradies“) richtete sich das Bewusstsein auf *Präsens*: auf die >Magie< *seines* >Machens<. Und die Fortschritte, die man nun auf dieser Basis erreichte, waren grandios. Wo am Anfang noch das Kriegs-Chaos mit Hunger und Verwüstetem herrschte, entstand nun bald eine blühende Landschaft in Wohlstand und Frieden. Das ursprüngliche kleine Çatal Höyük vervielfältigte sich binnen Kürze. Und wie man auf einmal ganz plötzlich all seine eigenen Probleme gelöst hatte, so konnte man sehr schnell nun auch den Segen seiner neuen Hochkultur weit in alle Richtungen vermitteln, sowohl in den bis dahin >wilden< Westen in Europa als auch ostwärts fast über den gesamten Nahen Osten und darüber hinaus.

Auch die Entwicklung von ’Ain Ghazal („Gazellen-Quelle“) in der Nähe von Jericho dürfte diesen völlig neuen Impulsen zuzurechnen sein. Wo das Umland mit Wüstenbildung zu kämpfen hatte, entstand dort eine bedeutende blühende Ortschaft.

> „Im Laufe seiner 2.000jährigen Geschichte erlebte ’Ain Ghazal in Jordanien einen bemerkenswerten Zeitraum menschlicher Kulturentwicklung. Die Siedlung war um 7250 v. Chr. als ein kleines permanentes Dorf gegründet worden […]. Um

6.000 v. Chr. bedeckte das Dorf eine Fläche von über 12 Hektar und beherbergte 2.000 Einwohner.“ [222]

Es kann nicht im Geringsten bestritten werden, dass man nicht viel >gemacht< und >bewirkt< hätte. Das Problem ist, dass das der Fall war. Man kann also nicht behaupten, dass das magizistische Denken mit seiner ganzen >Magie< bloßer Zinnober war. Der Zinnober und das Fantasma hatten echte Konsequenz. So ergab sich in der Gegend von ’Ain Ghazal:

> „Mehr als 1000 Jahre intensiver Ackerbau- und Weidebewirtschaftung haben von den Böden und der Vegetation ihren Tribut gefordert. Um 6.000 v. Chr. waren die meisten Dörfer verlassen.“ (ebd. S. 37)

’Ain Ghazal selbst erlebt vermutlich aufgrund dieser Problematik in seiner Umgebung zunächst einen weiteren Aufschwung und seinen Höhepunkt. Doch schlägt dies bald um. Weitere technische Neuerungen können die aufkommenden Probleme nicht dauerhafter kompensieren. Um gegen 5.000 v. Chr.

> „war ’Ain Ghazal beinahe vollständig verlassen. Nur gelegentlich schlugen hier noch nomadische Viehhirten ihr Lager auf, um die Quelle zu besuchen, die im Herzen der einst blühenden Siedlung lag.“ (ebd.)

Man schaffte es bereits im Neolithikum, ökologische Katastrophen zu produzieren, und die Entstehung der bis ca. 2.500 v. Chr. >fruchtbaren Sahara< (Henri Lhote) zeigt, bis zu welchen Ausmaßen man bereits zu dieser Zeit in der Lage war. Auch wenn auch die Erhitzung eine Rolle spielte, entstand das eigentliche Problem in dieser Form durch Übernutzung.

---

[222] G. Rollefson, in: Göran Burenholt: Illustrierte Geschichte II, S. 36

6.4 Das Magizistische Denken

„Zusammenfassend können wir nun sagen: das Prinzip, welches die Magie [...] *regiert, ist das der >Allmacht der Gedanken<."*

Siegmund Freud: Totem und Tabu (S. 136)

6.4.1 Zur Entstehung des Magizistischen Denkens

„Wittgenstein sagt, dass Probleme entstehen, weil wir die Arbeitsweise unserer Sprache missverstehen. Er sagt, wir seien von der Sprache >verhext<, und manchmal hätten wir einen >Drang<, sie misszuverstehen."

A.C. Grayling: Wittgenstein*, S. 148*

Das Magizistische Denken hat seinen Ursprung in geistig-neurologischen Kurzschlüssen im Verhältnis von Sprache und Realität, die entstanden, als und wo man den Komplex Sprache nicht mehr als solchen begriff (→ 4.1.2 f.).

Das Problem, z.B. Vorstellungen und Realität zu verwechseln, ist eine grundsätzliche und auch tödliche Gefahr angesichts der neurologischen und sprachlichen Anlage unserer Art *Homo sapiens.* Denn der Mensch ist anders als die Tiere weder als

Individuum noch vor allem gesellschaftlich-historisch genetisch in seiner Verhaltens-Steuerung gesichert. Wohl bedeutete die Entwicklung von *Sprache – Vorstellungen* evolutionär völlig neue Möglichkeiten in Aktivitäten und Verhalten. Doch wurde es hierbei entscheidend, sein Bewusstsein (wie ein Auto) bewusst, gezielt und qualifiziert steuern zu lernen: d.h. seine >Vorstellungen< als Sachverhalte von Sprache zum Zwecke von Kultur und seiner Verhaltenssteuerung zu begreifen und sie nicht mit der Realität zu verwechseln. Das wäre wie Trunkenheit oder gar eher Opium am Steuer.

Neben Anderem weist auch dieser Bereich darauf, dass die Entwicklung der >Jugend-Initiation< ein *konstitutiver* Bereich der Humanevolution war. Es galt in Hinsicht auf Sprache zu lernen, was es an Sprache brauchte, um Kultur und Persönlichkeit zu erreichen, wie umgekehrt, dass die damit verbundenen >Vorstellungen< eine Funktion der Steuerung seines Verhaltens und Denkens sind und nicht schon die Erfassung der Realität. Dem entspricht, dass die ursprüngliche Sprach-Anlage wie in den Alten Kulturen nicht wie unsere Sprachen objektivisch-physisch angelegt war – worin sich ein Verlust an Bewusstsein und Kultur spiegelt -, sondern subjektivisch-psychologisch-kulturell, wie es (unter der Voraussetzung von Kultur und Bewusstsein) dem neurologischen Sachverhalt Sprache entspricht.

Von daher wird noch weiter verständlich, dass mit dem Verlust einer zureichenden Sprach-Schulung in der Jugend-Initiation im Frühen Mesolithikum *unabdingbar* Probleme entstehen *mussten*. Einen Sachverhalt, der historisch die Entstehung der magizistischen Vorstellungen begründete, hatte ich schon ausgeführt: die Bestärkung des kindlichen Missverstehens der mythologischen Figuren (entsprechend dem >Osterhasen<) wie etwa der >Geister< zur Sicherung der gesellschaftlichen Verhältnisse (→ 4.1.2). Nach dem Scheitern dieser Gesetz-Bund-Konzeption als flächendeckendem System im Nahen Osten verselbständigen sich diese Vorstellungen und weiten sich schon mit dem Ahnen-Toten-Kult im Späten Mesolithikum in Vorstellung und Praktiken beträchtlich aus.

Diese Entwicklung wird etwa im Alten Ägypten historisch greifbar. Diese Kultur ruiniert sich und die Umwelt in seinen Aktivitäten für ein „Leben nach Tod“. Es soll hier nicht die durch nichts begründete *Vorstellung* vertreten werden, mit seinem Tod sei alles aus. Doch alles, was sich damit an *Denken* und *Vorstellungen* verbindet, ist ein Sachverhalt *unserer Sprachlichkeit*. Wo die *Vorstellungen* nicht als *Vorstellungen* begriffen und behandelt werden, entsteht das Problem der geistigen Entgleisung: das magizistische Bewusstsein, wie es sich etwa im Alten Ägypten oder noch weit dramatischer in den Götter-Kulten mit Menschenopfern bei den Azteken zeigt.

6.4.2 Die Entstehung der Götter-Kulte

„Dieses professionelle Zaubertum ist [...] eine Wurzel des Priestertums. Die Funktionen des Zauberers und der Zauberin wurden übernommen von Priestern und Priesterinnen [...].“ [223]

„Nach dieser schlichten Klarstellung tun wir am besten, den aufrüttelnden Satz des bedeutenden Religionshistorikers G.v.d. Leeuw an den Anfang zu stellen. >Gott ist ein Spätling in der Religionsgeschichte< (Phänomenologie der Religion, ^{2}1956, S. 103). Damit soll der über die Erde hin verbreitete Tatbestand formuliert werden, dass die Verehrung höherer Mächte nicht von vorne herein auf zur Person verdichtete Wesen bezogen war, sondern sich zunächst in anderen Formen vollzog.“ [224]

Eins der grundlegenden Probleme in dem Aufkommen der Regression in das magizistische Denken war, dass man den

---

[223] RelMen I: Friedrich Heiler: Erscheinungsformen und Wesen der Religion, S. 372

[224] RelMen 8: Siegfried Morenz: Ägyptische Religion, S. 16.
- Allerdings finde ich diese Formulierung nicht ganz richtig - CR

übergreifenden Ganzheits-*Begriff* >Gott< als einer Entsprechung zu >Geist< (im Sinne von lat. *anima*) nun objektivisch im Sinne von >Geistern< missverstand, und es scheint in der ganzen abendländischen Geschichte bei allen theologischen Erläuterungen nicht gelungen zu sein, diesen alles entscheidenden Unterschied (auch in dem Sachverhalt als *Bild*) zu vermitteln. So schwierig es von daher ist, in der gebotenen Kürze diesen alles entscheidenden Unterschied hinreichend verdeutlichen zu können, so wird er doch in Hinsicht auf den historischen Prozess sehr leicht ersichtlich.

Dieser ursprünglich ganz andere Sinn von >Gott< als umgreifender sprachlicher Ganzheits-Begriff, in dem man sich und alles Einzelne als Teil des Großen Ganzen des Lebens begreifen konnte, war ein fundamentaler Bestandteil der ursprünglichen Kultur und Sprache. Von dort her wurde er mit dem Schamanismus neben dem Ahnen-Toten-Kult der andere Zweig der Herkunft des Neolithikums, aus welchem (absolut analog zu der Entstehung des Stammformen-Systems P-I-P) die historisch völlig neuartige Konzeption der Priester*innen-Herrschaft („Hierarchie“) erwächst.

Diese Entwicklung entsteht angesichts des sozialen und kulturellen Chaos aus der Ausweitung der Beanspruchung der Schamanen für Zwecke der Sozialorganisation. Es ist gut möglich, dass etwa Çatal Höyük selbst auf der Ebene einer spirituellen Auffassung verblieb, wo Schaman*innen lediglich in sozialen Krisen die Funktion von >Propheten< in dem Fällen von Entscheidungen, etwa auch bei Rechtsstreitigkeiten, übernehmen.

Doch ebenso, wie sich die gesamte gesellschaftliche Anlage gegenüber der ursprünglichen Lebensform der frei herumziehenden Kleinverbänden institutionalisiert, so erwächst aus dem ursprünglichen Schamanen die zentrale gesellschaftliche Leitungs-Instanz, und dies im Neolithikum in *jeder* gesellschaftlichen Hinsicht. Erst mit der Bronzezeit setzt sich aufgrund der inzwischen entstandenen Bedeutung der Truppen deren Anführer als oberster Herrscher durch (in Sumer der *lugal* >großer (*starker*) Mann< gegenüber den bisherigen *en*). Erst damit kommt es zu einer Trennung zwischen Religion und Politik und übrigens auch von Technologie, Wirtschaft, Recht, Verwaltung usw. Im Neolithikum vertritt der/die Priester*in all dies in letzter Instanz in einem, im Falle eines Kollegiums auch als der/die >Hohe (= oberste) Priester*in<.

Es versteht sich schon von dem Prozess der neolithischen Revolution selbst, dass dieses Priestertum dem Verständnis nach als Medium der Gottheit und ihr Sprachrohr und Diener entsteht. Dies ist zumindest insofern effektiv zutreffend, als dass diese Entwicklung aus dem kulturellen Chaos und dem sozialen Bedarf erwächst. Das Priester*innentum entsteht nicht als Gewalt von oben zum Zwecke der Ausbeutung. Es entsteht aus dem selbstlosen Einsatz in der Not, in einem Empfinden der Stimme des >Lebens< und der >Welt<.

Doch es ist eine Entwicklung, die sich bei den entstandenen Entwicklungen notwendigerweise verselbständigt. Die in der Neolithischen Revolution aufreißende Sozialentwicklung hat längst schon eine zu umfassende Dimension. Es dürfte zunächst alles andere als Absicht der Schamanen gewesen sein, in der Verbreitung der neolithischen Revolution in die ganzen Sozialprobleme des zerfallenden Stammes- und Gesetz-Bund-Systems, ggf. gar noch in Konflikte mit mafiaartig gewordenen Clan-Bildungen zu geraten, die sich nun auf eigene Faust durchschlugen.

Doch die neolithische Revolution und die mit ihr verbundene religiöse Erweckungs-Bewegung hat hier ihre ganz eigene Dynamik und Gewalt. Mögen sich wohl Schamanen als Individuen diesem Prozess verweigern, so hat hier schon längst eine institutionelle Form als >Priester*innentum< einen Weg genommen, die in dieser Entwicklung aufgrund ihrer sozialorganisatorischen Funktionen konstitutiv und insofern bald auch unaufhaltsam ist.

Es erklärt sich bei solch einer Dynamik ganz von selbst, dass jede/r, die/der sich hier als >Führer< befähigt sieht, sich dabei auch von der >Gottheit< berufen und zumindest bei einem >Erfolg< auch >auserwählt< fühlt (so in jüngerer Zeit auch noch ein Hitler usw.).

Als der umgekehrte Aspekt ergibt sich ein entsprechendes Verständnis von >Gottheit/en<. Man beachte: jede Entscheidung, jedes Gesetz, jede Ehe-Schließung, jede Kriegserklärung, jedes Gerichtsurteil - **alles** ergeht hier nun „im Namen" der jeweiligen Götter.

Man kann hier zuerst eine gänzlich seriöse spirituelle Besinnung und die allerbesten Absichten annehmen. Ursprünglich war es ohne Zweifel der – zumindest einzig *erfolgreiche* - Versuch, die unlösbar gewordenen Disflikte zu überwinden und Sozialität, Gerechtigkeit und karitative Hilfen in den entstandenen Versorgungsproblemen zu schaffen.

Schon Çatal Höyük macht von der stringenten Bau-Anlage den Eindruck, von einem Ansturm an Nachfrage überrollt worden zu sein, bis die Aufnahme-Kapazitäten erschöpft waren. Auch spricht die Ausbreitung des Neolithikums, die ja auch mit einer Weitergabe an Saatgut und Zuchttieren verbunden war, sehr für eine ursprüngliche Auffassung von >Hilfe zur Selbsthilfe<.

Doch bei aller Würdigung dieser damaligen Prozesse - die praktisch alles umfassen: von der Entwicklung und Verbreitung von Saatgut und Zuchttieren (es stammt bei uns im Grundlegenden alles aus dem Nahen Osten) über zahllose neue Technologien bis hin zu der neuen Sozialorganisation und Rechtsverfassung der zivilisatorische Entwicklung -, kann bei dieser Art der Entwicklung wohl kaum etwas Anderes als ein höchst ambivalenter Eindruck zurückbleiben.

Bei den Sozialanforderungen, wie sie in ihren Dimensionen im Nahen Osten entstehen, ist es bei den pausenlosen Entscheidungen aus sich selbst heraus absolut unmöglich, dass hier jede „im Namen der Gottheit" ausgegebene Entscheidung noch eine seriöse Grundlage in spiritueller Vertiefung und Trance-Ritualen in der Art der ursprünglichen Schamanen hat.

Mochte dieser Ansatz in der ursprünglichen Krise am Anfang der neolithischen Revolution noch eine wichtige Hilfs- und Ersatzfunktion in der sozialen Organisation beinhalten, schlägt dieser Ansatz aus sich selbst heraus sehr schnell um. Wo das Religiöse und ihre >Gottheit/en< autoritär-zentralistisch zu der *Funktion* der *gesellschaftlichen* Organisation wurden, musste dies notwendigerweise zu Phraseologie, Fantasma und Ideologie werden: zur Mobilmachung für ein „Perfekt", das zu erreichen auf Umwelt, Pflanzen, Tier und Mensch keine Rücksicht mehr genommen werden konnte.

Darstellung auf einer antiken Münze von Athen. Allein mit *Pallas = Athene* (= *Madonna*) >Herrin< hat sich die neolithische Symbolik (*Eule* → S. 350 f.) halten können (vgl. auch die *pan-thera*-Symbolik → S. 343)

6.4.3 *Ma Ga* >Mutter Erde<

Siehe dazu etwa auch das Kapitel >Mutter Erde< in: Marija Gimbutas, Die Sprache der Göttin, S. 141 ff.

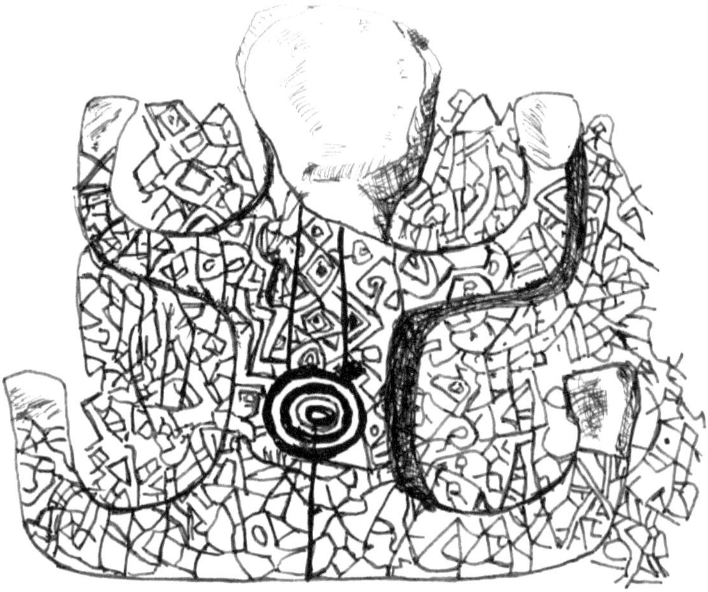

Relief in Çatal Höyük

Nachzeichnung nach Marija Gimbutas, Die Sprache der Göttin, S. 253
Sprachlich belegt sich *BaGa *als Parallele zu* MaGa u.a. in („Magen“ = *Bauch, Bache/Bock, pagan, *boga* slawisch >Gott<, *Pacha Mama* usw.)

Ma Ga findet sich noch im Griechischen für >Mutter Erde<. [225] Dies ist *eine* der *vielfältigsten* Bezeichnungen für die Figur des neolithischen Kult-Komplexes. Es handelt sich dabei um eine

---

[225] Etymologisches Wörterbuch des Deutschen: *Mutter*

Parallele zu etwa *BaBa*, *Ba Ga* und *Ma Ta*^{R} >Mutter<, das als ursprünglich gleichbedeutende Parallele zu *PaPa, Pa Ta*^{R} wohl ganz entsprechend unserem *Pater* >Vater< als Priester/innen-Titel als gleichsinniges Wort für die neolithische >Göttin< gewesen sein dürfte. Die Wortbildung *Ma Ta*^{R} dürfte sich als direkte Parallele zu *Ma Ga* = >Mutter Erde<, d.h. *Ma terra* (auch in *Materie, Modder* usw.) erklären.

Die Bedeutung >Mutter< von *Ma Ga* erweist sich im Deutschen indirekt in den Wörtern *Magen* (= *Ba Ga – Bauch, Fähe*) – ahd. *magad – Magd* >Mädchen< und männlich altenglisch *mago* >Knabe, Sohn< (Duden 7, *Magd*) usw. Damit ist die Ausgangsbedeutung von *machen* geklärt, vgl. dän. *mage* u.a. >einrichten; sich paaren<, *Gemächte, vermählen* von ahd. ***maha****len* >Vertrag schließen, heiraten<. Weiteres s. im Folgenden.

Es ist interessant, dass sich diese Wortbildungen nicht nur auch für >Feld< finden (dt. über das Keltische in den Ortsnamen *Remagen, Dormagen, Neumagen – Nijmegen*), sondern auch als die etymologische Basis von >Mais< (*mahís* - beachte die indianische Mais-Mythologie und eine entsprechende mit *Getreide* verbundene japanische >Mutter Erde< ***Uke****mochi* s.u.).

Es ist nun die Frage, ob sich diese nahezu weltweiten Bezüge als Zufall oder in einem direkteren Zusammenhang darstellen. Von der Form her erscheint *Ma Ga* schon als eine der ursprünglichen Sprache des Homo sapiens, und es ist theoretisch möglich, dass sich *manche* Bildungen schon von dort her ableiten. Doch kann dies für einige Semantiken, die eine charakteristisch neolithische Symbolik enthalten, nicht so einfach gelten (etwa die Bezüge zu Getreide und *Acker*-Feld). Insgesamt bieten sich vielfältige höchst erstaunliche Sprachzusammenhänge, die ganz analog zu dem mittelmesolithischen Völker-Bund-Komplex (Megalith-Symbolik), der spätmesolithischen Ahnen-Kult-Kultur mit etwa dem Schädel-*bone*-Kult, der bronzezeitlichen männlichen Sonnen-Gott-Symbolik auch spezifisch neolithische Kontexte in quasi weltweiter Verbreitung andeuten. Auch bei der sich in dem heutigen Geschichtsbild darstellenden zeitlichen Nähe erscheinen mir direktere Zusammenhänge dieser Entwicklungen weitaus wahrscheinlicher als unwahrscheinlich. Man beachte, dass dieser *Acker*-Kult auch in Verbindung mit dem (Mutter Erde-) *Götter*-Kult steht, einem (in diesen Formen) spezifisch neolithischem Komplex. Vor allem, wenn man den Schritt zum Anbau aus Fruchtbarkeit und aus Fortschritt heraus erklären möchte, besteht bei diesen Zusammenhängen zu >Magie< und *Kult* doch ganz erheblicher Erklärungsbedarf. Doch ist diese Thematik hier nicht wirklich von Bedeutung, und bevor hier bestimmte Sachverhalte wirklich sinnvoll diskutiert werden können, sind zunächst einmal andere Grundlagen in dem Geschichts-Modell wie in Sachen Sprache zu schaffen.

Ich möchte hier im Folgenden nur für einen >Eindruck< eine Auflistung bieten, was in Entsprechung zu dem – meiner Einschätzung nach aus Anatolien stammenden - neolithischen Wort- und Symbol-Komplex *Ma Ga* in *Betracht* kommt, ohne dass bzgl. der *Einzelheiten* vorschnelle Schlussfolgerungen gezogen werden sollen. Dies hat u.a. unter *BaGa, DaGa, Ma-Tar* usw. Parallelen, doch soll dies hier nicht vertieft werden.

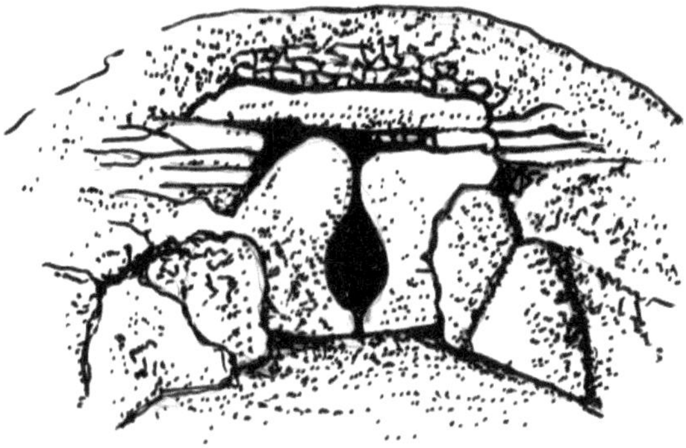

Norn'sTump (GB): „Die neolithischen Langhügelgräber Englands haben einen engen, vulvaförmigen Eingang." Zitat + Nachzeichnung nach: Marija Gimbutas, Die Sprache der Göttin, S. 158

Ma Ga (vor)griech. >Mutter Erde<

Maka „die Erde“ bei den Sioux [226]

Macha irische Göttin mit Grabhügel *Emain Macha,* heute ***Armagh*** [227]

Mogontina kelt. >Göttin< nach Inschrift aus Metz s.u. >

Mogon kelt. (Sonnen-) Gott, im Namen **Mainz** [228]

*Al**maqah*** sabäischer Reichs- + Hauptgott (Yemen), Mondgott, Symbol Stier [229]

***Jab**maekka* samisch die Herrscherin von ***Jab**aimo* >Welt der Verstorbenen< (Wikipedia, *Samische Mythologie*) (*Jab – ab* >Mutter<)

***Uke**mochi* japanische >Mutter Erde<. „Aus ihrem toten Leib entsprossen Pferde und Rinder aus dem Kopf, Reis aus dem Bauch und Bohnen und Weizen aus ihrem **Geschlecht**.“ [230] Pendant zum >Mond-Gott<

mákār, makários griech. >(glück)selig; reich, gepriesen; die Seligen (= Götter oder Verstorbene)<

Makemake >Vogelmensch< auf den Osterinseln

***Mama**maka* hinduistische Tempelgottheit (Wuppertaler Rundschau 25.05.13, S. 5)

Mag, Maige irisch >Ebene<, in Namen, auch in Bezeichnungen für die Anderswelt [231]

Macha = Matscha *Meteoriten*-Kraterfeld in Russland, Einschlag vor ca. 7.000 Jahren

Makay Gebirgsregion (!) in Madagaskar (NDR 3.1.07.13, 20 15 Uhr)

---

[226] David M. Jones & Brian L. Molynaux: Die Mythologie der Neuen Welt, unter *Inyan,* S. 43

[227] Sylvia & Paul F. Botheroyd: Lexikon der keltischen Mythologie, S. 265

[228] nach Wikipedia: *Mogon; Mainz* aus *Mogont-i-acum* >Land des Mogon<, nach Wikipedia: *Mainz*

[229] s. z.B. Wikipedia: *Almaqah*

[230] Harenberg Lexikon der Religionen, S. 845

[231] Sylvia & Paul F. Botheroyd: Lexikon der keltischen Mythologie, *Mag da Chéo, Mag Tuired* usw., S. 269 f.

makka — Tamil (drawidisch, Indien) >Leute< (Wikipedia: *Tamil*)
Maka — elamisch für Mekran in Belutschistan [232]
Mýkoi — (griechisch) Völkerschaft im südlichen Iran

Mekka
Mokka — Städtenamen im Arabischen (Yemen), arab. *Al-Muḥā* (EWD)
Machaira — byzantinische Stadt
makāda — Bedscha (afrik.) >Abessinien< (Äthiopien) [BJ]
Magadan — Region in Sibirien
Make*don*ien
Megiddo (Mageddō) einstige kanaanäische Königsstadt, [ℵ] (+ *Har* >Berg<) >>
Harmagedon Ort der >Endschlacht< (s. Wikipedia ebd.), vgl. oben ***Armagh***

Moche — antike Stadt und bedeutsame Kultur der *Mochicas* im N Perus
Moki, Moqui — andere Bez. für die indianischen Hopi [233] (mit *Kiva* [*Eva*])
Magyaren — die >Ungarn<
Macaristan — türkischer Name Ungarns
Magnēsía — Name 3er Städte: in 1) Thessalien, 2) Lydien, 3) Karien mit **Artemis**-Tempel, [Γ] davon >**Magnet, Magnesium**

Mýkonos — griech. Kykladen-Insel (mit weiblichen Marmor-Idolen)
Mykēnē — griech. alte Stadt in Argolis, Sitz des Adriden-Geschlechts
Mykálē — (griech.) Vorgebirge in Ionien

Makuva — Sprache/Volk auf Osttimor (> Geschichte) *
Makalero — Papuasprache auf Osttimor (> Übersicht) *
Makasae — Papuasprache auf Osttimor (> Übersicht) *

(*nach Wikipedia: *Sprachen Osttimors*)

usw.

---

[232] Wikipedia: Elamische Sprache: Achämenidisch-elamische Texte
[233] Wikipedia: *Hopi*

magos lat. aus Persischen >Magier< [Priester-Schamane]

meiga, meigo span. f/m >Zauberin, Zauberer; Hexe/r<

hari***magua****das* Guanchen (Kanaren) für ihre Priesterinnen (Braem S. 41)

machi >Schamane/in< in einer südamerikanischen Kultur [234]

maho japanisch >Zauberei, Magie< (Hadamitzy S. 285, No. 1525)

masca in langobardischen Gesetzen >Hexe<, s. auch [>? ***Maske***]

masco provenzalisch >Zauberin<, *mascoto* >Zauber/ei< [235] [> **Maskottchen**]

Magier

Magie

s*mācian* altenglisch >streicheln, schmeicheln, verlocken<

phar*makeús* (m), *pharmakís* (f) griech. >Zauberer/in; Giftmischer/in [!]<, zu

pharmakeúō griech. >**Heil**mittel, Zaubermittel, Gift anwenden< Γ > **Pharmazie**

mago, māho ahd. >**Mohn<** = griech. *mḗkōn* (EWD, *Mohn*)

mýkēs griech. >Pilz< Γ

imagō lat. >Bild; Wachsmaske, Ahnenbild; Abbild; Traumbild, Trugbild; Erscheinung; Vorstellung, Gedanke< λ

Imago, imaginär; (engl. >) **Image,** engl. *imagine*

mogeln [vgl. *tauschen – täuschen, geben – Gift*]

Macht, mächtig > **Mechthild** [+ mhd. *hilt* >Kampf<] (EWD > [2]**Metze**]

məqqər- kabyl. (Nordafrika) >groß sein< (Wikipedia: *Berbersprachen*)

maagəə nganasanisch (Sibirien) >stark< Ī

moc polnisch >Kraft, Stärke, Macht<

móc polnisch >können, vermögen<

smiegen mhd. >sich zusammenziehen, sich ducken, sich unterwerfen<,*

smáugti lit. >erwürgen, quälen, erdrosseln<* (* nach: EWD, *schmiegen*)

mech etrusk. >Herrin, Königin< (Steinbauer, www.etruskisch.de)

mahkina Herrschertitel bei den Mayas (Kuckenberg S. 211)

Mogul tatarisch >Herrscher< (- **Mongolei**)

mukhiya indisch >Kasten-<, auch >Dorf-Vorsteher< (WZ, 12.07.14, S. 5)

---

234 Helma Marx: Das Buch der Mythen, S. 536

235 nach Duden Herkunftswörterbuch: *Maskottchen*

malku assyrisch >König< [wohl **Ma Ga*]
mallku >König< bei den Aymará der Hoch-Anden [236]
malach מלך hebr. >herrschen, König sein<, *mäläch* >König<

„Es steht sowohl von den Großkönigen als von den kanaanäischen Stadtkönigen, Ortsfürsten, deren Macht rein lokal war […]. In Kurdistan heißt heute noch jeder Dorfschulze *malka*.“ Noch bedeutsamer ist, dass diese Bildung auch in *Moloch* steckt, dem (als Eigenname *Jahwes*) „die Israeliten im Tale Hinnom Menschenopfer brachten.“ [237] [> **Moloch**]

Magnat von lat. *magnus* >groß, vornehm< (EWD, *Magnat*)
Magnifizenz

muḫ sumerisch >auf, über< Σ[149]
Mega- griech. >groß, geräumig; bedeutend, wichtig, gewaltig< [Γ]
Maga ungarisch >Sie< (- ***Mag****yaren*)
Maxi-
much engl. >viel<

magis lat. >mehr< [λ] - (ver)***mehren***
mage dän. >Gleiche(r); Gatt/in; einrichten; sich paaren <
gemach urspr. >passend, geeignet< (wie *Gatte, gatten*), zu *machen* (EWD ebd.) [> **Gemach; gemächlich;** > engl. *match* > **Match**]

machen = ver**mehr**en >hervorbringen<
macher, mecher mhd. >Bewirker, Schöpfer< (EWD, *machen*)
mägäd hebräisch >köstliche, edle Gabe (der Natur)< [א]
mahís Original für >**Mais**< - beachte die indian. Mais-Mythologie!
to make – made machen – Maid -- mehr – meist [> **Make-up**]
Maiden alemannisch >Zuchthengst<

Magen
mögen

---

[236] Charles Berlitz: Mysteries from Forgotten Worlds, S. 181
[237] Wilhelm Gesenius' Hebräisches und Aramäisches Handwörterbuch, *Malach; Moloch,* S. 429

meucheln >heimlich tun<
schmeicheln
(an-) schmiegen
Sch**muck, *****sch*****mücken**

Gemächte eine „ge-Bildung zu *Macht* im Sinne von >Zeugungsvermögen, Potenz<“ (Duden 7, *Gemächte*)
ver**mählen** ahd. ***mahal**en* >reden, Vertrag schließen, heiraten< (EWD ebd.)

Mocke (f.) (dt.) >Zuchtschwein<
mychlós griech. >Zuchtesel< nach Stowasser, *mūlus* - >**Mau**ltier, -esel<
*a****myg****dálē* griech. >**Mandel**< - Fruchtbarkeits-Symbolik wohl für *Frucht – Bauch* und für >**Hoden**<. Im Attis-Kybele-Mythos wächst aus den abgetrennten Genitalien von Agdistis ein Mandelbaum. Von einem dieser Früchte wird >Nana< (!), die Tochter eines Flussgottes, schwanger und gebiert den >Gott< *Attis* = *Papas*.[238] Die Bildung *Mandel* kann diesen Sachverhalt entsprechend [2]*Mandel* (zu *Mann*) enthalten. Uns sind >Mandeln< auch im Kontext von >Drüsen< (im Rachen) bekannt. > **Mandel**

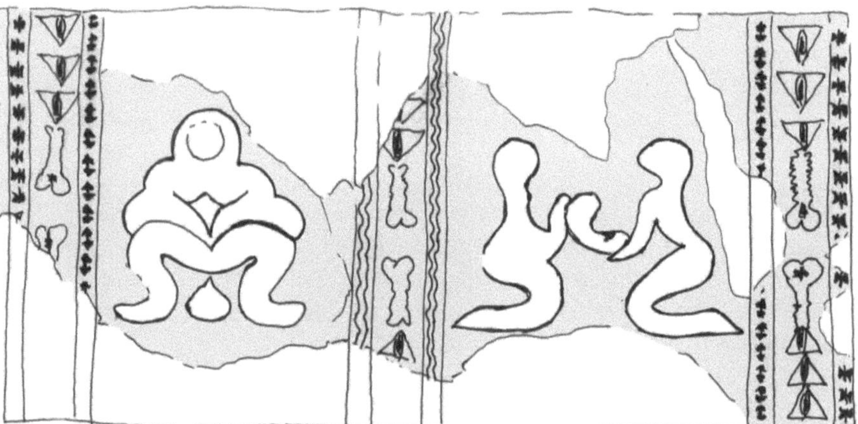

Nachzeichnung: *Wandbild aus Çatal Höyük, nach Marija Gimbutas: Die Zivilisation der Göttin, S. 224*

[238] s. z.B. Rachel Storm: Die Enzyklopädie der östlichen Mythologie, S. 24

mychós griech. >Innerstes; Tiefe, Schlucht; Versteck, Schatzkammer< [Γ]

móschos griech. >Schössling, Gerte; Sprössling; Kalb; Kuh< [Γ]

MAKO >Kind<

ein >Urwort< laut Richard Rudgley nach Ruhlen & Bengtson mit den Beispielen:

maka	>Kind< auf *Tamil, drawidisch* (Indien)
(sa-)mak	>Schwiegersohn< auf *Burmanisch* (Sinotibetisch)
mak	>Kind< in der südwestneuguineischen Sprache *Jaqai*
maki	>junge Frau< auf *ZuZi* (indian. Amerind-Sprache)
make	>Sohn< auf *Waikina* (indianische Amerind-Sprache)
ma-make	>Junge< auf *Coto* (indianische Amerind-Sprache)
macc	>Sohn< im *Altirischen* [***Mac***] sowie
magu	>Kind; Sohn; Mann< in *Altenglisch* als Beispiele für das Indoeuropäische

mago	aengl. >Knabe, Sohn; Krieger, Knecht< (nach: Duden 7, *Magd*)
mago = *SON*	japanisch >Enkel< (Hadamitzy S. 196, No. 910)
makaḷ	Tamil (drawidisch, Indien) >Tochter< (Wikipedia, *Tamil*)
magad	ahd. >Mädchen, Jungfrau<* > **Magd, Maid**
Mage	>Verwandter< [Ψ]
mi'kmaq	Mi'kmaq (Algonkin-Indianer) >die Familie< (Pl.) (Wikipedia: *Mi'kmaq*)

Weiteres wird in *Cûl Tura* Band 2 b unter M.3.1.4.1 ausgeführt. Dort auch mehr Quellen.

„Warum nur einige Bauern wurden
Der Übergang vom Jäger und Sammler zum Bauern war eines der gravierendsten Ereignisse der Menschheitsgeschichte. Die meisten Experten sind sich heute darüber einig, dass der Anstoß zu diesem Übergang weniger vom Verlangen der Menschen als von der Notwendigkeit diktiert wurde.

Eine so grundlegende Umstellung der Lebensweise zog auch größere Veränderungen der sozialen Veränderungen nach sich, und es entwickelten sich neue religiöse Systeme – die Götter der Bauern waren ganz anders als die der Jäger und Sammler [*die ursprünglich = prä-neolithisch gar keine „Götter“ kannten*].

Die zunehmende Sesshaftigkeit schuf vollkommen neue Siedlungsformen, und zugleich nahm das Bevölkerungswachstum zu. Wandernde Jäger und Sammler müssen die Größe ihrer Gruppe einschränken, sowohl aus praktischen Erwägungen (man kann auf langen Reisen nicht mehr als ein Kind zur gleichen Zeit tragen) als auch, um in schlechten Zeiten überleben zu können. Dagegen können in einer Bauerngesellschaft, solange unverbrauchtes Land zur Verfügung steht, umso mehr Getreide und Rinder aufgezogen werden, je mehr Arbeitskräfte zur Verfügung stehen. Damit begann der […] Kreislauf des Bevölkerungswachstums, das nach immer mehr Nahrung verlangte.“ [239]

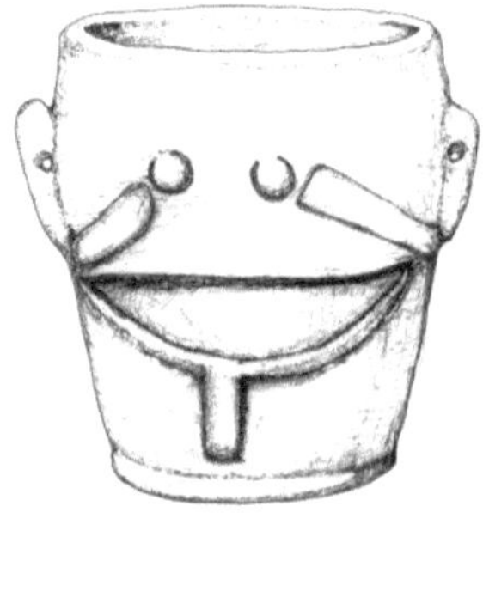

Marmor-*Becher* (Höhe 10,5 cm) von den Kykladen, um 3.000 v. Chr., Nachzeichnung nach: Marija Gimbutas: Die Sprache der Göttin, S. 266

[239] Noel D. Broadbent u.a., in: Göran Burenhult: Illustrierte Geschichte der Menschheit II, S. 187

6.4.4 Die *pan-thera*-Symbolik

Aus dem riesigen Komplex der neolithischen Symbolik möchte ich hier noch die *besondere* Variante der Raubkatzen-Symbolik aufnehmen, nämlich das >**Über** den Leoparden<, wie sie sich erstmalig in Çatal Höyük findet. Denn diese *spezielle* Form bietet weiteren Anhalt über die Verbreitung der neolithischen Zentral-Symbolik wie über ihren überaus bezeichnenden Bedeutungs-Komplex. Sie findet sich in vielfältigsten Formen u.a. in der altorientalischen Kultur:

(Nachzeichnung) – beachte hier auch die **Eulen**-Symbolik *Die Abb. soll Lilitu/Lilith-Inanna zeigen (Mesopotamien, um 2000*

v. Chr.),[240] *was andeutet, dass* Lilit *als Femininum von *LiLi als semitische Parallele zu sumerisch* InIn *(InAna, EnLil) als Parallele zu* **BaBa/PaPa** *>Herrin< zu verstehen ist, die auch als* IschTar *auch in absolut paralleler Darstellung erscheint.* [241]

Sie hält die (Isis-) Knoten, die als Leben-Tod- bzw. Binde-Bann-Herrschaftszeichen entsprechend der „kretischen Doppelaxt" und den römischen fasces *usw. zu deuten sein dürften. Die Transzendenz-Symbolik ist durch die Vogel-Symbolik formuliert (Flügel, man beachte auch die* Greif-*Krallen).*

*Ansonsten erscheint das panthera-Leoparden/Löwen- oder das dazu alternative „Drachen"-Paar in verschiedenstem magizistischen Gebrauch, etwa als „**Tor**wächter" oder in Ägypten in der bezeichnenden Symbolik als „Balsamierungstisch" für Mumifizierungen (s. Nachzeichnung).* [242]

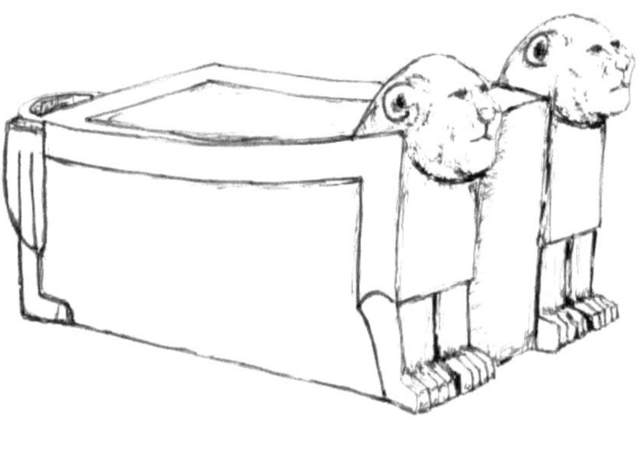

[240] Sharukh Husain: Die Göttin, S. 100

[241] s. dazu die Abbildungen z.B. in: Annie Caubet & Patrick Pouyssegur: Der Alte Orient, S. 186 f.

[242] Rose-Marie & Rainer Hagen: Ägypten, S. 147

Mit >pan thera< wird die schon – z.B. in Göbekli Tepe – vorfindbare Leoparden-Symbolik aufgenommen, die als das dort *kriegerisch* mächtigste Tier für eine entsprechende Mächtigkeit stand. *panthera* ist als >König der Tiere< noch immer noch unser wissenschaftlicher Begriff für die **großen Raubkatzen** (*Löwe = panthera leo, Tiger = panthera tigris* usw.).

Pan thera dürfte eine gewisse Parallele zu *HePat – KiBele* usw. sein. Die Ausgangsform von *thera* dürfte nicht bloß für >Tier< stehen. Vielmehr dürfte es sich um die ursprachliche Parallele zu *Kuh* – sumerisch *ki* = griech. *gē* >Erde< handeln, nämlich *STier – toro* - lat. *terra.*

STier/Kuh treten im Alten Orient als Götter-Symbolik in Erscheinung, da *STier/Kuh* im Ursprünglichen *an der entsprechenden Stelle* die Bedeutung >Gott< = >Ur(sprung), Geist, Leben, Welt, Mensch, Kultur< parallel zu lat. *anima* haben. Im Neolithischen wird dies aufgrund der zeitweilig vorherrschenden Bedeutung der ersten Zuchttiere (= *Ziege* >Zucht [-tier]<) auch durch die weibliche *Ziegen*-Symbolik (*zeugen - gatten – Geiß* - engl. *goat – Gott - - Bock – Bauch – Bache* – slaw. *bog* >Gott<, *bronzezeitlich* männlich) ausgedrückt, wie dies uns von der griechischen *Pan*-Symbolik bekannt ist. Auch das griechische *Pan* >alles< ist im Ursprünglichen diese *Ganzheits*-Symbolik für >Welt-Alles, Leben, *Fauna - anima*[1] *– Lebewesen*<.

Die dem zugrunde liegende Ur-Wurzel *Φℵ wie *pa, ba, Fähe – power* als ursprüngliche Parallele zu *Ma (Ga* wie *mega, Macht*) erhält mit der Symbolik der Plastik seit Çatal Höyük >**über** den Leoparden< entsprechend dänisch *på* >auf< - *über* die Bedeutung >Macht<. Diese Bedeutungs-Entwicklung belegt sich historisch greifbar im Ägyptischen. So wird aus *Bℵ* (~ *Ba*) z.B. „Seele“ u.a. >mächtig sein<, auch >Panther (*Panthera pardus*)<. Als Pluralwort *BℵW* bedeutet es: >Ruhm, Ansehen, Autorität, Macht, Gewalt, Wut (des Königs, Gottes),

Wille, Schicksalsbestimmung<.[243] Im Alten Ägypten wurden „große Götter gern als *Ba* bezeichnet [...]". [244] Entsprechend trugen dort die höheren Priester zur Verkörperung bestimmter Rituale auch Leopardenfelle.[245] In Afrika wurden Leopardenkopf-Felle als Autoritäts-Symbolik als Kopfbedeckungen getragen: „Die Leopardenkopfbedeckung symbolisiert Macht." [246]

Dies alles bedeutet im Ergebnis, dass *pa(n) thera* in *diesem Kontext* als gleichbedeutende Sprach-Variante zu *PaTer* und zu *Ma Ga = Pa Ga* (*Pacha Mama,* slaw. **boga, bog),* umgekehrt *HēBē = HePat = KiBele* >Herr(in) der Welt/des Lebens< zu deuten ist (von **dort** her auch [*Ober-*] *Haupt, Häuptling, Chef, Kopf, Gipfel* usw.). Als Kurzform >Herr(in)< ist dies als *Baal(at), Pallas = Athene = Odin = (Ma)Donn/a = Adon(is) =* germ. *Fro/Freia (= Frau)* und *Ba, Boss - Pascha – basileia* >Königtum< usw. verbreitet (es gibt hier ursprünglich keine geschlechtliche Unterscheidung. Insofern erscheint mancher *neolithisch* weibliche Inhalt wie vermutlich auch >Gott< [>> *goat – Geiß – Gatte = Bock – Bauch – Bache – Fähe*] ohne die *spätere* Feminin-Endung [*Gattin*, *Göttin*] als männliche Form, was aber für höhere Zeiten und in dem Wortbestand in älteren Kulturen eine falsche Annahme wäre.

Diese Plastik mit dem >Thronen auf den Leoparden< weist auf den Triumph des neolithischen *Ma Ga = HePat*-Kultes über die Leoparden-Krieger. Die neuartige neolithische Götter-Vorstellung entsteht also in der Bedeutung der >Ober-Macht über die Leoparden (-Krieger)<. Damit erhält diese Symbolik von Anfang an eine ambivalente Bedeutung und Aussage. Was wohl im Kult nach Möglichkeit in den Vordergrund gestellt ist, ist die Aussage des Schutzes vor Gewalt und Tod. Doch basiert genau diese Aussage auf der Überhöhung der Leoparden-Sym-

---

[243] s. zu dem allen: Rainer Hannig: Großes Handwörterbuch Ägyptisch-Deutsch, S. 237 f.

[244] RelMen Band 8: Siegfried Morenz: Ägyptische Religion, S. 165

[245] H. L. Jansen, Ägyptische Religion, in: Asmussen & Læssøe: Handbuch für Religionsgeschichte I, S. 414

[246] H. Christoph, K. E. Müller & Ute Ritz-Müller: Soul of Africa, S. 179

bolik, was diese in Wirklichkeit verlängert und verstärkt, wie es sich historisch bald erweist. Wie sich auch insgesamt zeigt: das Kriegs- und Militarismus-Problem wurde nicht gelöst, sondern durch eine neue Über-Macht potenziert und *machtpolitisch* räumlich und psychisch **verdrängt**. Insofern beinhaltet diese Plastik und diese Art der Götter-Symbolik von vorne herein auch das **faschistoide** Moment der >Herrschaft über Leben und Tod<, wie es in den entsprechenden *fasces* und in dem *Thor*-Hammer, der kretischen Doppelaxt usw. (s.u.) - wie auch in der gezeigten Darstellung von *Lilith* zum Ausdruck kommt.

Eine dafür besonders charakterisierende Symbolik ist wohl das >Zepter<, wie m.E. die unten abgebildeten Formen zu deuten sein dürften: in den Augen und mit dem durchaus auch menschlichen (engl.) *bone* (>Bein< für >Knochen<) für den >Bann< (wie der Thor-Hammer) >positiv< für die >Stiftung< der Ehe (= *Eva, ewig* „bis dass der Tod euch scheidet") oder für das >Bannen<, das Verbannen (Entzug des Aufenthalts-Rechtes) oder direkt als Todesurteil. Das Herrschafts-Amt verknüpft sich mit diesen Formen des >Banns<.

Objekte aus der Almeria-Los-Millares-Kultur, Spanien, 1. Hälfte 3.Jt.

Nachzeichnung nach: Marija Gimbutas: Die Sprache der Göttin, S. 54

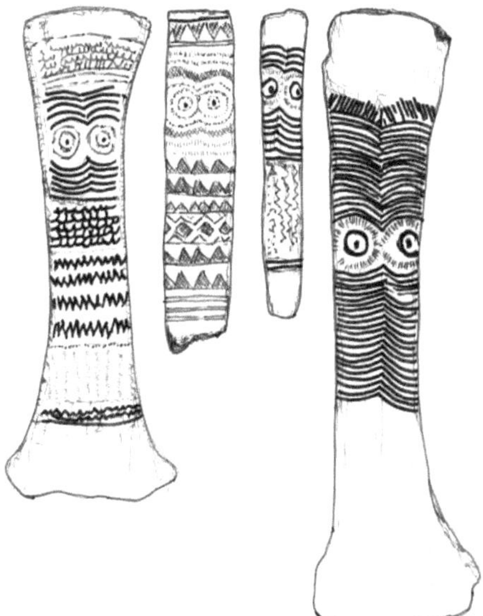

Dass diese Götter-Vorstellung auch in ihrer zuerst weiblichen Form *von Anfang an* auch die Allmachts- wie die Vernichtungsdrohung enthält, sieht auch die Archäologin Marija Gimbutas, ohne aber deren faschistoide Implikation in den Blick zu bekommen, wie es sich schon an ihren Formulierungen zeigt:

> „Alle wichtigen Göttinnen werden als >Herrin<, >Fürstin< oder >Königin< bezeichnet. Seit Beginn des Neolithikums trägt die Schlangengöttin eine Krone zum Zeichen ihrer Allmacht und Allwissenheit, die sie auch in den Volkssagen des 20. Jahrhunderts noch besitzt. [...]
> Die Göttin versinnbildlicht die grenzenlose Macht und die unendlichen Muster der Natur, die im Leben der Pflanzen, Tiere und Menschen Ausdruck finden. In der griechischen und in allen anderen europäischen Mythologien ist die Göttin als Gesetzgeberin beschrieben, die dafür sorgte, dass ihre Anhänger nach hohen moralischen Grundsätzen lebten. Sie verurteilte Lügen, Wortbruch und mangelnden Respekt für heilige Dinge und für Menschen. Man kann die Göttin nicht täuschen. In der baltischen Mythologie bestraft die Göttin Menschen, indem sie die verschlingt oder nach deren Tode nicht bei sich aufnimmt. Im Baskenland fungierte die Göttin als Hüterin der Gesetze und erhob Bräuche in den Stand unantastbarer Heiligkeit. Als Gesetzgeberin stand sie dem Gemeindeleben vor und wachte darüber, dass ihre Gebote erfüllt wurden.“ [247]

Was die bezeichnete Plastik auf indirekte Weise zum Ausdruck bringt, ist die entsprechende Macht der Priester*innen (als kollektive Projektion erlebter *Ohn*macht). Die Macht der Götter entsteht aus der Macht der Kulte und ihrer Träger, den Priester*innen. Schufen die Priester*innen zunächst die Götter und die Kulte, so erhalten sie als ursprüngliche >Diener< (lat. >Minister<) als die >irdischen Stellvertreter< die Macht der Götter. Mitunter sind die Titel (wie sumerisch *en*) oder auch die Bezeichnungen oder Namen für >Gott< und für >Priester*in< absolut identisch (**Ma Ga – meiga – Magier – Mogul; PaPa*

---

[247] Marija Gimbutas: Die Zivilisation der Göttin, S. 343

[ursprünglich >Mama, Papa<] entsprechend der slawischen *Baba Yaga* >Mutter Erde< u.a. in *Papa,* der Erdmutter Hawaiis [s.o. **Ba*]; germanisch *Gode* [248] usw.).

Je mächtiger die Kulte, desto mächtiger die Götter, desto mächtiger die Priester*innen, desto mächtiger die Kulte usw.: so entstand der *Teufelskreis* der historischen Fortschritts-Entwicklung von >Macht<, d.h. von „Magie“ als ***Popa***nz, handelt es sich schließlich dabei um nichts als eine projektive Wendung *menschlicher* Ohnmacht.

Als ein solches wohl ziemlich originales (spät-) neolithisches Beispiel kann der Befund in dem ehemaligen afrikanischen Königreich Benin (heute Teil von Nigeria) betrachtet werden. Der Titel des Königs war interessanterweise ***Oba*** [**Ba, Aba*] der hier offensichtlich als Repräsentant der „Erde“ gilt.

> „Das Bündnis von Erde (der Oba) und Wasser (Olokun [*eine Gottheit*]) ist ebenfalls verkörpert, und zwar durch den *Frosch,* der einen prächtigen Anhänger ziert (Abb. 33). […] Alle dargestellten Tiere sind Bestandteile des Machtsymbolismus des Oba, der auf Erden herrscht und bei Olokun Fürsprache hält. Die halbaquatischen Wesen haben besonderen Vorrang. Das Krokodil tritt als Ordnungshüter auf. Die Schlange ist allgegenwärtig. Als Bote und Spielgefährte Olokuns schmückt sie sowohl kriegerische Insignien wie auch Vasen und sogar die Überdachungen der Palasttore. [...] Der unbestrittene Gebieter aller ist jedoch der Leopard [...]. Er ist überall, in Bronze oder Elfenbein, mächtig, wild, mit messerscharfen Zähnen und sehnigem Rücken, mit Samtpfoten und prächtigem, gefleckten Fell. Er ist Symbol des Oba, der seine unbegrenzte Kraft zu beherrschen weiß.“ [249]

Der Kult kannte auch **Menschenopfer** an die Vorfahren des *Oba* (ebd. S. 33).

---

[248] „So fungiert der altisländische Gode (goδi; Wort, das irgendwie mit deutsch >Gott< zusammenhängt) als Priester *und* Häuptling.“
Hans-Peter Hasenfratz: Die religiöse Welt der Germanen; S. 41

[249] Laure Meyer: Schwarzafrika, S. 46

Eine besondere Form der Götter-Symbolik war die (*Eulen-*) Augen-Symbolik, wie sie vor allem als (ägyptische) Horus-Augen-Symbolik bekannt ist. Marija Gimbutas sieht hier soweit völlig richtig:

> „Die bemerkenswerte Austauschbarkeit von Augen und Sonne lässt sich auch linguistisch belegen. Im Altirischen steht die Wurzel des Wortes *súil* für >Auge<, in anderen Sprachen dagegen für >Sonne< [...]. Die magischen [!], lebenserneuernden Augen der Göttin wurden als Sonnen aufgefasst.“ [250]

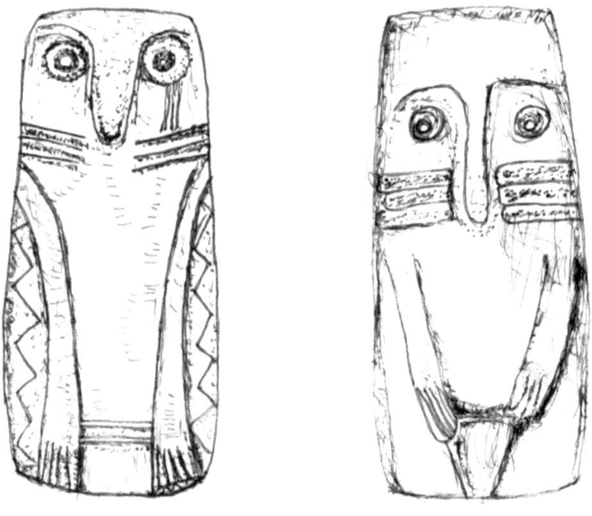

Die neolithische Augen-Symbolik (auch „Eule“) auf Plastiken, Menhiren und Amuletten sowie auf Gefäßen und Urnen usw. Hier Schieferplättchen aus einem megalithischen Ganggrab, Portugal, etwa Mitte des 4. Jt.
Nachzeichnung nach: M. Gimbutas: Die Sprache der Göttin, S. 193

---

[250] Marija Gimbutas: Die Sprache der Göttin, S. 59

Nachzeichnungen nach Marija Gimbutas: Die Sprache der Göttin, S. 56

Natürlich diente die Big Mother/Brother-Symbolik seit je her nichts anderem als dem Schutz der *Schäfchen*, nur nicht ganz aus dem Grund, wie es die Schäfchen gerne sehen. Von Indien her ist dazu überliefert:

> „*Mitra* und *Varuna* als die beiden Hüter des Rechts und des Sittengesetzes werden mit der Sonne als ihrem Späherauge in Beziehung gesetzt.“ [251]

Hierbei ist der indische Herrschergott *Varuna* „Schrecklicher Gebieter, Zauberer und Herr der Netze“. [252] „Er ist >tausendäugig< (RV VII,34,10) - das ist eine mythische Formel für die Sterne. Da er alles >sieht< und ihm keine, auch nicht die verborgenste Sünde entgeht, fühlen sich die Menschen in seiner Gegenwart >wie Sklaven< (RV I,25,1).“ (ebd. S. 189)

[251] RelMen I: F. Heiler: Erscheinungsformen und Wesen der Religion, S. 53

[252] Mircea Eliade: Geschichte der religiösen Ideen I, S. 192

In ähnlicher Form finden wir dies in der griechischen Mythologie als *Argus*, der „hundertäugige Riesenwächter“ oder als „der hundertäugige Wächter der [*Göttin*] Io“.^

Die ursprüngliche Symbolik von >UrVaterMutter Mond<, die wohl schon seit her den Kleinkindern als Gute Nacht-Geschichte und Symbolik des Urvertrauens erzählt wurde, wurde in der neolithischen Götter-Interpretation aufgrund entsprechender Sozialprobleme zu einer Orwellschen Überwachungs-Symbolik.

Die Götter konnten seit ihrer Erfindung die geheimsten Gedanken lesen und vor allem auch unter die Bettdecke sehen, wenn es im Neolithikum auch darum ging, ob man sich sexuell auch genug zwecks >Fruchtbarkeit< betätigte (*MaGa – machen – „Magen“ – Magd/mac* >Kind<). Daraus entstand das historische Grundgefühl von *Schuld* und *Scham.*

> „Dies Gefühl [*der Scham*] wird in den Methoden gewisser primitiver Erziehungssysteme fleißig ausgenützt; sie beschämen das Kind und legen damit den Grund für die oft zerstörerischen Schuldgefühle [...].“ [253]

Die >Macht< und

> „Die Zivilisation gründet letztlich auf der Bestärkung des Schuldgefühls.“ [254]

> „Im >Gotteskomplex< habe ich die Hypothese ausführlich zu belegen versucht, dass unsere Zivilisation wesentlich durch magische Allmachtsideen und die Unterdrückung infantiler Ohnmachtsphantasien geprägt ist.“ [255]

---

[253] Erik H. Erikson: Identität und Lebenszyklus, S. 79

[254] Octave Mannoni: *Sigmund Freud*, S. 150

[255] Horst Eberhard Richter: Zur Psychologie des Friedens, S. 53

„Der versprechende und terroristisch bedrohende Massenführer ersetzt nicht eigentlich den vorhandenen Vater; er ist viel eher - so überraschend das scheinen mag - in der Imago einer primitiven Muttergottheit unterzubringen. [...] Der Staat wird zwar gewohnheitsmäßig immer noch als >Vater Staat< angesprochen. Die passiv fordernde Einstellung zu ihm lässt aber ein tieferes Abhängigkeitsverhältnis erraten: Man legt sich ihm an wie einer Muttergottheit mit ungezählten Brüsten.“ [256]

Herfried Münkler (Machiavelli, S. 21) meint in Bezug auf **Machiavellis** Begründung des politischen Denkens der Neuzeit:

„Aus der allgemeinen Götzendämmerung sucht er wenigstens einen Gott sich zu retten. Und so erhebt er auf den leer gewordenen Thron der Ideale den Staatsgedanken.“

In der privaten Perspektive ergibt sich daraus:

„Für viele Menschen sind Geld und Sex die obersten Gottheiten geworden.“

Alexander Lowen: Der Verrat am Körper, S. 134

Man formuliert es heute nur anders.

[256] Alexander Mitscherschlich: Auf dem Weg zur vaterlosen Gesellschaft, S. 344; S. 306, vgl. auch S. 327

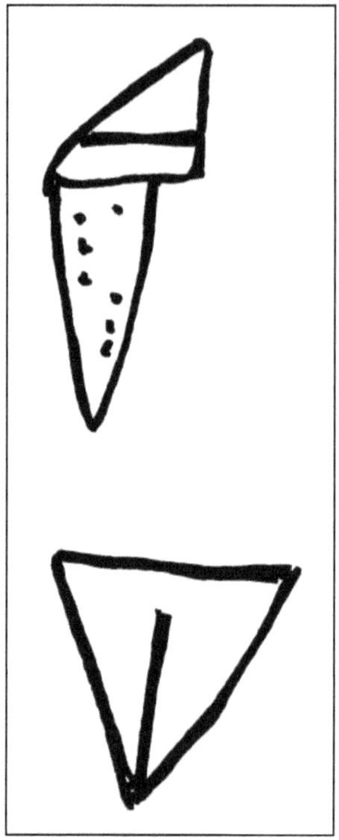

MaGa – machen – vermehren:
Die bezeichnenden Ausgangsformen der sumerischen Schriftzeichen für >Mann< (= Oberarm) und >Frau< (bei der Beifügung *Gebirge* für >Sklave< bzw. >Sklavin<). Das Schriftsystem war erst entwickelbar, als der technokratische Prozess so weit war, dass der Mensch als Ding unter den Dingen betrachtet wurde. Es wundert nicht, dass das Schriftsystem mit seinen vielfältigen Implikationen in menschlich noch entwickelteren Traditionen auf Ablehnung stieß.

7 Die weltgeschichtliche Neuzeit

7.1 Die Entstehung der Hochkultur

„Dabei scheint es Allgemeingut der Kulturen zu sein, dass Staat und Gesellschaft religiös fundiert sind, d.h., ihre Ordnungen gelten nicht als etwas von Menschen zu einem bestimmten Zweck Geschaffenes, sondern als >Satzungen< vorgegebener und heiliger Art: sie sind ein Stück Religion.“ [257]

Auch wenn es mit Göbekli Tepe schon einen bedeutsamen Vorläufer hatte, so war es doch die Neolithische Revolution, die die Begründung der zivilisatorischen Kultur schuf. Diese baut in ihrer Weltanschauung, Kulturauffassung und Sozialorganisation auf dem Götter-Kult auf.

Es muss hierbei gar nicht bestritten werden, dass diese Entwicklung zuerst eine tatsächliche menschlich-spirituelle Auffassung meinte, die auch hier und da in der Geschichte eine Rolle spielte.

Dies aber ändert nichts daran, dass der historisch wirksam werdende Ansatz insgesamt noch lange nicht die Anforderungen der kulturalen Anlage des Menschen einzulösen vermochte. Insofern mutierte der menschlich-spirituelle Ansatz jenseits kleiner privater Klöster als *persönlichen* Lebens-Gemeinschaften unabdingbar zu einem Götter-Kult als gesellschaftliche Kompensation des Ausfalls der eigentlichen Sachverhalte von Kultur, wie etwa einer mangelnden Sprach-Beherrschung und einer mangelnden Fähigkeit zu Kommunikation und im Konflikt-Umgang usw.

---

[257] Eberhard Otto, in: Saeculum Weltgeschichte, Band 1, S. 10

Das Motiv der >Götter< ist für diesen Kult als dem Ersatz für Kultur sehr wohl höchst charakteristisch. Doch darf dies nicht darüber hinwegtäuschen, dass es sich bei diesem Kult im Eigentlichen und in seiner tatsächlichen sozialen *Funktion* von Anfang an um Technokratie und Ökonomismus handelte.

Wo es also zu historischen Weitenentwicklungen kam, tritt dieser Charakter von Technokratie und Ökonomismus des Kults immer deutlicher heraus. Eine erste neue Stufe wird mit der patriarchalen >metallenen Revolution< erreicht. In dieser Folge mutiert die Priester*innen-Herrschaft zu >Staat<, in dem der Truppenführer gegenüber den Priester*innen an die erste Stelle tritt. Im Alten Orient vollzieht sich dies vor etwas über 5000 Jahren zuerst in Ägypten (*Pharao* >großes Haus< wohl für >mächtiger Clan<) und in Mesopotamien im Verlauf des 3. Jahrtausends (in Sumer mit dem *lugal* >der große = *starke* Mann< gegenüber dem bisherigen *en* als Priester- *und Götter*-Titel).

Dies ist nach dem gängigen Geschichts-Modell die Begründung von „Hochkultur“. Der Bau der ja tatsächlich *hohen* Pyramiden ist hierfür in der Tat ein sprechender Ausdruck.

Als bislang letzte Stufe dieser Entwicklung erscheint die >industrielle Revolution<. Wenn sich damit sehr wohl auch neue Ansätze andeuten, so handelt es sich soweit zunächst einmal noch um nichts als eine neue technologisch-organisatorische Stufe der neolithischen Fortschritts-Entwicklung. Damit sollen höchst bedeutende Ansätze von Aufklärung und der Entwicklung von Demokratie und Kultur nicht im Geringsten bestritten werden.

> „Die Therapie der Kritischen Theorie besteht also darin, die Krankheit der [*vermeintlichen*] Vernunft zu identifizieren [...].“ [258]

---

[258] Helmut Gumnior & Rudolf Ringguth: *Max Horkheimer*, S. 76

7.2 Zur weiteren Geschichte

Wenn ich nun auf die >weitere Geschichte< nicht näher eingehen will, so nicht etwa, weil ich dies unerheblich fände – ganz im Gegenteil. Geschichte ist die Form, in der sich wissenschaftliche und weltanschauliche Vorstellungen, Ideen und Behauptungen bzw. der menschlichen, der gesellschaftlichen oder auch einer religiösen Realität prüfen lassen und die >menschliche Realität< studieren lässt. Denn >an den Früchten ist es zu erkennen<.

Doch haben wir in diesem Buch die Stufe erreicht, wo sich die Grundlagen der historischen Entwicklung ausgeprägt haben. Im Weiteren kommt es bzgl. der historischen Auseinandersetzung – und also auch einer Abhandlung – darauf an, womit man sich genauer auseinandersetzen möchte. Dazu braucht es eigener Literatur.

Für allgemeine historische Überblicke findet sich eine Reihe an Literatur von dünnen Büchern bis hin zu vielbändigen Ausgaben.

Geht es weniger um eine Sammlung von äußeren Daten als vor allem um eine historiologische Auseinandersetzung mit dem weltgeschichtlichen Prozess, so empfehle ich für einen **Überblick** am ehesten das Buch des US-amerikanischen Historikers **William H. McNeill:** >Krieg und Macht. Militär, Wirtschaft und Gesellschaft vom Altertum bis heute<.

Weitere interessante Ausführungen bietet das Buch >Mythos der Maschine< von Lewis Mumford. Auch das feministisch orientierte Buch >Jenseits der Macht< von Marilyn French enthält eine Reihe interessanter Hinweise, doch empfiehlt sich das Buch nur als Ergänzung.

7.2.1 Zu Lewis Mumford: Mythos der Maschine

Um hier wenigstens einen kleinsten Hinweis auf den Prozess der weiteren historischen Entwicklung in seinem Zentrum zu bieten, möchte ich hier auf Lewis Mumford mit seinen insgesamt sehr weiten Ausführungen verweisen.

Wohl ist Mumfords aus den 1960er Jahren stammendes Werk >Mythos der Maschine< in Hinsicht auf die Humanevolution und die >Steinzeit< ganz und gar nicht mehr aktuell. Doch ist es immer noch sehr spannend, was er als historische Linie der letzten 5000 Jahre herausarbeitet.

Daraus sei als Charakterisierung der historischen Entwicklung die grundlegende Einschätzung zitiert:

„Zwischen 3500 und 600 vor Christus hatte die physische Schale der Zivilisation sich gefestigt, doch die Kreatur im Inneren, die diese Schale geschaffen hatte, fühlte sich zunehmend beengt und eingeschränkt, wenn nicht unmittelbar bedroht. Die Vorteile groß angelegter Organisation und Mechanisierung waren gering im Verhältnis zu den geforderten Opfern.

Nur das wachsende Gefühl der Deillusionierung kann die Volksrevolte erklären, die zwischen dem neunten und dem sechsten vorchristlichen Jahrhundert begann: eine Revolte des inneren Menschen gegen den äußeren Menschen, des Geistes gegen die ihn umgebende Schale.
[…]

Von den älteren Königen, die sich göttlicher Macht rühmten, hat kein einziger spätere Generationen durch eine Veränderung des Charakters dauernd geprägt […] Während wir ihre prächtigen Grabmäler und Monumente bewundern, müssen wir lächeln, so wie wir die prahlerischen Inschriften, die Ozymandias der Nachwelt hinterließ, ihrer ungeheuren Eitelkeit und ihres kindischen Ehrgeizes wegen belächeln. Welch tiefes Minderwertigkeitsgefühl erforderte solch übertriebene Kompensation?

Doch ganz anders war es mit der neuen Art geistiger Führer, >die Kampf ansagten dem Verfall der Zeit, und alle, die nicht weichen, sind Vergangenheit<. Jesaja, Buddha, Kung Fu-tse, Solon, Sokrates, Plato, Jesus, Mohammed - sie und ihresgleichen sind immer noch mehr oder minder lebendig, dauerhafter und unversehrter als irgend physisches Monument, immer noch erkennbar in Ausdruck und Haltung ihrer unter uns weilenden Nachkommen, als hätte sich der erfolgte Wandel den Genen eingeprägt.
[…]

Um [*jedoch*] die Megamaschine auf moderner Grundlage wieder aufzubauen, musste man sowohl die alten Mythen als auch die alte Theologie in eine universalere Sprache übersetzen, die es gestattete, den König als Person zu stürzen und abzuschaffen, damit er in gigantischerer und entmenschlichterer Form als souveräner Staat wiederkehren konnte."

> - was etwa auf die Französische und auch auf die russische Revolution anspielt. Der Gesichtspunkt des Ökonomismus war in der damaligen Zeit nach dem Krieg nicht so deutlich.

Aus: *Lewis Mumford: Mythos der Maschine, S. 295 - 301*

Das neue Geschichts-Modell im Weltkarten-Maßstab

<table>
<tr>
<td>Urgeschichte
Humanevolution
bis Ende Eiszeit</td>
<td><u>Anthropologikum</u>
Paläolithikum des Homo sapiens</td>
</tr>
<tr>
<td rowspan="2">Mittelalter
Notstands-Kultur

Ende Eiszeit bis
heute

>Zivilisation<</td>
<td><u>Mesolithikum</u>
Frühes - Stämme-Bildungen
Mittleres - Völker-Rechts-Bund
Spätes - Ahnen-Kult-Kultur</td>
</tr>
<tr>
<td><u>Neolithikum (> ca. 7.500 v. Chr.)</u>
Keramikum
Chalkolithikum = Kupfer(stein)zeit
Bronzezeit > ca. 3.000 v. Chr.
Eisenzeit
Kolonialzeitalter seit Kreuzzügen
Industriezeitalter
Atomzeitzeitalter…</td>
</tr>
<tr>
<td>Ansätze der Wieder-
Entwicklung von
Kultur

Neuzeit
>Neue Kultur<</td>
<td>Sokrates, Jeshua bar Yehoseph (Jesus von Nazareth), Buddha usw.

Aufklärung, Aufgeklärte Wissenschaft
Demokratie-Bewegungen,
Emanzipations-Bewegung
usw.</td>
</tr>
</table>

8.3 Die heutige 5. Transformation

Insgesamt können in der bisherigen historischen Entwicklung 4 fundamentale kulturgeschichtliche Transformationen gesehen werden:

Ereignis	**Transformative Dimension**
1 Mesolithische Revolution	Beginn der historischen Entwicklung
2 Neolithische Revolution	Begründung der zivilisatorischen Kultur
3 Metallene Revolution	Säkularisierung der Priester-Herrschaft
4 Industrielle Revolution	Demokratie, *Aufgeklärte* Wissenschaft

Die derzeitigen Umbrüche in den globalen Verhältnissen sind auf dem Hintergrund der gesamten bisherigen historischen Entwicklung seit dem >Ende der Eiszeit< zu sehen. Inzwischen steht nun die Frage nach der weiteren menschheitsgeschichtlichen Perspektive insgesamt im Raum und damit in positiver Hinsicht die fünfte: die >Große Transformation<.

Die Vorstellung von >Hochkultur< besteht nicht ohne Grund. Es ist effektiv zutreffend, dass die ursprüngliche = paläolithische Kultur des Homo sapiens weder als endgültiges Optimum noch insgesamt als evolutionär dauerhaft zureichend gesehen werden kann. Die entstandenen Probleme waren kein Zufall.

Wenn auch die Naturkatastrophen am >Ende der Eiszeit< als außergewöhnlich dramatisch zu begreifen sind, eben als Phänomene eines wahrhaft >geologischen Umbruchs< (nämlich vom Pleistozän auf das Holozän), so gehört es doch zu dem

Sachverhalt der Realitätsfähigkeit einer Art, auch geologische Umbrüche bewältigen zu können, und hier zeigte sich, dass die humanevolutionär entwickelte Kultur im Gesamten noch nicht zureichte. Doch stellte sie schon das Potential für das Mehr zur Verfügung.

In gewisser Weise ist die Großhirn-Evolution aus ihrer besonderen Fähigkeit in der Bewältigung von geologischen Krisen hervorgegangen, und wir sehen in der historischen Entwicklung, dass es das Aufkommen existenzialer Probleme in dem geologischen Umbruch am >Ende der Eiszeit< war, das die menschliche Intelligenz zu völlig neuen Leistungen und Entwicklungen anregte. So können wir die historische Entwicklung in einem Teil durchaus als eine Art evolutionären Schub *in der Entwicklung von Kultur* begreifen, der inzwischen eine Stufe erreicht hat, die eine völlig neuartige historische Perspektive in den Raum stellt.

Wenn es bislang gemeinhin auch falsch verortet war, so ist es durchaus richtig, dass das Potential zu Nahrungsproduktion und der weiteren technologischen Entwicklung als Basis der evolutionär entscheidenden Fortschritts-Entwicklung begreifbar ist. Das inzwischen bestehende Potential an Nahrungs- und sonstiger Produktion reicht nicht bloß hin, die entstandenen Notstands-Probleme zu beheben, sondern wir sind inzwischen auch schon zu einer Weltraum-Technologie gekommen, mit der sich mit der Zeit noch weitere völlig neuartige Entwicklungs-Möglichkeiten erschließen lassen.

Inzwischen mangelt es schon lange nicht mehr an den Angeboten von Nahrung, Produktion, Technologien und Dienstleistung. Bereits in den 1830ern wurde (zuerst von *Fourier*) erkannt, dass in Wirklichkeit längst das Gegenteil das *Problem* ist: nämlich das *Überangebot*, das aufgrund der ökonomisch-politischen Zusammenhänge in Kriege und einen allgemeinen gegenseitigen Selbstruin führt. Das also, woran es in Wirklichkeit seit dem >Ende der Eiszeit< bis heute mangelt, ist die Entwicklung von Kultur, Persönlichkeit und Bewusstsein: die

Bewältigung der >selbst verschuldeten Unmündigkeit<, die aufgrund der Notstandsprobleme in den grandiosen Naturkatastrophen am >Ende der Eiszeit< entstand und in vielem als wahrhaft finsteres menschheitsgeschichtliches Mittelalter bis heute fortbesteht. So richtig es auch ist, die >Hochkultur< als menschliche Möglichkeit zu begreifen, so wichtig ist es, überhaupt erst einmal zu verstehen, was Kultur im eigentlichen Sinn: d.h. in der genetisch-biologischen Anlage des Menschen bedeutet (> *Kulturologie*).

So sehr die technologischen Entwicklungen an sich sehr wohl als Fortschritte gewürdigt werden können, so ist die der Vorstellung von „Hochkultur" und „Fortschritts-Geschichte" zugrunde liegende Verwechslung von Technik und Kultur tatsächlich Bestandteil des seit dem >Ende der Eiszeit< entstandenen Mangels an Entwicklung von Kultur und Persönlichkeit.

Es zeigte sich bereits in der humanevolutionären Entwicklung, dass das bloß Technologische zum Überleben nicht hinreicht und dass hierin nicht die Lösung liegt, weil das eigentliche evolutionäre und auch das historische Problem gar nicht in Hinsicht auf Versorgung liegt, sondern im Sozialen und in der Fähigkeiten zu einem wirklichen Umgang miteinander. Die historische Linie zu den beiden Weltkriegen und dem Faschismus sollte endlich einmal tatsächlich wahrgenommen und in seinem tatsächlichen Inhalt endlich auch begriffen werden (sonst kann bei den Geschichts-Darstellungen nicht mehr von Wissenschaft gesprochen werden).

In gewisser Weise sind wir durch die Naturkatastrophen des geologischen Umbruchs am >Ende der Eiszeit< auf den Anfang der humanevolutionären Entwicklung zurückgeworfen worden. Wir haben von daher wieder mit exakt den gleichen Problemen des Gerangels um Macht, Ränge und Geschlechts-Partner wie am Anfang der humanevolutionären Entwicklung zu tun, nur diesmal mit dem ganz anderen Bestand an Technologie und Wissen. Dies ist Problem wie Chance zugleich.

Die Chance besteht darin, dass wir heute die menschliche Gegebenheit in Persönlichkeit und Sozialanlage weltweit über die gesamte Geschichte bis weit vor die Anfänge der humanevolutionären Hintergründe überblicken können und damit erstmals in der Geschichte eine zumindest im Allgemeinen klare Orientierung bzgl. der tatsächlich bestehenden Situation des >Menschen< vorliegen haben. Im Weiteren gibt es für die einzelnen Problemstellungen inzwischen hinreichend Knowhow, wie für die Lösung auch eine zureichende materielle Basis existiert, sofern diese nicht für Popanz verbraucht wird.

Die vorhandenen Technologien können hierfür eine bedeutsame Hilfe sein, doch liegt in ihnen für sich selbst allein noch nicht die geringste Lösung, sondern ganz im Gegenteil bei ihrer bisherigen mittelalterlichen Grundlage nur das sichere Scheitern, wie es sich bislang in den regelmäßigen Zusammenbrüchen der zivilisatorischen Kulturformen und in der Entwicklung bis hin zum Faschismus und zu den Weltkriegen belegt. Die Lösung verknüpft sich *genau* wie in der Humanevolution **ausschließlich** mit der Entwicklung von Kultur und Persönlichkeit, d.h. wenn die Technologien und Wissenschaften unter dieses Primat gestellt sind und dafür eingesetzt werden, die sozialen (ökonomischen) Probleme sowie das Problem der selbst verschuldeten Unmündigkeit zu beheben.

Die >menschheitsgeschichtliche Neuzeit< kann bislang historisch ausschließlich da gesehen werden, wo in der Verarbeitung der historisch entstandenen Verhältnisse eine Identität als >Mensch< entwickelt wird und von *dort* her eine Überwindung der menschlich entfremdeten Kultur- und Sozialverhältnisse aufgenommen wird. Die Hoch*kultur* als **menschlich verarbeiteter** technologischer und wissenschaftlicher Fortschritt ist sehr wohl eine menschliche Möglichkeit. Doch davon kann bislang gesellschaftlich noch gar keine Rede sein.

Es ist nun quasi deutlich geworden, dass die Erde keine Scheibe und dass auch die Karibik noch nicht Indien ist. Historisch konnte man vieles bislang nicht besser wissen.

Doch hat sich der Stand der humanwissenschaftlichen Forschung und der gesellschaftlich-kulturellen Diskurse inzwischen erheblich weiterentwickelt. Es hat nun den Anschein, dass wir inzwischen so langsam zu einer tatsächlichen historischen >Weltkarte< der menschlichen Realität kommen und hierbei die tatsächlichen Sachverhalte von Kultur und Bewusstseins-Entwicklung verstehen lernen.

Dies bietet die Chance, nun endlich die Lösung der menschheitsgeschichtlichen Probleme zu erreichen, die am >Ende der Eiszeit< aufrissen und bis heute mangels zureichender Einsichten andauerten. In technischer Hinsicht stehen alle Lösungen längst bereit. Nur stellen sich diese Lösungs-Wege auf der sich nun abzeichnenden neuen historischen >Weltkarte< in einigem doch recht anders als bislang gedacht dar. Die Karibik war noch nicht Indien. Das ändert nichts daran, dass das das Erreichen der menschheitsgeschichtlichen Neuzeit einer >Neuen Kultur< eine echte Möglichkeit ist.

Große Wandmalerei von Çatal Höyük
Der (geschlechtlich nicht markierte) Stier ist ca. 5 x 2 m groß

Nachzeichnung nach einer Zeichnung aus einer Mediendatei der damaligen Ausstellung im Badischen Landesmuseum Karlsruhe, vgl. Foto in:

Badisches Landesmuseum Karlsruhe: Vor 12.000 Jahren in Anatolien, S. 130

Liste der zitierten Literatur

Wikipedia-Artikel (Internet-Lexikon)

Alle Wikipedia-Artikel wurden neu durchgesehen, und zwar, wo nicht anders angegeben:

Seiten im Buch	Abruf
30 – 86	07.01.21: 5 – 6 Uhr
91 – 144	07.01.21: 6 – 7 Uhr
148 – 150	07.01.21: 7 – 8 Uhr
155 – 158	07.01.21: 8 – 9 Uhr
158 – 271	07.01.21: 9 – 10 Uhr
277 – 317	07.01.21: 10 – 11 Uhr
366 – 338	08.01.21: 0.00 – 0.30 Uhr
337	28.01.21: 22.30 – 23 Uhr
341	28.01.21: 23.08 Uhr

Weitere erwähnte oder zitierte Internet-Artikel

„Von Cayönü nach Catal Hüyük", von: Bernhard Brosium

Jens **Rickmeyer**, Japanisch und der altaische Sprachtyp
- findet sich als **Weblink** unter:
Wikipedia: *Altaische Sprachen* (28.01.21, 23:09)

www.etruskisch.de (Steinbauer) (28.01.21, 23:08)

Yuval Noah **Harari**: Eine kurze Geschichte der Menschheit, (München 2013, Original Israel 2011) Pantheon Verlag 2015[6]

Hermann **Parzinger**: Die Kinder des Prometheus, Eine Geschichte der Menschheit vor der Erfindung der Schrift, C.H. Beck Verlag München, 2014

Die ZEIT Welt- und Kulturgeschichte, Zeitverlag Hamburg Band 1: Anfänge der Menschheit und Altes Ägypten, 2006

Badisches Landesmuseum Karlsruhe: Vor 12.000 Jahren in Anatolien: Die ältesten Monumente der Menschheit (Große Landesausstellung BW 2007), Stuttgart 2007

Göran **Burenhult** (Hg.): Illustrierte Geschichte der Menschheit, (Hamburg) Augsburg 2000

André **Langeney**, Jean **Clottes**, Jean **Guilaine**, Dominique **Simonnet**: Die schönste Geschichte des Menschen – Von den Geheimnissen unserer Herkunft, Bergisch Gladbach 2000

Fischer Weltgeschichte, Frankfurt/M (1960er bis 1970er)

Propyläen Weltgeschichte, Eine Universalgeschichte, hg. von Golo **Mann** + Alfred **Hauß,** Band 1, Berlin, Frankfurt, Wien, 1961

Saeculum Weltgeschichte, hg. von Herbert Franke u.a., Freiburg, Basel, Wien 1965

Sprachwörterbücher

Latein, Dänisch usw. sind hier nicht in Quellen aufgeführt

Die **Hochzeichen** in den Wortlisten bedeuten:

(Γ) Herman **Menge**: Griechisch-Deutsches Schulwörterbuch, Mit besonderer Berücksichtigung der Etymologie, Berlin 1906

(aleph) א = Wilhelm **Gesenius**: **Hebräisches** und Aramäisches Handwörterbuch über das Alte Testament, bearb. von Frants Buhl, unveränderter Neudruck der 1915 erschienenen 17. Auflage, Berlin, Göttingen, Heidelberg, 1962

Σ mit Seitenzahl = Bruno **Meißner**: Die Keilschrift, (**Sumerisch**; Akkadisch), 3. völlig neu bearb. Auflage von Karl Oberhuber, Berlin 1967

Walter **Bauer**: Griechisch-Deutsches Wörterbuch (zu den Schriften des Neuen Testamentes), Berlin, New York, 1971

Der kleine **Stowasser**: Lateinisch-deutsches Schulwörterbuch, bearb. von Michael Petschenig, München 1970

Rainer **Hannig**: Großes Handwörterbuch Ägyptisch-Deutsch: die Sprache der Pharaonen (2800 – 950 v. Chr.) = Kulturgeschichte der antiken Welt Bd. 64, Mainz 1995

Duden, Band 7: Herkunftswörterbuch der deutschen Sprache, 2. völlig neu bearb. und erweiterte Auflage von Günther Drosdowski, Mannheim, Wien, Zürich, 1989, 5. Auflage 2014

Etymologisches Wörterbuch des Deutschen, 2. Bände, erarbeitet im Zentralinstitut für Sprachwissenschaft Berlin unter der Leitung von Wolfgang Pfeifer, (1989) 2. Auflage, durchgesehen und ergänzt von Wolfgang Pfeifer, Berlin 1993

Harenberg Lexikon der Religionen – Die Religionen und Glaubensgemeinschaften der Welt, Redaktion Berthold **Budde** und Christine **Laue-Bothen**, Dortmund 2002

RelMen= Die **Religion der Menschheit**, hg. Christel Matthias **Schröder**
- Band I: Friedrich **Heiler**: Erscheinungsformen und Wesen der Religion, Stuttgart 1961, 2. verbesserte Auflage 1979
- Band 3: I. Paulson: Die Religion der nordasiatischen Völker
- Band 10,2: Hartmut Gese: Die Religionen Altsyriens, und: Maria Höfner: Die vorislamischen Religionen Arabiens
- Band 8: Siegfried **Moranz**: Ägyptische Religion, 1960
- Band 19,1: Germanische und Baltische Religion, 1975

Sumer, Assur, Babylon, 7000 Jahre Kunst und Kultur an Euphrat und Tigris, (Katalog für Ausstellungen in Berlin, Hamburg, Aachen und München) Mainz 1978

Emmanuel **Anati**: Höhlenmalerei, (1997), Düsseldorf 2002

Jes Peter **Asmussen** & Jørgen **Læssøe** (Hg.): Handbuch der Religionsgeschichte, Göttingen 1971 - 1975

Bärbel **Auffermann** & Gerd-Christian **Weniger** (Hg.): Frauen - Zeiten - Spuren, Neanderthal-Museum, Mettmann 1998

Mary **Barnett**: Götter und Mythen des Alten Ägypten, Blindlach 1998

Charles **Berlitz**: Mysteries from Forgotten Worlds, Rediscovering lost Civilisations, (1972), London 1974, 1976

Sylvia & Paul F. **Botheroyd**: Lexikon der keltischen Mythologie, München 1999

Harald **Braem**: Die magische Welt der Schamanen und Höhlenmaler, Köln 1994

Harald **Braem**: Die Geheimnisse der Pyramiden, Stuttgart – Wien – München 1996

Bill **Bryson**: Eine kurze Geschichte der alltäglichen Dinge, (Original London 2010) Goldmann Verlag München 2011

Annie **Caubet** & Patrick **Pouyssegur**: Der Alte Orient – Von 12.000 bis 300 v. Chr., (Paris 2001), Frechen o.J.

Henning **Christoph**, Klaus E. **Müller** & Ute **Ritz-Müller**: Soul of Africa - Magie eines Kontinents, Köln 1999

Elizabeth Gould **Davis**: Am Anfang war die Frau (The First Sex, 1971). Die neue Zivilisationsgeschichte aus weiblicher Sicht, (München 1977), Frankfurt/M, Berlin 1987

Jeff **Doring** (Hg.): Gwion Gwion. Dulwan Mamaa - Geheime und heilige Pfade der Ngarinyin, Aborigines in Australien, Köln 2000

Colette **Dowling**: Der Cinderella-Komplex – Die heimliche Angst der Frauen vor Unabhängigkeit (Or. 1981), Fischer Frankfurt/M 1982, TB-Ausgabe 1984, 1990

Hoimar von **Ditfurth**: Der Geist fiel nicht vom Himmel. Die Evolution unseres Bewusstseins, (Hamburg) (Augsburg 1990)

Hoimar von **Ditfurth**: Im Anfang war der Wasserstoff (Hamburg 1972), München/Zürich 1975

Irenäus **Eibl-Eibesfeld**: Krieg und Frieden aus der Sicht der Verhaltensforschung, München, Zürich, überarbeitete Neuausgabe 1984, 1990[4]

Armin **Eich**: Die Söhne des Mars. Eine Geschichte des Krieges von der Steinzeit bis zum Ende der Antike, C.H. Beck, München 2015

Albert **Einstein** & Sigmund **Freud**: Warum Krieg? Zürich 1972

Mircea **Eliade**: Geschichte der religiösen Ideen, Freiburg, Basel, Wien, Band I: (1978). 1990[6], Band II 1979

Norbert **Elias**: Über den Prozess der Zivilisation. Soziogenetische und psychogenetische Untersuchungen, (1936; 2. Aufl. Bern 1969), 3. Auflage Frankfurt/M 1976

Erik H. **Erikson**: Identität und Lebenszyklus, Frankfurt/M 1966; 1973, 9. Aufl. 1985

Brian **Fagan**: Die Eiszeit – Leben und Überleben im letzten großen Klimawandel, Theiss Verlag Stuttgart, 2009

Leone **Fasani** (Hg.): Die illustrierte Weltgeschichte der Archäologie, München, 2. Auflage 1983

Richard **Fester**: Die Eiszeit war ganz anders. Das Geheimnis der versunkenen Brücke nach Amerika, R. Piper & Co., München 1973

Richard **Fester**, Marie E.P. **König**, Doris F. **Jonas**, A. David **Jonas**: Weib und Macht - Fünf Millionen Jahre Urgeschichte der Frau, Frankfurt (1979), TB 1980, 1986

Hans **Findeisen** / Heino **Gehrts**: Die Schamanen - Jagdhelfer und Ratgeber, Seelenfahrer, Künder und Heiler, München 1983, 4. Auflage 1996

Moshé **Feldenkrais**: Bewusstheit durch Bewegung. Der Aufrechte Gang, Frankfurt/M 1968, TB: 1978, 1985

Marilyn **French**: Jenseits der Macht - Frauen, Männer und Moral, Reinbek (1985) 1988

Sigmund **Freud**: Totem und Tabu. Einleitung von Mario Erdmann, Frankfurt/M 1991, 1993

Paul **Frischauer**: Kleine Kulturgeschichte. Der Mensch macht seine Welt, (München - Berlin 1976) Frankfurt/M 1978

Erich **Fromm**: Humanismus als reale Utopie, hg. von Rainer Funk, Ullstein TB (ohne Ort), 2005, 2009^{2}

Erich **Fromm**: Vom Haben zum Sein. Wege und Irrwege der Selbsterfahrung (hg. von Rainer Funk), Weinheim, Basel 1989, 1991^{4}

Sigrid **Früh**: Märchen von Drachen, Frankfurt/M 1988

Karin **Gaube** & Alexander von **Pechmann**: Magie, Matriarchat und Marienkult. Frauen und Religion, Versuch einer Bestandsaufnahme, Reinbek 1986

GEO Wissen: Die Evolution des Menschen. Wie wir wurden, was wir sind. Heft September 1998, Hamburg 1998

Marija **Gimbutas**: Die Sprache der Göttin, Frankfurt/M 1995

Marija **Gimbutas**: Die Zivilisation der Göttin, Frankfurt/M 1996

A.C. **Grayling**: *Wittgenstein,* Herder Verlag Freiburg – Basel – Wien o.J.

Miranda J. **Green**: Die Druiden, Augsburg 2000

Marcel **Griaule**: Schwarze Genesis. Ein afrikanischer Schöpfungsbericht, (Freiburg, 1970) suhrkamp taschenbuch 1980

Helmut **Gumnior** & Rudolf **Ringguth**: *Max Horkheimer* (mit Selbstzeugnissen und Bilddarstellungen), Reinbek 1973, 1988

Harald **Haarmann**: Universalgeschichte der Schrift, Frankfurt/M – New York, 2. Aufl. 1991, Sonderausgabe Köln 1998

Harald **Haarmann**: Weltgeschichte der Sprache – Von der Frühzeit des Menschen bis zur Gegenwart. Verlag C.H. Beck, München, 2006

Norbert **Haase**: Deutsche Deserteure, Berlin (W) 1987

Rose-Marie & Rainer **Hagen**: Ägypten – Menschen, Götter, Pharaonen, Köln 1999

Graham **Hancock**: Die Spur der Götter, Bergisch-Gladbach 1995

Yuval Noah **Harari**: Eine kurze Geschichte der Menschheit, (München 2013, Original Israel 2011) Pantheon Verlag 2015 (6. Auflage)

Hans-Peter **Hasenfratz**: Die religiöse Welt der Germanen - Ritual, Magie, Kult, Mythos, Freiburg, Basel, Wien 1992

Sharukh **Husain**: Die Göttin – Das Matriarchat, Mythen und Archetypen, Schöpfung, Fruchtbarkeit und Überfluss, Köln 2001

David M. **Jones** & Brian L. **Molynaux**: Die Mythologie der Neuen Welt, Reichelsheim 2002

Wighart von **Koenigswald** & Joachim **Hahn**: Jagdtiere und Jäger der Eiszeit, Fossilien und Bildwerke, Stuttgart 1981

Martin **Kuckenburg**: Wer sprach das erste Wort? Die Entstehung von Sprache und Schrift, Konrad Theiss Verlag Stuttgart 2004

Walter **Laqueur**: Terrorismus, Frankfurt/M 1982

Richard E. **Leakey** & Roger **Lewin**: Wie der Mensch zum Menschen wurde - Neue Erkenntnisse über den Ursprung und die Zukunft des Menschen, (Hamburg 1978), München 1985

Roger **Lewin**: Spuren der Menschwerdung, Die Evolution des Homo sapiens, Heidelberg 1992

Michel **Lorblanchet**: Höhlenmalerei - Ein Handbuch, Sigmaringen 1997

Konrad **Lorenz**: Das so genannte Böse. Zur Naturgeschichte der Aggression, (Wien 1963) München 1974

Alexander **Lowen**: Der Verrat am Körper. Der bioenergetische Weg, die verlorene Harmonie von Körper und Psyche wiederzugewinnen, Reinbek 1982

Octave **Mannoni**: Sigmund Freud (mit Selbstzeugnissen und Bilddarstellungen), Reinbek 1971, 1996

Abraham **Maslow**: Motivation und Persönlichkeit (Or. 1954; 1970), Olten (CH) 1977, Reinbek 1981, 14. Auflage 2016

Helma **Marx**: Das Buch der Mythen (aller Zeiten aller Völker), Verlag Styria Graz, Wien, Köln & Eugen Diederichs Verlag München, 1999

John S. **Mbiti**: Afrikanische Religion und Weltanschauung, Berlin 1974

John **McCrone**: Als der Affe sprechen lernte. Die Entwicklung des menschlichen Bewusstseins, Frankfurt/M 1992

William H. **McNeill**: Krieg und Macht. Militär, Wirtschaft und Gesellschaft vom Altertum bis heute, München 1984

James **Mellaart**: Çatal Hüyük. Stadt aus der Steinzeit, Bergisch Gladbach, 1967

Laure **Meyer**: Schwarzafrika – Masken, Skulpturen, Schmuckstücke, (Paris 1991) Bayreuth 1992

Stanley **Milgram**: Das Milgram-Experiment - Zur Gehorsamsbereitschaft gegenüber Autorität, Reinbek, (1974) 1982, 1988

Alexander **Mitscherlich**: Auf dem Weg zur vaterlosen Gesellschaft. Ideen zur Sozialpsychologie, (1963), München 1973, 1980[4]

Michael Lukas **Moeller**: Der Krieg, die Lust, der Frieden, die Macht. rororo Reinbek 1992

Herfried **Münkler**: Machiavelli. Die Begründung des politischen Denkens der Neuzeit aus der Krise der Republik Florenz, Frankfurt/M 1982

Lewis **Mumford**: Mythos der Maschine. Kultur, Technik und Macht - Die umfassende Darstellung der Entdeckung und Entwicklung der Technik, Frankfurt/M 1977, 1986

Hans-Peter **Nolting**: Lernschritte zur Gewaltlosigkeit. Ergebnisse psychologischer Friedensforschung: Wie kollektive Gewalt entsteht – was man dagegen tun kann, Reinbek 1981

Peter **Prew**: The Human Reality: A Reinterpretation of Our Origins and Evolution (GB 2008)

Josef H. **Reichholf**: Warum die Menschen sesshaft wurden, S. Fischer Verlag Frankfurt/M 2008, Fischer Taschenbuch Verlag, Frankfurt/M 2010, 3. Auflage 2012

Horst Eberhard **Richter**: Zur Psychologie des Friedens, (1982) Reinbek 1984

Berthold **Riese** (Hg.): Schrift und Sprache (Verständliche Forschung), Heidelberg, Berlin, Oxford, 1994

Richard **Rudgley**: Abenteuer Steinzeit – Die sensationellen Erfindungen und Leistungen prähistorischer Kulturen, Wien 2001

Mario **Ruspoli**: Die Höhlenmalerei von Lascaux. Auf den Spuren des frühen Menschen, Augsburg, 1998

Oliver **Sacks**: Der Mann, der seine Frau mit einem Hut verwechselte, Rowohlt Taschenbuch Verlag, Reinbek bei Hamburg 1990 (1994) (Or. New York 1985)

Karl **Schefold**: Götter- und Heldensagen der Griechen in der früh- und hocharchaischen Kunst, (Neubearbeitung) München 1993

Anton **Scherer** (Hg.): Die Urheimat der Indogermanen, Darmstadt 1968

Eckard **Schleberger**: Die indische Götterwelt – Gestalt, Ausdruck und Sinnbild. Ein Handbuch der hinduistischen Ikonographie, Köln 1986

Wolfgang **Schmidbauer**: Mythos und Psychologie. München 1970, Neuauflage 1999; Krummwisch 2001

Wolfgang **Schmidbauer**: Wie Gruppen uns verändern – Selbsterfahrung, Therapie und Supervision, Kösel-Verlag München, 1982

Klaus **Schmidt**: Sie bauten die ersten Tempel – Das rätselhafte Heiligtum am Göbekli Tepe, C.H. Beck (München 2006), 3., aktualisierte Auflage 2007 = Paperback 2016

Wolf **Schneider**: Wir Neandertaler. Der abenteuerliche Aufstieg des Menschengeschlechts (Hamburg, Gütersloh o.J.)

Rachel **Storm:** Die Enzyklopädie der Östlichen Mythologie, Reichelsheim 2000

Erika & Manfred **Taube**: Schamanen und Rhapsoden – Die geistige Kultur der alten Mongolei, Leipzig 1983

Margaret **Trowell** & Hans **Nevermann:** Afrika und Ozeanien (Kunst im Bild), München o.J.

Gabriele **Uelsberg** & Stefan **Lötters**: Roots/Wurzeln der Menschheit, Mainz (Verlag Philipp von Zabern), 2006 (Katalog zur Ausstellung Roots/Wurzeln der Menschheit im Rheinischen Landesmuseum Bonn 2006)

Raoul **Vaneigem**: Handbuch der Lebenskunst für die jungen Generationen, Verlag Association, Hamburg 1977 (Or. P. Gallimard, Paris [1967]

Piers **Vitebsky**: Schamanismus – Reisen der Seele, Magische Kräfte, Ekstase und Heilung. Köln 2001

Frank Robert **Vivelo**: Handbuch der Kulturanthropologie - Eine grundlegende Einführung, (Stuttgart 1981) München 1988

Frans de **Waal**: Wilde Diplomaten – Versöhnung und Entspannungspolitik bei Affen und Menschen, Carl Hanser Verlag München – Wien, 1991 (Or. 1989)

Literatur von Christoph W. Rosenthal

zu Humanevolution, Sprache, Kultur und Geschichte

- **Die Humanevolution war ganz anders** – Eine überfällige Revision, Rediroma-Verlag Remscheid 2018

- **Die Mesolithische Revolution** – als die Begründung der historischen Entwicklung am Ende der Eiszeit
  Rediroma-Verlag Remscheid, Januar 2021

- **Zur Evolution von Selbststeuerung, Liebe, Kommunikation & Kultur** - Das neue Bild der Humanevolution, 2021

- **Cûl Tura**: **Die Entzifferung und Rekonstruktion der ursprünglichen Sprache des Menschen**, 2021
  Band 1: Die ursprüngliche Sprache des Homo sapiens
  Band 2: Zur Etymologie unserer Wörter

- **Mebuntu: Die erste historische Sprachform**, 2021

- **Frau Holle und der Drache von Lascaux: Die eiszeitliche Symbolik und Kultur** (im Licht der Entzifferung und Rekonstruktion der eiszeitlichen Sprache des Homo sapiens) 2021

- **Kulturologie - Die Wissenschaft bzgl. der Software-Struktur des Menschen**, 2021

Weitere Veröffentlichungen in Vorbereitung:
- **Historiologie**
- **Was eigentlich >Sprache< ist**
- **Ursprachlich orientiertes etymologisches Wörterbuch des Deutschen**

Usw.

Christoph W. Rosenthal

Die Humanevolution war ganz anders

Eine überfällige Revision

- Das komplementäre Werk zum Thema Geschichte

Die Humanevolution verknüpft sich, anders als früher gedacht, nicht mit der Entwicklung von Werkzeugen und technischer Intelligenz. Hierbei handelt es sich vielmehr um die vorausgehende Stufe der Hominiden, die im Gegensatz zu den Affen bemerkenswerterweise komplett dem Aussterben verfiel. Die Evolution von Technik war wohl in Hinsicht auf die vor ca. 2,5 Mio. Jahren aufgekommenen Notstände überaus erfolgreich, doch jenseits der Notstände führte sie in verschiedenen Hinsichten zu Problemen im Sozialleben, dass die Hominiden trotz ihrer weiten Verbreitung dem Aussterben verfielen.

So kam es aufgrund drängender sozialer Probleme vor ca. 0,5 Mio. Jahren zu der humanevolutionären Entwicklung. Knapp vor dem Aussterben gelang es kurz vor unserer Art Homo sapiens, mit der Entwicklung von Kultur und Persönlichkeit das soziale Problem zu lösen und die negative Spannung von Konkurrenzkämpfen in ein positiv spannendes Sozial- und Beziehungsleben zu wenden. Erst die Evolution der Kulturellen Intelligenz erbrachte die evolutionäre Lösung – und dann: mit was für einem Erfolg!

Das Buch verfolgt die Hintergründe der Evolution des Großhirn-Bereichs in ihren Problemstellungen und in den Lösungsschritten der Humanevolution.

Rediroma-Verlag **Edition Neue Kultur**
Version 1.1 von März 2019 **€ 16,95 (D)**